中国科普作家协会资助项目

等你，在未来（第八季）

——第八届全国中学生科普科幻作文大赛获奖作品集

李凌己　陈　玲　陈柳岐　主编

科学普及出版社
·北　京·

图书在版编目（CIP）数据

等你，在未来．第八季，第八届全国中学生科普科幻作文大赛获奖作品集 / 李凌己，陈玲，陈柳岐主编．—北京：科学普及出版社，2024.1

ISBN 978-7-110-10639-6

Ⅰ. ①等… Ⅱ. ①李… ②陈… ③陈… Ⅲ. ①作文－中学－选集 Ⅳ. ① H194.5

中国国家版本馆 CIP 数据核字（2023）第 217383 号

策划编辑	王卫英
责任编辑	刘 畅
封面设计	中文天地
正文设计	中文天地
责任校对	吕传新
责任印制	徐 飞

出　　版	科学普及出版社
发　　行	中国科学技术出版社有限公司发行部
地　　址	北京市海淀区中关村南大街 16 号
邮　　编	100081
发行电话	010-62173865
传　　真	010-62173081
网　　址	http://www.cspbooks.com.cn

开　　本	710mm × 1000mm　1/16
字　　数	532 千字
印　　张	33.5
版　　次	2024 年 1 月第 1 版
印　　次	2024 年 1 月第 1 次印刷
印　　刷	北京长宁印刷有限公司
书　　号	ISBN 978-7-110-10639-6 / H · 249
定　　价	110.00 元

第八届全国中学生科普科幻作文大赛评委会成员名单

（排名按姓名拼音字母顺序）

昌　盛	陈　诚	陈　玲	陈柳岐	陈楸帆	陈跃红
丁　夏	董仁威	冯伟民	巩英莉	郭　晶	韩　松
何　夕	江　波	江世亮	焦国力	鞠　强	李　英
李凌己	凌　晨	刘慈欣	刘嘉麒	陆　杨	马传思
马俊锋	彭绪洛	钱　森	邵　娜	师　媛	石顺科
谭轶珊	王　芳	王　梅	王　挺	王晋康	王康友
王可骞	王卫英	巫卫清	吴　岩	霞　子	星　河
徐彦利	严　俊	严　蓬	杨　平	姚海军	姚利芬
叶　盛	尹　超	尹传红	张晓红	张迎晖	张英姿
郑　军	周　群	周忠和	朱晓燕	左文萍	

名家题词

祝全国中学生科普科幻大赛成功举办，让科幻成为激发想象力和创新能力的平台。

刘慈欣

2015.10.16

青少年对未来的想象，

会铸就这个世界真实的未来！

加油！

[illegible]

2019.10.26

全国中学生科普科幻创作大赛

在少年心田中播下对科学的爱，终有一天会长成参天大树！

王晋康

2015.9.10

がんばれ！

林讓治

2019.10.26

全国中学生科普科幻作文大赛

未来的科幻大师在这里产生！

姚海军

2015.9.10.

幻想，从现实起飞。

刘慈欣

祝：

全国中学生科普科幻作文大赛

越办越好！

何夕

2016.9.11

自由想象，开创未来。

预祝全国中学生科普科幻作文大赛圆满成功！

江波

2016.9.11

祝全国中学生科普科幻大赛

绽放光芒，可以燎原！

陈楸帆

2016.9.11

展开想象的翅膀

飞进科学的殿堂

董仁威

2015.9.19

祝全国中学生科普、科幻作文大赛

人才辈出，桃李满天下！

2017.11.17

一切美好的科幻，

都与初恋无异♡

2017.11.18

于北京

幻想，是助力腾飞的翅膀，

如果心在天上，落在地面

的脚步也会变得轻盈。

徐彦利

热爱科学

向往未来

祝全国中学生科普科幻作文大赛

成功举行！

吴岩

2015.9.10.

全国中学生科普科幻大赛

科学与幻想的天空永远有爱

造出新的科普科幻天才

新的一代

超越未来

超侠

2015.9.10

全国中学生
科普科幻作文大赛

像苹果一样地思考吧！

[illegible]
2016.9.11.

祝大赛越办越好，
培养中学生对科幻的热爱！

[illegible]
2016.9.11

想象力的表达，
希望的延续。

[illegible]
2016.9.11.

让青少年朋友更加热爱科学，提高创新能力，为中华民族的伟大复兴贡献力量！

[illegible]
2017.11.17

敢于幻想
善于探索

金涛
2017.11.17

全国中学生科普科幻作文大赛

希望此次大赛能够激发广大中学生对于科学的兴趣，带动中学生对于科普、科幻文章的创作热情。

祝愿各位参赛学生在大赛中既提高自己的知识水平，同时向更多人传播科学知识与科普、科幻文化。

清华大学科幻协会

2015年9月10日

祝全国中学生科普科幻大赛的所有参赛与获奖者，支持与期待者

永持赤子之心

不灭探索之志

尽逐人生之美

长怀无疆之思。

笃信科学与思辨，敢骋幻想与新思

北大科幻协会

[illegible] 录

中学正是充满想象力的年龄

放飞想象，让它在你我心中传递

让这想象洒遍大江南北

让民族的想象力登上新的台阶

想象是我们看得最远的眼睛

祝全国中学生科普科幻大赛越办越好！

——北京科技大学科幻爱好者协会

2015年9月10日

第八届全国中学生科普科幻作文大赛
决赛作文题目

考试时间为 120 分钟，满分 100 分

一、写作材料

我们应当如何行使改变生命的能力？

（一）

让我们来想象一下，如果生命像电脑上的文本文件一样容易被编辑、被修改，将会如何？如果可以对生物的遗传密码这儿修修，那儿补补，可以稍微调整或彻底改变它们的特征，将会怎样？我们还可以更进一步，想象一种生命体在化学实验室里产生，它的遗传物质可能是由地球上前所未有的成分组成的。

在那样的世界里，微生物可能被改造用于生产新型燃料，牲畜和农作物可能被设计产出更多精瘦肉或更多汁的果实，同时它们还能忍耐极端天气，应对气候变化带来的越来越严苛的要求。如果我们能轻易修改各类物种的基因组，从而以产生突变的动物作为研究人类疾病的模型，那么医学研究也会发生翻天覆地的变化，许多疾病可能会被彻底消灭。

当然，这可能会引出对“缺陷”的定义问题。例如，当我们掌握了个体化基因组信息和操控这些信息的能力时，家长会不会叫嚷着要把孩子设计成像 C 罗一样的球星，像莫扎特一样的钢琴家，像爱因斯坦一样的科学家？如果未来的生命体能够纯粹由人工合成，那是不是意味着有一天会出现人造人？

（节选自约翰·帕林顿《重新设计生命》）

（二）

未来几十年——可能比大部分人想的要早得多——下一波技术大变革就会席卷我们的生活，并且在迅猛程度上，将类似于计算机、手机和互联网对人类社会的影响。这次变革改变的不是我们的工具，而是我们自己——我们的身体和心理。这次变革的影响将比过去的工业革命更为深远。它将不仅改变我们谋生、交流和彼此互动的方式，而且也将让我们直接、精准地控制自己的身体和心理状态。

人们可以逐渐地自我改造，改造自己的身体，增强自己的认知，再造自己的性格。我们将不断地经历这一过程，同时惊叹人类的可塑性有多么强。如今我们已经可以使用这些尚不成熟的工具改造自己，要不了几十年，它们就会盛行起来。等到我们的子孙成年时，这一波技术变革就已经渗透到了我们的文明中。

结果将是喜忧参半的。有些新的生物增强能力将令人叹为观止。人们将活得更长久、更健康、更有意义；人们将通过无处不在的网络彼此相连；人们将能够调节自己的情绪和心理；人们将通过全新的方式与机器互动；人们增强后的头脑也将产生复杂、精细得令人惊讶的知识和见识。同时，这些技术也将给人类带来难以应付的挑战。

（节选自迈克尔·贝斯《改造后代》）

（三）

遗传学上的突破为我们同时带来希望和困境。带来的希望是，我们也许很快就能治疗和预防大量衰竭性疾病；带来的困境是，新发现的遗传学知识或许也能使我们操控人类自身的自然状态——例如改善我们的肌肉、记忆力和心情；选择孩子的性别、身高以及其他遗传特质；或者增进我们的体能和认知能力，把我们自己改造得“比好更好”（better than well）。

1997 年克隆羊多莉的诞生，带来了一阵对未来可能会无性克隆人类的担忧。大部分的科学家认为无性克隆不安全，很可能制造出严重异常和具有先天缺陷的产物（比如多莉羊染病早死）。但假设无性克隆的技术进步到人类所承受的风险比自然怀孕小时，克隆人类还会遭到反对吗？到那时，创造出一个跟父母，或是不幸死去的兄弟姐妹，抑或是伟大的科学家、运动明星或名人具有相同遗传基因的双胞胎小孩，到底哪里不对？

并非所有的基因干预都是影响后代子孙的。肌肉细胞或神经细胞等不可再生细胞的基因疗法，就可借由修复或替代有缺陷的基因来作用。当有人不把基因疗法用在治疗疾病上，而是超越维持健康的范畴，用来增进体能和认知能力，从而提升个人能力高于普通标准，则道德难题也随之产生。

（节选自迈克尔·桑德尔《反对完美》）

（四）

尽管人类胚胎实验算不上成功，但研究人员已经在降低 CRISPR 基因编辑技术的错误率方面取得了重大进展。一些人认为，科研人员对这项技术的改进将很快使它变得足够安全、足以对人类进行实验。哈佛大学的遗传学家乔治·丘奇估计，在技术进步之后，三百万亿对碱基对中只会出现一个错误（整个人类基因组序列的错误率则为十万分之一），比自然发生的基因突变概率还要低。

尽管如此，围绕着 CRISPR 基因编辑技术未来应用的更黑暗的问题仍隐约可见并值得关注，而不仅仅是在阴谋论者的头脑中。杜德纳教授在 2015 年 11 月接受《纽约客》采访时说，她最近梦到同事带她去见了一个人："我走进一个房间，希特勒就在那房间里。他有一张猪脸，我只能从后面看到他，他正在做笔记，他说，'我想要理解这惊人技术的使用和影响'。我醒来时一身冷汗。那个梦从那天起就一直萦绕在我的心头。因为如果像希特勒这样的人能够接触到该技术，那么我们不难想象他会把这种技术运用到某种可怕的事情上。"

我们正进入一个新的时代，在这个时代里 CRISPR 技术被用于将基因拼接到胚胎中以提高婴幼儿的智商，使儿童更高，并增强其运动能力。在不久的将来，CRISPR 技术很有可能让父母对他们孩子的眼睛、皮肤和头发的颜色进行选择。人类基因组序列和 CRISPR-Cas9 的力量结合到一起，让"优生学"从令人不安的虚构小说中走出来，成为现实。甚至连那些被成千上万基因影响的个人特质也会在不久的将来被解码。

（节选自理查德·A. 克拉克，R.P. 艾迪《深度预测》）

二、写作题目

1. 自现代人类出现的十万多年来，我们的基因组一直被随机突变和自然选择这两种力量所塑形。从20世纪之初延至今天，基因概念的提出和对基因本质的认识、DNA（脱氧核糖核酸）双螺旋结构的发现、遗传密码的破译、DNA重组技术的发展、基因治疗的应用……深刻改变了人类对生命的认知。目前，人类已能在一定程度上掌控自己的生命，乃至改变生命的预设程序。请你运用你所知晓的相关知识、现实事例，介绍这一重大转折的历史背景、科技进展或关键突破。

2. 当我们有机会、有能力把胚胎中的“致病”基因改造成“正常”基因时，岂不是同样也能够把“正常版”基因改造成“增强版”基因，进而寻求使用新技术以接近“理想的”人类？请你展望一下：当我们改变生命的能力变得愈加强大，人类的价值观、社会规范和互动模式随之会发生什么变化？世界会不会因此而产生新的偏见、敌对和直接冲突？有什么样的办法可以化解相关的伦理困境？我们应当如何行使这种改变生命的能力？

三、写作要求

1. 请从上面的两个题目中选择一个自己喜欢的题目，并自拟命题进行写作。

2. 要求：科普类作文要基于科学基础、科学史实展开；写作要求视角独特、创新，思维清晰，表达清楚流畅、逻辑合理，文笔优美。

科幻类作文要求想象丰富、具有合理的科学基础或科学推理，表达清楚流畅、逻辑合理，文笔优美。但不要写成玄幻、魔幻或奇幻内容。

3. 字数要求：800—2000字。

序一：建设中国特色的科普科幻文化事业

科普传播科学知识和科学精神，科幻启发科学热情和想象力，科普科幻是当代中国文化的重要组成部分，它存在于科技、教育、社会生活等方方面面，在人才培养和发展建设中发挥着不可替代的关键作用。

习近平总书记在二十大报告中提出，推进文化自信自强，铸就社会主义文化新辉煌。

科普科幻并非舶来之物，中国古人对于科学与技术的探索和普及自古有之，涌现了墨子、张衡、祖冲之、沈括等一代又一代的杰出人物，他们不仅积极学习研究，又著书立说以惠泽后世，其人物形象和典故事迹至今依旧激励着中国人奋进自强。同时，天马行空的想象在古代诗词、小说、绘画中亦屡见不鲜，晚清时期便已出现诸多观察社会、想象未来的原创科幻小说。这些都说明了科普科幻在中国文化中的渊源脉络，是我们需要学习继承和发扬光大的宝贵遗产。

现今，我国的科普科幻正处于蓬勃发展之中，越来越多的国内科普科幻作品得到了广大群众的认可，译介到国外的作品数量逐年增加。在新时代社会发展进程和世界文化激荡的格局之下，我们应当进入中国特色的科普科幻文化事业建设的新征程，在继承中华优秀传统文化并实现创造性转化、创新性发展的基础上，注入社会主义核心价值，面向中国特色的未来发展。这是当代科普科幻工作者应担之责，是新一代青少年当立之志。

建设中国特色的科普科幻文化事业，离不开社会各界的关注和支持：

一是需要一群厚植中国文化根基、肩负民族复兴重任的优秀科普科幻人才，他们是文化事业建设发展的主力军；

二是需要一批讲述中国故事、展示中国魅力、展现中国形象的原创科普科幻作品。这些作品既可以与国人产生强大的精神共鸣，又可以让世界更加清晰、准确地认知中国文化。

这本《等你，在未来（第八季）——第八届全国中学生科普科幻作文大赛获奖作品集》，择优收录了第八届全国中学生科普科幻作文大赛全国一等奖的优秀作品，展现的是我们中国青少年的原创科普科幻作品和中国未来科普科幻人才的精神风貌。

希望这本书可以给更多青少年投身科普科幻带来积极影响，为中国特色的科普科幻文化事业建设凝聚更多力量，推动中华文化更好走向世界。

中国科学院院士
中国科普作家协会理事长　周忠和

2022 年 11 月

序二：培育“科”与“幻”的土壤，种下科学的“种子”

新时代新形势对加速推进教育现代化提出了新的更高的要求。习近平总书记在 2018 年全国教育大会上的重要讲话中强调“要努力构建德智体美劳全面培养的教育体系，形成更高水平的人才培养体系”。同年，在两院院士大会上总书记作出重要指示：“当科学家是无数中国孩子的梦想，我们要让科技工作成为富有吸引力的工作、成为孩子们尊崇向往的职业，给孩子们的梦想插上科技的翅膀，让未来祖国的科技天地群英荟萃，让未来科学的浩瀚星空群星闪耀！”科学教育是提升国家科技竞争力、培养创新人才、提高全民科学素质的重要基础，是一项系统工程。科学教育被纳入基础教育各阶段，极大激发了广大青少年爱科学、学科学、用科学的热情。

好奇心可以拉近孩子们和科学的距离。2020 年 9 月 11 日习近平总书记在科学家座谈会上指出：“好奇心是人的天性，对科学兴趣的引导和培养要从娃娃抓起，使他们更多了解科学知识，掌握科学方法，形成一大批具备科学家潜质的青少年群体。”

科学教育涉及校内校外、课内课外，肩负培养青少年科学兴趣、树立科学志向的重要使命，从个人角度看，科学教育从娃娃抓起，将激发青少年的好奇心、想象力、探求欲；从提升科学教育层面看，好奇心是科学创新的抓手，是创新的原动力。随着科学技术的繁荣发展，科幻受到了社会的广泛关注，优秀的科幻作品备受瞩目，点燃了青少年的科普科幻创作热情，在这股积极向上的氛围之下，产出了众多优秀原创作品，遴选出了一批又一批潜在人才。青少年具备优秀的想象力、好奇心、创新精神和探索能力，在创作中他们以科幻思维展开无穷想象，将正确的世界观、人生观和价值观融入其中，描绘出一个令人惊奇的未来世界，科普科幻创作帮助青少年对未来人类社会的各种可能性具备更为广阔的视野和更充分的心理准备，同时也展现了新时代青少年的社会责任感。

科普科幻文学是一种能激发青少年想象力、好奇心和创造力的未来式文学，用精美的文学外衣包裹住相对枯燥艰深的科学知识，有“随风潜入夜，润物细无声”的作用，既能让广大青少年在不知不觉中吸收科学知识，也能激发他们的想象力，传递科学逻辑和科学理性。

科幻是科学与幻想的思维融合，是最具代表性和感染力的科学文化表现形式。科幻教育与科学教育的关系离不开对“科”字的理解。科幻作品在内容和形式上呈现出“幻”的特色，但“科”的框架支撑始终是科幻作品的重要内核。我们从科幻作品中汲取科技创新的启发，激发青少年的好奇心、想象力，增强其创新思维和创新意识。阅读科幻作品是丰富我国科学教育内涵和外延的重要途径。应以科幻为载体培育“科”与“幻”的土壤，用寓教于乐的方式在青少年心中种下科学的“种子”。

《等你，在未来（第八季）——第八届全国中学生科普科幻作文大赛获奖作品集》收录的是本届大赛中荣获全国一等奖的优秀作品，集中体现出当代青少年的科学素养、科学热忱、想象力和观察力，是发掘和培养未来人才的重要宝藏。

人才是科普科幻创作的珍贵资源，原创是创新力量的代名词，科普科幻作文大赛集创作、阅读、竞赛、传播为一体，以二十大人才培养理念为使命，促进文学与科学的融合，为创新型国家建设蓄积更充足的底气，为我国科普科幻事业的发展凝聚更多新生力量！

中国科普研究所所长、研究员
中国科普作家协会党委书记、常务副理事长　王　挺
中国科幻研究中心主任

2022 年 10 月

前　言

一

全国中学生科普科幻作文大赛已成功举办八届，是教育部认可的面向中学生的全国性竞赛活动之一，在全国的科普科幻界、大学及中学中赢得了广泛的认同与赞誉。

大赛在助推科普科幻教育，助力提升青少年科学素养、想象力和写作能力的同时，也帮助众多参赛学生实现了自己的名校之梦。

许多专家评论说:“全国中学生科普科幻作文大赛是一项非常特别的作文大赛。”

为什么这么说呢?

一是大赛的定位特别：全国中学生科普科幻作文大赛是国内第一个定位于科普与科幻的作文大赛，是一项针对在国内传统教育中尚未受到足够重视的科学素养和想象力的大赛。在科幻掀起热潮的今天，大赛对于推动中学生群体参与、关注科普科幻创作，培养未来的创作人才具有重要意义。

二是参赛对象特别：全国中学生科普科幻作文大赛突破了传统的作文比赛以文科生为主的缺陷，为理科生也提供了展现想象力与写作能力的机会，实现了文学与科学的融合。

三是评价标准特别：传统的作文比赛，往往重视参赛者的文学性表达，但是全国中学生科普科幻作文大赛，首先重视参赛者的想象力、观察力，其次才是表达。如果小作者们可以将其想象、观察到的事情表达得清楚明白，也有机会获奖。

四是重要性特别:“创新是一个民族进步的灵魂”，在今天这个“综合国力的竞争说到底是创新的竞争”“抓创新就是抓发展，谋创新就是谋未来。不创新就要落后，创新慢了也要落后”“科技创新、科学普及是实现创新发展的两翼，要把科学普及放在与科技创新同等重要的位置”的时代，创新从来没有这么重要过。而创新的前提就是想象力，特别是对未来的想象力，这正是全国中学生科普科幻作文大赛的定位。所以，此项大赛是助力国家创新战略的一朵小小浪花，中学生们参与此项大赛，也是训练与提高自己创新能力的一个小小的机会与实践。

五是专家阵容特别：全国中学生科普科幻作文大赛汇聚了国内科研、科普、科幻领域最著名的一批专家、学者、作家等作为评委，比如，林群院士，刘嘉麒院士，周忠和院士，《三体》作者刘慈欣，著名科幻作家王晋康，中国更新代科幻作家代表人物陈楸帆、江波等。

六是权威性特别：第八届全国中学生科普科幻作文大赛是由中国科普作家协会主办，清大紫育承办，《科学故事会》杂志、《知识就是力量》杂志、《科普时报》、江苏省科学传播中心、天津市科普作家协会、河南省青少年科技教育协会、《科幻世界》杂志、宁夏科普作家协会共同协办的一项全国性的作文大赛。

七是影响力特别：第一届全国中学生科普科幻作文大赛的获奖选手，获得了国家领导人的接见与鼓励，这是其他任何作文比赛没有过的殊荣；各届多名选手荣获“华语科幻星云奖”青少年作品奖；《科学故事会》杂志集中刊登大赛原创佳作；国家级科普期刊《知识就是力量》为获奖选手开设专栏；全国性科普类周报《科普时报》刊登大赛赛程动态、命题解读及优秀作品等。这些都从侧面反映出此项大赛的影响力、重要性与权威性。

八是颁奖规格特别：第六届全国中学生科普科幻作文大赛的颁奖典礼在2019中国科幻大会“青少年科学普及和科幻创作”专题论坛上举办；第七届全国中学生科普科幻作文大赛部分专家受聘仪式在2020中国科幻大会“青少年科普科幻教育”专题论坛上举办，并在国家级平台上展示了全国中学生科普科幻作文大赛举办的成果。

二

全国中学生科普科幻作文大赛是特别的，而这本“作品集”也是特别的。

首先，本书是当代中学生科学素养与想象力的记录。本书择优收录了第八届全国中学生科普科幻作文大赛全国总决赛荣获一等奖的优秀作品，集中体现了当代中学生的科学素养、想象力和创造力。

其次，本书还是留给未来人类的一份珍贵的史料档案。书中的大部分文章记录的是我们今天的中学生对未来的预测和对今天的理解，具有特殊的收藏与历史价值。

三

在第八届全国中学生科普科幻作文大赛的作文主题之下，很多优秀的小作者脱颖而出，他们想象力之丰富令评委们赞叹不已。

更难得的是小作者们在对未来的想象作品中又充满了对当下人性与人生的思考，他们在作品中表现出来的让人惊叹的科幻想象与深厚的人文情怀，无疑令本书更具有可读性和收藏性。

我们有理由相信：在不久的将来，某一篇获奖作品所描述的画面就会出现在现实生活中，到那时，后人再读这本书恐怕会有不一样的感慨！

四

正是因为全国中学生科普科幻作文大赛以上的特别之处，有很多大学在招生时，开始重视大赛的奖项，重视大赛中获奖的学生们，已经有众多中学生通过本大赛的奖项升入了自己理想的名校。

希望有更多的学生通过全国中学生科普科幻作文大赛的历练，可以让——

心仪的名校，在未来等你；

渴望的成功，在未来等你；

期待的幸福，在未来等你；

让一切美好，等你，在未来。

编者

2022 年 11 月

目　录

纳此千顷静

安悦怡 / 高三年级　马怀琼 / 指导老师　重庆实验外国语学校

2021 年 12 月 13 日，学校广播站哀鸣响起，全体起立为南京大屠杀死难者默哀。2022 年东航空难，那些生命上一秒还在翱翔，下一秒便被折断了翅膀。从此再见飞鸟便是泪流满面，从此不再展开翅膀、凌啸九天，从此不愿再入广西看尽盛世繁华。生命如此渺小，玉饰渡云川，最短暂的生命便是刹那；生命又是如此伟人，一眼五千年，最长久的生命便是永恒。“生死或重于泰山，或轻于鸿毛”能动地改变生命的价值，发挥生命的最大作用，改变生命的能力。将此纳入怀中，世界都安静了。

惊蛰，今朝蛰户初开。生命的能力是婀娜的花，是相思的愁，是相思子落子无悔的诀别。孟春已至，太阳复苏万物，春雨润物无声。“红豆生南国，春来发几枝。愿君多采撷，此物最相思。”你我参商一方，我只有用红豆遥寄相思。春天的花是生机的，焕发出生命的灿烂。任君评议，却又不随波逐流，开出自己的南楼一味。诗中的红豆是爱情的象征，是生命中的相思。红豆是相思子的别名，这是一种毒物，仅一颗便可让人毒发身亡。相思子只有指甲盖那般大小，黑帽子红身体。相思子的诀别在于它落子无悔，就算身怀剧毒却又无悔地遥寄相思，明知有些爱情是生命的毒药，也要飞蛾扑火。生命无悔，因为它改变了生命的纯真，增加了红尘烟火，不算白走了一遭。将相思豆纳入怀中，我落子无悔。

小满，子规声里雨如烟。生命的能力是最后一搏的勇气，是无私的奉献，是鲸落的浪漫。自然界中的波澜壮阔莫过于夏天的海洋，时而风平浪静，时而浪涛滚滚。鲸是海洋中最庞大的动物，它的生命一路浪漫成花。深蓝色的脊背，白肚皮，它和所有海洋生物一样无忧无虑地生活。鲸落就是鲸的死亡，当鲸预感到自己大限将至时，它便会离开族群，游向海面，用尽最后的力气跃出海面，完成生命最后的跳跃——最后一次看蓝天，保留对世界最后的留恋。随后它就慢慢沉入海底，它沉入海底的过程需要四个多月，鲨鱼会来啃食它的尸体，然后就是蟹、虾等在鲸的身上安家、筑巢，这样的破陋残垣却孕育了数百万的生命。最后当鲸尸只剩骨架时，便有许多海洋微生物在上面繁衍。人类也一样，医学研究离不开死者捐赠的遗体，就算没有全尸又何妨？就算连骨灰都找不到又何妨？虽然自己等不到夏天，却让千千万万的后世人沐浴在阳光下。鲸落的浪漫是沉入海底，暗无天日却以一己之死供养千千万万个生命。生命浪漫，因为它改变了生命的平凡，增加了创造与奉献，世界才会美好。我愿纳鲸落的无私入怀，浪漫一生。

白露，白露湿关河。生命的能力是秋天稻子的丰收，是一生的执着，是杂交水稻的研发成功。他是一位志恒者，在那个战火纷飞的年代曾立下“我要让所有人都吃饱饭”的志向；他是一位造梦人，他的梦中，“稻穗有扫帚那么长，稻粒颗颗饱满，我和我的助手就在稻下乘凉……”秋天是丰收的季节，袁隆平院士经过无数次试验终于研发了三系杂交水稻，他发现了雄性不育的野生稻母本，结合优质正常水稻，最后种出了杂交水稻，简单来说就是基因重组改变了原有的性质，让种出的水稻又大又多。袁隆平爷爷去世时，医院门口摆放着三株刚摘下来还带着湿润泥土和露珠的水稻。这世上没有神明，也无须立庙，因为这升起的每一缕炊烟，都是飘自人间的怀念。生命执着，如杂交水稻一样执着地生长，如袁爷爷一生献给土地。因为他改变了生命的懒惰与放弃，增加了坚持与收获，便有了怀念。纳执着，彼方尚有荣光在。

冬至，吹葭六琯动飞灰。生命的能力是楼外的蒹葭还是夜晚的月亮？是长安到罗马的庄严与永恒。雪花覆盖了大雁塔的青黛，万神殿的斑驳。文化的生命是多元的、色彩斑斓的。行义求志是儒家文化的绵延，风花雪月是魏晋风度的延续，“岂曰无衣，与子同袍”是大唐包容的传承。罗马崇尚力量是对斗兽场昔日盛世的怀念，小巷中的石板斑驳是狼孩血腥的爪牙，长鹰展翅是对搏击天空的渴望。丝绸之路的起点和终点，两个民族文化的传承，五彩斑斓，交相辉映。生命出彩，因为改变了生命的单一，增加了多元，便有了文化交融，纳多彩生命才可以折射不同的颜色。

纳此千顷静，重新设计生命，改变生命的能力，可以从现在开始。它不只局限于基因重组，还可以改变对生命的态度。生命有自己的思考，但我们也要为生命增添色彩，为自己，为时代，为民族，为云川……

指导老师：马怀琼，高级教师，重庆市九龙坡区骨干教师。

青 萍

白佳凝 / 高三年级 王洪丽 / 指导老师 天津市第一百中学

新星历 160 年正月初一，在古时被称为“元旦”，意味着万物更迭，新年之始，而在新星历中则被称为“涅槃”。古地球人选择在这一天从蔚蓝星球向浩渺的宇宙迁徙，在各大星系间探寻和居住。

街道边被投上了朱红色灯笼的虚影，破败荒凉的街道在赤红灯笼的映衬下更显得诡异。虽然新星历以来科技迅猛发展，第三星系反而愈加荒凉。人类自称已经登上了巨人的肩膀，人造器官的普及，大脑芯片的适用，造成对我们这种人来说最为致命的“优生学”的爆红。人在出生前便早已被分成了三六九等，而我们这些没有“优生”的人便是最下等。

我乘上城市公交来到青萍福利院——我曾经生活的“家”。面部识别器迟钝地扫过我的面部，然后确认了我的身份，身份证明上的照片是我在十八岁时拍的，贴着头皮的一层青碴，耷拉着的薄薄眼皮和眼神中阴郁的浓黑完全不像是一个刚成年的孩子。我自嘲地笑了笑，移开视线迈进了福利院。

院长还和十几年前一模一样，无论是心理上还是生理上，没人知道她究竟多大了，她始终低着白净的脸冲着最下等的孩子们温暖地笑。“小陆，你来啦！快过来，可好久没见着你了，快让我看看你长高没。”我拎着两兜子的营养剂往她手里塞：“给孩子们补充补充营养。”她也不拒绝，笑眯眯地接了过去。

“前两天小芳还回来看我了呢，”院长兴致勃勃地和我说着，“她想生个孩子，她嫁的男人有点钱，还问我给孩子增强哪方面好。”

我漫不经心地应着：“嗯，你怎么说的？”

她看似不经意地回答：“我说哪儿都不用改，无论什么样的孩子都可以成才，最自然的就是最好的。”我看了院长一眼，没应和她，反而道：“她要是钱不够，让她找我借，给孩子找个正规点的医院，回头孩子认我个干爹就行。”院长皱了皱眉：“你哪儿来那么多钱？”

我看向那些乖乖坐在教室里学习的孩子："去学了点机器修理，最近接了点活，生意还不错，你那门口的识别器回头我也给你修修，都慢成什么德行了。"她愣了愣，然后开心地笑了："挺好的。"过了一会儿又红着眼圈说，"真的挺好的，陆萍。你长高了。"

一声嗡鸣响起，面部识别器勤恳地给院长发送新来客的信息，院长低头看了一眼，欲言又止地看了看我，然后匆匆离去。我不小心看到了光屏上的照片——一个极为年轻漂亮的女人。

院长回来的时候牵着一个低着头的小男孩，她愤愤不平地向我抱怨："又是她，她有钱给自己换器官换皮肤的，怎么不知道给孩子找个正规的医院，每次都去黑心诊所，失败了就把孩子往福利院推。真是造孽！"

我蹲下身看着那个小男孩，单眼皮，眼睛大大的，水汪汪的，显现出一种破碎的光彩。这么大点儿的孩子还不太记事，但我又想了想，也许经历过"增强"失败的孩子就是记忆力比较好呢，毕竟我就是从那个女人把我送来青萍福利院之前开始记事的。女人不甘的咒骂，邻居恶意的碎语，以及同龄孩子的嘲弄，每一件都记得清清楚楚，仿佛就在昨日一般。这个男孩眼里细碎的光就像是媒介，我又借助他的眼回到了那段漆黑的时光，我的内心重新被剥露出来，那些鄙夷的目光和恶意的言语将自卑深深地烙刻在我内心深处。

"唔。"稚嫩的声音响起，仿佛转瞬间物换星移，白云苍狗，眼前的小孩怯怯地看着我。我清了清嗓子，干巴巴地来了一句："你好。"也许是还未经过改造的血脉吸引，无法斩断的爱与羁绊终于吝啬地降临。男孩看着眼前的哥哥，不知道为什么对他有着一种莫名的亲近，小声说道："你好。"

"哥哥你也是这里的吗？""嗯，"我牵着男孩的手，"现在已经在外面生活了。福利院会给你提供学习条件，让你以后更好地步入社会。"

小孩继续问我："我们不是已经被社会淘汰了吗？"我没惊讶于他小小年纪便说出这番话，而是极为认真地看向他："不是的。"

福利院的孩子被围在围墙里，不知道外面世界的"人"都长得很漂亮，智商高，寿命长。那些"人"不用学习，大脑里的芯片存储着许多福利院孩子们这辈子都不会了解的知识，完美的基因更让他们无往不利。他们就像是生在春天里的鲜花，清一色的漂亮艳丽，未来是肉眼可见的光明平坦。而这些福利院的孩子则是散发着酸臭气味的水沟旁的野草，生存已经很不容易了，更别提什么开花了。

当年的院长看着陆萍顶着一张稚嫩的脸用悲痛严肃的口气说出这番比喻，捂着肚子抹掉眼角笑出的眼泪，拍着小陆萍的肩膀语重心长地说：“那你就长得高点，再高点。出身和环境不会限制你的高度，只要你见性志诚，哪里都能开花。我们福利院之所以叫作青萍，是因为古时候的一句话——风，始于土，而起于青萍也。蕨类植物的叶尖虽然细小，但它也可以掀起波澜的风。我相信你们都可以的。”

现在的院长看着曾经最挂心的孩子还是用严肃却温和的语气对着新来的孩子说：“现在科技冲击太强，社会的秩序还不太稳定，我们只是小人物，改变不了世界，但是可以亲手改造自己，尽自己最大的努力证明我们一点也不差，”曾经那个阴郁的青年继续说着，“我们是含苞的野花，我们与命运抗争，与苦难搏击，我们于破拆中献芬芳。”

男孩眼中细碎的光重新聚齐，照亮了两个人的眼。

指导老师：王洪丽，教育硕士，毕业于天津师范大学，汉语言文学教育专业。中学高级教师，区级学科带头人，曾获全国教育学会学术年会二等奖、区千人常态课竞赛活动一等奖。

世界以痛吻我 我仍报之以歌

白俊巧/高二年级 李雅丽/指导老师 甘肃省庆阳市镇原县镇原中学

我们身体里有二十三对染色体，其中包括二十二对常染色体和一对决定性别的性染色体，染色体又由 DNA 和蛋白质组成。我们每个人生而不同却又惺惺相惜，看似毫无联系却也是对方的羁绊。

每一个婴儿出生前，都要通过最新技术来检查胚胎基因中是否有致病源，再把人工培育出的正常基因转换到胚胎中。徐栀就是这项技术的第一批成功品。然而她出生后被检查出患有某种隐性遗传病，这种病直接压迫神经，最严重的可导致器官衰竭甚至死亡。主治医生向她的父母提议尝试基因改造，他们明白这其中的不确定因素，可也只能赌一把，赌他们女儿的未来。

她的母亲泪眼婆娑，站都站不稳："医生，我们治！就算砸锅卖铁我们也治！"医生深深地叹了一口气，说道："好，现在我把你们的档案上传到云端，如果遇到适配的基因我们就开始手术。"

长大后的徐栀成了一位小有名气的网文作家，她的宏图大志、她的意气风发都挥毫在网络上，也因此交到了一个无话不谈的朋友。

她跟妈妈说："妈妈，我这个朋友可厉害了。他特别聪明，从小就爱学习，六年级去参加全国的生物竞赛，竟拿了一等奖！可他说他的父母对他要求很严格，而且他的母亲总是嫌弃他太笨了，他真的好可怜啊。"她的母亲笑着说："栀栀，妈妈没有什么远大的梦想，妈妈不祈求你飞得多高、多远，妈妈只希望你能平安顺遂。"

"我们找到了适配的基因，只不过……"在办公室里，医生欲言又止，"我们真的很尽力地保护那个基因了，可有一位先生花更大的价钱把它买走了，这几天就要手术了……"徐栀的父母近乎崩溃，他们声嘶力竭道："为什么？我们已经把钱凑齐了，我们可以给孩子治病的，我们有钱！"

相比大人那边的痛苦，病房这边就显得和谐多了。徐栀对这个高冷的男孩很好奇，开开心心地跟他主动打招呼："哈喽，你好呀，我叫徐栀，你叫什么？”听到这个名字，旁边的男孩惊呆了，说道：“我叫陈路周，你真的是徐栀？”徐栀猛地抬头对上了陈路周亮晶晶的眼睛说道：“陈路周，真巧呀，没想到在这儿碰到你！”两个小朋友明明是第一次见面，可此时却像多年的好友一样。

徐栀其实早就知道自己的救命基因被人抢去了，而这个“强盗”就是她身边的男孩，可她并没有丝毫的抱怨，她在日记中写道：生命的意义是什么，我想我是最有资格回答这个问题的人。自我一出生，我就在和生命作斗争，世界以痛吻我，我仍报之以歌。我相信上天自有命数，人与人的差别都有它的道理和意义，我应该去接受自己的缺陷。我无法带着我的思想走到世界的尽头，那我希望有一个真正和我灵魂契合的人代替我去到达。如果我没能熬过这一切，请把这本日记交给陈路周，也希望他能帮我出版，他应该能帮我取一个好听的书名吧。

徐栀已经油尽灯枯，身上插满管子。活着，对她来说是一种折磨。

她很早就对陈路周说：“陈路周，我觉得你比我更需要这个基因，你是如此优秀，你值得更好的。我明白你性格中的不服输，你渴望自己是完美的、万能的，但缺陷又何尝不是一种美呢？就像我，在十几岁的时候就明白了别人七八十岁时才明白的道理，我这可赚大了，我希望你能成为你想成为的人。”

在徐栀生命的最后她仍然是笑着的，她永远住在太阳里。最终，陈路周也没有进行手术，而是把那个基因收藏在家里。因为徐栀说过：我们拥有着适配的基因，我们是彼此的灵魂伴侣，我们拥有着无法割舍的羁绊。

若干年后，《世界以痛吻我》一书一经上市便热卖，作者徐栀在书中的结尾是这样写的：我们无法决定自己的命运与价值，就像改变了基因也无法控制生命一样，我们能做的就是去感受。去感受爱，感受我们应该面对的挫折与磨难，这才是人生的真谛。谨以此文，献给最爱我的爸爸妈妈，还有我最好的朋友陈路周。陈路周，你不黯淡！你是我的星。

指导老师：李雅丽，文学学士，毕业于西北师范大学，汉语言文学专业。中学二级教师，曾荣获校级高考优秀科任教师、优秀班主任和师德标兵。

光 辉

包佳蕾 / 高三年级　王维 / 指导老师　北京市东直门中学

51 世纪，地球被分为两大区域，分别居住着精英和低能人。精英们，用人工智能技术在手腕处安装一个小芯片，并用千百根头发丝粗细的导线连通到中枢神经系统，把人的记忆，甚至感情储存到电脑里，从而实现人机合一，达成永生，反之也可以将想要获取的知识和能力传输给大脑。因此，精英们往往是一心想获得“超能力”的富人阶层——毕竟人机转换技术价格不菲。至于低能人，就是未经科学手段改造过的普通人类。

而我就是低能人中的一员，我的祖上世代都是低能人。“父亲，我也想变强大。”父亲却说：“精英不一定是你想象的那么美好，小光，等你长大自然会明白。”他的话，我总是听不懂。

课堂上，老师向我们讲述着三千年前的地球：“21 世纪的地球，绿树成荫，莺歌燕舞，天空一片蔚蓝，棉花糖似的云朵飘浮在空中……”老师描述的景象是我不熟悉的世界，因为如今的地球早已没有了这般洁净。我望向窗外乌云密布的天空，黑压压的让人透不过气，大地一片荒芜，污水废水四处奔流。“老师，为什么现在的地球是这样的呢？”同学阿辉问出了我的疑惑。“好问题。人机转换技术需要大量的资源，这项技术早在千百年前就已被发明，却由于它对自然强大的破坏性被国际环保组织禁止推广。但人类的野心是无法遏制的，在金钱和利益的驱动下，这一技术还是被传播到了全世界。当然，只有富人阶层的精英们才能担负得起它昂贵的价格。于是，世界资源进入了濒危状态。”

下课后，阿辉同我说道：“我听说精英们居住的富人区有一种机器叫时光机，可以带我们回到过去，不如我们去试试。”“富人区？那里不是不允许我们进去吗？听说被发现可是要被销毁的！”“你怕什么，我搞来了两件精英服，反正大家都长得一样，换上衣服谁能认出你？”在阿辉的怂恿下，我也渴望看看老师口中的人间天堂，于是我们出发了。

通过一道巨大的门，我们进入了富人区。眼前景象震惊了我，满目翠绿，鸟语花香，这不就是我想去的21世纪吗？老师为什么说现在地球的资源枯竭了呢？我忍不住伸手想触碰一下身旁梧桐树垂下的绿枝条，却被一道极强的电流撞开了。“你想死吗？为什么要摸人工树！”一个身着精英服的小孩一把将我推开，“老师没教过你，人工树通身遍布电流不能摸吗？”我明白他是真正的精英阶层。

为了隐藏身份，我含糊地解释道：“额对，我忘了。”

“你们两个也是去参加时光机体验活动的吗？我们可以一起去！我正愁找不到伙伴呢！”小孩说道。

这可正中我们下怀。“好啊！”阿辉说，“那你带路吧。”

“话说你为什么找不到伙伴啊？”我不禁发问。

闻言小孩长叹一口气：“我祖上是低能人，精英们看不上我的。他们说我是废物的后代，就算攒了足够的钱，移民来富人区，安装了人工芯片，身上流的也是低能人的血……”

“什么意思，难道低能人就是真的低能了吗？我们通过自己的努力学习知识，不依赖电脑难道有错了吗？我们遵循自然规律，接受生老病死，难道有错了吗？”阿辉口无遮拦大声喊道。我急忙堵住阿辉的嘴，但一切都晚了，街警很快发现了我们，我和阿辉急忙逃跑，一路冲刺。要是被抓到可就是死路一条了！“跟我来吧，我知道一个安全的地方！”那个精英小孩大喊。我们已是穷途末路，便相信他，随之逃到了一个废弃的仓库。

“这里很安全的，每次我难过的时候就躲来这里。”我和阿辉谢过小孩的救命之恩，又试探地看向他，毕竟他发现了我们是低能人的事实。“你们不用紧张，我不会说出去的。”沉默良久，他接着说，“我父母说精英们发现了新的生存星球，他们马上就要离开地球了……我不想离开，这里才是我的家。”

“不如这样吧，我们带你回家找我父亲，他是低能人首领，他一定有办法。”为报答小孩的救命之恩，我们带他溜回了家。

我向父亲坦白了偷偷去富人区的事，父亲既生气又无奈：“小光，这回你明白了吧，精英们的世界里充满歧视和虚伪，他们不爱地球，只爱自己的利益，如今榨干了地球资源便要离开了……但也不用担心。我们，也就是他们口中的低能人，不会抛下地球的，你看……”

父亲带我走进实验室，“0号”小树苗和许多小生物体被安放在器皿内，那是真正的生命！“我们尽全力拯救了最后的生物基因，相信有了它们一定能重建地球家园。过度依赖电子生物信息技术永远不是一件好事，小光，你要记住。”

父亲的话深深印刻在我的脑海里，百年过去，我早已成长为普通人类的领袖，是的，所谓的精英们早已消失在历史的长河中，消失在浩瀚的宇宙里，而我们普通人类用自己的双手，利用生物技术创造了真正美好的地球家园。看着眼前恢复一片生机的地球，我笑了，我终于实现了儿时的梦想，而迷失了生物技术发明初心的人们，再也见不到如今美丽的地球家园了。

“小光，阿辉！0号树苗都快高过当年富人区的摩天大楼啦！”是那个精英小孩，他最终摘除了芯片，继续以一名“低能人”的身份生活了下去。

我终于明白，人类不抛弃不放弃养育自己的地球，运用自己的智慧创造美好，理性看待和利用科技，与自然和谐共生，才是人性最美的光辉。

指导老师：王维，文学学士，曾获东直门中学优秀教师、学生最喜爱的教师等荣誉称号。

永生·独裁

蔡奇轩/高二年级　赵新怡/指导老师　黑龙江省大庆实验中学

“市第三医院遭遇恐怖分子袭击，飞遁集团总裁遇刺身亡，又一个改造人被杀了！这都是第几次了？”

“十几次了吧，现在去医院都得过好几层安检。”

“想别人之前还是先想想怎么还你儿子基因治疗的贷款吧！”

“都拖欠我一个月工资了，要是咱们老板敢做基因改造，我第一个去炸医院！”

我听着同事们的抱怨，面不改色地盯着电脑屏幕，我心里清楚他们只是发泄情绪罢了，而我不一样……

“刘第，今晚看电影去吗？我陪你。”

一旁的萧若雨露出了甜甜的笑容，从兜里掏出了两张电影票。

萧若雨是我的高中同学，也是我的白月光，我们相识十年，最近确定了关系。

“哦，好。”我温和地笑了笑，接过了那张电影票。

这是一部叫作《独裁者》的科幻电影，在影片开始之前，我一直想不明白为什么科幻电影会以一个只存在于历史书上的名词命名。

影院里熙熙攘攘，全是一对对牵着手的情侣，虽然我牵着萧若雨的手，但心里一直作着爱情和未来之间的抉择，显得有些心不在焉。

电影开始了，我尽可能甩掉了脑子里的杂念，开始欣赏这部片子：

一个苟延残喘的老人瘫在小小的窝棚房子里，费力地呼吸着那污浊不堪的空气。他病了，肺癌晚期。

“按理说，在这个基因技术发达到一定程度的时代，癌症早就不再是绝症。但我清楚，有病就能看医生的生活不属于我们。”

基因改造，真是一个让人又爱又恨的词啊！“我”走出那小小的窝棚，感受着生物技术和电子科技在人类肺部的应用成果，没错，呼吸新鲜空气也是要花钱的。

父亲一辈子为了给“我”省下改造先天性心脏病的钱，呼吸了三十年窝棚内经过内循环早已污浊不堪的气体。

一百二十年前，基因改造进入了商业化时代，那些顶尖的富豪在编辑基因上毫不吝惜，他们一掷千金，用时代的发展红利满足自己贪婪的欲望。

他们成功了，人类实现了端粒延长技术，能将一百二十年的理论最高寿命延长到原来的五倍，体内更多的线粒体让他们有更强悍的身体机能，体外干细胞器官培养让他们无须惧怕任何器官衰竭。最终，编辑基因技术让旧时代财阀成了新世界的造物主，造出了一尊尊神明……

沟通底层和上层的教育通道被蛋白质芯片的出现砸了个粉碎，新人类的大脑配合基因改造过的超越普通人类的身体机能，让他们宛若超人。

“新人类的智商普遍在一百八十以上，而普通人只有一百二十，狗是六十。他们不会怜悯普通人，就像普通人不会去怜悯流浪狗。”

当电影男主角说出这句台词时，我的心颤抖了一下。

男主角是活在23世纪生物科技与制度高度发展下的奴隶，他在肮脏恶臭的环境里付出比机器人更低的成本，麻木地做着重复性的工作。

而在窗外，一名独裁者在天蓝色的湖水旁吹着清风慢跑，肺部的每一次呼吸都吸入六千毫升富含氧离子的清香空气。没错，他的家族垄断了地球的大气和淡水。

而“我们”，只是在大量机器般严格执行命令的克隆人战士的胁迫下言听计从的虫豸。

当“我”回到家的时候，父亲已经消失了，桌子上摆着两箱蛋白质块和一桶纯净水。啊对，还有一把小刀。这就是他留给“我”最后的遗产。

第二天清晨，“我”没有像往常一样走向那污浊的工厂，而是捏着手中的刀拼了命地向那名晨跑的独裁者奔了过去，但是刀根本无法刺穿他的肌肉组织。

独裁者看着“我”笑了，就像人类看见螳螂拦坦克那样的笑，讥讽的笑。

“我”不寒而栗，两名强壮的克隆人士兵死死地捏住了“我”的手，把“我”拖向了一座富丽堂皇的独栋别墅。

别墅的地下室里，一个个活在培养槽中的大脑思考着，作为一台生物计算机的基础单元。

“工 02201，感谢你为科技发展做出的贡献。”

这是“我”作为人时听到的最后的声音。

电影放映完了，我的后背早已被冷汗浸湿，这绝对不是任何一个人想看见的未来。

在这一刻，萧若雨紧紧地握住了我的手。

“别怕，没事的。”

她温柔的声音却没让我感到一丝治愈，因为就在刚才，我的同事给我发来了一段录像。

她坐上了老板的车，随着镜头的拉近，我看到了她包里漏出的手术报告单，全款。

“我们分手吧。”

“怎么，你要去未来了？”

萧若雨恍惚了一会儿，过后轻轻地点了点头。

“如果是你，也会这么做的。”

我笑了笑，不知是在笑萧若雨，还是在笑自己，这一刻我的心里没有一丝愤怒，只有对未来的向往。

这是我们最后的道别。

指导老师：赵新怡，教育硕士，毕业于陕西师范大学，学科教学（语文）专业。中学一级教师，大庆实验中学优秀青年教师，优秀党员，高考优秀阅卷员。曾获黑龙江省教育科研成果一等奖。

桃花源

蔡徐清/高三年级　刘婷/指导老师　江苏省泰州市姜堰中学

盛夏日短树栖蝉，斜桥横碧闲戏鸭。

宣言躺在一块还算平整的草皮上，嘴里叼着根狗尾巴草，百无聊赖地想：这第七星系就是落后了点儿，但待在这儿可比第一星系舒坦多了。

浩瀚星空里的七个星系如神祇撒下的碎钻，绵贯而来，前四星系联系紧密，位居中央，后三星系逐步向外扩散，到了第七星系，便像是被遗弃了，成了一片蛮荒之土。居住在第七星系的，大抵是些星际流民或者是被抛弃的残次的幼婴，由于各种因素的影响，这些孩子大多无法连入“桃花源”系统，渐渐地被边缘化了。

桃花源，顾名思义，是一片心灵的净土，是一块风水宝地，星际联盟的技术部门前前前部长宣权老先生与诸多部下联手打造的“完美”系统。从前的人们自幼摸爬滚打，少年时书海苦涉，成年后进入社会继续更技巧性地摸爬滚打——而今，孩子在还是受精卵时便连入桃花源系统，通过基因工程进行“培养”，输入知识及一些可挑选的技能，以成为一个完美宝宝。

桃花源系统发展多年以来，愈发完善，饱受好评。宣言也曾对其便利深有体会，直到他无意中发现自己的身份被父亲设定成了“渔人”。

宣言四处张望，流云卷挟着乱窜的风从天的尽头飘来又飘走，柳枝拢着四溢的花香荡过来又荡悠开去，池塘里的野鸭子扑棱着翅膀，激起的水花在阳光下映射出斑斓的光。

他想起第一星系首都星的天，胶状的凝滞的云，温和的平淡的日光，经过精心设计的植株景致，香氛师调制的幽香——还有那些端庄优秀的绅士和淑女们。他本有些失落的心突然被抚慰了许多——哪里是什么渔人，我分明是得到了“伊甸园”中的禁果。

宣言这次来第七星系是下了一番决心的，他利用渔人的身份逃离了桃花源的管控，卖掉了自己十岁生日时收到的机甲，准备在第七星系完成他的毕生梦想——当一名老师。

首先从建学校开始。宣言高估了第七星系的教学系统，这里的学校，说难听点，早已摇摇欲坠，宣言不得已自己掏钱来盖屋子。

其次，便是最难的招生了。宣言费尽心力用金钱、零食、玩具等一系列“贿赂”措施“收买”了一百来个学生……

宣言又忆起首都星卓尔学院的那些公子小姐们，虽说都是些谦谦君子，温文尔雅的模样，但好似都端着副高高在上的架子，他们中许多人的理想已被设定，无非是机甲设计师、金融专家、联盟军人等“高级”的职业，他们好似为联盟而活，却又只是以自己为中心地“运转”着，塑造着自己在别人心中一丝不苟的清高独立的高雅形象——可别人何尝不是一样？每个人都完美得别无二致的社会，但每个人又都朝着不同的方向为自己的优秀与体面而活，其实是在各自孤独地运转着，不知心之所向在何方。

他的教学工作正如火如荼地进行着。

他自己编课本，做教案，从最基本的科学技术讲起，与卓尔学院不同的是，他决心教会这些孩子们技术知识，以应对势力愈发庞大的桃花源系统，更是为了对那项技术进行“基因改造”。

“震惊！昔日繁华都市竟遭轰炸，是人性的扭曲，还是道德的沦丧？”

卓尔学院的“优秀”学生真是愈发杰出了。他们用自己灵敏聪慧的头脑与首都星上最先进的桃花源技术更改了一批新生儿的基因碱基序列，于是大量的精锐不法分子操作机甲涌入星际太空，近日炸毁了第二星系的一颗星球。宣言看着回放，一颗蔚蓝的星球迅速破裂、皱缩、坍塌——那里曾是桃花源备用基地，掌握着极其先进的技术，其富饶程度堪比首都星，而且拥有其他星系难以一见的险秀的山脉，飞溅的瀑布，灵秀的山泉——钟灵毓秀，山清水秀皆毁于一旦。技术的竞争竟使那群优秀而脆弱的“人才”们抛下了道德的底线，张牙舞爪地干起了恶魔的勾当，他们终会付出代价。

他想，时候差不多了，得加快脚步了。

重回第一星系，宣言看见了意料之中的景象，如他所料，早已物是人非，他出走时的心气，早已在第七星系消弭了。他也不曾想到，竟会和年少时的预料走向完全相反的方向。

他潜入桃花源技术总部，利用他家族的基因序列成功解锁了系统核心储存地，通过与他的学生远程联系，联手攻破防火墙，在基因工程技术那一栏删去了“情感与效忠”，并为桃花源技术设置了“数目限定”与“身份检索”，功成身退，把技术权限重新交还给了他父亲。因为，宣言相信，父亲是明白这一切的理智的“渔人”。

科技，包含着科学的思考与理性的技术。

生而为人，切莫以自己的情感弥补了科技的缺陷，更不可让科技的先进成全了自己的野心。

宣言想，离开了首都星的那几年的确有许多意想不到的艰辛与坎坷，生活中的不如意不断地闯入，让他的追梦之路愈发绵延悠长、曲折蜿蜒。但是，只有经历了，才会完善。塑造一个人，靠的永远不是基因的改造，而是在磨砺中自我修复。

宣言想，倘若世间风景都是已设计好的模样，那还有什么情趣可言？倘若每个人都表面上不停行进，却不知真正的心之所向是何方，那这个社会何谈凝聚？

宣言想，再精妙的技术，再优秀的人才，如果违背了本初的人性，丧失了生命的热情，还有什么意义呢？

不如，俯仰山水之间，口中叼一狗尾巴草，悠然自得；纵览世间好景，为心之所向，无畏奔赴——

心中自有桃花源。

指导老师：刘婷，文学学士，中学一级教师，曾获得江苏省姜堰中学优秀教师、学生最喜爱的教师等荣誉称号。

怪 胎

柴筠舒/高二年级　秦翠菊/指导老师　山东省聊城市阳谷县第一中学

他们都说我是个怪胎。

我住在科技树高度繁茂的赛博城，一个被称作“天堂”、无数人挤破头都想进入的星球。一百年前，那场生物基因大革命轰轰烈烈地烧沸了整个星系。尤其是在这里，望子成龙的父母们争先恐后地签署了编辑子代基因的同意书，DNA 重组技术逐渐达到了和千年前疫苗技术相当的普及程度。赛博城很快凭借比例越来越高的“完美人”脱胎换骨，一跃成为人人憧憬、开辟新时代的完美世界。

在这里，你可以看见一对相貌普通的夫妻带着他们明眸皓齿、一脸明星相的孩子；你可以随意走进一所学校找出几百个智商高达一百五十的神童，或是能名副其实地担起“小莫扎特”之类称号的音乐天才。同样的，做过肢体改装、人机合一的居民也不在少数。而我，是这座科技之城中的另类——一个完完全全的原生人，没有经过任何基因改编、机械重组的自然造物。

因为不完美得格格不入，我一直被身边的人叫怪胎。为此我也埋怨过极度排斥人体改造的父母，我真的不明白作为高薪一族的他们为何思想这么古板，导致我在天才云集的大环境下黯淡无光。我拼命攒钱，就是为了有一天能摆脱父母的控制，去做人体改造手术。

无论如何，我一定要拥有和别人一样的、融入这座完美之城的权利。

后天就是预约的手术时间了。为了节省开销，我找到从小到大唯一的朋友——阿晟，在他的实验室进行了全面术前体检。他却劝我放弃这场存在风险的手术：“人因不确定性与独特性而可贵，绝对意义上的完美本身就是一种瑕疵，每次我摘下机械肢体后，都觉得自己像赶着受刑的废人。”可我只觉得好笑：也许是完美的人生太过一帆风顺，阿晟才会有像这样多愁善感的资本吧？我已经迫不及待想要去体验全新的人生了。

晚上，我在宿舍接到了阿晟的电话。电话那头的他支支吾吾。我有些紧张："是体检结果有问题吗？""……也不是。"我松了一口气。可接下来的话却让我毛骨悚然——"你确定你没有进行过人体改造吗？"

我一路飙车，朝父母所在地驶去。不夜城灯火通明，一片喧嚣，我却只能感受到阿晟的话一次次撞击我的耳膜："你的大脑处植入了一个芯片，初步判断是储存记忆类的。还有，还有……你的一些基因片段，并不属于人类。"我所受过的教育告诉我，这种种迹象都指向了一种可能性——

"你是个仿生人。"在我的逼问下，妈妈绝望地捂住了脸，爸爸背过身去，转向宽阔的玻璃幕墙，在绚烂的赛博城夜景中显得疲惫而渺小。我嗫嚅着，喉咙干涩得发不出一点声音。"本来想着瞒你一辈子的，如今一切罪孽的报复都来了……"爸爸沙哑的声音揭开了我的身世之谜。

"我"十一岁那年，不，应该说是"他"——我"父母"的亲生儿子，死于一场手术事故。父母作为生物基因秘密研究人员，并且是对基因改造持怀疑态度的那一派，没有让儿子进行基因改编，他也因此被同学视作怪胎。爱子心切的父母带他进行了肢体改造手术，然而不幸失败了。儿子的死狠狠打击了父母，痛入骨髓的思念迫使两人作出了一个让今天的他们无比后悔的错误决定：将当时尚处于武器性仿生人实验品阶段的我改造成了他们儿子的模样，并植入了记忆芯片。而当时已经设计完成的一些基因实在没有精力重建，就通过组蛋白修饰隐藏起来。他们向政府汇报研究课题失败，然后把"我"从一把见血封喉的刀，变成了一个平平无奇的人。

原来，他们不允许我接触人体改造，除了怕我知道真相，还有一个重要原因——那样我就不是一个和原身一模一样、完美的赝品了。

我的记忆，我的父母，我唯一的朋友，都不是我的；甚至连"怪胎"之名，都是原身的延续。我抬手抹了一把被眼泪烫得生疼的脸颊。多讽刺，就连它也不属于我。那爱呢，是真的吗？

忽然，楼外警铃大作！红色的警示灯给美丽的夜染上了可怖的妖娆。父亲的光脑收到信息：和我同期研发的武器性仿生人逃离了实验室，已经在市区造成了百余例伤亡！可悲的是，常规性武器对他几乎毫无用处，而使用大规模杀伤性武器就势必会对市区造成破坏。

"让我去吧。"不知出于什么心情，我艰难地吐出了这句话。母亲的瞳孔战栗着。"既然生而就是武器，又为什么要以别人的身份活着呢？同归于尽，也是我独立存在过的证据。"

父亲为我注射了恢复基因和加速表达的针剂，我们登上了飞往事发地的超音速直升机。我默默感受着身体的巨大变化，一遍遍在心里描摹着沉默的父亲和泪流满面的母亲。他们在忏悔吗？还是在庆幸呢？

阿晟说的对，这个社会本就不需要这么多千篇一律的完美符号，赛博城道德的进步无法追上完美人诞生的速度。我的人生不该被左右，我不会成为重复的完美者，也不能是某个人的替代品，更不应是他们口中的怪胎。

因为我有人性和爱。虽然这不会让我战无不胜，在此刻创造出电影中大团圆结局的奇迹；但会让我在永别之际，明白人之为人的真谛。

打开舱门，狂风卷起我的碎发。我回头望了望"父母"，让声音散在风里："我爱你们。"……以及不完美的自己。

指导老师：秦翠菊，毕业于山东师范大学汉语言文学教育专业，文学学士。中学一级教师。

爱因斯坦 3 号自传

陈传婕 / 高三年级　曹玉明 / 指导老师　江苏省南京市宁海中学

爱因斯坦 3 号，这是我的名字。

我的名字来源于我的基因——我是爱因斯坦的第三个基因克隆体，我的身体内，有的是和爱因斯坦一样的基因。

研究员叔叔阿姨们都很关心我，他们常常来看望我，给我带来一堆益智玩具，还说："爱因斯坦 3 号，你一定要努力啊，你可是爱因斯坦！是要发明出改变世界的东西的人啊！"

别看我才三岁，我已经有很多知识了，因为叔叔阿姨们经常来教我很难的东西，虽然很难，但我都能理解——可能是因为我有强大的基因吧——可我对这些东西并不感兴趣。我虽然是爱因斯坦，但并不喜欢发明，也没有创造的天赋。我不是没有尝试过，从两岁开始，我就已经在研究员妈妈的逼迫下试着发明了。看看我发明了什么：一台可以顺着滑轨上下移动的空调，我想让它的风吹向不同的地方——可大人们摇着头问我扇叶是干什么用的呢？一只会乱跑的机器老鼠——有一天它在实验室乱窜，研究员叔叔阿姨们都抓不住它，结果它打翻了一瓶浓硫酸，把自己腐蚀坏了，幸好没有人受伤；一台全自动养花机器——但放进去的植物没有活过一个月的，包括仙人掌这样抗性超强的植物。

六岁时，我开始上小学了。这个学校叫雅典学院，就像那幅汇集了各领域著名学者的名画《雅典学院》一样，这个雅典学院汇集了很多已经超过六岁的名人克隆体，藏龙卧虎，人才济济。

十岁时，我有了自己的理想 —— 当一个小丑，就是游乐园里面，给孩子们发糖果，吹气球小动物的那种。这是经过了深思熟虑的决定，因为我通过自己超高的智商发现，我有着使人发笑的能力，而且，一想到能让周围的人开心地笑起来，我自己也会特别开心。不过我还没有把这件事告诉周围的人，因为我知道，他们一定会阻止我的。

十七岁那年，我报名参加了学校的文艺汇演。同学们为莫扎特45号演奏的第206首曲子而沉醉，为齐白石41号在现场几分钟就画完的画《一箩筐虾》而惊讶，为爱迪生124号展示的新发明欢呼。

轮到我上场了。主持人报幕说："接下来有请爱因斯坦3号，他是不是也要给我们展示他的新发明呢？"我走上舞台，穿着一身滑稽的小丑衣服，脸上还戴了一个大大的红鼻子。观众席瞬间安静了下来，然后，我听到了同学们的窃窃私语。

我有些慌张，努力地平复了心情，就开始做我悄悄地找游乐园的小丑学习的、已经练习了千万遍的动作。

我在天鹅绒布幔的陪衬下迈步倾身，腾空翻滚，观众们的情绪也都被我的表演牵引着，这种感觉真好。这时，我看见大礼堂的门开了，研究员妈妈焦急地冲了进来，但她没有冲上舞台，而是靠在门边看着台上的我吐着舌头做鬼脸。我没有停下来，继续着我的表演。我看见一脸严肃的研究员妈妈也没有忍住，扑哧一声笑了出来。

之后，研究员妈妈和叔叔阿姨们决定给我自由，他们也觉得我做小丑的天赋比做爱因斯坦的天赋高多了。他们还给了我一个新名字，但这也不重要了，我知道，只要心中有坚定的理想，叫什么名字没有什么不同。

现在我是一名二十七岁的著名小丑，我的表演唤起过无数人的笑容，孩子们尤其喜欢我。我想：基因不是决定一个人的唯一标准，每个孩子都应该在快乐的空气中自由地追逐梦想。

当然，研究员叔叔阿姨们又开始了爱因斯坦4号的研究，并且他们决定，这次千万不能让他看见小丑。

指导老师：曹玉明，文学硕士，南京市教学先进个人，南京市鼓楼区先进教育工作者，南京市鼓楼区语文学科带头人。

延　续

陈煌/高三年级　石陵华/指导老师　福建省晋江市第一中学

“别哭了，”一位中年男子沉声安慰他的妻子，“他已经走了。”

妻子的双眼空洞无神，倒在丈夫怀里，手无力地抓着他的衣襟，哽咽着。泪水早已干涸，留下两条淡淡的泪痕，那是母爱余温之尚存。

这本是一个幸福美满的家庭，然而，儿子的夭折给了这对夫妻沉重的打击。他们的孩子——宁川，一个六岁的小男孩，被恶疾缠身，饱受折磨，终于在一个雨夜离开了人世。

数日后，宁川的父亲来到宁川出生的医院，取走了他出生时保存的干细胞，转身走进克隆室。

数月后，丈夫对妻子说：“我们去领养一个孩子吧。”妻子听从丈夫的建议。自从宁川走后，她变得浑浑噩噩，生活失去了光彩。

眼前这个男孩，还是叫作宁川，妻子把更多的爱倾注于这个小男孩身上，失去了一次，她不想失去第二次。

宁川在父母的关怀下成长，由于他的部分大脑基因被修改过，他十分出色，远超常人。在宁川十岁生日那一天，父亲喝多了酒，把如今的宁川其实是个克隆体的事实，讲了出来。

“我只是一个替代品，对吗？”宁川把自己关在房间，自问，“这么多年的爱，都是给从前的宁川，而不是现在的宁川，对吗？”

“我的存在有什么意义？”宁川想过轻生，但他无法想象父母再一次经历丧子之痛。

良久，父亲开口：“当初，克隆这个决定是我做出的，你的母亲并不知情。这个决定，也许是错误的，但事已至此，无法改变，难道要我们看着一个鲜活的生命消失，而且还是自己的亲生骨肉？！”

“我不是你们的骨肉。”宁川大喊。

“是我不对。”父亲说道，“责怪我，谩骂我，怎么样都行，但不要伤害你的母亲，她没有做错什么。”

“你的左臂上，有一颗痣。”

“你第一次独自睡觉，在三岁。”

…………

“你最想做的，是全家人去西藏看日出。”

母亲抬起头，连她自己也不知为何说出这样一番话，或是内心使然。

“别说了。”宁川怔住了。去西藏看一次日出，是他在六岁那年提出的，宁川只跟母亲说过一次。

宁川的眼角微微泛湿，泪水似乎将要涌出。

“在你的身上，我看到了从前宁川的影子，他很懂事，很休贴，和现在的你一样。我曾希冀你是他，但我觉得，这对你不公。你是一个崭新的人，我从未将你视为从前那个宁川的替代品，从前不是，现在不是，将来也不是。或许，生命无法得到延续，但，这份爱，能得到延续。”母亲接连说了一番话，把自己心中的所有想法都讲了出来。

“延续，爱的延续。”宁川明白了眼前母亲的苦衷，她没有把之前的孩子照顾好，她很愧疚，如今的她，把更多的爱倾注于自己身上，希望能够弥补自己的过失。

回想过去的点点滴滴，母亲照顾自己的画面浮现在眼前。

泪水终于夺眶而出，宁川奔向母亲，紧紧拥抱，久久不语。

后来，宁川带着父母来到了西藏，看了一次日出。

鸿蒙紫气漫天，一道耀眼的光芒划破苍穹，紧接着，无数光缕涌现，天空像是被震碎，紫霞中一轮红日横空出世，散发着磅礴的气势，似乎在迎接一个新的生命。

太阳每天都从东边升起，始终让光芒延续在这片土地上。

宁川还是那个宁川，是父母的孩子，一直是。

有人说，克隆一个人，是克隆其形体。我认为，克隆一个人，是为了爱，延续那份真挚的爱。

指导老师：石陵华，文学学士，中学高级语文教师。晋江市优秀教师，曾获多项市级荣誉。

完美人类

陈靖睿 / 高三年级　王平 / 指导老师　湖北省宜昌市第一中学

当白万仞第一次睁开他的眼睛，眼中的世界，并不像大部分婴儿看到的那样陌生、刺目。围绕他的，是一群欢呼着的医生、家人，还有……科研工作者？！

白万仞不知道的是，他的出生代表着一个科研项目取得了重大突破。他的父母是“Perfect Ones”研究项目的参与人员。22 世纪，随着生物基因编辑技术的发展，部分科研人员已经将目光从简单的处理致病基因转向通过改造基因创造更完美的人类，“Perfect Ones”应运而生，该项目致力于通过编辑胚胎的基因序列，使其强化、完美化，甚至进化。白万仞的出生便是在科研人员们经历了几次失败之后看到的一缕曙光。

从小，白万仞就注意到了自己与他人的不同。一岁学走路，五岁解小学的四则运算题，八岁自学完成初中内容，十三岁踏入初中之际，放在他背包里的便是解析几何题和导数题。他从来没有觉得这有什么不对劲的地方，也许只不过是他学习能力强一点罢了。而他在学习方面的这些不同，也没有影响他与同学的关系。试想，谁会拒绝一个篮球打得好，平时友善幽默，又长得有点小帅的男生呢？初中生的友谊嘛，只要爱好相似，并且觉得对方的性格挺好，那称兄道弟便是理所当然。

好景不长，初三的白万仞刚结束篮球队的训练就接到了姑姑的电话，电话里她的语气听起来十分慌张。挂断电话，白万仞想都没想便跨上自行车飞驰而去。他的脑海里响起了昨晚听到的对话。

“研究就要这样结束了吗？”听上去应该是母亲的声音。

“政府已经注意到我们的研究活动了，再进行下去，只怕整个组织都要完蛋。”

“可是……”

“没什么可是的，‘Perfect Ones’当初没有受到任何一个国家的支持，就是因为所有国家的领导层都认为这样的研究是不人道的。完美人类的出现注定会在人类社会形成一个新的阶层，阶层的形成必定会导致社会动荡，毕竟谁也不愿意看到一个各方面能力都达到人类能力峰值的生物。”

“可小万他……”

“小万的存在，就是目前人类社会最不稳定的因素。谁都不知道当他所有的能力被完全开发后会是什么样子，只是……”

白万仞一时不知道怎么处理这爆炸性的信息，父母竟然是一个非法组织的成员？正在致力于创造完美人类？而他就是他们制造出来的产物？

此时骑着自行车连闯两个红灯的白万仞气喘吁吁地出现在家门口。他终究还是来晚了一步，他的父亲，已经被警察带走了，而母亲也逃往远方，不知所踪。无依无靠的他只能跟着姑姑一起生活，从此消失在小城人民的视线中。

一晃十年过去了，二十五岁的白万仞已经是科研界冉冉升起的新星，年轻的他，凭借“改变人的部分 DNA 序列以使人的各方面能力大幅提升”这项技术，获得了诺贝尔生理学或医学奖的提名。而只有白万仞自己清楚，他所研究出的东西，只不过是在“Perfect Ones”的研究基础上加以发展，降低成本，提高成功率，使其更能被人们所接受。

当白万仞公开“Perfect Ones”的研究时，舆论一片哗然。

“无论他们经历了怎样的艰辛，无论在追求成功的过程中他们做错了什么，他们都是值得赞扬的。因为他们所做的一切，都是为了下一代。”白发苍苍但依旧矍铄的白万仞说道，“For the next generation.”

六十年过去了，随着科学技术的不断完善和提高，如今，编辑胚胎的 DNA 序列以强化人类胎儿已成为一项简单的技术。自然，在这项技术被纳入医保的时候，很多人都持反对态度，他们担心完美人类的出现会给社会带来极大的动荡，甚至引发新的世界大战。但事实证明，随着这项技术的推广，人类社会的稳定与和谐程度持续上升，社会中的不满情绪逐渐下降，如此发展下去，完美人类的存在最终会成为社会的普遍现象。

而作为第一个完美人类的白万仞，准备退休后闲下来，做个世纪老人。

指导老师：王平，中学语文高级教师，曾获湖北省教育科学规划 2018 年度课题教学设计一等奖，湖北省“普通高中国学教育校本化研究”一等奖。

独特的存在最是完美

陈康晶 / 高三年级　高建华 / 指导老师　甘肃省定西市岷县第一中学

3006 年，基因改造技术有了质的飞跃，世界各国在两年半的时间内相继推出了有最高科学技术保障的“基因改造”项目。被改造者在进入一台检测器后，所有的基因会被探测、分析，相应基因所决定的人的特殊性状会被一一罗列，通过操作“基因改造仪”，可以变成自己最理想的状态。自那之后，人类文明发展似乎进入了“全盛”：音乐家、艺术家、科学家、运动员……各个领域的精英层出不穷。

顾新亿的耳机里突然响起声音：“ZRR012 在收到指示后快速回到研发基地。”这是他在确定进行基因改造后收到的最后一条指示。虽然这些天里，他已经习惯了耳机里时不时传来的声音指示，但他依旧觉得这声音冷冰冰的不近人情，尽管这是经过“完美计划”编辑出的大众认为最好听的声音。

基地里还有其他七十一个和顾新亿一样的“自然人”，他们是基因改造项目的最后一批改造对象。在机器人的监控下，七十二个自然人签下了“改造模拟计划书”。顾新亿的改造似乎出了问题，因为他腿部的伤口仍然隐隐作痛，常规情况下，改造后身体的健康是得到最高级的保障的。

新瑾元年，生物改造技术在全球范围内完成，联合计划署批量改造出了不计其数的“完美人”。新人类开始了向河外星系的探索，许多人都自愿装上了高智能基因索卡，他们说这可以让人们应对生活中所有的突发情况。

新瑾三年，外星高智慧生物入驻地球，三个月之内接管了大多数高科技领域的系统和技术。

新瑾四年，外星高智慧生物科技研发系统内部成功破译遗传密码，掌握了基因改造技术。

新瑾七年，人类一败涂地，外星生物统治地球。他们抓住了基因改造的最大缺陷——人性的消亡。几百年前掌握了基因改造技术的人类在追求完美上无所不用其极，散尽家财只为求得改造名额，他们无比激动地操控着冰冷的机器，把人性的温情和生命的独特抛在脑后，在面对“是否重塑当前的一切个性”的选项时，他们毫不犹豫地点击，然后得意地看着自己千篇一律的皮囊。

所以，在更高的文明入侵的时候，人类社会格式化的防御能力不值一提，完美人只会按照系统上显示出来的惯性思维来应对这个多变的世界，结果可想而知。外星高智慧生物把人类引以为豪的科技结晶——基因再造系统付之一炬，准备再造新人类。却忽然在一个不起眼的小镇里发现了最原始的唯一一个自然人，这让他们万分惊喜，因为自然人所特有的情感表达和独立自主的思想是他们的进化最需要的，当初外星物种一直向外探索新的生命就是为了给自己植入情感。

生活在3006年热衷于改造自己个性的人类，怎么也想不到，自己毫不负责轻易丢掉的东西是外星高智慧生物梦寐以求的宝藏。

在小镇里发现的自然人的情感被提取，植入外星生物的生命系统中。他们还对自然人进行了多项检测，提取出了所有的个性基因，甚至研发出了最新科技直接克隆自然人，自然人生命具有的独特性是整个宇宙中最完美的信息。

地球上的自然人又多了起来，就像21世纪那样，只是被这一群人奉为祖先的并不是什么人猿，而是在31世纪基因改造大计划中存活下来的唯一一个自然人。外星高智慧生物在地球上创造好一个新的世纪后离开了，回到了他们的M44星云。

七十年后，基因改造技术再次被研发，但是只被应用于医学领域，改造缺陷基因，让人们更加健康，更好地享受生命的独特带来的幸福。

新亿时期，我们爱好独特，追求独特的完美。

指导老师：高建华，文学学士，毕业于西北师范大学汉语言文学专业。高级教师，获甘肃省课堂教学大赛二等奖，市级优秀班主任。

罪与爱同歌

陈沁雪/高二年级　莫斌/指导老师　四川省成都市田家炳中学

一

云止水紧紧抱着自己的膝盖，将头深深埋在两膝之间。他裸露在外的皮肤上青紫一片，他不敢抬起头来，他知道自己无法反抗。人类已经掌握改造基因的技术，可以轻松改变生命形态。经过不断发展，目前该项技术已经在全人类范围内广泛实践，更改基因的决定权都在父母手中，父母可以随意更改孩子的基因。因此，每个孩子都天赋异禀，完美无瑕，他们的每一根发丝都是父母理想的模样。

但云止水不一样，他的父母并没有选择改变他的基因。这一点从他矮小的个子和并不出众的面容就能看出来。他理所当然成了那个异类。他没有勇气也没有能力保护自己不受其他孩子们欺负。

“你没事吧，哥哥？”云别尘收回目光，心疼而担忧地看着云止水，轻轻将哥哥揽在背上，云别尘背着哥哥向他们的家走去。云别尘虽然是云止水的弟弟，但他却身材高大，强壮有力，他自称接受过“秘密增强版”基因改造，因此才会拥有一身无人匹敌的力量。

回到家，云别尘小心翼翼地把云止水放在营养舱内，云止水身上的伤以肉眼可见的速度痊愈。“哥哥，你放心，下次我一定把他们狠狠揍一顿，让他们再也不敢欺负你！”云别尘紧紧握拳。云止水无力地勾了勾嘴角，他已经习惯了被欺负，他甚至也认为自己不应该存在于这个世界上，可是他还有个相依为命的弟弟。他不是没有怨恨过父母没有改造过他的基因，但他的父母早在他出生后不久就失踪了。

云止水凝望着灰色的天花板，很久很久才发出一声几不可闻的叹息。

当平庸成为一种罪，谁来判定孰是孰非？每个人都是法官，判自己无罪。

二

又一次将云止水从欺凌者手下救出，云别尘决定带哥哥出去一趟。他发现，哥哥眼中的灰色越来越多了。登上空间曲率飞船，云止水站在舷窗前。他不是没有想过离开，但云别尘不同意。没办法，他也只好作罢。这一次云别尘却主动带他离开，云止水隐隐觉得，天，要变了。

“别尘，你觉得哥哥没用吗？”云止水看着弟弟的眼睛。“你怎么会这么想，哥！”云别尘急了。“为什么爸妈不允许我更改基因？”云止水低下头。云别尘看着哥哥，心里止不住地难过。

飞船停在一片美丽的星云前。“别尘，如果哥哥走了，这个世界是不是更完美了？”云止水勾起一抹惨淡的笑，“每次都麻烦你保护我，明明我是哥哥啊。”“哥！”云止水却好像交代后事一般，自顾自继续说着：“记得照顾好自己，按时休息。”云别尘听不下去，直接拉起哥哥的手，塞给哥哥一封来自地球的信。纸张已经泛黄甚至破损，字迹也很难辨认。云止水愣住，颤抖着声音问：“这是什么？”

“哥，我不是你的亲弟弟。”云别尘前所未有地认真，“我甚至不是人，我也没有经历过基因改造，我是仿生人，是你父母把我打造出来保护你的。”云止水说不出话。“你的父母就是基因改造技术开发的核心研究员。他们发现，接受了基因改造的人已经不能算作传统意义上的人类了，因为这些人没有缺陷，而人，一定没有完美的。在人类自我进化的过程中，牺牲掉了一些不需要的东西，比如不完美生命体之间生存所必需的相互依赖。而现在就连父母和子女之间也没有互相需要的必要。你父母无法阻止基因改造的普及，最后制定了只有父母可以修改基因的规则。他们把牺牲的东西中的一部分叫作人性。他们觉得自己是罪人，是他们摘下了禁果，所以选择消失在人前。但他们一直关注着你，希望你成为一个真正的人。他们还说，你们在不久的将来就会重逢。”

云止水低下了头，那封信的结尾赫然写着，“这个世界上有太多完美的人了，我们希望能多一个人，一个不同的人，一个有血有肉有特点的人，完美固然值得追寻，但缺陷才造就人之美。我们爱你。”

当罪与爱同歌，已经不需要是非对错。

三

不久后，云别尘和云止水成功见到了他们的父母。

云止水理解了他的父母，而云别尘，已经成为这个家不可或缺的一员。作为一个仿生人，他已经有了人的情感。他反而更像人了。那么人性究竟该如何定义？那些接受基因改造的人呢？

云止水不认为他的父母有罪。他的父母爱的不止他，还有全人类。人应该尊重生命。云烟高邈，止水别尘。

当爱之歌涤荡罪恶，人性之美光辉永存。

指导老师：莫斌，文学学士，汉语言文学教育专业，中学高级教师，锦江区特级教师，锦江区先进个人，锦江区优秀科研研究人员，曾获成都市赛课一等奖。

暖风下的抛弃

崔雨彤/高三年级　彭延敏/指导老师　河北省沙河市第一中学

烈阳照空，无处可躲光芒。

“大家好，我是你们新来的人类教师。”

我抬头扫了眼教室里的学生们，一双双眼中净是清澈。那清澈来自期待。

在如今快速发展的社会，教育总是第一个被要求改革的。所幸的是，即使是在满地机器人的世界，教育部门依旧要求每个学校必须落实到“一班一人”，即每个班里必须有一个人类教师，在强大的世界里教导学生们什么是弱小，什么是缺陷，什么是爱。

面对这些生来即被选择和改造过的孩子们，我不禁有些悸动。

“希望我们可以共同成长。”

“老师，您好像和我们有点不一样。”林柚盯着我的左腿，疑惑道。

“是不太一样，你们应该没见过我这样的左腿。”我温和地笑着。

有人是生来即被选择的，有人是生来即被抛弃的。在万物强大，人人健康的世界里，我总是不同的，我是个残疾人，是放眼整个世界都难再找到另一个的瘸子。我站在讲台上，平静地讲着我的生活，我的世界。暖风顺着直筒的裤腿蔓延上来，台下少年们的真挚直冲心底。他们都向往健康，向往强大。而我，在被放弃选择和改造的那一刻，一切都变成了奢望。

总有人崇尚武力，总有人热爱和平。

“蓝夜星要向我们开战了。昔日的伙伴，如今因为基因改造就要兵戎相见了。”深皱着眉头的父亲对我说道。

“社会进步的成果归属于谁，这个问题总得有个解决办法，这个办法显然只有战争让人信服，虽然这并不代表只有战争可以解决。”我一脸的无畏。

父亲看着我，沧桑的面容，深邃的眼眸，终是没再说什么。

他总是认为他是对的，连我选择健康的权利也被他剥夺了。

“161 号衍生室，你们需要有位人类同胞来服役，对抗蓝夜星。”国防部留言轻飘飘地落在了俩人的耳朵里。

“我想……”

“我想你不能，因为你有致命的缺陷。”

我想，对，我有缺陷。

橙色的黄昏显得格外耀眼，夏天的风也变得格外温柔。

“我想，老师您错了，我觉得那不是抛弃。虽然我生来就被选择了，您可能会觉得我没资格说这些话，但我还是想说，您的父亲没错。即使我生活的方方面面都有机器人和 AI 技术，我体会不到您的不便，但我想我还是一个人类，在您说自己被抛弃时，恐怕就已经错了。”林柚满脸的认真。

阳光总是青睐少年的。我没再说一句话，只是呆呆的透过落地窗看那无尽的广袤的天空。

也许，不是抛弃。我看着父亲身上蔓延的“特殊肤质”不由得的鼻酸。

“早去早回。”

“对不起。”

夏天总是让人心悸的，我望着父亲离去的背影。“我想，那不是抛弃。”

仅是一阵风，裹挟着新生的白兰花瓣。现在的战争依靠的是科技力量，已然不会波及人类。教室内皆是健康的少年，他们知道什么叫弱小，明白什么是缺陷，更懂什么是爱。

满目的阳光是风的停息，我站在骄阳里，等待着父亲的凯旋。

目望风起，一切皆是未来。

指导老师：彭延敏，文学学士，毕业于邢台学院，汉语言文学专业，中学一级教师。曾多次获得市级模范教师，优秀工作者称号。

非我族类

邓开颜 / 高三年级　李舒 / 指导老师　江苏省西安交通大学苏州附属中学

冬日清亮的光照在幽静的办公室里，一切都显得平常。“B43 工位的同事今天请假去医院了，他的工作得暂且让你分担一下。”小组长传过来几份文件。“他怎么去医院了？”我怀着一些疑惑。那位同事我有印象，看着高高壮壮的，不像会生病的样子。

直到午饭时——

墙上的巨屏电视在播放午间新闻，他的照片出现在屏幕上时，一切都变了。

“今日我院收治了一位患者，他自述左下腹有硬块，怀疑是肿瘤。”医生不住地搓着手，“可当我们应用最新的基因超微检测技术对他进行检查后却发现……”

“这位患者端粒有异常，上面有人工痕迹。”

我的心脏猛地绞紧。

人类的僭越之手已然伸出，自然会对人类降下何种惩罚？人造人会怎样对待人类？未知的恐惧弥漫在每一个角落。

平静的生活被打破。每日新闻里都在播报端粒异常人数。办公室又空了些许，充满压抑、同情和焦虑的氛围，同事间低声互相传递消息：“看到那个空座位了吗？还有那边那个，都‘确诊’了！我还和他们共事了好几年！天哪！”我坐在自己的工位上，默默想着：他们平时表现得没有一点异常啊，怎么就……

政府新闻发布会上卫生部发言人站在台上，紧紧攥着话筒：“……我们发现人造人数量远超预期。”他叹了口气，颤抖的声线显示出他的焦虑，“他们平时可能表现得正常，但他们并非纯粹的人类。”

紧张情绪席卷了这个城市。许多人开始抗拒和身边的人接触，生怕对方非我族类。与此同时，在民众的呼声下，快速检验人造人的试剂应运而生。

周末的广场挤满了人。“只要喝下这一小瓶药水——”台上的人演示着，一仰头便把那点清透的液体喝了下去，“——你们看，很简单的，过五分钟，基因中有异常端粒的人身上就会浮现出红色的花，据此就可以迅速判断谁是异类了！”

“据说为了准确，是拿实验室里年代最久远的人类DNA作对照样本的。那时候绝对不存在人造人呢。”边上的人小声说。人群在欢呼，在雀跃，潮水一般涌向演讲台争抢试剂，迫不及待地一饮而尽。我也喝了，像白开水一样。“不会有事的。”我安慰自己。我从一开始就是人类，不是吗？

只是——五分钟之后，我低下头，却发现，在我的右手腕上，缓缓浮现了那朵鲜红的，象征异类的花。

我恍惚愣在原地，心率骤然提高，氧气供应不足让四周的景象似乎都开始扭曲模糊。怎么可能，我怎么可能是人造人……

但这只是开始。

在一片令人心悸的寂静中，一朵，两朵……一片，两片……深深浅浅的嫣红花海开满了广场。没有人说话，没有人出声，连鸟雀都没有再鸣叫，只剩下冬日的萧萧风声，刀子般刮过每个人的心头。

我眼皮一跳，脑海里浮现一个意识：人类并非造物主却又骄矜自傲，看到的不过是自然光波段里的一点点事物，竟以为能掌握生命的奥秘……

其实一切早就有端倪了，不是吗？逐年降低的自然出生率、不断增长的癌症发病率、各种病症变得越来越稀奇古怪，就连现今如此高超的医疗技术也不能挽救日益减少的人口……也正是因此，才会有科学家想要尝试人造人。

我缓缓闭上眼睛，疲倦如潮水般涌上心头。身体仿佛失去了控制。

在无尽的下坠中似乎传来呼喊：“希娜博士！希娜博士！”

我猛地睁开眼，却被铅白的灯光狠狠刺痛了。“您平安回来真是太好了！您完成了第233号人造人技术模拟实验……”

我摆了摆手，示意他等会儿再说。

“人造人，并不像我们想得那么简单。自然进化数十亿年的秘密，我们真的都研究清楚了吗？”我披上放在一边的外套，“我们还需要再考虑考虑。”

指导老师：李舒，教育硕士，毕业于江苏师范大学，学科教学（语文）专业。中学一级教师，曾获得江苏省高中语文优质课评比一等奖、苏州市周氏德育奖、苏州市班主任基本功大赛二等奖等奖项。

“残缺”的向日葵

狄冠宇 / 高二年级　宗静 / 指导老师　山东省临沂市费县第一中学

在这个人间四月天，我和以往一样，徒步来到师姐生前悉心照料的花园。

随着人们对“完美”二字的追求，这个世界上很少能看见“残缺”的生物，当然，包括人类。不经意的一瞥，竟望见了一株缺了一片花瓣的向日葵。

倒是新奇呢，还有残缺的存在。

我是卫昕年，C·Y 基因科研中心的一名科技工作者。

作为在全国，乃至全世界都备受关注的科研中心之一，C·Y 掌握着一项顶尖技术——基因改造。而我，则是这项技术的主要负责人之一。另一位负责人，是我的大学同学兼同事——胡奕。

三年前，基因改造技术研发成功的消息一经发布，便引发了社会的热议。这也算是“推动人类进步的创新”，我们因此荣获了诺贝尔生理学或医学奖。

但是，高兴之余，我内心隐隐不安。

“胡奕，你不能这么做！基因改造技术是不能应用到人类身上的！永远不能！”

我紧紧护住身后的小枳。他是师姐唯一的孩子，聪明伶俐，天赋异禀。不幸的是，他患有先天性双耳失聪。而胡奕竟打算运用基因改造技术治疗小枳。

“昕年，那是师姐的孩子啊！治好小枳，他就是个完美的孩子了！于他自己，于师姐，于我们，甚至于人类，都是百利而无一害啊！”

“你想都别想！你我都深知基因改造的弊端。要知道世间不可能有绝对完美的存在！”

我近乎发疯的怒吼，显然吓住了胡奕。他定了定神，冷漠地看着我，冷笑着说：“哼！卫昕年，谁对谁错，日后见分晓！”然后像风一样走过我身边，狠狠地摔上科研室的门。

科研室安静得吓人，偶尔能听见几声机械运作的声音。窗外是一层叠一层的乌云，压得人喘不过气。我双腿发软，几滴汗水顺着脸颊流下来。

小枳见状，忙上前搀扶。他没戴蓝牙助听器，我们刚刚的对话他听不见的。

小枳用全息虚拟交流器询问道："哥哥姐姐是吵架了吗？为什么姐姐这样害怕？"

我垂下头，慌忙地擦干脸庞的汗和眼角的泪。

"小枳，我和哥哥在争论一项很前沿的技术。哥哥想要将它实践到人类身上，但是姐姐认为那样不行。"

"为什么不可以呢？广泛应用前沿技术，不是可以让世界更好吗？"

我看到这样天真而澄澈的一行字，不禁笑了笑，轻轻抚摸小枳蓬松的头发。

"小枳啊，不是所有高级的技术广泛应用都可以让世界变得更好哦。"

我渐渐低下头，眸中晕上一层黯淡。小枳，人类的险恶远超出你的想象。孩童的天真终究敌不过坏人的胡作非为。

小枳若有所思地看着我，随即露出一个向日葵般的微笑。

"姐姐，我支持你！打倒一切影响世界美好的事物！"

他就像一株残缺但惊艳的向日葵，阳光而自信地存在于这个世界上。

…………

窗外大雨倾盆，雨水无止息地拍打着窗户。我从雷的巨响中惊醒。也不全是因为雷，还有，噩梦。

我梦见，小枳在胡奕那里，进行着基因改造……

什么？在胡奕那里？！

我发了疯似的，满屋里寻找小枳，不见踪影。我询问组长，也毫无踪迹。

那小枳在哪儿？我恐慌极了，到目前为止，也只有那最坏的情况我没有考虑到——在胡奕身边。

汹涌的夜色里，我在令人窒息的雨水中一路狂奔。雨水肆意拍打着我的脸庞，路面溅起的水花打湿了裤脚。

时间啊，请你暂停吧！让我救救那个天真的孩子！

实验楼内是恐怖的寂静，而更恐怖的，是推开实验室门的场景——小枳安静而平和地躺在实验舱内，旁边站着正要打开舱门的胡奕。他看见了我，戏谑地笑着。

“昕年，你来晚了。第三个实验体的实验很成功。”

如此平静的话语于我便是晴天霹雳。

我近乎绝望地走向小枳。小枳仍在睡梦中，低声喃喃着他母亲的名字。

小枳，对不起。姐姐没保护好你。

“残缺”的向日葵终究于黎明前凋谢……

“昕年，放弃吧！如此绝妙的技术，不加以运用到人类身上，终究失去了它本身的意义。明日上午，我便会在论坛里发布基因改造技术普及计划！”

胡奕平和理性的声音此刻却令我感觉如此刺耳，如此肮脏！

我在实验室陪了小枳一整夜，一夜未合眼，一夜泪流满面，一夜痛心疾首……

三年后的今天，我成为科研中心的一名普通数据员。没有太重要的任务，只是闲暇时候记录几组数值。而胡奕，早已成为全球风云人物。

随着基因改造技术的普及，无数人将自己或者自己年幼的孩子送往各地基因科研中心，进行基因改造。毫无疑问，不论是“买家”还是“卖家”，皆大欢喜。世界形成一种完美至上的风气。残缺的人，残缺的物，皆是异类。在这个丧心病狂的世界，好像一切都是相似的，相似的完美，相似的成功……一切都像是从上世纪批量作业的工厂里生产的。人类也是，除了容貌，一切都相似……

空气中弥漫着一股令我厌恶的“完美”的气息。我来到花园，望着那株“残缺”的向日葵，哑然失笑。

小家伙，只剩你了呢。作为这个世界上唯一的“残缺”的存在。

就连我，也是那所谓的“完美”的产物啊！——首个，基因改造，人类实验体。

指导老师：宗静，毕业于山东师范大学汉语言文学专业，中学一级教师，多次荣获市县级教学质量奖、县教学能手、优秀教师。

渗透

丁陈杰/高二年级　董康楠/指导老师　江苏省无锡市天一中学

天刚泛起鱼肚白，林辞就起床了。他穿好衣服，挂上工作牌就下楼了，一想到又要处理一天的订单，他连享用一顿丰盛早餐的胃口也没有了。

“早哇，林兄！”丁辰小跑着从后面追上来，他和林辞是同事，两人碰巧住在同一个小区，“今天怎么走这么早，也不通知我一下。”林辞扭头看了一眼丁辰，一边叹气一边抱怨：“要不是昨天半夜又接到两单定制新人类的活儿，我才不乐意早起呢。”太阳慢慢地露脸了，街上的人多了起来，形形色色的帅哥靓女从林辞身边走过，其中一个走过他身边时还悄声说了句“旧人类”，林辞心里有些不舒服。

二十六年前，地球环境恶化，细菌和病毒变异迅速，严重威胁全人类健康，因此生物学和基因工程进入了前所未有的发展阶段。很快，M 国的生物实验室就提出了一种基因强化的设想，欲通过对 DNA 序列的重新排列组合提升人类免疫力。各国携手攻克了技术难关，公开了一套完备的 DNA PLAN（脱氧核糖核酸序列重组和对应性状计算公式），基因改造的商业化也很快被提上了日程。

然而，矛盾凸显出来了。有很大一部分改造后的“新人类”歧视未改造过的“旧人类”，并且改造人的某项素质远高于正常人，导致旧人类就业困难，社会动荡，原有的伦理体系分崩离析。国际组织紧急呼吁各国政府采取措施，将新人类与旧人类隔开分区管理，各自发展经济文化，不得互相干预，才勉强稳定了局势。

午饭时间，林辞端着餐盘找了张空桌坐下，头顶的移动电子屏始终跟随着他，强迫林辞抬头看新闻。“你听说了吗，城里又要新造一批新人类的住宅区，留给我们的地盘可是越来越少了。”丁辰一边狼吞虎咽一边滔滔不绝。林辞没有回应，只是看着电视上又一位新人类打破了世界纪录，镜头还给了那位红衣男子一个特写，听到百米跑 8.97 秒时，林辞差点将嘴里的饭喷出来。

“所以，你觉得这种局面还能维持多久？”“估计没多久了，”林辞用纸巾擦了擦嘴，“我早就说过，批准基因改造商业化的决策本身就是错误的。这样的局面一旦打开，其伦理问题就是无解的。初中学历的人都知道DNA有特异型，理论上讲我们的DNA序列一旦被人为改变，就不再是科学意义的人类了。换句话讲，现在有两个文明居住在地球上，一个文明拥有另一个文明的全部技术和文化，并且自身素质还要高于另一个文明，你说会发生什么？”“战争？毁灭另一个文明？”丁辰不假思索。“那是自然，”林辞看向窗外，上午还是万里无云的晴空，突然就下起了小雨，给这座城市蒙上了赛博朋克的基调，“欲望和傲慢是人的本性，这样的情况下想保持和平，不是童话吗？这就是为什么目前各国高层都是旧人类，并且管控区都有武装驻扎。”

“但这样反而会激化矛盾，不是吗？”丁辰若有所思，雨越下越大了，“真希望那一天不要来。”

忙完一天的订单，林辞早已身心俱疲，躺在床上听着智能音箱的晚间新闻——又有不少旧人类因为长期失业而跳楼自尽了。这让每天投身于基因改造的林辞很难受，要不是当年学了生物基因专业，也不会来这种是非之地。

林辞在床上辗转反侧睡不踏实，便独自下楼在小区里散心。雨夜的霓虹之城充斥着梦幻与金属质感。路边一家便利店里的一位红衣服的男子忽然吸引了他的注意，林辞走过去刚要开口问候，却猛地愣住了。红衣男子转过身——正是电视里的那位新人类运动员。

林辞诧异地节节后退：“你……你不是新人类吗？你怎么在我们的住宅区？”

红衣男子没有回答，只是看着店外浅浅一笑。林辞回头望向朦胧的雨中，隐隐约约地感到夜幕中有一群打着伞的行人，顿时打了个寒战，仿佛有股无形的力量，在悄悄地渗透……

指导老师：董康楠，教育硕士。曾获得江苏省蓝天杯教学设计一等奖，教学展评一等奖，获得省市级各类论文评比特等奖、一等奖。

夜色深处

丁梦贤 / 高三年级　马思雨 / 指导老师　安徽省芜湖市安徽师范大学附属中学

我是一个克隆人。

二十年后得知这个真相的夜晚，我正和朋友子若并肩漫步于校园的小道上。星星如同天神撒下的钻石，嵌满了天鹅绒般的夜空。子若和我说笑着，享受着这一刻静谧的时光。

然后，一个来自国安部的电话撕裂了一切美好。

我被接进自己诞生的那个实验室时，实验室里有很多人。当他们不断重复说，我是科学家加文及其团队创造出的，世界上第一个完整的克隆人时，我尖叫着打断了他们。

不可能！我大喊着，这不可能！你们不要骗我，我才不是克隆出来的！我没有胜过同龄人的学习能力，没有天仙般的容貌。我与他人唯一不同的一点也只是身体素质好，几乎不生病而已，难道这就能说明我是克隆人了吗？

我有父母，有朋友，有热爱，有梦想，有喜怒哀乐，有信仰追求，我与正常人有什么区别？

实验室里的所有人都沉默地目睹着我的崩溃。他们的眼中透着谨慎、警惕、畏惧。在那重重情感之后，还有一层深深的怜悯。

“你们是怎么发现，我……是克……克隆人的？”

“国安部的人先查了加文教授，费了一番周折才找到的你。”回答我的是一名女性实验员，她的语气温柔，生怕刺激到我，“加文教授已被逮捕，即将被审讯……”

“可以让我见见他吗？”

我见到了加文，那个天才科学家，我实际意义上的“父母”。

“他们说，你采用了最先进的生物技术。”我哑着声开口，“让我的细胞以正常细胞四十倍的速度增长，仅仅几个月就长成了二十岁的人，是吗？”

他默认了。他深深地望着我，缓缓开口：“我的女儿……死于癌症。她走后的几个月，我一直无法接受。”他闭上了眼，“所以我研制了你，想……”

我猛地站了起来，声音颤抖着：“我明白了……你想让你的女儿回到你的身边，所以用你女儿的基因克隆了一个她，也就是我。你和你的团队还用基因工程技术修改了我的基因，让我成为一个身体素质强得异于常人的人。

“但是你发现，即使是完美的复制品，也无法真正成为你的女儿。所以你让你的哥哥，脑部科学界的泰斗级人物，在我‘空白’的大脑中植入虚假的记忆，再把我送走，是吗？”

他再次默认了。

泪水滑过了我的脸颊，那一刻，我的心被狠狠撕裂。

所以，我不是一个正常的人。我没有记忆里恩爱的父母，没有经历童年和少年，不曾在人间走过二十年岁月。

离开审讯室后，我意识恍惚。那名女性实验员上前抱住了我，轻声说：“国安部经过几次会议讨论，决定让你如常进入学校上学，做一名普通的学生，做一个正常的人。”她安抚性地拍了拍我的肩，“国际组织已在制定更为严格的法律，以后所有有关克隆的项目都会被严格监管。

“你是第一个，也会是最后一个。”

或许我真的能成为世界上唯一一个克隆人，不会再有因他人一时之念而被造出的厄运儿。或许仍有像加文一样的科学家想要打破底线，满足他们自己不合伦理的欲望。将来的世界，没有人能说得准。此刻的我被浓重的夜色笼罩，面前的路模糊不清，不知前方是光明，还是更深的黑暗。

但此刻，我还是有了慰藉。因为我看到了子若，她正站在前方向我招手。她恐怕已知晓我克隆人的身份，但她的手仍有力地挥着，与平日里笑着呼唤我时别无二致。我忍不住朝她跑去。我向前奔跑着，跑出了夜色深处。

指导老师：马思雨，教育硕士，毕业于安徽师范大学，学科教学（语文）专业。中学二级教师。

镜像中的生命

杜墨瀚/高三年级　邢楠/指导老师　山东省德州市第一中学

已经步入基因时代的Z国，拥有强大的基因库信息资源和顶尖的基因工程技术，使Z国在各个方面以超越各国的速度迅猛发展。

据历史记载，带来这基因领域革命性突破的是一对友人。没有人知道数百年前他们是如何实现这一奇迹的，但更令人感到困惑的是，有一年，其中一位突然在世间消失，没有人知道他何时走的，而又去了哪里，人们纷纷议论他是不是带着核心技术逃跑了。不过，这两家的后人一直默默坚守在基因工程领域，时刻秉持先辈的教诲：为国献上真理的力量。

X时代第三纪，Z国基因实验室。

易寒和萧风正是这两家的一代新星，二人关系十分要好，但同时他们心里也清楚，两家的关系大不如前了。

“易家好像在隐瞒些什么……”但萧风猛地摇摇头，易寒可是他最信任的好兄弟，怎么能有这种想法，于是继续手中的工作。这时实验室的门突然打开，“两位，最后一块基因魔方合成了！”一位研究员冲进来喊道。

基因魔方——一种纳米数量级的，承载了上万条DNA序列信息的技术，能够记录并自动输出基因组合，也就是说可以在基因领域重新复制生命，相当于创造出了一个镜像世界。

这可是几代人的心血啊！萧风在迫不及待地完成了基因魔方的最后收尾工作后，便要分享给易寒，可他竟发现易寒的脸上闪过一丝凉意，还喃喃道：“不可以，还没有准备好……”

到了晚上，萧风一个人躺在床上辗转反侧，脑中全是易寒冰冷的双眸和紧锁的眉头，这让他百思不得其解。就当他陷入沉思时，保管基因魔方的触发警报突然响起，萧风的思绪乱飞。他猛然回想起前几天在易寒手机里看到的一条匿名短信：“不要忘记你的使命。”他朝着保管所奔去，每一步好像都陷进了泥里，他实在不想承认现在他最大的怀疑对象是易寒。

当他来到保管所看到那副熟悉面庞的瞬间，一股复杂的心情紧紧勒住了萧风，周围的空气开始包裹着他，越来越紧，他只能强忍所有的情绪，声音微颤地挤出几个字："为什么要这么做？你明明知道它意味着什么！""对不起。"当再熟悉不过、此时却格外冰冷的声音传到萧风耳畔时，他再也绷不住了，整个身体仿佛失重一般急速下坠，紧攥双拳，等他再次抬头时，房间里只剩下重复着的警报声。

失意的萧风不经意走到了实验室里，他垂下头，这时一个水晶状的东西滚到他脚下——这是基因复刻样本。他突然间想到了什么，跌跌撞撞地走到电脑旁，在搜索栏输入了"易寒"，结果正如他料想的那样——"已取出"。他微抿双唇，随后又输入了自己的名字，"是否确认取出并进入基因领域？""确认。"霎时，混乱的实验室里空无一人。

片刻。和萧风设想的一样，在这里果然找到了易寒。他想说些什么，但望向神情惊讶的易寒，却什么也说不出口。二人都沉默不语，只是缓缓向对方走去。一向冷静的易寒用略带酸楚的声音打破静寂。

"我明明计划好了，你为什么还要追过来，我……"

"告诉我。"

"这是我的事。样品只能维持半个小时，你再不走就出不去了，快……"

"把所有的事情告诉我！"

"萧风，我……"易寒双眸微颤，半晌后才慢慢说道，"我们想以死换生，"他顿了顿，"在先辈失踪那天计划就开始了。先辈发现基因魔方有个致命缺点，就是基因领域的转录会影响现实世界。这可是要造福亿万生命的福祉啊，怎么能让镜中的幻象影响现实，所以他想通过这种方法维持基因领域的秩序。"

"这个方法就是需要你们自身基因的永久录入。那你们要做永远的护卫了！可如果这样的话，在现实生活中的你，会、会死啊……"

易寒笑了笑，仰头道："这是我们的选择，无论怎样，为国，无悔！"

这时仿佛所有的线索都拼在了一起——这是他们计划百年、代代相传的选择。"我会在这里驻守，生生世世。萧风，外面就交给你了！"

系统管理员已强制传出"萧风"样品……

"风萧萧兮易水寒，壮士一去兮不复还。"泪水像亘古的歌声般流过，一切好像从未发生过。

三年后。

“请问您有什么想给大家分享的吗？”

“基因魔方的使用，可以让器官短缺问题得到彻底解决，同时填补了劳动力的空缺。基因魔方在农牧业、医药业、社会服务业领域都将有极大的促进作用，”他抬起头来，“并且我将百分百保证基因魔方的安全性！”

不知为何萧风最后竟略带一点哭腔。或许是想起了某位故人吧。

指导老师：邢楠，文学学士，毕业于聊城大学。中学一级教师，曾获得山东省电教课一等奖。

一念善

冯佳宸 / 高三年级　刘仟慧 / 指导老师　江苏省苏州中学

科从未怀疑过，自己是世界上最幸福的人。

尤其当他走在大街上，在黄昏时。

主道上浮空梭来来往往，在抹着晚霞的高楼间如光般流淌。微电子云薄薄一层隔在主道两旁，温柔地融化着反重力引擎的噪声，又将暗处点亮。

科拐入一条小路——他一直更爱用双腿行走——来到下城的入口，那是他最喜欢的地方。事实上，地图里根本没有所谓“下城”这种地名，从来没有。这只是当地居民用于自嘲的一个称呼罢了。至于由来，细数还要追溯至一个世纪前，第一个改造人诞生时。

娇弱的婴儿在精密的实验舱中啼哭，溢美之词与咒骂声同时铺就了他此后漫漫人生长路。初代基因编辑技术只为他提供了健康的身体与健全的神志，但显然更多人反对这种操作，认为是技术玷污了生命的礼物。

如果不是八十年前那场浩劫，科相信，这项技术会就此泯灭。潜藏在南极冰川中的病毒吞噬了那个一往无前的探险家，随后侵染了悉心照料他的亲人与挚友。邪恶的病毒依靠着人们的忠诚和爱传播，把滚烫的泪水当作养料，迅速蔓延至其余五洲。

国家为了保护她的子民，无偿提供基因改造技术，作为唯一百分百防御病毒的武器，以往反对它的人最终也选择接受。在充斥着死亡威胁的环境里，人们抱紧了这一点明亮，已无暇顾及光源的尽头是否是焚伤飞蛾的火焰。

自此之后，星星之火长成燎原之势。更多更全面的基因改造席卷而至，品尝到好处的人们自发形成组织迎接它的到来。而坚持拒绝接受该技术的人势单力薄，却不肯服输地框画出一片地方群居，即便大势已定，依旧想执拗地抵抗着什么。

他们将此地命名，称它“下城”，心甘情愿使用更原始的科技，而自讽“人下之人”。

科走入步行街。足下踏的是红尘厚土，耳边响的是人声喧嚣，他放松地发散着思绪，享受着人来人往的拥挤，觉得此处人情味更浓。

像……他的家。

直至一声尖厉的叫骂将安宁扎穿。

“偷东西？谁给你的胆子！”砰一声响，是有人重重摔落在地的声音。

科闻声看去，瞳孔瞬间放大。

四五岁大的女孩倒在地上不醒，破烂的白裙伏地像只枯萎的蝴蝶。她身旁零落散着一些透明的方块，是能量膏——下城最廉价的食物。店主追出店来，狠踹上一脚，女孩的四肢抽搐。

科跑了过去——事实上，他没意识到自己是怎么过去的，也可能是短距瞬移——这不重要。科推开了店主。他有些应激。

四周的人都聚了上来。店主爬了起来，抹掉鼻下的血，虽有些惊愕，但很快拊掌大笑起来：“大家看啊，改造人恃强凌弱啊！”

“我替她付……”却被打断，店主又一次大喊，声音听着颇高兴：“上等人打我啊！上等人违背协议啊！”

科这才反应过来他做了什么。按照基因改造法第三十六条，一切改造者不得滥用武力。这是法律。

越来越多的人聚集，每张脸上都带着点燃的怒气和几分毫不掩饰的狂喜。两种截然相反的表情毫无障碍地糅杂在一起，显得有些狰狞可怖，科争辩：“他伤人在先！”

店主反笑：“机器人也配算人？”

科惶恐低头，怀中女孩零件散落，睁大一双无机质的眼，分明是仿生人。

“送他上法庭！处决他！！”“敢欺负我们！”喧扰的人声再起，喊的却不再是柴米油盐，只想他身首异处。

仿生人修正案第一条，仿生人不拥有人权。

科在众人的包围圈里蜷缩，怀抱着冰冷破碎的零件，世界顶尖的大脑一时无法思考。

他是第一个全序列基因编辑人，四代实验者。科学家们为他编入一切强大的力量与极高的智商，又出于提防，给了他绝对的善良。善良的基因让他在欺凌面前失了神志。

深蓝的制服穿过人群，是保卫队。为首一人向人群询问情况，然后科被戴上镣铐。他纵有一流的智力，却也想不明白，为何世界的运行不像自己基因里写的那样。

多彩的灯光在夜里流淌，却因着黑暗的映衬，越鲜明越显得凄凉。

保卫队长检查完科的全息证件，笑了。于是科在灯光明亮里被按下自毁设备——这是四代实验者的“特权”，高级监察官有权将他们就地销毁，以防他们做出什么反人类的事。毕竟这后果太严重，“宁可错杀，不可放过”，罪名是莫须有。

科没有反抗，也没挣扎，他那么爱人。他知道哪里错了—— 一开始就错了。但他已无法思考，设备扰乱了他的神智。

濒死之时，过往记忆逐帧浮现。科突然想起自己诞生那日，有人问了他一个问题：“你怎么看待自己身怀奇才？”

他记得自己声音响亮：“人往上走，是人；往下走，也是人。我将永远善良。”

弥留之际的眼睛，清澈而透明，映着拍手叫好的人群。

指导老师：刘仟慧，语文课程与教学论硕士，毕业于华东师范大学。中学一级教师，市优质课比赛一等奖。

超级基因体

甘辰宇/高二年级　何惠东/指导老师　湖南省益阳市第六中学

“对不起，我们尽力了。”医生沮丧地摇摇头。

“啊……”曼达神情呆滞地平视医生，他平静的绝望令人恐惧。

“过几天把遗体收回去吧，对不起。”医生被他盯得发毛，丢下一句话就匆匆地走了。

“曼达先生，对于您女儿的事情我们深感沉痛，但是悲剧并不是公司一手造成的，关于责任书……”研究所的交涉员严肃地和曼达交涉，“公司答应支付一部分赔偿，但是这会儿如果政府问起来，公司希望您可以……”

交涉员手里多了一份责任书，曼达的眼皮抬了一下，敷衍地扫了一眼。拿出笔签了字。

“很好，曼达先生果然是聪明人，公司还会对您进行抚慰的。”交涉员满意地收起责任书，推开门出去了。

“曼达。”一名老人走了进来。

“董事长，责任书已经签了，还有什么事吗？”曼达冷笑地看着来者。

“基因锁破解了。”

“什么？”

老人放下一份文件。

超级基因体是曼达所属公司研发的一种生物产品，将其注入人体内，超级基因体会重组被注射者的基因，只要提前在超级基因体上编好程序，就可以“定制身体”。它不仅可以治愈遗传基因缺陷，还能帮助植入外来基因片段，甚至能为人体移植一种永生的动物——灯塔水母的基因，从而实现人类的终极理想——永生。

灯塔水母的基因研究是超级基因体的最后研发过程。曼达作为超级基因体的研究负责人，一直废寝忘食地工作。

正当曼达潜心研究时，妻子遭遇了车祸，命丧当场。从研究所赶来的曼达身上沾上了超级基因体，当他拥抱痛哭的女儿时，基因体附在女儿身上，进入了体内。几日后女儿身体情况急剧恶化，不久就去世了。曼达恨自己如此不小心，更恨该死的研究。

“你想干什么？”曼达抬起头望着老人。

“你的女儿是接种了超级基因体唯一发生失败效应的个体，现在灯塔水母的基因破解完毕，还需要特殊的实验体进行分析。”

曼达的愤怒涌上心头：“你要拿我女儿的身体做实验？！”他愤怒地提起老人的衣领。

“曼达！研发已经进入最后阶段，一步之遥！”

“我不管！我的女儿是因为这鬼东西而死的，要让她再受到伤害，我绝不答应！”曼达颤抖着身子，愤怒地咆哮，“我已经失去了妻子，失去了我的女儿，我不想再进行研究了！”

“曼达！超级基因体的研究不是你一个人的心血！”“人类可以主导基因，这是进化！”“多少人需要它去拯救，你知道吗？”老人盯着癫狂的曼达，丢出一个又一个理由。

曼达仍没松开老人的衣领。

“曼达，你入职书上怎么写的，你忘了吗？”老人悲凉地望着他。

“我自愿加入未来之光机构，自愿为人类的未来奋斗。”曼达失落地喃喃着，他的眼前浮现出女儿得知他成为研究员时欢呼雀跃的样子：“好耶！爸爸是科学家了！”

“你的女儿能知道的话，该有多开心！”董事长亮出杀手锏。

曼达的要害被击中了，他垂下了头。

“如果想好的话，签字吧。”老人拿出意见书摆在曼达眼前。

曼达颤抖地拿过笔，缓缓地签下字。“丽萨，对不起，原谅爸爸。”

若干年后，超级基因体的开发如约完成，所有人类都接种了超级基因体，他们欢庆着不朽时代的来临，没有病痛，没有死亡。他们载歌载舞，享受着新的纪元。

曼达站在窗台边，他总觉得不安，倒不是愧疚，而是对这繁盛的恐惧。慢慢地，他有了一个恐怖的猜想。他打通了同事的电话，寒暄了一番后，问起了研究的事：“我女儿，到底为什么会那样？”

“好像是基因排列崩溃吧，基因体的编码错误引发个体死亡。”

他挂了电话。“完了，都完了。”他冷笑一声，径直从窗台一跃而下。

亿万年后。一群外星系生命体来到地球，他们对地球遗迹开始探查。他们发现了似乎是刚死去不久的遗骸，衣物已经完全腐烂，尸体却保存完好，他们好奇地检测尸体。

“不可能！这些生命体是一瞬间全部消亡的！”他们用自己的语言惊呼。

随行科学家得出了结论：“他们都接种了一种未知物，应该是它的原因。这东西修改了他们的基因，在体内潜伏过后引发了排斥反应，导致基因排列崩溃，致使生命凋亡。”

科学家叹息了一声，说：“但是植入物仍在发挥作用，真是讽刺，生命一瞬间凋亡，尸身却得以流传万年。”

“为什么要妄图掌控自然规律呢？”

指导老师：何惠东，毕业于湖南师范大学，汉语言文学专业。中学一级教师，多次被评为优秀班主任，优秀教师。

想不想做实验品?

高晴彦 / 高二年级　陈厚才 / 指导老师　江苏省扬州市江都中学

"一半幸福，一半痛苦。"

女儿的字歪歪斜斜，像是从来没有人教过她怎么抓铅笔。她用这些歪歪斜斜的笔画，写了一封长长的信。十八页，正反面都有。信纸上有深深浅浅的压痕，好像她在被窝里，咬着笔杆子偷偷写了好几个夜晚。

她的被窝现在冷冰冰的了。我早就想过这一天，只是没料到这一天来得这么早。

那个小小的羽翼般的身躯，在我的泪腺中冲撞出阵阵涟漪。

我抚平那些褶皱，辨认着模糊不清的文字：

"我一直知道你爱我。你爱我，或是爱自己创造的一个生命，哪样都行。我理解你奉行的基因成功学有多大的吸引力。毕竟我自己也深陷其中。我是那些孩子里最成功的受害者。你不想让我离开，可我想吓吓你，吓吓你'低阶位'的大脑和心脏。原谅我用你最轻蔑的词汇吧。你相信我的认知力可以将真相内化为知识积累，你还相信被编辑的基因永不改变。

"有点悲哀。'我生来就是人杰而非草芥'，你一定被什么人洗脑了。

"我很难理解你们眼中的世界。或许我太聪明，太不合群，太自大。我生来如此，'富有雄心的''认知高的''天赋异禀的'，你们居然能简单地填充这些标签。在暖阳地带的实验室里，高阶位思考似乎是一个热点。网络上还说，若是地处自然生态林，父母更渴望孩子具有'爱''共情''快乐'的能力。

"我也快乐，我知道什么叫快乐。人类进化了数万年，快乐激素不过四种。我是被阻断了多巴胺和催产素的实验人。你要我一辈子不为'奖赏快乐'所动，一辈子不爱上别人。如此一来我能一直陪着你，聊以慰藉你没有眼泪的人生。为你的事业献身，这是你的雄心壮志吗?

"我才不要做什么实验品。我渴望逃离被支配控制的人生，你却牢牢扎根在原地。明明生活在暖阳地带，可你却建起了四面灰蓝色的高墙，来遮盖你困乏疲累的心。

“慢慢走出来好吗？或许你会再次流泪，在痛苦时流泪，被抛弃时流泪，歌唱时流泪。你本拥有丰沛的感情，同时也拥有世界上、百代间最高的技术，只需要简单的改变，一定能搞定这样小小的感情。

“我离开，不只是同时代的进步作对。我是在做自己思考了很久的事——我不想做实验品。”

我攥紧了这张溢满了感情却又似乎不带任何感情的信纸，无声的悲伤在咽喉中流淌。岁月流金似乎近在咫尺……我伸手去触碰……

某实验所，观测室外。年迈的观测者在给新来的小同事解释室内的年轻女士为何面目狰狞。

“她是该实验所被研究时间最长的实验对象。但十年前，她是最优秀的实验员和观测者。她研究的课题是‘人工多次处理的基因经外界刺激突变的概率和已被计算出的性状突变概率的比较’。很长的名字吧。”

“那她怎么会成为实验对象？”小同事似乎有些迷惑不解。

“她的孩子是十年前技术不成熟时候的一个牺牲品，出生以后基因性状超出了人类认知范围。从此她就疯了，精神不正常了。我们用新技术随便把一段基因剪到一个仿生小孩身上，她就以为那是她生出来的小孩。从那时起她被列入我们实验品的范畴。不过那仿生小孩和她一样不可理喻，居然开发出自杀程序，这让她的精神受到了更严重的打击。”

这位年轻女士逐渐昏厥，观测者无奈地皱眉，在0001号的小框框里打了个叉。人类被轻易地唆使叛逃，背离科技发展的案件也不是个例。“我们的本性并不坏。总有一天，我们会造出完全不因外界刺激而改变意识形态的‘理想’人类。”他如是说。

指导老师：陈厚才，文学硕士，毕业于广西师范大学，语言学及应用语言学专业。中学高级教师。

回　归

高文墨／高二年级　李淑香／指导老师　河北省邢台市宁晋县第一中学

“这黑暗的世界。”安利向着山下通明的、璀璨的灯火，自言自语道，“人类的步伐已经赶不上科技的变动了，歇歇吧，这黯淡无光的世界！”

自从人类通过对癌细胞抑制技术的研究实现了细胞可控制分裂的巨大突破之后，人类得以长生。又过了几百年，一些“老怪物”研究出了“基因改造”技术并将其推广，如今的人们似乎都成了“最理想的人类”。他们不需要后天的学习，一出生就领悟了一切，他们集世间一切知识于一身，马不停蹄地用所拥有的技能去工作，去创造，去推动人类的发展。为此，“国际联合人类委员会”发布《关于加速人类发展的计划》，将人类改造成了“不需要休息，不需要摄食，埋头苦干”的“机器”，美其名曰，“为了人类长远发展的一项重要计划”。

“老怪物”安利和罗辑是为数不多的拒绝了“基因工程”的人，委员会因其对“基因工程”的巨大贡献，尊重了他们的选择，可对外却称其采取了“对人类发展极不负责任的态度”，他们却也一笑了之，置若罔闻。

他们两人聚在了山上，安利说：“你当初的猜想应验了，我实在看不下去这个灰色的世界了。”

罗辑轻笑了一声，说：“我一直不清楚我们究竟是人类的恩人还是罪人，或许我们都错了。”

安利惋惜地说：“以前打算忙完工作后读一本诗集，结果退休了，却连一本书的影子也找不着了。”

罗辑感慨道：“是啊，以前学习的乐趣现在的人已经体会不到了，麻木地接收信息，让他们失去了探寻的乐趣，他们或许早就忘记了学习的意义。当初工程结束的时候，全球同庆，三天三夜，我喝得烂醉如泥，现在人们取得再高的成就，也不过是用冰冷的机械音一字一句地播报出来罢了。”

“原来我们做的事是要让人类失去一些真正有价值的东西！”

二人笑了，笑声渐渐散去，安利忽的用不容置疑的口吻说：“这绝不是人类应该成为的样子！”他起身向山下走去。“去干吗？”“赎罪！”

安利知道当初为了预防工程的失败所设下的销毁系统，他在系统中输入了自己的染色体，以自己的染色体为模板复刻了数亿组基因，他输入了指纹，发动了指令，恢复了人们原本的基因，同时因仪器复刻对其身体极大的破坏作用，沉沉地睡去了，再也没有醒来。

委员会得此消息，对安利的行为感到不可思议，如此一位传奇的科学家为何要亲手毁掉自己的“杰作”呢？有人认为他疯了，有人认为他受人胁迫、迫不得已，有人……可回应他们的，只有安利留下的两个大字，“回归”。

与此同时，人们纷纷停下了手里的工作，他们都说感觉是做了一场梦，梦见自己掉进了一个深不见底的深渊……

于是学校重建，这片昏沉的大地上又响起了琅琅读书声；峻峭山峰之上，广袤平原之中，又多了几个追寻生活诗意的人，一切重回原来的美好。虽然人类的发展速度慢了下来，但人类又找回了生活真正的意义。

罗辑把安利安葬在那座山上，他靠在他的碑前，看着下方黑寂的小城，他的泪滴落在安利的墓碑上，喃喃道：“回来了，一切都回来了。”

没有人比罗辑更能深刻地理解安利留下的字的含义，没有人比他更清楚安利输入指纹时的决绝，这是一位顶尖科学家的自赎，是他对人类发自肺腑的忠告。

又一年春天，罗辑带着数百名学生爬上那座山，他说：“这世间有许多人站在歧路上徘徊不前，既不能有所舍，便不能有所取。于人类而言，或许我们失去了快速发展的机会，但我们能放慢脚步，领略成长路上一些闪亮的东西，这些东西大抵就是我们的生命价值所在。我们的回归，是一件幸事，它给了我们再一次认清生活的机会。”

破晓的鸣声此起彼伏地响应，四散的晨光清晰地照出安利墓碑上熠熠生辉的两个大字——回归。

指导老师：李淑香，毕业于河北师范学院，语文高级教师，连续多年考核优秀，获得县政府嘉奖。2012 年被评为县优秀教师，首届“教书育人”十大楷模。

完美世界

高悦然／高二年级　刘锦勇／指导老师　山东省济南市实验中学

地下城市没有阳光，镭射灯占据了大半个人造天幕，时间的存在感趋近于无。地下城市也没有供市民工作的岗位，人们什么都不用干，只需要每日按时领取资源配给，享受地面城市所创造的科技和文化成果，轻轻松松地过上一辈子。

零子就是这些人中的一员。小时候，她曾问过妈妈："为什么会有地下和地面两种城市呢，它们有什么不一样吗？"妈妈以爱怜的眼神望过来，回答："地面城市是一个完美的地方，只有有钱人才能住在那里。"

"我们也是有钱人啊。"零子不解，"爸爸妈妈不用工作，我每天都能吃到好吃的，还能去动物园和游乐场。"

"但我们是不完美的，我们是残次品。"妈妈说了个零子听不懂的词语。零子还想追问，妈妈却不再开口，她只是温柔地抚摸着零子的头顶，用憧憬的语气说："真希望你长大后能去地面城市看看，看看妈妈不曾看过的景象。"

零子一天天长大，直到父母都离开了她。她把悲伤深埋心底，下定决心要替他们看看那个号称"完美"的地面世界。她多方打听关于地面城市的消息，直到从一个疯疯癫癫的老人那里得知了真相。

原来，随着科技的不断发展，科学家们终于探索出了改造基因的方法。"只有有钱人才能买到强效基因改造的药剂，成为理想中的完美人类。"老人眼里含着浑浊的泪，"为了避免其他人看到完美人类产生嫉妒心理，进而引发战争，没钱的就只能住在地下，其实没有完美人类的高智商，这里的人什么也做不了，只好浑浑噩噩地过上一辈子……"

"你问我是怎么知道这些的？哦，当年我也是个完美人类，因为厌倦了地面城市没有挑战性的生活，执意来到地下。谁知道，这里的人们并不想改变自己的不完美。而我，也不知该往何处去了……"说这些话的时候，老人的目光飘向远方。

老人的话给了零子更多勇气和更多思考，她决定以更有意义的身份出现在地面城市。后来的日子，她先是跑遍了地下城市的各个角落，采访人们对当下生活的看法。又窝在家里一连几个月不出门，一门心思写调查报告。半年后，零子撰写的文章发表了。

零子在文章中提到，每个人都有其存在的价值，不管他是否完美，而人生就是实现价值的过程。

这一天终于到来了。零子的文章引发了地下城市市民的思考，也得到了地面城市高层的关注，她被邀请作为地下城市的代表前往地面参加会谈！

零子端正地坐好。她化着淡妆，笑容落落大方，语气不卑不亢。她的观点是：销毁强效基因改造设备，废除完美人类计划。

会场一片哗然，零子却不慌不忙。她像聊家常一般，讲述了小时候和母亲的对话。现在，她懂得了“残次品”这个词的含义，这是地下的人们对自己人生价值的否定。她也提到了向她讲述地上生活的老人，自愿放弃优渥生活来到地下，兜兜转转一辈子，始终活在孤独迷茫之中。“这几天我走过了地面城市的不少地方，”零子接着说，“人们都有着完美的外貌、智商，完美的一切，可他们真的快乐吗？因为没有了失败，他们体会不到成功的乐趣。因为没有了竞争，他们体会不到努力的乐趣。这样的人生，真的是有意义的吗？”

在场的众人都沉默了。零子轻轻呼出一口气，她说：“我想，完美这个词，永远不应该成为过去时，它应该存在于人类够不到的地方。正因为够不到，才要努力踮脚，才要伸长胳膊，这样才会长高。而我们的人生，也正是在不断完善自己、超越自己的过程中，充满了干劲，充满了喜悦，丰富着意义和价值。”

零子的建议最终得到了采纳。走出会场的时候，零子想象未来的世界再无地上地下之分，人们接受了自己的不完美，不断挑战，携手共进，一同为创造更加美好的明天而不懈奋斗。

指导老师：刘锦勇，文学学士，毕业于曲阜师范大学中文系，汉语言文学专业。中学一级教师。

完美的“缺陷品”

高子涵/高二年级　蔡琳玲/指导老师　湖北省襄阳市第三中学

伊莱克斯拼命狂奔着。身后，一群全副武装的基因士兵穷追不舍。他们无比健壮的身躯与超凡睿智的大脑，以及敏捷的动作与惊人的速度，使得伊莱克斯好不容易拉开的距离优势荡然无存。

伊莱克斯赶紧拐入一条巷道中，纵身一跃，扒上道路尽头的高墙，艰难地翻身过去，落地，不等调整好身形，就跌跌撞撞地朝前方行进。

“咻！”一道黑影从伊莱克斯头上急速掠过。刹那间，一位基因士兵就以一个难以置信的高跳，飞跃高墙，直接降临到伊莱克斯的前方，挡住了他的去路。

伊莱克斯连连后退，“咻咻！”更多黑影到来，在伊莱克斯身后轻灵落地，一起从两面成包围之势，缓缓向伊莱克斯逼近。

伊莱克斯恐惧地看着他们张牙舞爪地靠近，却无能为力。

确实，与这些经过基因工程强化的“超人类”相比，瘦弱的伊莱克斯简直不堪一击。

毕竟他，伊莱克斯，是世界为数不多的纯种人类之一。

自从基因工程得到广泛应用后，全球都被“超人类化”的狂潮席卷。基因改造、器官强化、智力突破等一系列改变生命的伟大技术蓬勃兴起，世界各地都不遗余力地加大对其投入支持，以共享“超人类化”的福祉。

“超人类”的数量也随之迅猛增长，直至全世界都基本实现“超人类化”。而极少数拒绝接受这一技术优化的纯种人类，则被列为“缺陷品”进行彻底的清除，以保证整个人类文明的物种优越性。

伊莱克斯就身在被“清除”名单之列。他曾经遇见的几位同胞，都被以极其残忍的方式“清除”掉了。

现在，终于轮到我了吗？伊莱克斯绝望地想。

正前方的那位基因士兵抽出大腿部斜挂的刀柄，“嘶！”红色的激光映入伊莱克斯眼帘。“该死，真的……完了吗？”

千钧一发之际，“砰砰砰”一阵枪声爆鸣，后方士兵全部应声倒地！

伊莱克斯惊愕万分，下一秒，一位白衣女子从面前士兵的后方怒牙突嘴地杀出，手持一把智能变形刀枪武器。士兵正要回身，“嚓”！手起刀落，士兵应声摔在地上，血流如注。

“走”！女子急促呼喊道，示意伊莱克斯跟上，伊莱克斯赶快压下心中的震撼，快步跟上女子。

随女子左拐右弯，不久他们来到一座低矮的碉房面前。女子四下张望一番，确定周围安全后，对伊莱克斯说：“进来吧，纯种人类”。

伊莱克斯进入碉房，眼前是布满精密仪器的房间，大大小小的浮空屏上，绿色的数据永无止息般流动刷新。正中央，是一台球壳状的机器，数十条纤细的玻璃管道嵌入其中，颜色各异的未知液体在内涌荡。

“这是……”

“冬眠舱，可以维持一个人正常生命体征一百年之久。”女子坦然答道。

“你又是？”

“呵，竟然看不出来吗？”女子嘲笑道，“纯种人类，我和他们一样。”

伊莱克斯闻此，闪身一边戒备：“你是‘超人类’？”

那为什么……伊莱克斯一脸疑惑。

女子走到机器旁，蹲下身仔细调试。“你们被称为‘缺陷品’对吧？”

“是。”

“那你知道为什么会这样称呼你们吗？”

“那是——因为我们基因不够优良，身体素质比‘超人类’差劲，会影响人类文明的完美。”

女子抬起头：“不，是你们不够理性。如果只是身体上的差异，把你们赶尽杀绝倒不如囚禁你们做研究来得划算。基因工程，它改变和重塑了生命，对人类来说不仅是肉体上的进化，还有精神上的净化！”

“精神上，你是说——”

“理性，绝对的理性。”女子回应道，“基因工程改编了 DNA 序列的编码，这包括操纵人类思维的部分。当一个文明用绝对的理性去主宰一切时，它确实会变得无比优越，它以最缜密最冷酷的神经思考，让一切只为文明的延续壮大服务，个体的生死在绝对理性下根本不值一提。”

“哦！”伊莱克斯痛苦万分。所以，抹去了情感的“超人类”，无比强大！但是，失去情感的他们，也不会活得长久。

“不错，因为失去情感，他们坚不可摧，因为失去情感，他们也无比脆弱！他们自己永远不会料想到，只拥有绝对理性基因的他们会逐步覆灭，因为人，真正的完美之人，其生命中的情与理缺一不可，否则定会归于湮灭。”

伊莱克斯恍然大悟，他们才是真正的“缺陷品”！

女子欣慰地笑了：“没错，你们反而是完美的‘超人类’！”

女子指示伊莱克斯躺入冬眠舱。“曾经我也是纯种人类，但为了与那些混账对抗，到头来也只能屈从于他们恶魔般的力量。而你不同，你能跨越一百年的时光，重新复兴人类文明，用真正正确的方式！”

“世界上，还有其他同胞吗？”伊莱克斯躺进去，低声问道。

“有，他们中大部分也已经冬眠了。”

女子最后一次测试机器：“你或许会在未来见到他们。”

“那……”

“一百年后，所有‘超人类’都将自我毁灭。”

合上舱门，伊莱克斯敬重地看着女子：“你也是，完美的人类。”

“谢谢，未来一路光明！”

未来一路光明！

视野模糊，伊莱克斯沉沉睡去，完美之人进入冬眠。

指导老师：蔡琳玲，教育学硕士，毕业于华中师范大学，汉语言文学教育专业，“一师一优课”部级优课获得者。

杰茜卡的完美人生

高梓璇/高二年级　李玉莉/指导老师　山东省济南市高新区海川高中

我跑下楼，去给莉莉安送药。

莉莉安是我从小玩到大的伙伴，我们对彼此都十分真诚，她总说我的性格很好，招人喜欢且总是像她肚里的蛔虫一样了解她。“有你是我多大的荣幸，杰茜卡。”她总说。

而此刻，她正病恹恹地躺在床上。

从小到大，我从没有体会过生病的感觉，但现在看到她这般憔悴的面孔，心中便难受极了。“亲爱的，你就是个天使。”莉莉安瘦削的脸上露出一丝微笑，“上天在制造杰茜卡时一定偏了很多心。”她两眼望着天花板，自言自语道。“为什么你会这么完美呢？你从来不会做让人恼火的事，总是能得到老师的表扬，人长得也漂亮，说话时声音是那样迷人。”她继续说下去，“你是这么擅长处理人际关系，人缘好到极致；你又是这么健康，体格强健得像头小牛！”

她沉默了好久，让我认为她又睡去，便起身要走。谁知刚到门边，莉莉安从床上坐了起来：“杰茜卡，你知道吗，有时候我真的嫉妒你！但你真的太好太好了，让我没有理由去对你说，因为我知道自己压根就配不上你这个朋友！”她立刻躺下了，用被子蒙住头，很快就打起了不知真假的鼾声。

我轻轻关上门，在门口站了好久后才有回家的欲望。莉莉安啊，尽管你是我最要好的朋友，我也未曾敢于对你启口……

我背着夕阳走，第一次发现夕阳真的可以把一个人的影子拉得老长，即使是最渺小的事物，身影也会被放大不知几倍，伪装成高大的样子。

莉莉安啊，我们不一样，你我真的是完全不同的两种人。作为一个无性生殖来的生物体，我实在不敢将事实平铺在你面前。我没有亲人，唯一的家人就是研究所的工作人员。我之所以那样“完美”是因为身体内部被植入的某种基因可以帮我改善自身，事事做到“最好”。而且每时每刻研究人员都在监视我的生活，调研我的数据。或许换一个角度来说，我就是一个骗了所有人的小白鼠。我是多么想要告诉你，我最真诚的朋友，但每一次都忍住了，不是因为不信任你，但也不知出于什么原因。

我太怕了，这颗硕大的星球上只有我一人是以这种形式存在，我怕人们的冷眼，怕身边的一切，更怕失去这一切，失去你。所以我不得不配合技术让自己活得更完美，让人们都喜欢我，接纳我。我……真的遮蔽了太多……

我趴在桌上含着泪写下今天的日记，开始一页页往前翻。

“今天和莉莉安闹了别扭，但还是和好啦。讲真的，她总是有一点孩子气，那我最好也不要心智太成熟，应该也稍微幼稚一点才能和她继续做朋友吧。

“莉莉安今天又在埋怨她的普通了，其实她从来没有她说的那样平凡啊，她也总是闪光的！……我不想再这样下去了，太出彩有时只会招来朋友的垂头丧气，可是系统上只能变好……”

“我什么时候才能活出自己的样子？我到底……是为谁而活的呢……”

杰茜卡，杰茜卡，杰茜卡……我的身体里有一种声音在呼唤我。究竟什么是我，我又是什么，我的意义是什么，我该不该被尊重，我的目的是什么？……

我的大脑很乱，这是过去从未有过的现象。所有的记忆片段、画面、知识……一同冲进来，让我更加茫然。但是系统的择优选择还是很快帮我找到一条出路—— 一条明确正确的思路，一根强劲有力的神经。我抹干眼泪，又翻开日记本，提起笔……

“莉莉安！”周一早晨我站在莉莉安房间的窗户下大喊，“要迟到了！”“来了来了！”病早已痊愈的莉莉安揉着惺忪的睡眼，脸上仍带有对前些天说出话的尴尬与愧疚。我把抱了很久的糖果花束塞到她怀里：“快看看大圣母杰茜卡给你的康复问候。”“这是什么？”莉莉安好奇又疑惑地抽出棒棒糖中夹着的一个信封，“什么事还得写信跟我说？”她坏笑着看着我，打开了信封——那当然就是我犹豫多次也没能说出的内容。

那晚写这封信时，家中的监视器成为我杰茜卡人生路上最大的阻挠，真是感谢高科技的力量——高清摄像头远程也能将我所在写的内容拍得清清楚楚。“杰茜卡，你在写什么？”一个声音从监视器中传出。“我在写一些真心话，一些一直在阻挠我，让我压根无法生活的真心话。”“杰茜卡，孩子，做完美的人有什么不好？你可以永远受到万人瞩目，可以一直鹤立鸡群，可以……”“不要说了，乔瀚森。”我终于敢搁下笔，抬起头，直视那个存在已久的摄像头，“如果你想要完美，那你来做吧。我也是一个生命，我活着便有被尊重的价值，请你们尊重我，理解我。”

“这真的……”莉莉安看完了信，皱着眉头。“莉莉安……如果你无法原谅我……”我看着她，内心再次紧张了起来。“这真的太！酷！了！”莉莉安尖叫着抱住了我，“杰西卡，你永远不需要迎合我们去活，请你放心，我们永远都是最好的朋友，无论你是什么样子！”她抹干了我脸上的泪。

“我永远永远不会抛弃你的。”

“完美人生”计划不得不停止了，我杰西卡也终于过上了向往的生活，也终于明白真正的朋友会包容你的一切。

我想把最后在日记本上写的一句话送给你：

“做自己就好了，你的眼下的普通生活就是最完美的。”

指导老师：李玉莉，教育硕士，毕业于山东师范大学，学科教学（语文）专业。中学一级教师，曾获得市教育成绩奖、市区级优质课、公开课优秀奖。

科技变质

郭晶语 / 高三年级　韩双河 / 指导老师　北京市中国人民大学附属中学通州校区

斗转星移，日新月异。科技的发展为人类创造了无限可能，时至2462年，世界早已发生了天翻地覆的变化，而因“科技大爆发”的影响陷入了恶性循环的伦理危机。

2462年的后人类时代，基因改造技术得到广泛应用。其原理也就是在孕育新生命时，通过一系列操作使胎儿的DNA发生质的变化，使其性别、脑容量、智商、情商、容貌及更细致的耐高温耐寒等特性发生改变。当然，这需要巨额资金支持，也只有中产偏上及富豪阶层的家庭才有资格体验。科技在发展，但它变质了，时代并未停滞，但人类的思想倒退了。后人类时代的普通家庭很难出现精英，贵族和富人永远在世界的巅峰作为领导。资金雄厚的国家开始制造人形武器，新生儿呱呱坠地就注定成为奋勇善战的不死之士。没有经费创造这些“战士”的国家，只能沦为败者，接受胜者的制裁。

作为后人类时代国际基因工程组织的一员，我的祖辈也都是研究这项工程的科学家，我的一生也早已成定局。父亲说，我的基因中带有历史上最杰出的数学家和物理学家的基因。从小母亲便为我制定了一个目标——顺利进入后人类时代国际基因工程组织。顺理成章，在父母的极力推荐和安排下，我成了他们的同事，接触这支世界最强精英队伍。小时候，我总以为这是一所妇产医院，好像所有人都是助产士，后来我明白，这其实是资本的输入与输出，在这里“创造”出的婴儿将会成为世界主宰强军。我所在的部门正是用科技手段干预细胞增殖分化，改变基因片段。现阶段我们已经可以增进被试者的认知能力和体能，制造出天才人类。国家元首、政府官员、士兵、医生、警察、运动员、明星等，这些都由我们计划性地制造。蓬勃发展的科技在不公利益的驱使下逐渐变质，失去了最初的意义，变得那么一发不可收拾。每当我偶遇亲手创造的孩子们，一方面看到他们因改造而过得幸福我很欣慰，另一方面想到他们早已被安排的命运，我的内心又感到懊恼和痛苦。不禁想到曾经历史课上，老师播放着保存在立体影像中千百年前的人类，他们勤奋追求理想，社会各界呈现出千姿百态，虽然时而有战争的惨痛，但这使人们懂得珍爱和平，他们众志成城，有血有肉，顺应自然科学有序发展。如今后人类时代的我们，只是世界主宰者的棋子，而我无力改变这变质的科技时代，只能许愿人类会觉醒吧。

这些天逐渐忙碌起来，我们接到 A 国的订单。这批订单是备战国发来的申请，他们需要创造新的生物武器，比之前的士兵更强壮更抗攻击，需要让这批新生儿快速成长。CRISPR 基因编辑技术可以提高生命体生长速度，备战国首领表示可以出双倍甚至更多的钱让我们制造这批武器。起初听到这个消息，我是震惊的，接着觉得十分可笑，最后感到悲伤。富人们锦衣玉食，穷人被富人牵制，经过基因改造，恶性循环，但无人能改变。面对这些订单我陷入深深的思考。我承认我也希望自己的国家强大，保护我们的人民不被欺辱，但利用这些手段，让人无法释怀。那些无法拥有发达技术的国家，将逐渐消失在历史的长河直至被遗忘。想到这儿，不禁哀伤。刻意创造生命形态和改变基因密码这是违反自然法则的，但我这本就被改造的基因躯体无法抗拒。上一个抗拒者已经被送去火星劳改基地了，如果有一天他回来，又将多了一个“升级版”的无情科研机器。生活还要继续，我们仍需为了生存努力工作着，只能盼望人类觉醒，让这变质的科技在后人类时代进程中走向正途。

人类文明之所以得以延续千万年，是因为道德和思想的进化。伦理不容改变，千变万化的思想和创造才会使世界蓬勃有序地向前。

科技变质，人类伦理危机是致命的错误，回归初始，万物才得以平衡。

指导老师：韩双河，中国人民大学附属中学通州校区语文教师，文学学士，北京市昌平区作家协会会员，中学一级教师。

“新”世界

郝龙辉/高二年级　王荧荧/指导老师　山东省潍坊市滨海中学

我已经忍受不了这“新”世界了。现在时间是2321年5月23日，我又一次来到市中心的医院药务室，排队等候医生给我特意定制的“死亡药丸”，没办法，我真的太害怕当今接近完美的社会了，脑海中时常浮现出那句名言，“生存还是死亡，这是个值得思考的问题。”排队的人群摩肩接踵，我庆幸提前预约的3301号，真希望这次的“死亡药丸”能够管用，带我脱离这“人”世间的地狱深渊。

果然，在我服用了药丸的情况下，身体仅仅是发热而已，并无大碍。这样的情况我也早已习以为常。我一个人静静地坐在医院门口的台阶上，晚春初夏时节带有温和凉爽的微风拂过无数沧桑的面庞，迷茫的眼神中看不到渴望生存的一丝光芒。我对这世界已经彻底绝望，回想起自己原来奋斗的模样。“在这儿干啥呢？小伙子。”一个帅哥问道。说是帅哥，那也只是此时此刻的审美，一个鼻孔一只眼，还好有嘴，要不我只得用脑电波传感器和他交流了。我没搭理他。“唉，我比你还绝望。”他盘着腿悄悄地坐在我身边，两个人谁也不想打破现在的宁静，因为都知道彼此的心情。

“你是，啥时候被改造的？”他忽然问道。我瞥了他一眼，回答说：“没有，没被改造过。是我爸妈，我爸妈他们是科研人员，在试验过程中选取了几个优良基因，挑了个好的卵细胞胚胎，人工培育几年，我就出世了。你呢？”他说：“哎哟，那不挺好的嘛，我这是主动要求改造的，不像你一出生就含着金钥匙。打小我就知道，我是个基因试验的残次品，长得奇丑，后来我弄到钱就去做了基因改造，嘿嘿。”他一边说一遍自豪地比画着。

“那，你去改造的时候，有没有遇到好玩的事？”我转过头来问他。他瞪大眼睛盯着我，激动地大叫道：“有！可多了。有一次，有个人想改造自己的智商，哎，你说奇怪不，他居然要把自己往低智商里改，说是这样能领社会发放的低智商补助金。还有一次，有个人要改造身体，把自己的身体改造成半机械化，说是这样上战场受伤了，还能修复回来，那个人居然不知道现在的肉体也可以改造成自动修复，还有……”

我不知不觉又一次陷入了自己的世界里，基因改造已经将人的思想彻底病态化，社会上也不存在那些应有的行为准则，没有政府，没有警察，甚至新生儿都不知道自己的父母，哦，不对，是不知道自己是第几代试验品。因为基因的优劣和特殊性所带来的矛盾冲突比比皆是，争吵与战争成为家常便饭，有些人仗着自己有修复基因就胡作非为，受伤死亡的永远是那些没钱可怜的普通人。

我自言自语道：“再这么昏天黑地地荒度下去，人类就没有复兴的希望了，难道要让他们像我一样，排队买致死药去？不行！”我又不是没有学习能力，我也可以研发基因改造，造出个和平幸福的人间，引导他们尊重生命。

想到这些，我忍不住大笑起来，他冲我喊道：“你干什么？”

“干什么？干大事！我要将基因改造废除，创造一个新世界！你来不来？”他低下头沉默不语，过了好一会儿，我隐隐约约听到低低的抽泣声。“来！”他一把搂住我喊道，“如果真能成功，你就是我的大恩人，大英雄，我如今所做的一切都是逼不得已。受够了！真的受够了！”

我也紧紧地抓住他，激动的心情使我泪流不止：“思想观念和基因改良双管齐下，只有用两个拳头打人，才能让敌人招架不住。”

接下来的时间里，我们到处演说，引导人们的思想观念向正确合理的方向发展，并且我们通过辛勤的采样研究，研发出了较为早期的普通人类胚胎模型，以此让社会恢复原来正常的伦理道德，人们纷纷响应，改良效果显著。

从“新”世界到“新世界”，人们不再考虑“生存还是死亡”，生活也慢慢变成我想象的模样，一切都越来越美好。

指导老师：王荧荧，毕业于江西师范大学，滨海中学优秀教师。

星海市欢迎您

侯嘉乐/高二年级　熊穗/指导老师　湖南省长沙铁路第一中学

宇宙就像一片大海，越接近深处，越接近永恒。

“深潜者”在一片黑暗中游荡着。突然，像是一颗石子投入了湖中，“深潜者”的身影渐渐消失在了这里的永寂中，只留下缓缓扩散的涟漪。

“检测到可连接稳定锚，请求连接指令。”

不是语言，更像是直接出现在脑海里的想法，“深潜者”的提示一瞬间出现在船长的思维库里。

“允许连接，并开始减熵。”

以相同的方式，船长下达了对“深潜者”的命令，整个过程在我们的感知中不会超过 0.00001 秒。

接收到了命令，“深潜者”的外形开始改变，或者说从这时开始“深潜者”才算拥有了真正的“外形”。它的表面开始覆盖上银白色的合金，两侧开始出现外置的加速器，整体的流线型逐渐塑造完成，一艘全新的，完美符合所有科幻小说设定的高科技飞船正式出现在我们眼前。

人们在发现或创造某样东西之后，常常会给这件事物附加一个或多个“概念”。而附加了概念的事物，其熵值也就是不稳定性就会相应地降低。像一支笔，在它还不叫笔之前，它或许可以挖洞，可以打钉子，甚至可以作为一场战争的兵器。但在附加了“笔”的概念之后，它就只能用作写字这一种用途了。

当然这个比喻并不详尽，因为人在创造“笔”这个物品之前就已经赋予了它概念，创造它的人知道自己是要创造一个可以写字，而不是做别的什么用途的工具。但有些东西往往不能解释得那么清楚，如果你有幸能看到这样的一个世界，那也许就能真正地明白我说的意思了。

接收了减熵命令后，“深潜者”启动了自己的引擎。两个像是涡轮一样的加速器开始发出看不见的“波”，推动着它前行。

船长活动了一下手脚，似乎在适应这一副阔别已久的身躯。他将手按在自己的左胸上，感受着心脏跳动的力度。

“虽然联邦宣布过无论变成什么样子，只要相信自己是人，就可以算得上是人。但果然还是这个样子最让人安心啊。”

感受着“碳基”“哺乳动物”“人种”等一系列概念，船长生疏地发出了言语上的感慨。

语言文字固然可以方便人们的交流，让人们对知识和过往进行记录。但当有更好的交流和记录方式后，这种落后的“工具”便会被理所当然地舍弃。可是联邦还是保留了这一概念，或许是为了纪念，又或许是为了提醒。

“深潜者”以很快的速度，至少是以“地球人类”这一概念的时间观念来看很快的速度航行着，不久便看到了港口——与其说是港口，不如说是白色的、被切开一半的蜂巢，由数不胜数的正六边形组成，一直延伸到视线尽头，几乎将宇宙分为了黑白两色。

“深潜者”朝着其中一个早已预订好的“巢穴”驶去，等到完全进入后，停泊舱的舱门便关闭了，只剩下了一片纯白的房间。尽管从远处看像蜂巢，但实际进入后空间却是十分大，足以再塞下十个“深潜者”还有余。

舱门打开，一个又一个穿着统一制服的船员像蚂蚁出巢般从“深潜者”上下来，在广阔的地面上站成一排，等待着下一步指示。

“熵值：08，概念：地球人类，身份：联邦公民，联邦第103集团军上尉，第六维度B区域32号开发区负责人，‘深潜者’号船长……星海市欢迎您，我们的人类同胞，愿人类荣光永存。”

眼前浮现起这样一段文字，耳边突然响起银铃般动听的少女音，船长知道这并不是自己的视神经或是听觉神经传输给自己的信息，而是直接发送到自己大脑里，被以相应形式理解的信息。

船长在受检完毕后也下了船，简单交代了一下集合时间便放他们自己安排去了。

等到所有船员都离开了之后，船长也启动了传送装置，一张星海市的3D俯视图瞬间出现在他眼前。他点击了市中心最高的那栋大厦，并选择了市长办公室，一瞬间，他的身影消失在了这里。

再睁眼时，眼前已变成了一间古色古香的办公室。木质的桌椅和地板，有着无数精美花纹的墙壁，经过细致雕刻的螺旋吊灯，无一不体现着主人的优雅品味。

“有失远迎，还请见谅。”

坐在木椅上的市长微笑着向船长打招呼。

“客套话就免了，我发的信息你应该看了吧。”

船长依旧保持严肃，走上前和他对视。

“确定是‘暗潮’吗？”

船长点了点头，脸色变得更加难看。

“我不会走的，这是研究‘暗潮’的最好机会，错过了，又不知道要等多少年。”

市长收敛了脸上的笑容，认真地说道。

“没有谁的牺牲是被需要的，何必为了渺茫的希望放弃自己。在你之前还有五十八位和你作出一样选择的市长，但他们一无所获。”

“但牺牲却是必需的。无论是概念火灾还是模因，都是由一名名先驱用生命探索出来的。这不只是我的决定，更是这一座城市的决定。”

“……我没有权力控制你的决定。说到底，我只是个逃兵而已。”

“谢谢。”

船长摇了摇头，不再劝说。他和市长又聊了两句，等到了集合时间后便传送离开了。到了船舱，人已经全部到齐了。“深潜者”再度启航，通过星海市的通道开始降维。

“……在本次突发事件中，103 集团军全军覆没，共计五十九个城市遭到毁灭性打击。”

完成报告，船长刚准备发送，但又开始迟疑。这已经是他不知道多少次迟疑了，很明显，他也在期待着那渺茫的希望，但他最终也一无所获。最后，他在报告上又添了一笔。

“后继的先驱们，星海市的大门永远为你们敞开，愿你们能在这片苦海中寻得彼岸。”

指导老师：熊穗，毕业于湖南师范大学，汉语言文学专业，中学语文高级教师，教学名师。从教三十余年，多次被评为优秀教师、优秀班主任。

落霞·扶苏

侯欣盈/高二年级　迟君/指导老师　河南省洛阳市伊川县第一高级中学

"'落霞与孤鹜齐飞，秋水共长天一色。'霞，这世界好美，我想，和你一起看看。"他脸色苍白，含情脉脉地望着妻子。"苏，放心，你安心休眠。未来，你一定会和任何一个正常人一样，健康地活着。"他们坐在海滩上，倚靠着彼此，彼时，落霞满天。

她名落霞，出自那首美丽的诗，落霞与孤鹜齐飞，秋水共长天一色。

他名扶苏，与温文尔雅的大公子同名，山有扶苏，隰有荷华。

他躺进精密的休眠仪器，安静地望着憔悴却又努力挤出笑容的妻子。他努力张了张嘴，没有发出声音。他的妻子从事基因学研究，是当今最前沿的生物学理论，关系着亿万人的生命。当今时代，许多患有不治之症或想要改造基因的人，都选择进行休眠，等待着前沿生物学的发展。他是其中之一，患有先天性心脏病。闭上眼睛的一刻，他想着，是解脱，还是重生？没有回答。但他知道，有一人，在等他。

…………

电子显微镜、试管、各种颜色的试剂交错蔓延，美轮美奂。落霞站在实验室中央，激动地盯着面前不起眼的试管。那是真正的基因重组片段，颠覆世界的伟大研究。她在论文中写道："DNA的双螺旋结构存在于所有的生物体内，遗传信息储存在碱基排列顺序中。只要通过一些技术改变其中的碱基序列，便可达到改造基因的目的。"

她继续深入进行这项研究，惊奇地发现碱基序列的打乱与重组，竟能改造一个人，性别、大脑乃至于情感记忆，都可以进行篡改。她立即终止了这项疯狂的研究。但没有人知道她在最后一刻，将自己的基因存放在了实验室中，刻意地没有封存好。她存了私心，不想她的扶苏醒后，一个人在漫漫长路上踽踽独行。

…………

虚无，一片茫然的虚无。逐渐的，有了黑暗，终于出现了空间。再然后，他好像感到了微风拂过大地的感觉，那是时间。他缓缓地睁开眼，甜美的声音响在耳畔："先生，欢迎回归。您的病已在休眠期间治好。"他艰难地扭过头，望向这声音的来源，艰涩地发出声音："请问，我的妻子呢？"那声音依旧温和，似乎和妻子有些相似："她是这个时代的英雄，"她的眼神忽然变得伤感，"但是她已经仙逝了，先生，节哀。"她朝他鞠了一躬，带着安抚的意味。他颓然地躺回休眠舱，喃喃："怎么会，怎么会……"

刚出休眠舱，他便固执地要去公墓。他蹒跚地走到妻子墓前，大恸。那个女孩一直跟着他，突然说："若是伤心的话，或许，你可以将我当作你的妻子。我叫——"她拉长了声音，"落霞。"他忽地抬起头，难掩震惊。"你不必惊讶，确实是这样的。您的妻子为基因遗传学做出了极大贡献，现在，已经可以随意改造一个人，无论是大脑记忆还是性格品质，都可自行拟定。我曾被您的妻子所救，她是我最佩服的人。她常常提起您，临死时，她说，好想陪您度过余生。我不明白，但是我仍将自己的大脑植入了她的记忆，愿意替她完成遗愿。"

他狼狈地站起来，颓然地说："你走吧，你不是我的妻子，就算基因已经强大到无所不能，一个人也不该被另一人取代。你有你的人生，这对你不公平。何况，她的倾心相待，你又如何做到？"他反问。不等回答，他起身离开了。

一路上，他注意到这个时代的人都极为貌美，窈窕淑女，翩翩公子。他竟成了最丑的一个，基因的力量当真无法想象，他自嘲地笑笑。忽然，他停在了一个大屏幕前，那上面的人竟是"落霞"。他凝神看下去，发现，在这个时代，基因技术只能用来改造相貌，其他任何方面的应用都是严重违法。"落霞"竟是一个通缉犯。

那晚，他在扶苏木下坐了一夜，看着满船清梦压星河，想了很多。第二天，他举起了公共电话，举报了"落霞"。那天，他在大屏幕上看到，"落霞"只是一个十五岁的女孩，误闯妻子的实验室，被改造了基因。那一刻，他忽然明白了妻子的用意。

他再一次站在那片海滩前，心有余悸，想着：霞啊，即便基因强大到无往不利，也不该在他人身上用啊。那样一个人陪着我，我如何能接受，你又如何安心啊！

指导老师：迟君，文学学士，毕业于洛阳师范学院，汉语言文学专业。中小学一级教师，曾获洛阳市优质课一等奖、河南省德育先进个人。

回顾历史发展，共论物种进化

胡定航/高二年级　李洋/指导老师　吉林省德惠市实验中学

四十六亿年前，在那个仅有着雷霆与大海，火山与冰川的时代，一切都还是自然的风雨，没有生命和物种。有一天，在雷霆与大海的作用下，分子与离子不稳定的排列，形成了一种新的生命——古细菌。这种原核生物经过了几千万年的分裂与变异，形成了形态迥异的生物，它们寄居在海洋中。直到那一天，板块间发生了剧烈的碰撞，陆地形成了。

一些水生生物开始了第一次进化。起先，它们进化出了腿，这不仅方便了它们的游动，还使其可以在水陆两种地带自由地穿梭、游走，两栖动物因此得以发展。

时境变迁，沧海桑田。随着众多物种的进化与变异，环境也发生了一些巨大的改变。茫茫大海中，藻荇交横，坚实大地上，绿翠如茵。新时代随着一代大陆强者——恐龙的出现而到来。

远古时期，在奥陶纪、泥盆纪、侏罗纪、白垩纪……之后，一次毁灭性的灾难降临了。据一些考古学家所言，是陨石的撞击造成了那场大灾难。当时，除恐龙外，沧龙科、蛇颈龙目、翼龙目、菊石亚纲及多种植物也在这次事件中灭绝。

自然并不是无情的。经过了几千年的休养生息，地球又恢复了以前的一片盎然景象。同时，又一代霸主——人类演变出来。

人类，一个极其富有智慧的种群。他们开始研究物种的起源与发展，并开始了对自身奥秘的探索。

20世纪初，人类的技术已经达到了细胞水平，一些学者发现：人类是由一个可以不断分裂和分化的细胞发育而来的，这个细胞就是——受精卵。

一般来讲，体细胞仅能够通过有丝分裂增殖，而生殖细胞却可以进行减数分裂（即染色体数量减半的分裂）。为什么它会进行减数分裂呢？答案很简单。正常来讲，一个人的染色体条数是固定的，一个正常的人类拥有二十三对染色体。而一个受精卵的形成，需要父方和母方各自提供一半的染色体。因此，父方的精原细胞和母方的卵原细胞需要经过减数分裂才能形成精子和卵细胞，并通过受精作用，形成受精卵。事实上，减数分裂和有丝分裂的不同之处在于减数分裂染色体仅复制一次，却连续分裂两次，而有丝分裂则是染色体复制一次，分裂一次。因此，减数分裂可以使染色体数目减半。

减数分裂还是导致人类及后代形貌、性格不同的原因。在减数第一次分裂前期，会出现“联会”现象，使得同源染色体形成四分体。而在减数第一次分裂前期，同源染色体上的非姐妹染色单体部分片段发生的交叉互换，以及减数第一次分裂后期非同源染色体上非等位基因的自由组合，都增加了配子的多样性。

那么，什么是染色体呢？其实，染色体是由两条脱氧核糖核酸长链缩短变粗、高度螺旋化并结合蛋白质形成的。脱氧核糖核酸是由脱氧核糖核苷酸组成，一个脱氧核糖核苷酸是由含氮碱基、磷酸和脱氧核糖构成。由于含氮碱基有 A、G、C、T 四种，这四种不同的排列组合使 DNA 拥有着千千万万的形式，也就造就了多种多样的人类个体。

而后，一位十分伟大而又十分重要的生物学家应运而生——孟德尔，被公认为“世界遗传学之父”。他通过豌豆杂交实验，推理出了人类的基因遗传规律。

基因的选择性表达是基于生物具有全能性。正是因为动物的细胞核具有全能性，才拥有了克隆技术，使得人们可以克隆出形态各异的生物。到目前为止，这项技术已经可以克隆出一些动物，例如克隆羊“多莉”，克隆猴“中中”和“华华”。目前，人类已能在一定程度上掌控生命，就是通过对基因片段的交换、变异的掌控，才得以实现。因此，要想在科学道路上走得更远，我们一定要以实验为主体，以创新为灵魂。

在这个科技发展日新月异的时代，我们不乏创造力与制造力，在这个千变万化的社会中，我们人类不断发展，不断创造，在创造中发展，在发展中创造！

指导老师：李洋，毕业于吉林师范大学，中学一级教师。曾获得德惠市班主任技能大赛板书设计二等奖、德惠市实验中学优秀教师等荣誉称号。

奇　迹

黄梦菲 / 高三年级　刘峻岭 / 指导老师　湖北省宜昌市第一中学

新兴纪 528 年，基因工程实验楼。

黄博士站在实验楼的顶楼，俯瞰着一排排的新生儿，嘴角上扬。每每看到这些新生儿，他的心里就洋溢起满满的家族自豪感。自新兴纪创世以来，基因工程蓬勃发展，他的家族自那时起接手了将人类基因工程用于治疗疾病的任务，五百年间，这座实验楼见证了这个家族的辉煌，更见证了基因工程的传奇。他拍拍旁边那个男人的肩膀，两人相视一笑。

那人是黄家的合作友人——周博士。周博士的创新拓宽了基因工程的应用范围。在此之前，凡是稍微阔绰一些的人家，就会到这里敲去新生命染色体上的 α-1 基因、β-13 基因、γ-9 基因，并替换上 π-4 基因。这些孩子也就真正实现了“无病无灾”——致癌因子不会转录翻译出来，意味着不会患癌症；艾滋病等疾病的致病基因缺失，让这种病害的威风凛凛成为过去时；感冒发烧等小病症更是不在话下。替换的 π-4 基因可让人的机体短时间内产生大量抗体将这类入侵者一网打尽。而周博士侧重于与智商、情商、体能、外貌方面相关的 a、b、c、d 四个系列的基因研究，并加入 X 基因实现脑电波通信，这便成为大家口中的“全维技术”。十五年前全维技术的第一例新生儿诞生，出生五天后就能说出简短的句子，全世界都沸腾起来。本来默默无闻的实验室，变得门庭若市。

富人们开始大量投资这个项目，并且把自己的孩子送来“全维增强”。项目开展得热火朝天，但时间一长便显露出了问题：那些孩子虽然机智过人，但是待人处世一直是冷冰冰的，甚至一直表现出蔑视与清高。后来研究发现，改变这四个系列的基因，意味着也改变了精神因子，人对待情感不可避免会淡化；全维技术实行不久，黄博士有了双胞胎儿子——乔和延。周博士为了真切知晓全维技术的利弊，给乔进行全维增强，延只是接受了基础的疾病基因工程改良。

小时候，乔总是比延厉害。乔似乎一切都是无比完美的，除对人冷冰冰以外。延的骨子里却也天生有一种倔强，他虽然一直落后，但一直在追赶。社会上，全维人自小便高人一等，航空等高精尖领域被他们霸占，其余的人默认处于社会底层。延始终没有放弃拼搏，黄博士对两个儿子一视同仁，让延和哥哥一直在一起学习生活。

兄弟俩进入了最有名的航空学府——阿尔贝斯学院。这个学院几年前就只招收全维人了，延的进入只是一个特例罢了。学院最近非常忙碌，大家都在为“探索者”号的高级机密工程夜以继日工作。“探索者”号旨在为能源枯竭的地球找到出路。延为此心潮澎湃，因为地球上的人们就要得救了！其实延在学院里的日子并不顺利，老师和同学一直用异样的眼光看他，甚至孤立他。于是他在研究航天之余，被迫找到了排解忧愁的方法：研究能源问题。那一夜，哥哥跑来，叫他赶快登舱，飞船即将起飞。“那我们飞出地球了，后面怎么接应其他的人？”“还管他们干什么？有我们全维人，人类就足以发展了，带上你是因为我们家族的身份！你要是不乐意就留在地球上跟那群人一起好了！”话音刚落，哥哥消失在他面前。飞船起飞，留下了延孤独的背影。

第二天消息在地球上传开，那一批全维人一夜之间全部出逃了！事已至此，只能去研发新的技术渡过难关。好在世界上还有一批和延一样的人，智囊团在认真钻研后，运用地热改善了热能供应，运用植物基因工程让世界上的人们都吃饱穿暖。为了防止全维人闹剧的再次出现，黄博士严格管控了人类基因工程的应用范围，除了疾病防控，不得以任何理由滥用基因工程技术。黄博士运用周博士当年赚的钱，实现了疾病基因工程技术的全民覆盖和应用。人间少了病痛多了欢笑，少了攀比多了和谐，世界在两大危机过后又恢复了正常。不久后传回消息，“探索者”号飞船上的成员为了利益问题大打出手，在宇宙深处，飞船毁灭了。这消息很快成了人们茶余饭后的笑谈。但是黄博士、延等人，永远被记在了人们的心中，那是人类共同创造的一场奇迹！

看着那些新生儿，回望这个奇迹，黄博士再次露出了笑颜……

指导老师：刘峻岭，中学语文高级教师，宜昌一中语文教研组组长，宜昌市一中语文学科学术委员会委员，宜昌市学科带头人。

未曾改变的呼吸

霍紫涵 / 高三年级　张静 / 指导老师　河北省沙河市第一中学

一

大地破了好几处洞，于是风呼呼地往里钻着，直灌得干瘪的大地吐也不是、咽也不能，难受得紧。

风茫然地从洞里钻出来，隔着漫天的雾霭四下张望，又钻回去。刺啦啦的风里藏着湿淋淋的梦，紧巴巴的大地裹着空洞洞的风。

顾平生站在荒丘之上，瞧着大地连绵起伏。远方的田野中，戴着灰色面罩的人们正在晒到干枯的树下休息。他们把耳朵紧紧地贴在地面上，仿佛这样便可以听见地下城市里那些“高贵人种”的呼吸。

顾平生也尝试像他们一样“聆听”——尽管他作为那些所谓“高贵人种”的一员，对下面那些乱到刺耳的音乐声再熟悉不过。

他静静地将自己舒展在这片大地上，看着月色空旷，感受着自己身体里涌动的“精英血液”，却没有一丝一毫的喜悦。他被他的科学家父母像拼积木一样拼凑基因，使其成为一个几近完美的“新人类”，可当他长大成人时，二人却选择植入疾病基因，走向死亡。当疾病痛苦撕咬着他们的神经时，父亲突然抓住了顾平生的手：“记住你的名字，别忘了你是为什么而活的。”

诚然，顾平生望不穿脚下，不知道地球如何千疮百孔；亦看不透人心，不知道灰色面罩下多少伤痛麻木、灯红酒绿里多少洋洋得意。他只是在这个稀松平常的月夜里，突然搞不懂这“基因优化”工程带给人类的究竟是救赎，还是灾难？

终于，在他的耳朵接触到大地的那一刻，风席卷世间千万里。

他仿佛听见了响彻宇宙的呼吸。

二

说是要改变，毕竟还是有困难的——真要是把这基因优化注销了，已经拥有的不还是拥有吗？更何况他现在的生活也是拜这基因优化所赐，自己又有什么理由来毁灭它？

顾平生望着身前高耸的大厦，陷入了沉思。

“不会吧老顾，你今天还想旷工？”身后传来熟悉的调笑声，顾平生回头，同事阿尔希朝他笑得灿烂。

“不过也是，有上头那群‘劣质人’，咱们还干什么活嘛——所长真糊涂，这几年‘长寿基因’一植入，谁还生孩子嘛，非得搞这么个‘新生’会议，要我说，就不该让下一代再优化基因，免得抢了我们的地儿，再把我们撵上去。”

顾平生瞧着阿尔希的面孔，原本灿烂的笑容因为这么一番话而渐渐地在他面前扭曲了。他环望四周，灯红酒绿的繁华世间在他的眼前慢慢模糊成团，不时有跑得飞快的人从他身旁经过，残留下一条虚影，或是一个点，在这个模糊的世界里结出星星。

“是啊。”他听见自己说，身旁的阿尔希笑得越发灿烂。

世界本不该如此。

三

这是第几个没有月亮的夜晚了，顾平生不知道。

自他在会议上提出要注销基因优化工程，遭到全体科研人员的强烈反对后，便被力大无比的警卫关到了这个基因抑制间里。顾平生没有反抗，他只是没来由地感到悲哀——明明基因优化工程也就是近几十年的事情，尝到甜头的人类却早已忘记了自己生来为何。他们肆意地享受着父辈给他们带来的荣光，享受着“生来的优势”，将那些没有钱改造基因的人留在被破坏得无尽荒凉的地球表面，让他们在废墟上劳作，在太阳的烘烤下接受命运的无情摧残，偶尔“大发善心”为他们暂时性地强化基因也只不过是为了让他们干活更有劲儿而已，自己却在地下建起一座又一座“销魂窟”，毫不费力地享受着生活。

“我们终究无药可救吗？”顾平生这样想着，他蜷缩在抑制室的一角，静静地、自虐般地回忆着会议上的情景。当他提出这个建议时，众人的脸上有不可思议、有难以理解，但更多的是像阿尔希那样看傻子的眼神……没有愧疚。人们丢失了愧疚，丢失了对平等的渴求与信仰。

突然，抑制室的门被打开了，外面的光丝丝缕缕地渗入这个封闭黑暗的屋子里。

在明与暗的交界处，他记起所长的眼。

四

还能听得见鸟鸣吗？在干枯的枝丫上，裸露的田野里，是否还会有鸟鸣呢？

顾平生躺在洞口的斜坡上，看着暗沉沉的天。四方风来，吹起他的衣角，也拂过他身边小小的指示器。

“我明白你想做什么，你要的并非一个工程的消失，而是一众人类良知的觉醒！你果真同你的父亲一样——不，你比他更为勇敢！

“这是你父亲的研究成果，但他宁可死也没有勇气启动它。现在我把这个东西转交给你，如果你已经想好的话，尝试找个地方安放它、开启它吧！

“我同你的父亲一样，只是个懦夫。我们吃过太多苦，有这么一丝甜便再也舍不得放手。全然地毁坏固然不是最好的办法，但这也是我们能做出的最大努力了。或许未来有人能利用好基因优化，让它真正地造福全体人类——但是现在，我把选择权交给你，孩子，结束这个荒谬的时代吧！”

…………

顾平生心里想着所长说的话，手里把玩着指示器。只要他按动按钮，无数的抑制基因将会无声无息地从中央大厦溢散出去，并通过“基因着附”作用进入人们身体，将所有改造基因抑制，让人类恢复正常。

喧闹从空洞中飘向这个沉默了太久的世间，顾平生在红光闪烁中，听见自己未曾改变的呼吸。

指导老师：张静，文学学士，毕业于河北师范大学，汉语言文学教育专业。中学一级教师，曾获得语文学科说课比赛一等奖、优质课评比一等奖。

最后的残次品

江格格/高三年级　吴妮娜/指导老师　山东省青岛市即墨区第一中学

辽阔无垠的大海上，慵懒的水母敲打着珊瑚床，飞速游动的鱼群急急转向，一枚气泡从岩石中艰难地挤出来，再啪的一声破裂在上升途中……“呜——”一派静谧被一声巨响打破，一艘顶级奢华游轮缓缓驶来，岸边人潮汹涌。“麻烦让一下！”人群中，有一男一女两个高中生模样的人从后面挤了出来。仔细一看，却是令人目瞪口呆：那位女生月见在她娇小的身上竟然足足背了五个巨大的行李包！她简直像一只蜗牛般顶着比自身庞大几倍的东西，样子却一点儿也不费劲，还健步如飞地从人群中穿过。在她身后，一位眉目清秀的少年戈尘也背着一个背包蹒跚前行，他栗色的头发被汗水打湿，贴在前额，或许那肩上的背包太沉重，让他不得不走走停停。他们穿过人群，到达游轮检票处。月见一摸口袋，发现票不见了！她急得如热锅上的蚂蚁，四处寻找。“月见姐姐，你的票落在我这里啦！”风铃的声音传来。她随声而到，身材纤细，却有着一米九的身高！

深入游轮内部，有一场拍卖会将在这里举行，走廊上陈列着各种各样的展品供人欣赏。一旁的伊西斯女神像栩栩如生，月见不禁伸手碰了碰，可是等她收回胳膊，雕像的头居然掉了！就算她力气再大，女神像也不至于这么脆弱啊！月见不知所措地站着，这可是国家级艺术品啊，她绝对赔不起！一旁的风铃安慰道：“我有办法。”只见她拿出一条手帕，开始在附近擦拭月见留下的指纹，从墙壁到壁台，还有那个坏掉的女神像头。“接下来，我们必须去一趟中央控制室。”风铃收好手帕。三人一口气跑到游轮的底层，风铃解释道：“我知道这艘游轮每五分钟会将监控录像发送到国家安全部，只要我们提前将录像删除就没事了。”说完，她表情严肃地看了一眼戈尘，“听说你记忆力很好是吧？帮我记住这些密码，一分钟之后开始破解。”风铃调出数据，十三台电脑上顿时弹出二十多个密码窗口，每个密码包括十八位数字与字母混合！只见戈尘的目光从一串串数字上掠过，仅四十五秒就点头说可以了。

半分钟后，系统重启，风铃删除了关于他们的所有记录。

“其实，那尊雕像是赝品，对吗？”一直默不作声的戈尘突然发问，“我有过目不忘的能力，那尊雕像我之前看过图片，花纹有些许差异，”月见怔在原地，疑惑地看着戈尘，“真正的雕像应该已经被风铃偷了，她把我们带到这儿来，是想嫁祸给我们以掩人耳目吧。”月见听得怔在那里，像石化了一般，从头到尾都没有动过一下。

风铃站在原地，嘴角微扬，配上游轮外如血的晚霞，宛如一幅画。她缓缓开口：“像你们这样的完全体不会理解残次品的痛苦。我和你们一样，从小便接受了基因改造，但我既没有被强化记忆，也没有非凡的力量，只是长高。父母无法接受自己的孩子比不上别人，就抛弃了我。这尊雕像是我哥哥创作的，他被改造后拥有了高超的艺术天赋，凡经他之手的作品无不被重金求购，因此我的父母便逼他不停地创作，最终，他抑郁而死。”一个凄凉的故事被公之于世，打破了基因改造编织的美好梦境。是啊，有些人轻而易举就能拥有的能力，却是另一些人赴汤蹈火也到不了的天堂，基因改造可以创造出完美的完全体，可光的存在总会产生影子，往往一个完全体的产生会伴随有一百个残次品，而完全体所拥有的高于普通标准的能力也会被至亲之人利用。这是人类擅自打开潘多拉魔盒所带来的恶果……

时光荏苒，十年后的世界早已沧海桑田。雨季结束，凉季开始，新的世界顺应着斗转星移。五年前，月见博士发明了可维持基因稳定的小猫机器人，它拥有如家猫一般柔软的外壳，可以通过紫外线和红外线探测稳定基因，从而使得已接受基因改造的人类不再发生基因异变而成为残次品。同时，它也可以在基因改造前，通过对人体染色体的鉴定，预判其更适合哪一种基因改造。而有了法律的保护，完全体也不会再被利用。

指导老师：吴妮娜，即墨区第一中学高二语文组备课组组长，中学一级教师。曾获得青岛市一师一优课一等奖、青岛市优质课二等奖。

选　择

姜皓瑜/高二年级　孙青梅/指导老师　北京市首都师范大学附属回龙观育新学校

医院外的夕阳染红了墙，街道上的人少了很多。他们都有太多的事情要干：有人加班几个月，为了给孩子改造脑部智力，跟上同龄人，一跃成为“天才少年”；有人四处募捐，为了给孩子改造运动或艺术基因，企图进军未来的体育或艺术行业；有人把生活成本一缩再缩，为了给孩子一副不会生病的钢铁之躯……

悬浮车的速度很快，但我家很远。路上我迷迷糊糊地将要睡着，半梦半醒间思索着。最初的基因改造技术出现时，轰动了世界。当时科学家们激动地说这项技术意味着人类将打破自然规律，完成自主多元的进化，社会宣传的是有了基因改造，再也不会有因疾病逝去的人。

最初几个月基因改造技术确实应用在了得病的小孩身上。但是随着技术的完善，这项技术的应用范围越来越广。

我回到家中，女儿拥抱了我。她最近刚刚生病了一场，影响了学习，老师把她骂了一顿。我把她抱到沙发上去，先测了她的体温，确认没有发烧后，给她泡了药。她坐在那里，一双水汪汪的大眼睛委屈地看着我，我轻柔地问：“怎么啦？昕昕只是生病了，妈妈跟老师说清楚了，老师就不会骂你啦。”

“可是，”女儿说话带了点鼻音，看来是刚刚哭过，“同学们都说我笨，不仅学习比不过他们，连画画唱歌还有跑步都比不过他们，我每次都追不上他们……”

我心里一颤。是的，我没给我的女儿进行基因改造。同事们问过我很多回为什么不给昕昕基因改造，好歹有那么一两个方面优于常人。我却坚持不做，因为我认为把女儿变成一个超人，那和制造了一个人工智能来当女儿有什么区别？

我坐到沙发一边，把昕昕揽进怀里，轻轻拍她的背让她放松。我问：“那，妈妈有一个办法，可以让昕昕变得和同学们一样，再也不会觉得数学题难，再也不会生病、流血，再也不会画画不好看、唱歌不好听了，昕昕愿意吗？”

昕昕的眼睛变得很亮：“愿意！”

强压下心里的那些苦涩，我把选择题的另一半题干告诉她：“但是，这样的昕昕虽然成为完美的昕昕，却也成了一个错过很多的昕昕，有可能昕昕以后不会觉得唱歌和画画是件让人高兴的事情了。”我知道，基因改造的确让人看起来更完美，但同样，会让人类失去他们引以为傲的创造力，失去探索、打破一个谜题的快乐感，失去继续前进的动力。好比一台电脑，它的运算能力增强，可它只会运算，不能创造……创造才是文明前进的第一动力。

昕昕低头思考了一会儿。她只是个孩子，选择前者实在太正常不过了。

半晌，昕昕抬起头，埋进我的怀抱。她的声音因此有点闷：“如果会不快乐，如果连最喜欢的事情都不能让自己高兴，或者，成为像他们那样看起来完美的小孩一点儿也不好……小明打篮球的时候，和我思考数学题时竟然是一个样子，还有小红画画的时候，嘴角绷得直直的，他们一点儿也不高兴。昕昕不愿意了，不愿意变成他们那样，昕昕就是昕昕。”

只是这样一个选择，却让我泪如雨下。我说：“妈妈相信你的选择，我永远为你骄傲。未来是属于像昕昕这样的小朋友的，不管有多难，妈妈会一直陪着昕昕。”

夕阳染红了回家的路。距离那次选择已经过去了将近一年。回到家中，昕昕抱住了我。我摸摸她的头，照例问她今天有没有什么高兴的事情，她举着写着一百分的卷子，笑得开心。

今天是基因改造技术纪念日。电视里，播报着这样一条新闻——“政府已决定严格限制基因改造技术只应用于医疗领域。”

这是人类的选择。

指导老师：孙青梅，毕业于哈尔滨师范大学中文系汉语言文学专业。中学高级教师。曾获得区级语文学科基本功大赛一等奖。

“理想人类”历险记

金秉年/高二年级　邓泽源/指导老师　辽宁省大连市第二十四中学

我是世界上第一个“理想人类”。万万没想到，几轮爆炸后，我竟然活了下来。

随着生命科学技术越来越发达，21 世纪中叶，第一例人类基因改造实验获得成功，将胚胎中的致病基因改造为正常基因；22 世纪初，基因改造技术便已大规模使用，降低了各种病症的患病率。

过了不到五年，各个强国都打造了属于自己的一批“理想人类”。23 世纪，各个国家已经开始大规模使用基因改造技术，想要达到“全民改造”的结果；实验室甚至将我召回，又克隆了一份，留在实验室。国家之间博弈的核心，也转向了生命科学技术的理论发展深度与实际应用情况，正所谓“只要基因改得好，各个领域都是宝”；若是本国的“理想人类”太少，各个领域便很快会被其他国家的“理想人类”占据上风，甚至有被技术封锁的风险。由于基因改造的普及程度高，有相当一部分人成为“理想人类”，而因为经济等原因，无法受到基因改造的“普通人类”只能给“理想人类”打工，成为体力劳动者。“理想人类”与“普通人类”间的矛盾，成为世界难题。

我听到一声微弱的、从我身体里传来的爆炸声，然后便眼前一黑。不知过了多久，我睁开眼，看到周围的一切逐渐变亮，我回到了实验室，躺在一个巨大的容器中。

“醒了？”研究人员走了过来。

“我怎么在这里？”

“你被‘花粉’炸弹炸碎了心脏，多亏了你之前复制的克隆体，我们将他的心脏移植到你体内，才将你救活。”

“那其他人呢？”

“哦，没来得及跟你解释，‘花粉’炸弹指的是带有少量硝化甘油的分子机器，它们弥散在空中，通过呼吸道和消化道进入人体的器官后附着在上面。

当启动炸弹后，分子机器会剧烈震动，让硝化甘油引发爆炸，从而定向炸碎某个器官。

“几乎所有人都吸入了‘花粉’。它本身的目的是利用武力威慑以维持长期和平，但‘理想人类’实在太多了，引起了一些人的不满，于是启动了‘心脏花粉’。由于我全天待在这个全封闭的实验室研究你的克隆体，根本没机会吸入‘花粉’，所以我活了下来。而炸弹启动后，其他人的克隆体还没做完，只有你做了克隆体，可以被救活，所以我找到了你的定位，把你救了过来。移植心脏后，我又对你全身其他器官做了检查，并未发现其余‘花粉’残留。除了‘心脏花粉’，还有‘胰腺花粉’‘肝脏花粉’等针对其他器官的定向炸药……”

我的大脑突然闪过一丝不妙的念头：“那也就是说，只要全封闭，实际上是无法吸入‘花粉’的？世界上其他地方还有幸存者？我们可能会经历第二轮其余器官的花粉轰炸？还有，你们救我的时候，还离开了全封闭条件的实验室？”

“对……”话未说完，我就听到了那熟悉的爆炸声，眼前的人头部炸裂，倒在地上。

我的预想果然没错。刚刚研究人员走出实验室，失去了全封闭的环境，途中吸入了“大脑花粉”，而在对我进行全身检查后，他并没有自我检查，才导致“大脑花粉”的爆炸。我先前的思考受限于如何在和平的前提下解决“理想人类”带来的矛盾，却忘了武力永远是简单、暴力且高效的解决方案。我们无须思考人类的价值观念、社会规范和互动模式会如何变化，甚至无须执拗于如何解决它所带来的偏见、敌对、冲突等问题；毕竟，短时间内，时间不一定会给出答案，但“花粉”可以。

怀着悲愤的心情，我处理了研究人员的尸体。我又一次仰望“天空”，“太阳”悬挂在空中，却无法照亮整个实验室。敌我都在暗处，好比这“太阳”照不到的地方。我抬头望去，只能看见天花板；天花板后面，是我想象力受阻的地方。

不给出任何答案，便是时间给出的最佳答案。

指导老师：邓泽源，教育硕士，毕业于北京师范大学，学科教学（语文）专业，中学二级教师。

欢 愉

金嘉慧/高二年级 李檣/指导老师 江苏省南京市宁海中学

“轰——”爆炸声几乎震破了耳膜。B144快速地在战场上移动，望着对面站成一排被困得严严实实的惊恐的可怜虫，嘴角上扬。

回程的路上，焦黑的泥土裹挟着暗红的血，干结成块。天空蓝蓝的，几朵懒惰的云儿在它怀中卧着，洁白得一尘不染。远离了底层居民区，一切都是完美的样子——除了B144眼前的女孩。

他并不认识这女孩，但在她眼睛处裹着的白色飘带显示出了她的身份，底层下等动物，一个苟且偷生的爬虫。

女孩朝他笑笑：“跟我来，我命令你，跟我来。”他走过去，没有说话，现在他只是一个没有命令执行的可怜虫，兴许比爬虫还要令人恶心。他想。

女孩一直领着他，她要做什么他都会依着。直到脚下漫上了微凉的触觉，是海水。女孩坐下，望着远处的海面，夕阳下，金灿灿的阳光洒落，浪花翻涌，白色的碎银点点。红色的太阳即将下山，一切都在未来之时。他们并排坐着，浑身披着光。

“我喜欢海。”女孩说。B144并不赞同。“这是情感缺陷。”

星星缓慢升起，银色的光如轻纱洒下。波涛很柔很慢，轻轻荡漾。

“我喜欢星。”女孩说。B144再次否定。“这不对。”

“这很对。我并不是理想的人类。”“那便对了。”

B144是完美的，他一直都很明白。他的基因中没有任何致病因子，所有的DNA都是优秀的。基因强化后的两条脱氧核糖核苷酸链周围甚至有保护膜包裹，碱基的排列顺序早已是未出生时就被确定好的。他能真正做到眼看千里之外，耳听万里声音。他有发达的肌肉和健康的身体，智商高达四百五十。凭借三百万亿分之一的基因突变概率，他呈现出完美状态。

他，可以说是世界上的“理想人类”。但无趣包裹住他永不疲劳的身躯，任务与指令是他生活的唯一意义。当灰烬埋落，光线透过隐蔽的角落，一颗痛苦的内心，挣扎不出黑暗的囚禁。光和影在萦绕、交织……

B144 继续推动着时间的轮回，生命的强悍似乎也是一种弱小，在灯火的照射下如同飞蛾的翅，被金黄的纹路浸染，最终灿烂地逝去，化为一点小小的星火，散了，逝了。

他日复一日地执行任务，上级发下的又或是女孩的。他的手上沾满了爬虫的血液，那不完美 DNA 的肮脏产物。他的眼睛中却透露着欢愉，令他自己恶心的欢愉止不住地洋溢在心间。他陪着女孩走了很远，看星光，看彩虹，看长河，看浮灯，看极光。只有和她在一起的时光里，他才感受到了落寞和孤寂。

当其他同胞来的时候，他已经在海边等了很久，久到夕阳落下，星星升起，久到心中升起一种恐惧。

女孩站在那里，轻轻摘下飘带。雪白的飘带被晚风吹起，沾染上夜的湿意，海的柔情。

B144 只是静静地看着，看着她的眼睛是空空的虚无。

枪声响起，她缓缓倒下，血绽放成一朵花。无声中，有一点什么东西挣脱了。蝴蝶扇动了美妙绝伦的翅膀，翩翩起舞。洁白的翅膀在黑夜中勾勒出神秘的线条。

指导老师：李樯，文学学士，毕业于扬州大学汉语言文学师范专业。中学一级教师。

初 我

靖雨曦/高二年级　郑艺/指导老师　黑龙江省哈尔滨市实验中学

家里的斑比死了，是溺水身亡。

抚摸着它那湿漉漉的卷曲的栗色卷毛，再想到它那双明亮的棕色眼睛，我痛哭流涕。第一次见到它，我就爱上了那双清澈的棕色眼睛；三年后的今天，它却再也睁不开那双眼睛，再也无法看我一眼了。

我决定为它做最近新兴的克隆手术，甚至可以为它加入新基因。

“妈，我们克隆斑比吧！我太想它了！小美家的那只白猫就被克隆了，现在活得好好的！”我对妈妈说。

“你这个孩子，怎么总是异想天开呢！经过克隆的生物还是生物本身吗！我不会同意的！”妈妈一口回绝，“我最讨厌的就是你这个叛逆的样子！看看隔壁的小美，学习成绩那么好、那么听话乖巧……你什么时候才能变得像她一样呢！”“你真是拘泥古板、不知变通！我为你感到悲哀！既然你不同意，那我就自己去！”我愤怒地回击。

我偷偷将斑比装进袋子，背着它，去往市中心的宠物商店。街上到处都是游行示威的人，他们高举着条幅，嘴里喊着“停止克隆，禁止基因优化！”的口号，表情很是愤怒。

我生气地冲他们喊：“你们这群愚蠢的人！人类马上也可以进行基因重组了，我们会成为更优等的先进人，而你们这些思想老旧的人，一定会被淘汰的！”我洋洋得意地走进宠物店，不顾他们怨恨的目光。

机器人店员热情地为我拿出了价目表，我细细阅读。

套餐一：克隆并加入一类特征，1300 元

套餐二：克隆并加入两类特征，3500 元

套餐三：克隆并加入三类特征，5700 元

超值套餐：克隆并加入五类特征，仅需 7000 元！

我决定买下这个超值套餐。

过了三个小时，店员将新斑比送了出来，我惊呆了，那是一只全新的斑比！

它兴奋地朝我跑来，我摸了摸它那柔顺的、又长又直的栗色卷毛，嗅了嗅它身上独特的玫瑰清香——比原来那股雨后的香椿味更优雅。看着它那双明亮清澈的棕色眼睛，我知道我的斑比又活了！

“这只小狗还加入了人类思想哦，它一定会更聪明的！”店员甜甜地说。

我兴奋地牵着它，它比以前更乖了，更明白我的心意了，妈妈也一定会喜欢它的！

妈妈早就料到我去克隆了它，只是叹口气，说了句“无可救药”。

新斑比还和以前一样，喜欢咬毛线球，喜欢快速喝水，然后扑到我的床上，幸福地打个饱嗝儿。

但新斑比又和以前不一样，它不喜欢运动了，就连出门跑步都越来越少了。

再后来，新斑比几乎一动也不动了，它不再扑到我的床上，不再扑到我的怀里，每天只是趴在地板上，如果你叫它的名字，它还会烦躁地扭过头来，狠狠地瞪你一眼。

妈妈生气地将新斑比送往宠物医院，在路上，一遍又一遍地发着牢骚，细数着我的过错，从斑比到成绩，从学习到脾气……我只是将头扭向窗边，看着街上游行的人被赶走。

检查结果令我大吃一惊：新斑比得了基因疾病，无法治愈，它会越来越懒，直到无法呼吸，走向死亡。

坐在回家的车上，我抚摸着将死的斑比，心里却没有第一次失去它时的那种难过，只是默默地想：我可以再克隆它一次，这次，我要一双硕大的、黑色的、像葡萄一样的眼睛。于是，我立即抱起斑比，跳下车，不顾妈妈愤怒地呼喊，不顾他人诧异的目光，奔向宠物商店。

一路上，到处都是关于克隆人已通过最终审议并合法化、人类发展进入新篇章的头条新闻，它们被映在高楼的屏幕上。那些游行的人都愣在原地，像一个个失掉了发条的小丑，彩色的光打在那些崩溃的人的脸上，富有戏剧性。

走近宠物店，又是一样的流程，只不过这次多了许多家长，他们都要为自己的孩子做基因升级。

这次我为了拥有一只更好的斑比，花了更多的钱。

“一共一万六千元，请付款。”店员还是那样甜腻的语气。

我拿出卡，轻轻一刷，却发现无法支付。店员查看了我的卡，还是那样程式化地温柔地告知我：“你的卡过期了，拿着身份证，补办一张再来吧！”我疑惑不解。

我走在回家的路上，感到怅然若失。我问自己，基因升级后的斑比，还是斑比吗？我的斑比，是那个有着栗色卷毛，棕色小眼睛的简单小狗，它身上有着独特的雨后香椿的味道，它没有人类的思想，它最爱惹我生气，最爱打翻狗粮，它最爱我。

我想，我是真正地、永远地失去斑比了。

想到这儿，我再一次落下了眼泪，只想飞奔到妈妈怀里，向妈妈道歉。

可餐桌边却坐着另一个人。那张熟悉的面孔我曾在镜子中见过无数次，她在为妈妈夹菜，她更温顺、更听话，她智商更高、成绩更好。她是我，一个完美的我，一个新我。

指导老师：郑艺，文学学士，教育学硕士，毕业于东北师范大学，汉语言文学专业。中学二级教师，曾获得哈尔滨市“奋进杯”教师基本功大赛一等奖。

一叶知秋

鞠嘉沛 / 高二年级　孟娜 / 指导老师　江苏省南京师范大学附属中学

雨中，名为叶秋的青年心里并不平静。不知为何，幼时的回忆总像罩在玻璃里的火，蒙着薄薄的水汽，影影绰绰的……也许，是因为太疼了，就连自己这般超常的大脑，也会下意识开启防御机制。

那本是个寻常的晚上——

餐桌上絮絮说着琐事的母亲，和显然有些心不在焉的父亲，母亲贴心地询问："怎么了？是不是工作上有什么问题？"父亲一惊，随即强颜欢笑："没有没有，不用担心，你照顾好小秋就好。"显然，父亲有什么事在瞒着我们。

忽然门铃响起，一个温柔的声音问道："师兄在吗？"父亲一惊，赶紧示意母亲带着叶秋躲进房间，才去开了门。

母亲在房里看着客厅的监控：几个荷枪实弹的士兵随着一个身穿白大褂的男人走进家门。父亲神情激动地在说些什么，男子却一直戏谑地笑，最后挥手让士兵把父亲带了出去。

房间内，一直颤抖却强撑着抱住叶秋的母亲，瘫跪在地上。"为什么要带走他？为什么……会这样？"

叶秋再也没有见过父亲，他的母亲也在三年后抑郁而终，成了孤儿的他始终在追寻答案：为什么这一对同时投在全球最有名望的教授门下做研究的师兄弟，会在共同推动"基因剪刀技术"这惊世骇俗的项目发展后，结下死仇。

凌晨两点，叶秋跳入一户别墅的院子，奇怪的是，预想中顶级的安保预警系统却毫无反应。"必须更小心，可能有陷阱。"他用堪比怪物的怪力迅速无声地拆下双重门锁，走进了房门，疑惑更甚：身居要位之人的家，却连警卫的身影都看不到。

与此同时，客厅的灯亮了，有人缓慢从沙发上起身。

是记忆中男人的脸，虽然已过了二十年，却依然年轻、温和，只是笑意未曾抵达眼底。

叶秋先开了口："你知道我要来找你？"他紧盯着男人。男人双手做出投降的动作，笑着回答："当然，当然。你是第一个在经受技术改造后活下来的试验体，我一直也想亲眼见见你……不然，你如何能找到我，还一路畅通无阻？”男人顿了一下，“但我很好奇你来找我的理由。还是说，你想明白了，想来投奔我？”他的眼里闪烁着令人惊心的疯狂，“当然，你可以在我这儿得到你想要的一切，功勋、荣耀、财富、名望……最完美的身体，我都可以帮你。现在我才是世界顶级的科学家！”

“我只想知道，二十年前，你为什么要带走我父亲？”

“你说叶琛？”男人有些怔忡，“二十年前？”但他不以为意，冷酷地回忆道，“当年M国蠢蠢欲动，我们必须采取措施。基因剪刀技术是增强我们军事实力最好的方式，可叶琛死活不同意人体试验，老师也停止了项目，我一气之下离开了团队。过了一段时间他国开战，背后必然是M国在唆使……只有我愿意为了国家重启项目，而手握第一手研究资料的老师和叶琛，是我的计划中最大的阻碍，我的权限只够解决掉那个蠢货！可没想到，这么多年了，竟然只有你一个试验体重获新生，还是在老师手下。”

叶秋冷声问：“所以你就杀了我的父亲？”“你的父亲？难道老师他……”话未说完，叶秋已经用消音弹，洞穿了男人的额心。

手术台上，叶秋紧闭着双眼。一旁的医生汇报着：“我们将敲除这个基因片段，在这里加上这个碱基……这副躯体将获得相比原来200%的敏捷、力量、智慧与反应力……太神奇了，加上教授您新研究的‘脑细胞移植技术’就连记忆也能被完美植入和修改！”另一位医生感叹道：“这简直就是完美的战争机器。”说完才知失言，忙看向一边的老教授。谁知老教授根本没有在听，神色怔怔——

除了他，没有人知道，这个在孤儿院中长大的青年，是国家“完美战士”计划的“零号试验体”，也是他“以权谋私”的牺牲品——五十年前，他选定的接班人叶琛，被同样聪颖但罔顾人性底线、一心往上爬的小徒弟杀害，而叶琛的妻子，也在三年后去世，他暗中护着真正的叶秋长大，结果却依然是白发人送黑发人，只能剪辑和修改了叶秋的记忆，植入零号的脑内……

——于是，小徒弟期待的、罔顾人伦的完美杰作诞生了，还因为这虚假的记忆，而更加坚定、无畏、冷静、强大，是对抗M国的核弹，亦是割去腐肉的利器。

但老教授还是哭了：“对不起，孩子……对不起，小琛。”

指导老师：孟娜，文学硕士，东北师范大学，中国现当代文学专业，中学一级教师。

解密与加密

康恒齐/高三年级　顾明银/指导老师　河南省信阳市固始县高级中学

一个碱基的替换，一段基因的改造，生命就能产生巨大变异，苏池将全部的心血倾注在这项伟大的实验上。如今，苏池已经成功将基因密码的破译这项技术推向成熟，为人类社会勾画了一幅充满无限可能的宏图，无数人为之兴奋，期待自己将成为更接近完美的人类，无限美好的愿景似乎触手可及。苏池对自己的成果很是满意，前不久他已经将这份技术上交国家，他期待自己的付出能打造一个新的时代。仅仅半年，他的技术已经打造出了许多接近完美的人类，他们胜任了重要的岗位，展现了超乎寻常的能力，隐隐有凌驾众人之势。

基因密码的破译，使得有些人类的体能智力趋于完美，但品性却无法改变。手里拿着国家发布的指令，苏池面色难看。这份指令明确指示他为特定的人进行基因重塑，凭借着极高的智商，苏池怎么能看不懂这些人的计划。起初他以为他的技术将造福全人类，但是事实却是有权势的人将其垄断，控制着他，甚至将这份技术变成一个产业链，企图将其变为他们凌驾众人的工具。完美人类并不完美。扭曲的现实逐渐失序，完美人类成了绝对的统治者。

人类逐渐两极化，一极是已经成为完美人类，自诩为统治者的人，另一极是坚守着底线，不肯弃去尊严的普通人。统治者掌握国家权力，他们羞于同他们的拥护者为伍，更歧视那些守着底线的普通人。他们制定了新的规则，普通人被排挤，在这个世界的夹缝中生存着。完美人类沉浸于灯红酒绿之中，普通人即使无限努力也无法与倚赖着基因优势的他们抗衡。苏池目睹着这一切的发生，愤怒在心底持续发酵，一个缜密的计划逐渐成形。

耽于声色的那些统治者一边享受着苏池带给他们的便利，一边威胁着苏池成为他们统治的工具。苏池日夜研究，作为这项技术的缔造者，他比谁都更了解，只要将改造的基因替换掉，或是加密，那些人自然就失去了他们引以为傲的能力。这天，统治者们例行进行基因筛选，苏池明白他的机会来了，他也明白这场博弈输赢参半，但是他不会退缩，由他引发的祸患就由他来终结。他以相较于平日更快的速度完成了基因筛选，紧接着便开始对新筛选的完美基因进行加密。所谓的加密只需在DNA的双螺旋结构中加入他研发的物质，使其不能转录翻译表达，这样一来，完美基因自然就失效了。时间逐渐流逝，统治者眼中透露出狐疑，但苏池面不改色。苏池的加密就要完成，统治者忽然发现了不对，拿出随身的武器就要击打苏池。最后一步了，苏池终于完成了，但钝器已经击中了他的头部。苏池的眼前一片灰暗，他想他应该成功了吧。

当苏池睁开眼，赫然看到了眼前的人，表情极为严肃且带着敬意："苏池先生，我叫黎元，曾是普通人的首领，现在已经没有普通与完美人类之分了。虽然不知道您是怎么做到的，但是感谢您终结了这漫长的闹剧。"身体好转，苏池也将基因改造这项技术改进，将每一段改造的完美基因都加密了，实现了可控，他将研发的物质子体导入基因，而母体存放在国家实验室当中。如若再有人试图独断专权，他就可以使基因失效。

基因技术经过这次改进逐渐步入了正轨。是啊，基因解密的初衷本就是造福人类，而不是用来制造灾难，将这项技术加密以后，人类文明将更加昌盛。看着社会有条不紊地运行着，苏池知道，人类踏入了新纪元。

指导老师：顾明银，中小学高级教师，曾获得省、市、县级优秀班主任、优秀教师、先进工作者等荣誉称号。

畜之门

蓝岚/高二年级　林雪儿/指导老师　广东实验中学深圳学校

胚　胎

今天是新生命诞生的日子，母亲脸上却不见喜色。

任何无智动物以上的生物的分娩已经不是一种会令其痛苦的事情了。畜人从成为受精卵那一刻就被放置在了黑色的孕育槽内，连接着终端电脑和母亲胎盘内安置的环境监测仪，分娩时，只需要孕育者稍稍发力。我们所有畜人都是这样诞生的。

我们的小主人，一个可爱聪明的新人类，从被先生奖励一只新畜人后，每天结束学习就在生育终端上面敲敲打打。我几次装作打扫卫生路过想一探究竟，却总是被她发现，仿佛背后长了一只眼睛似的。我只在恍惚间看见过“female”，我将拥有一个妹妹。

“我和你父亲，本想让我自己来孕育分娩出一个真正的人。”

我小心翼翼抚摸着母亲，纵使不懂什么是人，也许是像母亲一样不长尾巴的畜人吧。

“小主人对先生说，她学会了猫人的代码。”母亲没有因为我的抚摸而平静下来，反而痛苦地闭上了眼睛。

我想，可能是我的爪子勾到了她，可我的尾巴却因为这个即将诞生的猫畜人而兴奋地摇了起来。

我曾和母亲见过一窝刚出生的小猫，先生不愿意去触碰比畜人还要低等的动物，我和母亲需要把它们赶出院子。母猫向我们龇牙的样子有些可怖，不过那几只粉色皮肤皱皱巴巴的小猫倒是挺可爱的。

分娩开始了，先生正坐在电脑屏幕前敲打着，女主人却站得远远的，而小主人兴奋地趴到了孕育槽旁边。

母亲皱了皱眉头，就听见小主人惊呼一声，我抬头望去，看见了妹妹，比小猫大不了多少，一样的皱皱巴巴，蜷缩在地上。

小主人想要抱起她，却先用皮鞋尖碰了碰，这举动让我没来由地愤怒，而母亲直接扑了上去，歇斯底里地叫喊着：“你们不准碰她，给我滚开！”

女主人走得更远了，小主人被上前的先生护住，母亲被先生的威吓吓得趴在地上，我愣在原地不知所措，只觉得母亲很像记忆里那只龇牙的可怕母猫。

我知道，这样的东西是要被赶出院子的，我望着母亲，止不住地颤抖。

孕 育

哥哥一直都是沉默寡言的样子，小主人夸我比他更像一只狗畜人。

我觉得他只是太累了，家里只有我们两个畜人，我每日陪伴着小主人学习，家里的畜人活都只有哥哥在做。我其实很心疼他，可每次小主人学习结束我想去帮忙，哥哥却只是摇摇头，用他的尾巴安抚般地扫扫我，只对我说一句：“再去把你和小主人一起学会的东西想几遍。”

也许是听哥哥的话的原因，小主人学习的东西在我脑海中不断重复，渐渐地即使不需要复盘我也能听懂了，所以小主人让我帮她完成作业，我爽快地答应下来了。

“妹妹，老师们都说你这几次作业完成得非常好，来跟爸爸说说你是怎么做到的？”

小主人羞愧地低下了头，我只好出来解围：“先生，事实上这些都是我写的。”

先生顿了顿，似乎是压着震撼和不解问：“你……能读懂，甚至能写出来？”

“是的。”我低着头恭敬地回答，等待着先生夸奖我是一只聪明的畜人。

可先生却突然暴怒起来，质问着小主人：“当年的代码，你是不是输入了新人类的基因，你把它变成了一个新人类！不然，一个畜人怎么可能？”

我不知道自己做错了什么，不知所措站在原地听着先生的怒骂和小主人的否认，这时却看见哥哥站在房间门外看着我。

那个眼神使我突然想起，在最后一次见到母亲的时候，哥哥也是这样，站在远处望着我。

这一次，他的眼里混杂着同我接受夸奖后一样的喜悦和得意。

分 娩

我终于见到当年那只可恨的畜人了，它出现在我眼前，那张我在电视上，在畜人和人联盟反抗游行中见了无数次的脸，那个原来我的仆人，变成了风光的女领袖。

我不记得当年我到底输错没有，但我笃定一定是哪里出了问题，不然一个卑劣的畜人怎么可能在智力测试中拿到和我一样的成绩呢！就因为这个，我被新人类社区驱逐了。

来到畜人和人混杂的地方，我才知道世界上还有自然分娩的人，他们在这个鬼地方找工作，居然比我更受欢迎。我的基因是设置成为飞行员的优质基因，这些打杂的懂什么！

“好久不见，小主人。”它用那双猫的眼睛看向我。

“装成畜人，用新人类的基因优势来招摇撞骗，你的日子很好啊。”

“我来就是想告诉你，我的基因检测出来了，恭喜你没有输错，我就只是一只畜人，比你聪明的畜人。”

怎么可能！她一定是骗我，我痛苦地抱住了头。

她走开了，我听见她说：“你脑袋后面还真有只眼睛啊，跟我哥说的一样，就为了成为飞行员？可比我的猫耳丑多了！”

新　生

“我相信，所有的生命都是平等珍贵的，都是有着无限可能的，今天，我将关闭基因修改的程序！”

一位猫女的演讲点燃了会场的氛围，人们热烈地欢呼起来。

她的助手走上前说：“我觉得，这样的技术完全关闭太过可惜。”

猫女低头想了想，又敲下几行代码。

“我们只会开放一个权限，那就是所有新生儿都有完全健康的基因，你们的未来，由你们创造！”

指导老师：林雪儿，毕业于中山大学中文系中国古典文献学专业。在校期间曾获中山大学研究生一等奖学金。

“完美”人类?

蓝天/高三年级　罗艳琳/指导老师　湖南省常德市第七中学

蓝轩宇和顾婉凌作为平行宇宙中地球的探索者，他们已经看过了各种未来的地球，这次的任务名称为“完美地球”。他们坐上穿越车，缓缓驶入虫洞，不一会儿他们降落在城市的一个角落，将身上的装备都用空间存储手环装起来，才走了出去。这座城市没有许多高科技大楼，反而是更多远古时期样式复古的建筑，街上人来人往，每个人的长相都十分精致并且非常年轻，看不到中年人的面孔。

凭借着地球探索者的身份，他们会见了当地的高层人员了解情况。蓝轩宇从与管理者的交流中得知，在地球步入22世纪时，人类科学家已经掌握了基因编辑技术，但因为过去的科学界普遍认为对人类进行基因改造存在着许多伦理问题，因此用于人类的基因改造技术一直没有进展。直到2132年，一个基因学家对外宣称，在对人类的基因改造实验中，出现基因突变的概率与自然基因变异的概率是相似的，这无疑引起了科学界的轰动。因此世界人类组织开始了名为“完美人类”的计划，开始全面对人类进行基因改造，“完美人类”的时代拉开了序幕……

突然，一阵嘈杂声打断了蓝轩宇与管理者的对话，顾婉凌走到窗边，愣了一会儿，突然跑了下去，蓝轩宇还没反应过来便收到了顾婉凌的信息：“我去调查一下，你继续了解情况，等我消息。”

一个小时后，蓝轩宇收到了顾婉凌的信息，附带了几张照片，照片里的景象和蓝轩宇所处的城市截然不同，那边充满了荒凉的气息，没有森林的生机盎然，没有城市的繁荣昌盛，蓝轩宇继续翻看下一张照片，这张照片是顾婉凌碰见的人们，他们不像这边的人一样很漂亮精致，取而代之的是松垮的皮肤，苍老的容颜。接下来是顾婉凌发来的语音：“之前的那阵嘈杂声正是他们造成的，他们没有太大的恶意，只是因为没有食物来源，才跑到这里来乞讨点食物，但是这里的人对他们不友好，便起了冲突。我给他们买了吃的，跟着他们来到他们生活的地方，发现他们连基本的生活用品都很少，有也是破旧的。他们说都是科学家们的错，我不太明白。”听到这里，蓝轩宇好像猜到了什么，看向旁边的管理者，管理者无奈地笑道：“既然你们已经发现了，那就只能告诉你们了。2133 年，也就是‘完美人类’计划实施的第二年，人类组织的科学家成功造出第一个基因改造婴儿。科学家看到实验取得了成功，就开始对大量的人类实施基因改造，但是他们低估了人类身体内部的奥秘，在批量化改造时，出现了一大批改造失败的人类，或许已经不能叫作人类了，他们造出了一批‘怪物’。畸形，器官发育不全，易老等问题都体现在他们身上。为了不引起社会的恐慌以及避免舆论的压力，失败品被关押了起来，但是纸是包不住火的，2145 年，有一个编号为 423422 的失败品逃了出来，基因改造实验有失败品的事实才被大众知晓，短短几天时间，世界人类组织被舆论压垮，承认了这个隐藏多年的真相。刚刚你们看到的那群人就是基因改造失败品的后代，因为基因缺陷会遗传。”管理者喝了口水，继续道：“因为更高层的人员打心底是看不起这群失败品的，所以对他们的待遇很不好。或许改造这件事本身就是错误的，自然早就告诉我们了，没有‘完美’的人。”蓝轩宇沉默了一会儿，说：“时间不早了，我们得走了，谢谢您提供的信息。”说罢蓝轩宇牵着顾婉凌的手走了出去，顾婉凌感受到蓝轩宇的手在微微颤抖，越握越紧……

两人回到虫洞前，看着来时的方向，又转向另一边，看向一条可能通向截然不同的地方的路，顺着这条路向远处望去，蓝轩宇好像看到了什么，完美？不，是毁灭！

指导老师：罗艳琳，中学高级教师。从教以来，多次在各类教学比武中获奖，多次获优秀班主任、优秀教师等荣誉称号。

基因时代

李博旻/高二年级　熊慧丽/指导老师　湖北省武汉市第四十九中学

突破无尽的黑暗尘埃，一丝微弱的亮光引导着我突出重围。一阵温柔的话语将我从遐想中拉回："现在是2150年，先生，我们按您的冬眠计划将您叫醒了。"

"我的病治好了？"我带着些许怀疑望向护士，仍是熟悉的白大褂，嘀咕了几句，"好像也没有什么变化嘛"。护士笑了笑："我们将您基因序列中的异常DNA分子检测出来了，并为用移植技术为您翻新了造血系统，现在您身体的免疫系统已经可以正常运转。鉴于您所购的冬眠时长溢出，我们为您做了一次全身DNA结构检查，并发现了两段导致免疫系统异常的DNA区段，随后将其重新测序排列，您的身体现在已焕然一新了。"

走出门外，我不禁大吃一惊。每个人都如天仙下凡一般，有着风华美颜。男生全身肌肉饱满，面容俊朗；女生都拥有清秀的弯眉，苗条的身姿，以及清纯又不失立体感的俏脸。这可能就是基因改造的功效吧，基因改造真是一项造福人类的技术啊！

盼望着，我的美好新生活开始了。

穿过黑暗中的渺渺微光，进入的却又是无止境的黑暗。融入这个时代一年有余，我曾被这个时代美好的科技与人类间和睦的关系所迷惑，但是当我发现一切都是虚假的，便不愿意再面对这个黑暗的世界了。

基因工程已相当成熟，然而伦理道德却遭到挑战。在培育中心，新婚双方像捏泥人一般改变孩子的DNA序列，"捏"出不同的相貌，控制身体形态。青年们开始攀比各家孩子的样貌与智慧，沉迷在"捏面竞赛"中。由于他们的虚荣心，无数新生婴儿刚出生时便因相貌不合心意而被驱离出这个世界。

奥运赛场上，"更高、更快、更强、更团结"的话语仿佛成了耳边风。跑出5秒83，身材矮小但腿部肌肉惊人的短跑运动员；高达三米，手臂粗壮，其他部位却细如杆的撑竿跳运动员。人们早已忘却运动的初衷，并且为了成绩将自身打造为一个个不折不扣的“怪物”。

贫富差距拉大。富裕人家的孩子使用生物公司的超前技术，增强智商、情商，调节DNA链，寻找“完美基因”。在他们身上，你既能看到同爱因斯坦般的思维能力，如电子储存卡般的记忆速度，又能见识到他们极高的体育天赋与前无古人的绝美身姿。基因技术更是使得富人有着无尽的寿命，而穷人终其一生都于世间流离，居无定所。

后来，世界组织出台《基因改造法》，对违反道德伦理之行为强加打击，将基因技术仅用于弥补缺陷，改良病害，缩小基因间差距，并将拥有“增强版”基因的人群根据亲代基因修补病理缺陷后使其自由组合，得到配子，让基因还原为原始样貌，避免“超人类”群体大范围出现。

我顿然悟到：基因，是大自然之无尽藏也，我们对它应报以敬畏之心，以基因改造技术为工具，完善基因的缺陷才是基因改造的正路，若强施其用，最终只会招来灾祸。

规范基因改造之路任重而道远，深知自己岿然重责，吾必将踏浪前行。

指导老师：熊慧丽，汉语言文学专业研究生。曾获得湖北省教师技能大赛一等奖。

原人，智人，新人类

李灿/高二年级　陈柯钦/指导老师　浙江省杭州市萧山中学

一

首领集团五大头目聚集在中央广场，周围一圈是警卫，外围是乌泱泱一片人群，嘈杂的声音像潮水涌入耳朵，听不清在议论什么，只听见震耳欲聋的心跳。

“各位，”是北约首领卡鲁的声音，他说的是世界语。像是一只手按住了鼓面，人群顿时安静下来。“现在是 2402 年 4 月 4 日上午八时三十分，我代表首领集团庄严宣布，从今日正午十二时起,《基因编辑法》正式生效！”话音刚落，人群便如向平静的湖面丢入了一颗石子，泛起一圈圈躁动的涟漪。随后五大首领同时按下手印，量子记录器点火后很快升入空中，划出一道长长的白烟，在人类量子历史储存域中留下了浓墨重彩的一笔，但他们绝没有料到，正是他们自以为智慧的基因编辑导致了人类的灾难。

二

十八年后，第一批经过基因编辑的智人成年。在父母的精心编辑下，他们无一例外都拥有高智商高能量，拥有健康的身体和姣好的面容，拥有超乎原人的潜力，是“理想的人类”，被称为“第一代”。为防止智人发展出反社会人格，基因编辑组织还将全套人类道德体系和法律法规撰写进他们的原始记忆，但人心叵测，智人之心更无法被操控。正如人们所期望的那样，“第一代”很快成为各行各业的尖端人才，不断推动人类社会向前发展，突破一个又一个科技边界。人类沉浸在改变生命的喜悦中时，新的危机悄然蔓延。

三

智人林怿从事纳米技术研究，是太空电梯研究组的纳米材料首席顾问。

在蒸汽朋克式的工地上，巨大的机器轰隆隆地运转着，林怿站在灰黑的机械背景中，微仰着头，脖颈处的弧线优雅得像只天鹅。突然有一个男声叫她的名字，林怿回头，栗色的长发扬起。伊万定定地看着她，就像看着尘埃里绽出的花，良久才回过神说："林怿，晚上我请你吃饭吧。""好啊，"林怿笑道，"不过，不要再爱我了，IHO 不会允许的。"

伊万偏了偏头表示不解。

"智人的领导组织。"林怿含笑的眼睛凝视着伊万，让伊万没来由地感觉到恐惧。

"'第一代'逐渐成为各个行业的领军人物，之后还有'第二代''第三代'，智人终将替代掉你们。"林怿微不可见地叹了口气，"所以，虽然我也爱你，但我不能爱你。"

"一定要这样吗？"伊万的心被分成两半，一半是痛的，另一半则被未知的恐惧淹没。

"不可避免的。"说罢，林怿转身离开，纤细的背影在巨大的机器前，美得像娇艳的玫瑰，摇曳在泥沼中。

四

正如林怿所说，不可避免地，更智慧的智人拥有了更高的社会地位和更多的财富，原人与智人分划为两个阶级。IHO 对原人的技术封锁就像命运的厚障壁，阻碍着原人社会的发展。

2487 年，强大的 IHO 建立了独立于原人的政权，并向量子历史储存域发射记录，宣告智人社会的到来和新纪元的开始。

新纪元 18 年，也就是 2505 年，IHO 发动第四次世界大战，原人彻底沦为智人的奴隶。

五

伊万被分配到原油工厂干活，黑色的刺鼻的原油从产地运到这里进行分馏。日光从机械森林的缝隙透过，在地上烙下永恒的光斑。

"没有什么是永恒的。"是林怿的声音。她总是能看透伊万心中所想。

伊万沉默着，汗水还在滴，原油的气味弥漫在空气里。

“我们总是贪婪地向前，无论原人还是智人。”林怿走近伊万，她的脸美丽依旧，眼神里却多了一些伊万看不懂的悲哀。她接着说：“一切都有终点，没有什么是永恒的，除了消亡。漫长的原始社会解体了，曾经辉煌的君士坦丁堡被攻陷了，如今原人社会也结束了。我们总在莫比乌斯环中循环，从平均发展成专制，再发展成平均，虽然智人掌握了改变生命、编辑基因的高端技术，智人社会却又回到了古老的奴隶制。”

“你不害怕吗？”伊万终于找到自己的声音，低哑的，深沉的，颤抖的。

“害怕？”林怿的眼睛染上一丝诡异的笑意，“你知道 NHO 吗？几个资质最好的智人研究出了新的操作方式，升级了自身的机能，又一次人为地改变生命，自称‘新人类’，然后对 IHO 实行了技术封锁。NHO 打算用新型量子电磁炮消灭原人和智人，建造一个完全平均的、乌托邦式的理想社会。”

“从 2402 年基因编辑合法化开始，人类就走上了这条通向灭亡的道路……自诩万物之主的人类还没认清生命的真谛，就妄图改变生命，真是自掘坟墓啊……”林怿叹息着消失在巨大的机械森林之间，留伊万独自浸在原油的恶臭味中沉思。

六

很久很久以后，宇宙还在，而人类不在了。另一种高等生物破译了人类的量子历史储存域，灿烂的人类文明令它们震撼，也给它们以可贵的警示。

浩瀚的宇宙中，亿万颗恒星闪烁，冰冷的尘埃飘浮在死寂的空旷中。

没有什么是永恒的。

指导老师：陈柯钦，浙江省萧山中学高级教师，省级教坛新秀，浙派名师名校长培养对象，区中语会秘书长，区教育高层次人才。

何为进化？

李昊阳 / 高二年级　徐慧 / 指导老师　山东省聊城市第一实验学校

20 年前，一个科研团队经过多年的探索，发现了基因改造技术。他们在受精卵中改变了一些基因，使得新生婴儿可以摆脱遗传病等危害，同时还提高了他们的智商，使他们变得聪明过人。结果这些受精卵发育成的儿童几乎都是神童，他们称自己是“新型人类”。

后来，新型人类中最优秀的 08 号号召新型人类开始造反，他们建造军队并大肆残害普通人的生命，人类社会危在旦夕。

普通人类也调动军事力量与新型人类展开斗争，但是新型人类的武器非常先进，在各个战场把普通人类打得落花流水。各个科研团队夜以继日地研究击败新型人类的方法，但是收效甚微。

一个细雨笼罩的黄昏，在一个代号为“流星”的科研团所在的研究所里，一个叫刘石的年轻人坐在办公室里唉声叹气。他是这个科研团的队长，也是一个军队的中将，不管是科研团还是军队，都给了他巨大的压力，他愁眉不展，夜不能寐，因为近日新型人类创造了没有任何情感的基因改造士兵，使得战场上尸横遍野。并且他的女朋友也离他而去，他的感情寄托也消失了，这无疑在他的心上又捅了一个大窟窿，他几乎失去了活下去的信心。

这时，门被推开了，代号“金乌”的老教授走了进来，手里还挥舞着他的拐杖，他开玩笑说：“你怎么啦，女朋友把你甩了不开心了？”刘石却问道：“到底什么是进化？人类为什么要有情感？”

金乌严肃起来，他坐在一把椅子上：“没有情感的敌人确实很难对付，当有人质被捉住后，他们会毫不留情地杀害人质，但是这场战争，人类一定会胜利。”刘石问道：“这话怎么说？”金乌说道：“绝对的理性会让人发疯，简单的思考有时可以简化问题。从古代看向现代，会发现进化的共同特征，即进化伴随着痛苦，没有痛苦的进化是没有意义的。原始人只有一遍一遍地忍饥挨冻、咽下生肉，才会发明出火；长颈鹿的基因由大自然一遍又一遍地筛选才能达到最优，并且长颈鹿在成长过程中也要忍受野兽的追捕等种种痛苦。对人类来说也一样，当人在摆脱野蛮的生活方式后，表面上不再饱受皮肉之苦，但是精神上的痛苦随之而来，人的一生中有多少烦恼是数也数不清的。但是现在，人类妄想通过进化减少自己本应承受的痛苦，那么就算再如何改变基因，也不会得到大自然的认可，这永远不是真正意义上的进化。”

刘石眼中带光，他连夜召集科研团的队员们，研究新的应对措施。就这样日复一日，虽然被挫败了很多次，但是普通人类一直没有放弃抵抗。时间又过了五十多年，普通人的数量越来越少，但还是没有找到对抗新型人类的对策。直到2123年，刘石在生命的最后几年里想到了最终的对策。他和科研团的队员们发现了钴弹的设计图纸并且加以改造，使得这颗钴弹有非常巨大的威力，足以把一片平原炸成盆地。可怕之处不止这些，钴弹爆炸后的核辐射可以笼罩整个地球，足以杀死地球上的所有生命。造出这枚钴弹后，由于它的体形巨大，没有足够的能量发射。而刘石却用过人的智慧想出了发射对策：只用减速发动机，不用动力发动机，在一个火山上发射，利用火山喷发的巨大能量，将钴弹炸出地球，再利用减速发动机在绕地球轨道上使钴弹减速，利用地球的引力将钴弹再吸回地球，这样就可以引爆钴弹了。在一切都部署完成后，刘石对08号说：“如果你们不停止对普通人类的伤害，我们就摧毁地球，到时候谁也别活！”

很多人认为，这样威慑新型人类，他们就会停止伤害行动。但令人意外的是，08号一口回绝了：“我要完成人类的进化，谁也不能阻挡我！”刘石没有说话，按下了发射按钮，一声巨响，钴弹发射了。08号说：“你这是在毁灭人类！”刘石没有理他，他知道钴弹上会分离一颗卫星，卫星上有几百个人，他们将在宇宙中寻找可以居住的星球，并且会尽全力保证最完好的人类基因。

转机发生了，在不到一小时的时间里，新型人类以超高的技术改变了钴弹上辅助发动机的程序，使其不能让钴弹减速，只能绕地球旋转，成为地球的一颗卫星。08号笑着对刘石说：“刘先生，看到了吧，这就是实力的差距！你们连同归于尽尚且不能做到，又如何击败我们呢？”刘石想起了当年金乌的话，在生命的最后关头，他闭上眼睛，心无波澜地说：“好，那来看看，你们是不是真的进化了呢？”紧接着一声巨响，南极冰盖被炸开了，氢弹爆炸产生的高温瞬间融化了南极的大部分冰雪，这就意味着各种史前病毒重获自由，同时利用行星发动机送来的小行星也撞上了地球……

刘石在弥留之际说道：“那就让地球做出选择，到底谁能留下，是生命最本源的力量获胜，还是利用科技改变生命的力量获胜……”人类必将在恶劣的环境下忍受痛苦，经历大自然的重重磨难，才能实现真正的进化。

指导老师：徐慧，聊城市教学能手，聊城市高中优秀教师。现任高一语文备课组组长。

和平基因年代

李嘉兴/高三年级　彭新华/指导老师　湖南省涟源市第一中学

“哇哇哇！”

伴随着一阵哭声响起，一个婴儿诞生了。一旁的父母看着怀中的孩子，又看了看手上的报告单，脸上不由得露出了满意的笑容。

这不是一个普通的婴儿，而是一个经过科学家们重重编辑过基因的完美婴儿。没错，随着科学技术的蓬勃发展，人类熟练掌握了基因的编辑技术，人们不再为遗传病和癌症所折磨，人类的平均寿命也节节攀升。从此，人类摆脱了基因随机突变和自然选择的限制，成为世界的主宰。

看着被搂在怀里的婴儿可爱的模样，站在一旁的萧院士也露出了欣慰的笑容。“萧院士，多亏了您的辛勤付出，才有了我们的今天啊！”此时婴儿的父亲走上前来表示感谢。“不敢当，这是我们研究团队共同努力的结果。”两人又客套几句后，父亲带着一家人离开了。这时，萧院士看着窗外繁华的街道：转基因动物、转基因植物、转基因食品等，一切都是经过了基因编辑的生物。从曾经的拒之门外到如今的全盘皆收，无疑让萧院士心中产生了强烈的不安。

美好的生活仍在进行，但危险也在悄悄来临……

随着基因编辑技术的普遍应用，一些图谋不轨的人悄然展开了行动。萧院士最不想看到的事情终于来临……

经过半个世纪的酝酿，克隆人的出现让原本安静的世界开始动荡不安起来。这些克隆人被植入了一种可以受信息控制的“支配基因”。也就是说他们一出生就受到人工的支配，尽管他们仍可以像正常人一样生活，但他们无法抗拒来自内心深处的“基因命令”，因此他们成为一些反人类分子犯罪的工具，这些反人类分子主张拥抱大自然，认为基因编辑是一种对大自然的亵渎，尽管当时“基因社会”已经成形，但在他们看来，只要将世界毁灭就能重回过去。因此，他们对传统人类社会发起了攻击。

自那时起，世界各地硝烟弥漫，人们被折磨得痛不欲生。尽管当时警方积极采取了行动，但由于克隆人的混淆度极高，再加上他们无限再生的特性，反人类组织始终无法被完全消灭。为此，国际组织特意成立了一个“反克隆小组”，这个小组旨在研发出基因武器来对付反人类分子以达到世界和平的目的。能进入这个小组的都是世界各地的佼佼者，萧院士有幸成了小组领袖。“既然这个时代由我开启，那我就有义务将它维护。”怀着这一坚定的信念，萧院士带领着他的小组展开了研究。

终于，经过“反克隆小组”夜以继日的攻关，一种基因武器诞生了。这种武器名为基因枪，枪里装的是一种携带着“支配基因”限制酶、DNA 连接酶等基因工具的纳米机器人。这种机器人可以进入人体内，并将克隆人的“支配基因”切除，使他们脱离控制，从而阻止犯罪活动的进行。随着基因枪在军事上的全员配备，国际组织基于其具有能特异性识别的功能，下令开展了一次“基因清除”。所谓的“基因清除”就是让全民注射纳米机器人，以达到“支配基因”一个都不留的目的。

在警方的积极配合下，“基因清除”圆满完成，反人类组织也因此被消灭，世界又恢复了以往的平静。针对这次事件，科学界召开了一次重要会议，萧院士是此次会议的主导者。他在会议上指出，由于人类对自身进行了长达一个世纪的基因编辑和改造，人类的基因水平已经达到了前所未有的高度，所以持续的编辑已无多大用处。为了防止这类事件再次发生，他认为禁止对人类进行基因编辑是当下最好的选择。这番言论无疑让会场内的人产生了异议，但为了人类的安全，这项建议终究被采纳了。看到最终的结果，萧院士悬着的心也终于放下。

从此，人类基因编辑技术被彻底废除，和平基因年代将不断延续，人类文明的火种也将生生不息……

指导老师：彭新华，毕业于湖南师范大学汉语言文学专业，中学一级教师。曾获得娄底市优质课竞赛一等奖，是娄底市高中语文骨干教师。

城春草木深

李军瑶/高三年级　郭英爽/指导老师　山东省聊城第一中学

甄清与她的组员研究的方向是针对人的蛋白质工程，这项技术需要在基因工程的基础上对酶的基因表达采取进一步的调控。她的父母是这一领域的拓荒人，可惜两人双双英年早逝。

当她抵达实验室时，同事冬晗正从显示屏前转过身，笑道："甄清，你祖父真是天才！发现了如此快捷的限制酶切割技术，又成功地实现了在植物组织上的应用。而我们的实验，将会从这块坚实的基石之上拔地而起。"

甄清他们的研究课题是通过蛋白质工程，使抗衰老的蛋白质在特定的细胞、组织内特异性发挥作用，若可成功，将真正地实现延年益寿。一直以来，由于蛋白质复杂的三维空间结构，人们需要耗费难以估量的时间与精力来批量复制人们想要的蛋白质，但通过对其基因的重组，就可以轻捷地绕过这一难关直达结果。然而，对蛋白质的密码子，即调控蛋白质由基因转录并翻译而来的特异性碱基序列的破译仍是一团迷雾，甄清他们的主攻领域亦在于此。而现在，正如冬晗所言，他们已经取得了相当大的突破。

天色渐暗，一天的实验结束，甄清对冬晗说道："阿晗，我明天需回乡下一趟，我祖父病重……"

甄清小时候全与祖父在乡下生活，后来进入学校，她才知晓自己的祖父竟是如此先进发明的缔造者，并率先将这一技术应用于植物领域。她如此骄傲地记得，曾经，老师在课堂上播放过的那段祖父的影像。

那时的祖父不再年轻，眼中却依然有着温煦的光亮与风发的自信。媒体提了很多问题，他都一一进行了细致地回答，当问及他个人最喜欢的事物——当时甄清本以为他会回答是构建成功的基因表达载体或进行抗原－抗体杂交验证，标志着基因工程成功的杂交带——他没有丝毫的迟疑，答："城春草木深。"那时祖父眉眼间舒展开一阵波澜，像初解冻的春水，浮光跃金。根据资料显示，祖父的技术最早应用于对植物进行基因敲除与改造，媒体感叹道，这回答堪称科技与文学、古典与新潮的完美结合，真是巧妙啊。那时，甄清也随着众人感叹，真是巧妙啊。

一路舟车劳顿，甄清到达祖父家的时候还是晚了，家人已将祖父安葬在屋后的青山上。甄清遥望着青山巍巍，云岚缭绕间草木葳蕤盛大，伫立良久。

进得家中为祖父收拾遗物时，甄清耳边响起了冬晗的那个问题，这项能够抵御衰老的技术会引起怎样的社会波澜。

甄清知道冬晗与自己一样，对将人类的基因进行改造存在着复杂暧昧的情感。父母在世时，曾告知甄清她的基因是用了两人研发出的最新的技术进行过改造的，因而她有着超越常人的记忆力与空间想象力。而冬晗——甄清最初与他一起研究难题时，见他在实验室不眠不休工作三整天，以及后来诸多事宜，都让甄清相信，冬晗的体力绝对超出了一般人的体能极限。

“我们都是基因工程的孩子。”她曾无数次在心里对他说。

从客厅走向祖父卧室，这一段长廊是她儿时与祖父最常歇息的地方。珍奇硕果，芳花瑶草，迎着窗外院中树木深沉葱郁，仿佛时光也眷恋于此，不忍离去。甄清想，或许自己当初选择延缓人类衰老的课题研究，就是为着祖父存了私心。突然她发现了一盘从未见过的录像带。

录像中的祖父眉似山峰，鬓拥星霜，眼神锐利仿佛直看向甄清的心底。他说：“最初我走上这条科研道路，是希望创造我喜欢的生活，如果有可能，再创造大家喜欢的生活。然后，做一个百代光阴里最平凡的过客，即使心中动荡不安也能看看城春草木深。”甄清望着祖父明亮的眼眸，泪流满面。

后来，甄清与冬晗成为新一代科研者的导师。面对着台下学生，甄清说道：“无论基因工程及其延伸出的各种技术在舆论中存在多少争议，我们都属于基因改造的受益者，但是我们应该记住，科技应为人类更美好的生活而服务，能够决定我们人生走向的，不是我们的能力，而是我们的选择。”

指导老师：郭英爽，文学学士，毕业于聊城大学，汉语言文学专业。中学高级教师，曾获聊城市教学能手、聊城市优质课一等奖等荣誉。

追逐那抹笑容

李钶涵/高二年级　马媛媛/指导老师　陕西省西安市东城第一中学

在这个科技迅速发展的时代，人类掌握了胚胎基因改造技术，可以把胚胎中的致病基因检测出来并改造为优质基因。这项技术的研发提高了人类后代的综合能力，在这一代的孩子中，几乎每个人都在某一方面有着令人惊叹的天赋。然而，那些被改造过的小孩正在逐渐丧失人最基础的情感。他们不会哭，不会笑，每天就是在自己擅长的领域内发挥自己的价值，俨然是一个个机器人。

她回到家，刚推开家门，两个孩子就向她跑来，她在儿子们的脸上看见了那份独属于小孩子的，天真无邪的笑容。"空空，妈妈还要去工作，大人不在的时候，你作为哥哥要照顾好弟弟，听懂了吗？""听懂了！"儿子连忙点头答应，"妈妈你去工作吧，放心，我会照顾好弟弟的。"她笑了笑，披上外套去了实验室。

她工作的地方外表十分破旧，门口立着一块门牌——77305，这是她工作的实验室——"笑容恢复研究所"。在这里，她的工作是研究一种基因，让孩子们的脸上恢复笑容，让世界充满欢声笑语。然而最近实验一直没有进展，她和她的团队对比了很多数据，都无一例外以失败告终。她看着桌面上呈现出来的报告，轻轻地叹了口气。良久，她拿起了桌边的相册，翻开，入目皆是笑得开心的孩子们，一幕幕的影像通过投屏传递到她的眼中。"真的没有办法吗？"她不由得喃喃道，"不行，为了孩子们的未来，我不能放弃！"她暗暗地为自己打气，又投入新一轮的实验中。

一天，她完成工作回到家中，看见自己的两个孩子躺在地上，胳膊上有被注射的痕迹。她连忙叫醒孩子，却发现她的孩子已经不会做出任何表情了。她的脑中瞬间一片空白。将两个孩子送到了医院，医生告诉她，这两个孩子的基因被强行改造，如今已经丧失了面部表情管理能力。听到这里，她暗暗地下决心：无论如何，都要让我的孩子重新笑出来。

实验继续，一万零一次，一万零二次，一万零三次……有了信念支撑着她不断进行着实验，终于有一天，实验室报告显示——基因组合成功。她按下心中的欢喜，将自己的两个孩子送入实验室进行基因改造。

等待的时间是漫长的，当实验室门打开的那一刻，她第一个冲了进去，看见两个孩子躺在床上冲着她笑，一瞬间，她的泪水夺眶而出。“成功了，真的成功了！我真的做到了！”她紧紧地抱住了两个孩子，仿佛抱住了失而复得的宝贝。

回到家中，她翻开了日记本，写下了一句话：废墟之上，我想摘下太阳，烧尽世间一切不美好之事。让草木鲜花星河月亮，都晒得滚烫。

她将实验结果递交给世界基因改造组织，很快，恢复笑容基因便得到了认同与推广。她走在大街上，看着人们脸上都洋溢着美好的笑容，她也笑了，和大街上的人们一起快乐地笑着。

恢复了笑容的人们，却都不知道研发该基因的人是谁。直到她死后，她的儿孙在整理她的遗物时发现了这本日记，并按照她的遗愿上交给了国际组织，人们才知道了她的名字——顾怀生。怀生，心怀苍生啊。人们感叹道。

冬去春来，又是一年春暖花开时，在国际组织总部的广场上，矗立起了一尊巨大的雕塑。雕塑上的那个女人面上带笑，目视东方，向着光与希望。在她心中，一定有一朵盛开的花，滚烫的馨香充斥着整个胸膛，美好的笑容从此流传千古，万寿无疆……

指导老师：马媛媛，中学一级教师，西安市教学能手，西安市高级教师，曾获得学生最喜爱的教师等多个荣誉称号。

安德烈的梦

李可心 / 高三年级　孙海燕 / 指导老师　山东省聊城市阳谷县第一中学

“安德烈，帮我重复一下 312 号珍妮小姐的订单……”娜拉对身旁的男人说道。“好的，312 号珍妮小姐……哦，在这儿，‘新生人为男性，名字叫作汤姆，身体素质为加强版第三代 THIRD，身高 178 厘米，BMI 指数为 20，面部基因包括眉眼间距 2.5 厘米，鼻梁高度 2.1 厘米……在 9 岁到 12 岁之间发育完全，……’”安德烈回答道。

“OK……麻烦你再帮我去 126 层拿一些‘THIRD’基因来吧，自从上个月‘THIRD’被研发成功并推向市场以来，最近的订单里全都是它……”

“没问题。”随后安德烈走出了研究室，迈入了电梯。庆幸的是，电梯里此时只有他一个人，看着电梯玻璃上的自己，安德烈深深地叹了一口气。就在两个小时之前，他还躺在自家的床上，作为一家生物研究所的所长，面对社会各界对自家研究所研发出的生物克隆技术的各种看法而苦恼，但当他再次睁开眼睛时，自己一下子成了一家人体克隆所的职员。还没来得及弄清怎么回事，他先是被上司批评工作期间打瞌睡，紧接着被安排了许多工作，而娜拉是他的同事。这时电梯到了，安德烈的思考又被打断了。安德烈向 126 层的工作人员寻求‘THIRD’基因时，被告知下午才能有货。碰巧墙上的钟指向 11 点，到了下班的时间了。

凭借着一些零碎的记忆，安德烈摸索着走出了公司。但他马上就被眼前的场景震撼住了，街道上人头攒动，到处都是俊男靓女，多人“撞脸”更是习以为常的事。再看街道两旁的店铺，极少的餐馆与诊所，多的是服装店与鞋包店，简直是购物者的天堂。

身体被脚牵动，不一会儿便来到了一所大房子前，安德烈想，这也许就是他的“家”。他的蜷起的手还未接触到门，门已经认出了他。走进房子，“娜拉”便迎面走来，亲切地给了他一个拥抱，安德烈吓得一动都不敢动。感觉到丈夫身体的僵硬，“娜拉”疑惑地问道：“怎么了，遇到了什么不顺心的事？”安德烈没有回答，只是试探性地喊了一声：“娜拉？”看到眼前的女人更疑惑的表情，安德烈猛地想起自己所处的世界，他的妻子和他的同事“撞脸”了。他迅速反应过来：“没事，只是有点累了。”女人听到此眉头才舒展开来，说道：“你一定是在为我们宝宝的未来担心了吧，没事的，只要我们都努力工作，一定能将贷款还清，把生活变好的。今天我已经把汤姆的基因信息送到你们研究所了，几个星期之后我们就可以有自己的宝宝了……”

一时庞大的信息量让安德烈有些头晕，他马上就要和眼前的陌生人有一个孩子了，而且孩子名叫汤姆，等等，汤姆……“珍妮！？”珍妮被吓了一跳，忙问道：“怎么了？”安德烈这才发现自己表现得太奇怪了，他忙解释道：“我太饿了，可以为我做点饭吗？”随后听到珍妮自言自语道：“前天刚吃过饭呀，怎么会饿呢……”看到珍妮进了厨房，安德烈找到自己的卧室，他认为自己很有必要了解一下这个奇怪的世界。

他摸索着打开了一部智能电脑，立即弹出一个新闻，一家大型珠宝店在昨晚遭遇抢劫，犯罪嫌疑人至今未被抓到，现已开启全城通缉，嫌疑人在作案现场被玻璃划伤，根据留下的血液样本推断：嫌疑人为男性，身高 183 厘米，体重 74 千克，身体素质为“FIRST”，全城符合条件的有 6794 人，这些人实在太像了……安德烈感觉有些悲伤，突然，他看到自己的床下有个麻袋，与刚才新闻上的竟然神似，一种不安感袭来……此时，房屋的门铃被急促地按着，安德烈走出卧室，珍妮已经打开了房门，门外是一群警察，他们并没有多说什么，而是直接将安德烈制服便开始进屋搜查。珍妮恐慌地叫出声来，安德烈也挣扎着想要解释，可带头的警察认为他要袭警，便直接拿出了枪对着他……

安德烈被吓醒了，他躺在床上愣了十分钟，才相信刚才他只是做了一个梦，这时他的妻子来催促他起床吃饭，望着面前妻子真实又独特的面庞，他流下了幸福的泪水。

不久后，国家颁布法律政策：严厉禁止任何人或任何组织以任何形式进行与人体克隆有关的一切活动，切实保障每位公民的合法权益。

指导老师：孙海燕，文学学士，汉语言文学专业。曾获得聊城市师德标兵、聊城市教学能手等荣誉称号。

趋完美人类

李美萱/高二年级　陈亚妹/指导老师　广东省广州市育才中学

世界上第一个趋于完美的胚胎于宇宙元年形成，这意味着人类的进化即将跨入完美的门槛，这一时代也被称为趋完美时代。

——《宇宙史》

宇宙元年末

“你看看，这个小生命即将诞生了，多么美妙啊！她的未来一定是不可估量的。”维克多教授说道。“她将成为一个奇迹，人类的奇迹！”这群生命学科方面的专家们给这即将诞生的生命起了一个名字：美迹。美迹诞生了，幼小的她行为与其他刚出生的婴儿无异，但她大大的眼睛里充满了好奇，生长了一段时间，她开始掌握各种技能，研究室种种数据表明，美迹的各种行为水平都远高于她那个年纪的平均水平，可以说她的成长以天为单位。她能很快地掌握技能，研究室的教授们都预言道：她将会是人类历史上第一个趋于完美的人。美迹从诞生起就被全世界关注着，人们都想知道美迹这一研究能不能成功，至少目前是成功的。

“很奇怪，美迹的大脑并不像我们之前观察的那样是全开发的，她的大脑有一块我们未知的领域，目前我们的技术不能研究出那个领域管控的是什么。”研究者在新闻发布会上这样说，“希望这不会影响美迹未来的生活。”

宇宙四年，美迹研究计划发现未知领域，研究者展开了长达十年的研究，探索完美人类的奥秘。

“她大脑里的未知领域已经被检测出来，遗憾的是，这并不是一个好领域，美迹太完美了，她能将所学的按照要求一丝不差地完美体现，她无法犯错。这也意味着她遇到危机时不能为自身安全做出合理的举动，有些时候她的举动是错误的。我们称这个领域为无措领域。”维克多教授在发布会上遗憾地说道。

宇宙二十四年

全球联合会正在开展紧急会议，为首的两大集团为资本派和共产派，资本派代表首先发言："美迹这一研究可以被广泛投入胚胎实验了，现在趋于完美其实已经是当前时代的完美了，不是吗？你们也想看到这世界上多些精英为社会作贡献吧。"共产派社会心理学数学派研究者反驳道："通过我的计算，加入了各种可变因素以及现在的人文道德观的趋完美人类，将会让未来的社会变得条例化，因为趋完美人类有无措领域，他们并不能很好地与我们所期望的人文道德观结合，相反他们会因为追求完美无法做出道德高于法规的行为。因此我方坚持不将美迹研究投入胚胎实验！"资本派代表遗憾地摇摇头："真是遗憾呢，根据您方的算法来看，这一措施确实没有可行性，但是……这项实验已经被众多家庭接纳，变成了基因改造的首选。我们也不好阻止，你们说对吧。"两方代表不欢而散。

宇宙一百三十五年

维克多教授开展了为期十五年的研究，根据其研究成果，人们得以深入了解无措领域。

维克多教授发现，无措领域出现一种新型碱基，只要将这种碱基用干预方式与其他碱基一同排列，人们的无措领域将成为有措领域，道德标准也会再一次高于法律标准。这一研究成果被上报给全球联合会，获得了非完美人类的一致赞成，和趋完美人类的反对。趋完美人类的道德观念有着严重的缺陷，他们依旧反对道德高于法律这一观念，他们开始全球通缉维克多教授，但维克多教授被非完美人类秘密保护，继续展开研究。

宇宙二百零六年，维克多教授成功发明生物碱基干预机，帮助人类最终进化为完美人类。完美人类的人文道德观与非完美人类无异，但其种种行为高于非完美人类标准，并且完美人类带领非完美人类创造了一个新的更加美好的社会。

《宇宙史》由完美人类和非完美人类共同撰写。

——《宇宙史》

指导老师：陈亚妹，教育硕士，毕业于北京师范大学。中学语文一级教师，曾主持或参与多项课题研究。

唯　一

李梦嫣 / 高三年级　刘峻岭 / 指导老师　湖北省宜昌市第一中学

起风了，窗外的风铃声被纱帘剪碎，零星地传入他的耳朵，同时黄鹂的叫声有规律地响起。他懒洋洋地起身，来客的身影被全息投影仪投射到他面前，他喊声请进，大门便自动打开。

一对夫妻步履匆匆地进来，脸上写满迫切与喜悦，如春风中的花儿，盛放出大片大片的期许。而这种神情，他已见过多遍。“要什么样的？”

“先生您知道二百年前的奥黛丽·赫本吗？我们想要像她一样柔和美丽的眼睛和樱桃小嘴。还要如五十年前的明星花影一般秀丽的鼻子，和埃斯莫娃一样柔顺的金发。这些年选择现代明星样子的家长太多，我们想要复古的。对了，还要对流感等疾病免疫的身体！”

接过那位丈夫手里的胚胎箱，他走进实验室，穿上无菌服，带上目式显微镜，在箱中的培养液中找到那枚小巧的受精卵，用纳米镊子将其转移到操作台的培养液中。他站至一旁，操纵着纳米机器人进入受精卵，修改未来婴儿的基因。他仿佛一个无情的屠夫，将那些“无用”的基因一一剪除，再换上对应的优良基因，冷眼看着那些天赐的、却被抛弃的基因水解，不复存在……

当他走出实验室时，他发现了新的来客，冰冷骤然褪去，和煦的微笑爬上眼角。“维伊，什么事呀？”

“没什么，就是来看看你。”被称为维伊的女人脸上有着赫然一片胎记，仿佛一片芭蕉叶投下的阴影，但笑容却极可爱。“你先回去吧，只剩一小会儿了，很快。”他积极回应。

女人露出理解的微笑，起身离开。他盯着她翻涌的裙角和娇小的背影，目光久久不能移去。

“那是我的妻子，凌维伊。”他对眼前的夫妻解释道。

“她……”那位妻子犹豫地问道，“出生时没有做基因改造吗？”

“没有。”他坦然答道，“我们自小便是玩伴，我喜欢她的笑容，她的优雅，甚至那个不太好看的胎记。的确，基因改造可以造出千百万份的美丽，但她是我的唯一。”那些不过是千百万份的复制品，但维伊，却是独一无二的。碍于他的职业，这句话他并没有说出口。

“先生，我刚刚还在对夫人说，您是我见过的基因设计师里唯一用黄鹂声当门铃，用纱帘而不是变色玻璃做装饰的。”“这些都是先前维伊建议的。”提到妻子，他的笑容自然地流露。

送走那对夫妻，他匆匆回了家。大门自动打开，但家里实验室的门仍然紧闭。维伊侧卧在沙发上，手指拈着书页。她睫毛低垂，长发如小溪般在阳光中流淌。他轻轻走近，依稀看见了那本书的名字:《纳兰性德选集》。

维伊看见他，懒懒地直起身来，娇嗔道:“这本书真无聊，我们出去走走，晒晒太阳吧!”

骤然间，他的脸色阴沉起来，冲着她大吼道:“维伊最爱看诗集了，她才不会觉得无聊！你不是维伊!”

说罢，他扯起她的手臂，就要冲向家里的实验室。而不知所措的“维伊”泪流满面，哀求道:“求求你，不要丢下我，求求你……”她哭叫着，挣扎着，头发一片凌乱。

终于，他松开了手。颓然坐在地上，垂着头。

没错，她不是凌维伊，真正的凌维伊死于一种连现代科技都无法治愈的怪病。他思念成疾，遂取出她的基因，克隆了一个“维伊”。但由于疾病致使部分基因损伤，无法得到全副基因，他便为其添加了一些其他的基因。这个克隆人在旁人看来无论是长相还是性格都与维伊别无二致，但在与她朝夕相处的他眼中，却是千差万别。她能像维伊诵出绵延的诗文，却不能为他装上纱质的窗帘；她能为他装上纱质的窗帘，却不能沉浸于纳兰性德的诗文。于是，在她每次行为与维伊不符时，他都消除其记忆，为其替换上新的基因。

他也忘记自己究竟创造过多少个“凌维伊”了。

他仍记得他和维伊一起听的第一首歌，是上个世纪的《江南》。“不懂怎么表现温柔的我们，还以为殉情只是古老的传言。”他说实在不理解殉情的意义。现今绝大部分人都经历过基因改造，漂亮的皮囊都是千篇一律，一个没了，换一个不就行了，大不了再克隆一个。而维伊柔柔地说，每个灵魂都是独一无二的，就算是基因完全相同的两个人，也会因为环境的不同而产生差异！他们还是有差异？差异是什么？维伊不说。

他用最精心设计的基因，也创造不出一个凌维伊。人们用最精心设计的基因组，也无法复制原有基因的风采。他开始理解了，每个人正是因他们的差异而独一无二。而他的工作又扼杀了多少鲜活的个性呢？他不敢想。

数日后，一篇匿名的科学论文痛斥基因改造行为扼杀了个体的独特性，引起了轩然大波。人们开始思考，如何正确利用基因改造技术，新一轮的技术峰会徐徐展开……

但这些他都不关心了。此刻，他正窝在沙发上，痴痴看着面前的投影仪。画面中少时的维伊仍在眼前，浅声慢吟：一生一代一双人，争教两处销魂。相思相望不相亲，天为谁春？浆向蓝桥易乞，药成碧海难奔。若容相访饮牛津，相对忘贫。

“维伊，我将会找到我的唯一！”他心满意足地饮尽了手中的蓝色液体，在生命的最后时刻，他微笑着想。

从卧室冲出来的“凌维伊”满目悲伤，怔怔地看着眼前已毫无生机的躯体……

“你一定会好起来！我不会让你离开我，因为你……也是我的唯一！”她快步走向实验室，如同走向希望……

指导老师：刘峻岭，中学语文高级教师，宜昌一中语文教研组组长、语文学科学术委员会委员，宜昌市师德标兵，宜昌市学科带头人。

你的光应在前头

李琪/高三年级　何业帮/指导老师　安徽省滁州市定远中学

3455年，赛博国的科学家第一次向全世界公布了完善的人类基因改造技术，这是一种能够改变人类基因的技术。这项技术的应用意味着人类将不会再有疾病，都可以“比好更好”，世界上的人们对此极其兴奋，可是我却一点也不感兴趣，我厌恶人类为了追求利益而显露出的卑劣人性。但是谁也没想到那一天将会改写人类历史，改变我的人生。

一

“名字是李求毅，性别男，父母已故，从未参与基因改造计划，也就是你们所谓的‘普通人’。”我随意地回答着。

“李同学你好，忘掉过去吧，我们会为你提供生活保障，在新的时代，你我一样可以过得很好。”眼前的指导员微笑着回答。

呵呵，如果轻易地忘掉过去，人类还能迈向未来吗？

新技术被提出之初，世界上不仅有支持的人，同时也出现了一群反对的人，他们聚集起来，以“追求和平，人人平等”为口号，进行示威游行。可是，普通人终究比不过改造过基因的精英政治家、经济学家、科学家……他们在社会的各个领域占据优势地位，对反对的人施加制裁和武装打击，这场战争由基因改造方以不和平的方式取得了胜利。之后，为了重建和谐稳定的社会，他们制定了“为普通人提供生活补助，新生的婴儿必须接受基因改造”的社会保障制度。

我作为在两个时代交替之际诞生的婴儿，虽说没有经历过战火，但在生活中却总是受到他人的不理解和歧视。

二

我在政府的帮助下回归了校园，这是一个由普通人和基因改造人共同组成的学校，学校开展了各式各样的课程，不过和以前不同，这些课程都是有关最尖端科技的研究。尽管大部分的普通人都自暴自弃，放弃了课程，可是我却不同，在逆境之中我仿佛有一双隐形的翅膀。虽然课程难度很高，但我愿意在深夜挑灯夜读，以笔墨作刀刃弥补自己基因上的“缺陷”。

毕业前测试，我的生命科学课程——也是我最痴迷的课程——的成绩位列第一，这个消息令整个学院都为之震惊。因为我突出的表现，毕业后我顺理成章地进入一家生命科学研究所从事研究工作。

三

3581年，距那天已过去二十六年。

“蓝晨，你说人类是不是很久没有新的研究突破了，按道理来说，具有了先进基因的人类应该会大大缩短研究周期。”我对我的助手说道。

“前辈，你说得对，但是我和前辈做研究时，总感觉你身上有着和别人不同的品质，你比我见过的所有人都更加专注，更有毅力。我也是因此才追随前辈的，我相信我们一定能有新的研究成果。”

我看着眼前这个天真可爱的少女，她灿烂的笑容仿佛能使一切融化。

“对了，我们拜托杰瑞博士做的基因超速检测机已经到了，今天的工作有的忙了。”

“前辈，不如先拿你的基因做检测吧，我的基因也是经过改造的，检测结果应该和当初的设计图没什么两样。”

“正合我意。”

我轻轻拔了几根头发放入检测机中，不到几分钟就出现了结果，我浏览这些结果，突然第十一条染色体上的信息引起了我的注意，这是一段非遗传片段——意味着它不会对我的身体有任何影响，但它只由胸腺嘧啶和腺嘌呤组成的核苷酸构成，如果它们分别代表二进制中的0和1，将会有什么结果？

“蓝晨，我有了重大发现，快来帮我输入这些信息。”我激动地说道。

“好的，前辈。”少女的眼睛里也发出了光芒。

经过几个小时的奋战之后，信息终于被破解，只见眼前的大屏幕中出现了一段文字：

“孩子，你走到这一步确实不易，我一直坚信着你的到来。我是基因改造工程的首席科学家，‘基因改造技术’是我的婴孩，我知道它终有一天会长成巨人，但我也知道它的弊端，进行过基因改造的人因为具备良好的先天条件，所以做一件事时容易放弃，失去不屈品质的科学研究将是没有灵魂的，全世界的科学研究将会停滞不前，因此我想进一步研究改善它，但是‘向死而生’的自然规律永远不能改变，在我死后，别人一定会急于把我的研究成果公布，于是代号为‘星火’的工程正式启动，把希望寄托在像你一样有毅力的人身上，但你放心，你一直都是自己，你的成功都是自己努力的结果，如果非要说给你增添了什么的话，那就是爱和希望。”

一切真相都水落石出。

“人类总是明辨是非却做遍错事啊。”蓝晨感叹道。

“可是没有不断地尝试又怎么迈向未来呢？让我们来做点灯人吧！”

是啊，在黑暗崎岖的道路上，如果你出发时灯火通明，起初你会走得很快，但是越走越黑，你会越来越不自信，害怕掉入深渊；相反，如果路的尽头是光，你会沿着这条路不断前进，不畏困难，而且愈加自信。

我相信人类未来的灯已经点亮了。

指导老师：何业帮，中学高级教师，毕业于安庆师范大学，从教十五年，专心于高中语文的教学和教研。

领航星

李秋怡 / 高三年级　李琦 / 指导老师　陕西省汉中市汉台区汉台中学

2050年，宇宙指挥中心发现地球正在缩小，一千年之后地球将会缩小成一个乒乓球大小的行星，最终变成一个黑洞，所以在3050年之前人类必须搬离地球，在此之前宇宙指挥中心用中国的FAST射电望远镜发现了和地球近似的开普勒B-368号行星，一场史诗级的人类迁徙计划拉开了帷幕，指挥中心决定培养一批高精尖人才来保证计划的实施与完成，他们被称为探索者，人们讴歌他们为领航星。

探索者，在出生之前会被编入不同的代码，分为领航员与开拓者两种职业，他们会在成年后定期注射一种细胞再生药剂，来保证他们不会衰老也不会自然死亡，在指挥中心进行封闭式学习一百五十年，来确保迁徙任务的完成。今天是人类迁徙的故事，欢迎你的到来——审议员。

在迁徙任务开始之前，指挥中心大厅里挤满了人，一部分是迁徙者，另一部分为探索者，他们神色悲伤，还有止不住的抽泣声在大厅中回响，在第五十五次迁徙工程中，一名开拓者不幸遇难，而他的领航员为了救他身负重伤，这是人类的巨大损失。

"Angel，你说我们会不会牺牲啊。"一位个子很高，头发有点小卷的亚裔男孩对他身边的一名女孩说道。

"如果我牺牲是使人类利益最大化的选择，我会这么做，毕竟我们所受的所有教育都在告诉我们，人类利益高于一切。"对于这个有点悲伤的话题，女生保持清醒，没有丝毫的犹豫。他们穿过人群回归到探索者的队伍中去。

"领航员Angel，开拓者李星航，前来保障第五十六次迁徙计划。"长官看着眼前的女生有点惊讶，在指挥中心接受教育的几乎没有女性，因为女性天生在力量和对抗能力方面比较薄弱，能不能在编写基因时活下来就已经是个难题，更何况她还是一名领航员，领航员必须保持绝对的理性思维，对于任务的完成担任着总指挥的作用，还必须照顾到开拓者，因为开拓者在胚胎时期，指挥中心便会在母体中注射药物来促使开拓者发育，让他拥有比常人更优异的意志力与力量，但这个药也是一把双刃剑，它会使开拓者的心理防线极其脆弱、易怒，需要领航员负责控制开拓者的脑电波并下达指令，强制开拓者完成任务。领航员的指令是无法反抗的，这是在编写基因代码时就决定了的。

长官由衷地敬佩眼前的女子。“这次任务一共运送一百万人类前往开普勒 B-368 号，祝探索者们成功。”

他们进入通道内，扶梯会将他们运送到指定的战斗机前。“Angel，这次出发之前我一直很不安。”后面的话男孩却怎么也说不出口。Angel 点击手环下达指令：“全力完成护送任务，我一直在你身边。”李星航感觉胸腔里充满了力量。

战斗机飞出指挥中心的那一刻，便是计划开始的时刻，望着远方从前富饶美丽的地球已经变成了一片废墟，Angel 心中无限感慨。

“飞行状态稳定。发现运输机前有碎石，请求射击。”

“射击。”领航员发出指令后开拓者驾驶战斗机进行射击，霎时，碎石便被清理干净。

运输机保持平稳飞行，通过透明的窗口可以看见运输机里面的迁徙者，一个小女孩对李星航说了句谢谢，然后又在透明外窗上画了个爱心以表谢意，这也许就是他们辛苦训练的理由吧。

一声巨大的撞击声吸引了所有人的目光，是两枚陨石撞击发出的声音。“李星航，前方两千三百八十八米有不明陨石正快速向运输机飞行。”飞行速度太快了，不等李星航反应过来，陨石已经离运输机仅有一百米的距离了，另一架战斗机从李星航眼前飞去，用自己的机翼撞上陨石，将陨石带出运输机的飞行航线。

“陨石已带离航线，战斗机出现严重故障，请求返航。”

Angel 的声音传向指挥中心，当指挥中心发出同意的信号时，她的战斗机已失控，很有可能撞向运输机。Angel 当机立断发出指令：“请李星航战斗机向我射击，指令摧毁 Angel。”这一切发生得太快了，无数与 Angel 的回忆充斥在他的脑海里。在指挥中心那一百五十年间，为了提高他的战斗水平，技术人员不惜利用特效药强化他的细胞，那种疼痛是将五脏六腑打碎重来的感觉，只有 Angel 的陪伴让他安心，现在让他摧毁她这是不行的。但 Angel 的指令已下达，脑电波控制着李星航，这是基因决定的无法更改的指令。

“瞄准，射击，请……请求射击。”李星航红着眼，挣扎着说出这句话。“射击！”平静的女声传出。

战斗机炸裂，她的身体变成宇宙的一束烟花，美丽凄凉，她幻化成微粒散落在宇宙里，浪漫而悲凉。

“第五十六次迁徙计划已完成，开拓者李星航报告，领航员 Angel 不幸遇难。”但更加令人难过的是旁观者的冷嘲热讽：“明明是个领航员怎么那么冲动。”“国家培养她，是让她去送死的吗？”

没有人会在乎探索者背后到底经历了什么，他们的辛苦无人知晓。就算世人有无数的诋毁与偏见，探索者也必须坚持，人类利益高于一切。

一千年后，迁徙计划接近尾声，最后一次迁徙任务由李星航和另一位领航员执行。在战斗机飞出的那一刻，李星航笑了，因为他知道每一次出行都是他与 Angel 的一次重逢。

“Angel，我们又见面了。”

迁徙计划完成后，执行任务的探索者全部报废，比起权力和无穷的寿命，孤寂更让人无法接受。探索者是人类编制的新型人类，他们也被称为领航星，是时代的牺牲品——他们带领人类脱离黑暗的世界，去往新的家园，而他们却选择前往黑暗。

“你还决定要重启编制新型人类计划吗，审议员？”审议员对着探索者们的墓碑，沉默了。

指导老师：李琦，文学学士，毕业于陕西理工大学，汉语言文学专业。中学一级教师，多次获得优秀班主任优秀教师称号。

编织命运

李绍懿 / 高三年级　刘峻岭 / 指导老师　湖北省宜昌市第一中学

“L 组第 284 号基因：反动能武器骨骼”“L 组第 285 号基因：反光能武器角膜”“L 组第 286 号基因：反放射性武器真皮层”。望着姐姐在基因编织台上颤抖的双手与发丝上细密的汗珠，龙毅停下了手中记录的光束笔，一挥手，机器人便拿来水杯，“姐，休息一会儿，喝口水？”龙宇把长发一甩，深陷的眼眶里射出嗔怒的光芒：“今日事，今日毕，把最后一组基因编完再收工！”龙毅耸了耸肩，吐了吐舌头，装模作样地正襟危坐，让光束笔在记录板上潦潦草草地写下最后几组数据。

3 月 6 日，新闻发布会召开，全球唯一的军用改造基因序列“武圣”发布，用来供应国际组织维和士兵与后勤部需要。基因小组组长龙宇在会上发言：“这是人类第一次直接编辑基因，人类从此以后可以按自己的想法编织命运，它标志着人类进入新的时代——基因时代。”与会者强调：本产品只供应国际组织维和部队，其余人员使用均被列为非法。

“姐，我回来了！”龙毅推开门，迎面而来的却是一双怒气冲冲的眼睛。望着龙毅宽阔的胸膛，结实的肩膀，粗壮的手臂，龙宇抱着手，三两下就把弟弟这几天不知所踪的原因猜了个大概。“哎！不是，姐，莫揪我耳朵！”龙毅不敢反抗，任由他姐将他扔到沙发上。“说，为什么瞒着我去做基因改造！”龙毅摊了摊手，长叹一声：“姐，你也知道，形势很严峻，基因改造后出现的新人类组织坚信改造人至上，要消灭所有原人类，我们要制止暴行的发生。”“那为什么是你！”龙宇无力地坐下，她知道改造人的弟弟此去凶多吉少，“为什么？”嗔怒已被啜泣取而代之。龙毅知道说再多也没有用，他搀着龙宇，拿出爸爸妈妈救灾时的黑白照片和祖父昔日的勋章。“为了他们，为了逝者的辛劳不白费，为了保护那些将要逝去的人。对不起，姐姐，命运不容每一个人按自己的想法编织，我义不容辞！”

4 月 15 日，国际组织解密文件获知新人类组织不顾基因改造的后果，进行了大批量改造工程，拥有十万以上基因改造士兵，世界联军战况不利。

4月17日，新人类组织建立新中亚联邦，东亚纵队在阿富汗地区与新人类组织展开拉锯战，尼罗河流域即将失守，人类世界危在旦夕。

龙宇看着桌上小小的一封信，映着一枚血红的勋章。眼泪顺着双颊流下，润湿了信封的牛皮纸。

“L组第289号基因：反宏原子聚变武器基因！”她打开基因编辑台，发现L组289号位置呈现一个令人不知所措的空缺，“命运不容每一个人按自己的想法编织。”她想起了那天晚上颤抖的双手，潦草却“完美无瑕”的记录。她拭去眼泪，打开宏原子武器实验室的通讯界面，握紧双拳，心中默默地念着：“我义不容辞！”

4月30日，宏原子核聚变在超能导轨上进行，选择性打击的聚变能量释放至全球各地的新人类组织，世界大战尘埃落定，基因改造被重新定义为非法。国际组织发表声明，为所有因守卫和平而牺牲的战士，尤其是基因改造的牺牲者默哀。

将花束放在烈士墓前，微风将龙宇的长发与泪珠吹得凌乱，但看着远方田野上那些奔跑的，长相各异的孩子，她放了心。她念出了大理石上潦草但刚劲的墓志铭：“命运不容每一个人按自己的想法编织，我们编织的命运，是为了全人类，所以我们义不容辞！”

指导老师：刘峻岭，中学语文高级教师，宜昌一中语文教研组组长、语文学科学术委员会委员，宜昌市师德标兵，宜昌市学科带头人。

合作者

李甜/高三年级　张慧/指导老师　河南省商丘市民权县高级中学

“这次的比赛我们又输了。”看着显示屏上定格的数字，周围的人露出了失望却又在意料之中的表情。

“毕竟对方是‘理想体育人’嘛。”立即有人接道。

“呵，什么‘理想体育人’，不过就是一群违反伦理的背叛者！”旁边的人向对面露出了不屑的表情。

“好了，以和为贵……”立刻有人去拉他，可还是慢了一步——对面的人冲了上来。

蒋荀看着递上来的报告又是一阵头疼——这是本月第一百零八起大型理想者与坚守者冲突事件。基因编辑已经推行二十年，可双方的矛盾反而更加尖锐——理想者认为坚守者不知变通，不能利用科技改变基因打造几近完美的人类；坚守者认为理想者违背人伦道德，打造不出完美的人类还要改变基因。

蒋荀叹了口气：什么时候他们才能和解呢?

“嘀——”提醒器响起，蒋荀迅速拿上文件去会议室，参加理想者与坚守者代表会议。

“蒋先生，好久不见。”威勒姆热情地拥抱了蒋荀，可当他看到厚厚的文件，却怎么也笑不出来。

蒋荀看着威勒姆，威勒姆那双带着一抹紫色的眼睛十分空洞——他正在思考。“这是理想者唯一的缺陷了，”蒋荀想道，“也是他们最致命的威胁——深思时无法对外界作出反应，凭谁都能给他们致命的伤害。”

威勒姆渐渐回神：“我想最好的方式是合作。”

联盟举办了机器人挑战赛。

大街小巷、男女老少、理想者坚守者都在讨论这件事。

理想者同盟和坚守者同盟约战，要在挑战赛上一较高下。

联盟对于这场比赛相当重视，准备了科研院最新制造的机器人。

出人意料的是赛制——个人赛、团体赛和合作赛。

两个同盟对于合作赛都十分不满，但在看到合作赛获胜后的巨大奖励后沉默了，只是对于彼方却更加不满，认为对方要靠自己才能得到奖励。

机器人挑战赛开始，几乎所有观众都认为理想者占绝对优势，因为他们被改良的基因堪称完美，能够发挥出人类能力的极致。可结果却出乎他们的意料：最新制造出来的机器人防守能力极强，它们的弱点很难被找到，理想者在思考时受到机器人的攻击，很大一部分被淘汰；坚守者经过赛前的艰苦训练表现还不错，有不少人通过。

参加合作赛的理想者和坚守者数量几乎持平。

合作赛上，理想者和坚守者泾渭分明，双方各自为战。理想者的思考缺陷、坚守者的体能缺陷，在科研院制造出的最先进的机器人面前一览无余。机器人是机器，应赛能力并没有随着比赛时间增加而有所改变，反而是理想者和坚守者越来越力不从心。

比赛还在进行，越来越多的人被淘汰，理想者和坚守者逐渐并肩在一起。

又是机器人的进攻，一个坚守者下意识地替一旁正在思考的理想者挡住了攻击，所有人都愣住了。

暂停只是一瞬间，理想者和坚守者继续应对机器人，但他们多了无言的合作：理想者思考时，坚守者保护理想者免受机器人的伤害；理想者有所发现后又用自己高超的能力保护坚守者。

在理想者和坚守者的配合下，机器人渐渐落了下风……

理想者和坚守者代表会议上，蒋荀和威勒姆代表理想者和坚守者签署文件，确认全体理想者和坚守者自此彼此尊重、友好相处、合作与共，一同致力于人类文明的发展。

他们也有了一个共同的称谓——合作者！

指导老师：张慧，教育硕士，毕业于河南师范大学。中学高级教师，曾获商丘市优秀教师、市中小学名师等荣誉称号。

再等等

李一苇 / 高三年级　沈向阳 / 指导老师　江苏省宿迁中学

三年了，我想爸爸大概不会回来了……

妈妈已经瘦得脸颊凹陷下去，早上我问她要不要认证失踪人口，她也默认了，大约妈妈真的累了吧。

我在腕表上下载了二人的电子结婚证去登记婚姻无效，视屏上的妈妈清秀，笑得羞涩而幸福，爸爸一手搭上妈妈的肩，眉眼尽是肆意的英气。那时他们双双从国际生物工程学院毕业，步入婚姻的殿堂，一直到我出生后十年，我仍然习惯徜徉于众人艳羡的目光中。是啊，不仅因为我的父母是国联认证的双 A 搭档，人称“生物界的郭靖黄蓉”，更因为我总能接触到前沿的基因技术。那几年生物工程学飞速发展，开始只是“耐旱剂”“多汁剂”这类用于食物的基因剂。后来 2168 年《人类适应性生物工程法》的颁布成为一座里程碑，“苗条剂”“大眼剂”“力量剂”“智慧剂”层出不穷。一部分人疯狂抢购，据说研制一年的限量版“智商 300 剂”拍卖达到了两个亿；另一部分人却坚决抵制，甚至游行示威。我知道我爸妈对基因剂也不认同——他俩从未给我注射过基因剂——只是迫于上层压力不得不研制。自从妈妈上班途中被反对派安装在飞行器中的弹药炸伤，我们便开始倍加低调小心地生活。

自从“胚胎改造”计划颁布以来，两派的分化越来越严重，据说要爆发一场战争。我也是从那时开始觉察到二人的不对劲，他们的笑容越来越少了，我甚至偷听过两人的视频会议，当时妈妈压着哭声乞求：“您也是有孩子的人，放过我吧。”我大约听懂了来龙去脉：胚胎改造计划支持率不足 75%，议院无法通过，上层希望我的父母作为明星夫妇可以作个表率，让妈妈刚怀上的弟弟第一个进行胚胎改造，以赢得更多支持者。我已经出离愤怒了，这不是拿我的弟弟作生物工程学的试验品吗？我当时冲出去，对着屏幕里叫作“总统伯伯”的人大喊：“凭什么用我的弟弟？”他眯着眼，皮笑肉不笑地问我：“窈窈不想要一个更可爱更聪明的弟弟吗？哦，你们当初拒绝让窈窈参加人体改造，这事我先不计较，但是这次，最好别让我失望！”他把视频关了。妈妈也没有怪我，只是抱着我，哭得十分无力。

我都快忘了爸爸是怎么从装满监控的家中逃了出去，我最后一次看见他是在反对派转播的游行报道里，他扛着大旗，上面写着：别让下一代为畸形科学买单！我在无数反对者目眦尽裂的呼号中，看到逻辑的链条断了，生命的热血喷涌而出……政府震怒，但迫于舆论压力，不好对我们做些什么，只是剥夺了爸妈的荣誉头衔，限制了我的被选举权，但此后，我再也没见过爸爸。我的弟弟，由于妈妈那段时间四处奔波兼伤心过度，最终也没能留住……

我来到街上，每一位女子都高挑纤细，巧笑倩兮，每一位男子都高大挺拔，三庭五眼，广告牌上是一款新出的“大波浪剂”，一位与我擦肩而过的女性骄傲地甩着她刚生效的大波浪。那次反对派抗争失败后，渐渐被政府的强制手段镇压下去，沉匿至今，后来政府又颁布了很多法令，越发离奇古怪。来到关系局，所有窗口的工作人员都是复制粘贴，连微笑的弧度和说话时漏出的牙齿数都一样，“您好，请问需要什么服务？”温柔而机械的声音传来，我沉默了一会儿，然后摇摇头出去了。

我不理解这样的世界有什么美感，生活中正是因为有了美丑、高矮、胖瘦、聪明愚笨、天使恶魔，有了对比，这个世界才是完满的；有了多元，这个世界才是美丽的。尺有所短，寸有所长，生命的慷慨注定使其不完美，但也在“上苍为你关上一扇门，必然会为你打开一扇窗”的祝福下拥有平等追求幸福的权利。生命的尺寸不一而足，也正因其不同让这世界灿烂盛大、生生不息。

尽管申请失踪可以领到一大笔抚恤金来支撑我在妈妈被停职后的学费，我却不想领了，我还要等爸爸。也许我等不到爸爸，但我相信，生命规律的捍卫者仍在不远的春天。我要等，等风吹，等雨来，等这世界复归生机……

指导老师：沈向阳，中学高级教师，江苏省宿迁市高中语文学科带头人。曾获江苏省优课评比一等奖、宿迁市优秀教育工作者等荣誉称号。

我见火焰

李银雪/高二年级　蔡凤/指导老师　山东省栖霞市第一中学

妻　子

火席卷了整片草地，太阳不甘地发着最后一丝光。终于，太阳不堪重负坠到地平线下。世界陷入黑暗，只余熊熊燃烧的火舌，可那万恶的火焰却照不亮我的心。

今天是丈夫离家的第八天，战争开始的第七天。丈夫离家前将能量石交给我，一遍又一遍地嘱托我照顾好自己跟儿子。我知道，他可能回不来了。我用能量石围好结界，可结界逐天减弱，空间里的食物也所剩无多。儿子在屋子里逗猫，野猫是丈夫捡回来的，取名叫安安。儿子咯咯地笑，我心里酸涩不已。我看向屋外，未来和此刻一样黑暗。

今天我用望远镜看到一个“人”，我甚至不确定那是不是人类：它大概有两米高，裸露在外的皮肤变成了蓝色，头发金黄，两只眼睛很突兀，像被人强制按在了脸上。它的手脚很大，身上布满了圆孔，我猜测是子弹打出的伤口，可是又怎么会有“人”挨了子弹却不死呢？我几乎没有睡觉，闭上眼，脑子里全都是那个人鬼怪物。我打开虚拟器，丈夫最后一次给我发消息是三天前，只有两个字：勿念。我不敢深思其中的含义，我总想再见他一面。地球系统的信号也收不到，可能是在战争中被损坏了。

丈　夫

此刻在救援中心，根据上级传下来的信息资料，我们确定了这次战争是变异人发起的。变异人是 Dark 组织将某种试剂注入死士身体中而形成的，这些变异人拥有极大的力气，目前还没有什么武器能让它们受伤。思及此，我更担心妻子跟儿子了。又有三人受了伤，其中一人的胸膛被划出一条血痕。整个救援队陷入了迷茫和无措。“妻，你跟儿子如何？原谅我作出这样的决定。国家有难，我不能不管。我先是国家的一员，然后是你的丈夫，儿子的父亲。儿，你还小，不理解阿爸的做法。你只要记住好好听妈妈的话，快快长大，保护妈妈。大家说阿爸是英雄，阿爸才不是英雄呢。阿爸想活很久很久，看着你娶妻生子，那时候阿爸就老了，你就成了阿爸的英雄，儿，好好长大。妻，我有一千万句话想对你说，又怕你难过落泪。妻，别哭，你爷们儿最不会哄人了。我走了以后，找个好人过日子。我的虚拟器电量所剩不多，这些话只能暂存在虚拟器中，希望地球系统重新上线时你能收到。”

低垂的天空挂着一轮缺月跟几点星光，入目的是大片烧焦的土地和空弹砸出的土坑，在火焰的衬托下像恶魔的眼睛。人间像地狱，人鬼共行。

我的妻跟儿啊，你们如何？

妻　子

儿子哭喊着找阿爸，好不容易把他哄睡，黑乎乎的小脸儿上一道道泪痕。儿子睡觉很不安分，小脚乱扑腾。我的眼泪滚落。我有些怨丈夫，怨他此刻不在我们身边，怨他就这样丢下我们母子。可我怎么怨他啊，他在守护着千千万万个家，或许他此时在很多人身边，那些人叫他英雄。火还在烧，在死亡面前，人会变得坚强，那就再多给我一点力量吧，让我可以一直等着丈夫，等他回家团聚。

丈　夫

今天救援时，我跟死神擦肩而过。

变异人离我大概三十米远，我切切实实地看到了它们。我的腿像灌了铅，迈不动一步，额头的汗大滴大滴落下，我不自觉地屏住呼吸，我能做的只有等待死亡。没想到的是，变异人竟然像没看到我一样，越走越远。我一度以为自己的生命在今天会结束。心惊胆战地回到救援中心，我跟上级汇报了今天的事情，上级表示会追查此事，并带来好消息：地球系统上线了！这意味着地球系统会重新匹配数据，强迫战争停止。下午地球系统在虚拟广场发布通知：系统会建立空间黑洞，锁定变异人，无关人员请撤离到安全地方。

四点四十二分，战争被迫停止。上级派科学家对变异人展开研究。研究结果显示，因为身体的机能得到大幅度提高，大多数人承受不了，部分功能反而会退化，所以变异人的眼睛只能看到移动的物体。上级利用地球系统发现了 Dark 组织的据点，现已将所有试剂和有关的组织人员毁灭。大家在忙着整修物品，万千喜悦溢于言表。突然，原本挤在一起的人们往两侧移动。我抬眼，妻子牵着儿子，站停在离我几米远处。妻在笑。儿子张开小胳膊扑向我，我抱起儿子又向前揽过妻子。我的右肩膀湿了一片，儿子哭得上气不接下气。妻瘦了，眼下挂着明显的黑眼圈，没人教她怎样以一个母亲和父亲的角色扛起这个家，可是她做到了。

变异人是不完美的，人类也是。但我们与变异人之间的不同在于：我们不追求完美，因为有很多个我们，所有人抱成团，每个人都把自己的缺点包在里面，这样我们就是不可打倒的，互相包容互相帮助变得更强大，这是人类最坚强最原始的精神，家庭是这样，世界也是这样。这才是世界应该有的样子。

忙完一切后，已经是深夜，妻子和儿子早已熟睡。我和衣躺下，轻揽住妻子跟儿子，心里一片柔软，这是我的另一个全世界，这样很好，我慢慢闭上眼睛。

清晨，太阳从东边升起，包容着这个破碎的世界。万物生长，万物毁灭，一切都沐浴在金黄色的暖调中。期盼已久的日出，温暖又热烈。

我见火焰，不畏火焰。

指导老师：蔡凤，中学语文教师。课堂生动有趣，教学方式独特，待人温和幽默，深受学生喜爱。

完美何寻

李语杉/高二年级　孙伟/指导老师　山东省济宁市第一中学

妈妈说，哥哥是含着金汤匙出生的。

我从来没有见过比他更完美的人：他对所有已知病毒先天免疫，自身能产生多种抗体以抵御疾病侵扰；他还有健康强壮的身体，永远都很好的胃口，希腊雕像般精致的面容，爱因斯坦般超人的智商，脱口秀主持人般出众的口才……所有的这一切，都是我所羡慕的。

妈妈还说，哥哥出生的那一天，世界上所有著名的科学家都通过视频连线来给我们家道喜，祝贺人类历史上第一位完美人的诞生。“这道喜的人之中又有多少情真意切的呢，”说到这里，妈妈常常不住地叹息，“他们只是为自己实验的成功祝贺，日后你哥哥生活中要面对的痛苦，他们中的哪一个认真考虑过？哪一个对他负过责？”

确实，他身上有百钧的担子。

他不会撒谎，所以每当他将作业完成情况真实地报告给老师时，总会得罪一批同学；他考试时总是出色发挥，因而成为众人嫉妒的对象；他长相出众，于是常常绯闻缠身……渐渐地，他被众人所孤立。哥哥身上的金光渐渐暗淡。而我仍是上学，放学，吃饭，睡觉，过着普通人的生活。有时，我用余光注意到哥哥。他总是看着我，又轻轻叹息。哥哥在人前还是一副热情开朗的样子。没有人注意他眼中的失落。那些科学家们还在用他为他们的基因重组做广告。就这样一直到那一年的夏天，哥哥高考。

全世界的人都在注视着哥哥——人类历史上第一位基因重组人，期待着他的发挥，期待着他的成绩。

高考前夜，哥哥来到我的卧室，我们一起聊到很晚。聊天的内容我已经不记得了，我只记得他在离开前说了一句：“我真的累了。”

高考成绩出来，所有人都震惊了。在优秀路上稳步前行了十八年的哥哥，竟在高考中落榜了。没有人知道他是有心还是无意。总之引起了舆论的特别关注。

那些天，哥哥连门都不敢出。一出门，便会是铺天盖地的“基因重组人落榜后重现街头”的大字头条。门外，手机里，电话里，广播里，全都充斥着对哥哥的恶意攻击。哥哥总是一个人坐在暗无天日的阁楼的地板上，不说话，就那么坐着，一坐就是一整天。有时候我去阁楼上看他，他也不说话。但在微弱的光亮中，我能感受到他凝视我的眼神。

那是我最后一次见他。临走前，他叫住了我。我蹲下，他轻轻攥住我的手。良久，他终于说话了：“我真希望有一天能成为你这样的人，过你这样的生活。我真羡慕你，真的，一直都是。”第二天我再去时，却只摸到了他冰冷的手。

这已是多年前的事了。眼下，我作为一名世界顶级医学院的学生，正在准备我的第二十场演讲。过去的几年里，我一直没有停下脚步。我行走于世界各地的医院，医学院，广场礼堂，只为了让更多人听到我哥哥的真实的生活和心声，只为了让那些追求所谓的“完美”走火入魔的人停止罪恶的宣传，只为了让那些还在被冷眼相待的基因重组人获得新生，只为了让那些还没有感受到痛苦的基因重组人有一个美好的人生。

指导老师：孙伟，中学语文教研室主任，济宁市“特级教师”，山东省“阅读推广人”，山东版新课标高中语文教科书核心编者。

爱真实的自己，爱可爱的世界

李钊惠/高二年级　马欢欢/指导老师　北京市一零一中学矿大分校

致每一个真心实意爱这个世界的人。

今年是4711年，是人类基因技术大变革的第九年。如今，人类的能力已经提升到了前所未有的水平，甚至可以改造致病或是有缺陷的基因，这可谓是人类史上浓墨重彩的一笔，也是许多饱受命运不公平待遇的家庭的福音。但在我的认知范围内，这不过是一场以九年为期的长电影。是人们从事先的将信将疑，到集体的抗议反对，再到逐渐接受事实的俗套戏码。情绪如洪流，涨潮落潮总有时。这出好戏，也不过是在麻木，又或是在随波逐流中草草结束。在今天，像我这样顽固的人，屈指可数吧。

国家前几天公布的报告单上显示，全国98%的人口都已经完成了基因缺陷改造。明明是可喜可贺的消息，却不由得引起我心底一番酸涩。亲爱的陌生人，如果您睁大眼睛仔细看看，您会发现这个世界变得太过“美好”了。

人们有着健康强壮的身体，免疫力也大幅度提升，疾病的致死率以及遗传病的遗传概率都呈迅速下降趋势。同时，人们都有着高挑的身材，光滑白嫩的脸颊，以及称得上“好看”的面孔。前者让饱受病魔摧残的患者人数大幅度减少，自然是人人叫好的。而后者将人们的外貌变得有些千篇一律，这不禁格式化了这个世界。日复一日，年复一年，我们已经失去了对自己和对别人缺点的包容之心，打着“完美”的旗号反复无常又任性地磨灭自己身上独一无二的光彩。我们就像一盏油灯，一次次被浇灭后，再也无法发出从前那最耀眼却又不灼人的热。我们不再爱本来的自己了，生命好像失去了它本身的意义。而基因，也只不过是代码，不再是每个人独一无二存在的证明了。

至于内在，人们只论对或错，不再纯粹地爱这个世界。发现美好的双眸被新时代的社会生存法则蒙蔽。我们不再去奢求一次“命中注定”的美好邂逅，或是闲暇抬头看看湛蓝色的天，只因为几只鸟儿的飞过欣喜不已。基因的改造让人的思想和认知固化了。天马行空的想象，各抒己见的侃侃而谈，以及恋人之间的互诉衷肠和海誓山盟，都烟消云散。公园街道边上不再有孩子幻想国王与骑士的冒险，学校木制课桌旁也不再有因为一道数学题而激烈争执的少年。这时候，刚满六七岁的孩子奔波在去往不同教室的路上，为争夺更靠前的名次和看起来好看的分数而焦头烂额。少年则是按照固有的公式以及解题方法不知疲倦地做着题。在人人的认知观念都一模一样的情况下，求的也不过是个安稳的工作岗位。甚至一对恋人的倾诉衷肠也不会有什么别出心裁的设计，眼神里流淌的只有苦涩又干巴巴的迫不得已。他们为的是自己的后代能有更优质的基因，而不是什么所谓的爱。我记得在关于 21 世纪的一段资料上曾记载，“浪漫本就是可遇不可求的美好，是真真切切，纯粹而无穷无尽的。”而如今，生活中的小幸福和美好都在流失，而冲刷它们的是人类曾经引以为豪的科技和怎么拦也拦不住的时间。

我看着这个没有温度的世界，纵使百般无奈也是无能为力。我希望我的女儿能在从前的那般世界生活，也许学习的道路上被红笔否定，又或许职场上被上司的口水淹没，眼泪一直掉，眼眶一直红，那也是最真实的自己，是成长荆棘道路上正在与命运抗争的自己。练就完美的从来不是基因，而是泪水与汗水。让世界更可爱的秘诀也不是基因，而是你我乐观的心态和永不言弃的信念。

陌生人，你也从来都不是例外。爱真实的自己，爱可爱的世界才是上上签。

来自一位平凡人，也是一位父亲的留言。

指导老师：马欢欢，一级教师，海淀区语文学科骨干教师。

新人类之爱

李哲/高三年级　刘德伟/指导老师　湖南省耒阳市第二中学

3078年，大部分人类疾病已被消灭，人们将研究投向人体深处。3079年，为了治愈基因病，经过全球公投，同意了在确定会患有北美囊性纤维病的胚胎上进行分子操作。同年，胚胎正式分娩，经检测不患病。那一刻起，人们肆意创造心仪的生命。通过基因测序，筛选基因，富人想要杰出的子孙，平民想要健康的宝宝。新纪元52年，胚胎工程一代繁育出了下一代，但发生了基因污染。经检测，子代并没有完全继承父母的基因，他们中有人再次患上基因病，有人生出畸形儿，更有甚者，哪怕已经成人，不稳定的基因随时可能发生碱基自主重排，导致变异，死亡。而有的孩子却聪明绝顶。人们一方面梦寐以求新人类的聪颖和健壮，另一方面又害怕着他们不稳定的基因。

刚刚认识的朋友，忽然从背后掏出一只手；苦苦追求许久的女神，却在一夜之间蜷成老妪……热情相交变为避之不及，“深情”转为仇恨。新人类被正常人类所排挤，他们当中畸形的被厌恶，长相突出的也难得爱情，少有的朋友、亲人更被称为禁忌。但人们对于杰出基因的贪婪使得他们不断创造新人类，新人类的数目达到总人口数的二十九分之一。被排挤，不被爱，新人类与正常人的冲突不断加大，已经成为严峻的国际社会问题。新纪元198年，《新人类管理法》正式出台，所有新人类被束缚在新城区内生活，建立新人类学校，印刷新人类课本……

联邦十三区内，看着报纸上“新人类”的字眼，顾泉感觉心上被豁了一道口子。没有多说，默默地帮郑瑗收拾好行李。明天之后就很少见面了吧！顾泉在心里想。郑瑗是新人类，他和郑瑗没有孩子。“没有关系，我们又不是不能再见，而且联邦也没有剥夺新人类的结婚权，不是吗？”察觉到顾泉的失落，郑瑗安慰着他。抚摸着她的鬓角，顾泉有些哽咽：“你们不是新人类，你们只是患了新型基因病。”郑瑗笑了笑，没再说话。

基因污染之下，新人类的数目不断增多。家中曾经引以为豪的弟弟，如今却不见身影；隔壁那个见人就喊姐姐好哥哥好的邻家女孩，被带走时的哭泣使人怎么也不愿回忆那甜美的笑；那个曾经鼓励残疾同学的老师，不知在新城区是否执教。终于，一个声音在互联网上发出："我，我想和他们生活在一起！"席卷而来的浪潮盖过所有谩骂的声音，汇聚成的河流冲向一道巨大的屏障。

"同胞们，该结束了。新人类？不，他们是跟我们一样的人。他们也不愿畸形，他们也渴望被爱，他们也渴望生命诞生，然后去爱。我们不应该用排挤来对抗人类进化的困境，如果用技术制造生命，却不用爱哺育，那只是玩弄生命。但如果用爱去孵化，我们就走在进化的路上！看看你的周围，你的朋友，你的家人，他们很有可能在基因污染下，变成新人类，并离你而去，他们可能懵懂无知，可能耄耋之年。我们最初使用这项技术的原因不就是爱吗，爱他们，所以想治好他们。在未来的生命技术中，难道每一次都要用排斥对待新生命吗？我们应该用技术治疗他们，用爱包容他们！"顾泉在联邦的支持下，向全球发起视频广播，视频里他通红的眼睛就好像此时人们的热血。

新纪元243年，科学家宣布，通过基因定点突破，有规律地插入碱基并进行甲基修饰，可以使电子流动形成特殊的分子内作用力，减少碱基自主重排发生的概率。联邦城上，顾泉与郑瑗作为代表挽手宣布新人类基因问题已经解决并发表演讲，苍老的声音抑制不住激动："人类之爱是我们在科技发展过程中的标尺，解决社会问题不应该违背人的朴素情感，我相信我们会在爱的指引下利用好生命科学技术！"

指导老师：刘德伟，耒阳二中语文高级教师，曾获得耒阳市优秀班主任、耒阳市优秀指导老师、耒阳市师德标兵等荣誉称号。

守 望

李卓燕/高二年级　李怡凤/指导老师　河南省洛宁县第一高级中学

“父亲，你等等我！”

“倒计时要完了哦，五、四、三、二、一。我要开始抓你了，嘿嘿。”

一个小小的身影在麦田里到处乱窜，想找到躲藏的父亲，却不想被一块石头一样的硬块绊倒。“这什么东西啊，真烦人。”她拍拍沾了土的裙了，瞥到了身侧的物体，那是一本书，不厚，没有一本书该有的重量，书上写着“守望”，大抵是一本叫作《守望》的书吧。

本想丢下书去找父亲的她，却被书的封面吸引住了：一个父亲抱着女儿在田间散步。“好像父亲和我啊！”她翻开书，开始看了起来，而一切如四维展开后的三维所呈现的海量信息一样涌入她的脑海：

我是一个改造人。可父亲似乎并不想让我被改造，他是一个原生人，一个未接受生物改造的“正常人”。他年轻的时候帮助地球治理卫星城建造地的环境，有了军功，可以将孩子送去医院进行胚胎改造，让其致病基因被消灭，正常基因被增强，而我作为那时的军属新生儿，被进行了改造，虽然他并不希望，但无可奈何。他没有将我送往地球主星的“主星军属改造学院”学习，而是带着我到了地球卫星 1 号生活，他放下了枪，拿起了锄头，放弃了主星的高贵无忧的生活，到卫星 1 号成为一个原生农民。那时的我不甚理解父亲的作为，自然法则下的循规蹈矩给人类的生存与发展留下的路太窄太窄了，这种枷锁迫使人类必须对自己进行改造，没有人有把握人类一定会度过下一次的灾难。

父亲会带着我去麦田里玩，麦田是父亲的工作场地，也是我的度假天堂。那时的我，喜欢被父亲搂在怀里，听微风抚过麦尖彼此碰撞发出的声响，看着远处的太阳将金色的墨泼向人间，麦子享受着太阳的赏赐，惬意却也疲惫异常，被微风吹拂，被太阳笼罩。

再有意识时，便是被三轮车的启动声吵醒，我再次睡在了被三轮车运送的麦子上，此时天已经暗了，却又有着光，我知道，那是父亲买来的夜光灯。听着喧嚣的三轮车的声音，只觉惬意，对于改造不改造的，我已然将它抛掷脑后了，而父亲似乎也并不想我提改造的事情，且对于我想到主星居住这一事情颇为不满。

我十八岁了，要高考了，出于对高等教育的向往和对参与让人类变得更加强大的事业渴望，我瞒着父亲报考了主星的生物研究大学，考试不仅包括理论知识、实践操作，还有生物发展历史，而我也终于明白了这改造后的世界。

2051 年，由于地球人口剧增，资源环境承载力几近极限，再加上几个世纪的工业发展导致的环境恶化，一系列资源争夺战争爆发，新生儿成活率过低。为保证人类的发展，国际组织开展"冷冻人"计划、"卫星建造"计划、"改造御病"计划、"空间维度研究"计划等一系列计划，以保护和培育新型科技人才，加速人类向宇宙探索的进程。

2061 年，第一批接受改造的婴儿顺利活了下来，且在之后的测试中身体素质及脑力思考都高于普通人。但出于人道主义观念和伦理观念，一些国家仍不同意对人体基因进行改造，于是就出现了原生人和改造人两个"种族"，此后两个"种族"出现了矛盾且矛盾愈演愈烈，为了防止这两个"种族"之间矛盾愈发激化甚至发生战争，2110 年，国际组织将原生人迁至已建成的地球卫星 1 号，而改造人居住在环境恶劣的地球主星。

我在 2119 年来到了地球主星，也明白了父亲将我带去卫星 1 号的原因——让我有一个金色的童年。

之后，我与父亲爆发了一场争吵，那也是我同父亲的最后一次会面了：卫星 1 号的前 5 号城镇爆炸了，因为模拟的地心不稳定，加上从太阳吸收的能量过多，致使卫星 1 号发生了一次地心核聚变，造成一次较小规模的爆炸，而我的家乡、我的父亲，都在那场爆炸中灰飞烟灭。本打算道歉的我只得停下了自己的脚步，默默地背到墙角处，看着墙角那日益向上攀爬的藤蔓逐渐模糊，也逐渐后悔提出到主星居住这一提议。

随后，我签订了"冷冻人"协议，进入冷冻休眠舱，想着，等到了某天，我可以回到过去，或用尚未成熟的光年物体穿梭法，将这本书送回到过去，父亲，请您等等我。

躺在冷冻休眠舱中，我做了一场梦，梦中是父亲与我，准确来说，是父亲送我离开的场景：父亲站在太空车站边，目送车的远去，而我，却只能透过前视镜才看到父亲，也看到了父亲的眼光逐渐暗淡，映衬着一丝不甘。

父亲守着我的童年，望着我长大。而我，亦想守着我的希望，可以望见父亲的背影，在那个落满了旧时代风霜的背景中。这次，换您远去，让我守望。

…………

她合上这本尚且不厚的书，将书放在地上，任由微风吹拂，而她向着太阳奔去，麦尖划过，她知道，父亲在麦田尽头迎着太阳处等着她。微风拂过，土粒滚动了几番，穿过那本随风翻动的书。

又或许，一切都是自然的选择。

指导老师：李怡凤，文学学士，毕业于信阳师范学院汉语言文学专业。中小学二级教师，曾多次荣获校内教学成绩一等奖、二等奖。

身在黑暗，亦有光可循

梁静蕾／高三年级　张团国／指导老师　甘肃省酒泉中学

现在是 3027 年，在这个科技十分发达的时代，改造基因已成为上层城市中一种超市选购般简单轻松的技术。最早，人们借助基因改造避免新生儿患病，但在越来越成熟的技术与野心的怂恿下，人们把目光转向了基因强化。基因强化效果明显且价格昂贵，让人天生就具有某方面的卓越天赋，甚至可以根据父母的喜好定制孩子的长相。经过基因强化的孩子，一出生就注定走向各个尖端领域，占有社会大部分财富，强者恒强。而没有能力进行基因强化，甚至是天生带有基因缺陷的普通人，逐渐成为被鄙视排挤的对象，失去了在社会上的竞争资格，面临失业。基因强化越来越普遍，“最智慧的大脑”，也就是手握最多财富的掌权者，索性将城市分为上下层，上层留给基因强化者，在耀眼的阳光下尽情挥洒自己的才能，而被他们嫌恶的、被称为“下等人”的普通人则居住在下层，仰视着一方漆黑的天空，或做着付出与回报并不成正比的工作，或饱受基因病的折磨。

一天的工作时间几乎是眨眼间过去，我离开实验室已经是深夜了。经过六年的研究，具有彻底破坏基因强化机器运作并能让其散发恢复正常基因的抑制器的研发已经进入收尾工作。既然抑制器已经快完成，接下来要思考的就是如何安装至上层城市的基因强化设备上了。我正这么想着，突然一只手搭上我的肩，我被吓得不轻。“没吃饭吧？我买了最多人推荐的，呃……啊对！叫煎饼馃子，无人机外卖刚送来的，一起找个地方坐坐？”莫兰指了指实验室旁的小公园。

找了个长椅坐下，莫兰递给我一个煎饼馃子，随后迫不及待地打开自己那份，咬了一大口。“基因抑制器到什么阶段了？可以投入使用了吗？”我迟疑了一会儿，抑制器研究进度在下层城市几乎尽人皆知，上层城市的人也对此有所了解，但并不打算干涉，毕竟下层人几乎是没有机会进入上层城市的，更何况是那种地方。我叹了口气答道：“已经可以投入使用了。但没有机会安装。”“如果，我可以帮你把抑制器安装到上层呢？你愿意相信我吗？有多少把握保证抑制器生效？”我低头想了想，答道：“安装抑制器需要一定的方法，通过训练可以熟练操作，有九成的把握成功。一旦安装失败会触发自毁装置。可是，真的可以吗？”莫兰点了点头：“明天开始，我去找你，培训安装手法。是时候结束这个不公平的时代了。”她坚定的眼神闪着光。

做好了准备，背上抑制器，由我担任她的远程技术支持，她披着夜色走向了上层城市。绕过层层守卫，进入基因强化中枢的最后一道防线。我们并不了解最后一道防线到底是什么，莫兰却说她自有办法，让我不用担心。“这么看来，是瞳孔识别。”莫兰小声对我说。快要安装完成的时候，信号却突然中断。我推测是触发了基因改造中枢的自我保护系统，这意味着接下来的一切，只能靠莫兰一个人了。我在心中默默祈祷，不断尝试重新连接，却还是没有结果。

在距莫兰失联的二十分钟后，铺天盖地的新闻提示音从我的各类电子设备上响起：基因强化中枢已被破坏，应急系统故障引发了爆炸。基因强化者身体各项能力均已恢复正常水平，与普通人无异，社会将会趋于更平等的状态，政府紧急宣布取消城市分层。

可是，莫兰呢？她还好吗？我瘫倒在地，手不住地颤抖，在角落里发现了莫兰留给我的信，估计是不想让我太快发现，才留在这里。“嗨！看到这封信的时候，计划应该已经成功了吧，哈哈！很抱歉没有第一时间告诉你我的身份，很感谢你相信我。毕竟在所谓上层城市为基因强化工作确实不太光彩，不管怎么样，我们成功啦！别来找我啊！我要是活着，会去找你的！”看到最后，我不由得泪流满面，我呆滞地盯着地上一滴滴晶亮的液体，模糊的视线里浮现出她好看的泪痣。

一个月后，一切秩序已恢复正常，可还是没有关于莫兰的任何消息。我像往常一样，最后一个离开实验室，顶着月光回家。突然一只手搭在我的肩上，我鼻头一酸，回头是熟悉的泪痣和眉眼弯弯的笑，莫兰的胳膊上还包着纱布，却不忘开玩笑：“这次怎么没被吓一跳啊？”

我们相拥而泣。

指导老师：张团国，毕业于西北师范大学中文系，甘肃省酒泉中学教师。曾被评为市级优秀教师。

一百零八亿公里的旅程

梁宇彤 / 高二年级　梁诗咏 / 指导老师　广东省广州市广东实验中学

脑波连接申请再次出现时，哈雷忍无可忍，接通了我的申请。“要出发了，哈雷。”我说道。

他说：“行吧，马上就来！”语气带着不耐烦，又残忍地挂断。真不愧是才来两周就被人认为不会流泪的冷心肠哈雷啊。我默默在心里吐槽道。

2441 年，迎来要紧任务的我们踏上了旅途——跟循哈雷彗星的轨迹，再次造访太阳系中的各行星。

“亲爱的银河特遣署 SY–380，太阳系分局马上为您规划行程。”

“后基因计划改造出来的人就是不一样啊，声音都甜美了点儿。”哈雷和我开玩笑，享受着任务前难得的轻松时光，我也笑着回怼：“我俩不也是后基因改造计划出来的吗？话说你好像从来没有说过你参与了哪些基因的改造呢？”他反而沉默了，望向星际舰外的无边寰宇，很久后才闷声说道：“其实我也不知道啊……”

在一百零八亿公里的旅程里，地球是第四站。作为特遣审判官，我们此行的目的便是为那些罪大恶极的改造人类送行。

赶在彗星造访的前一个月，我和哈雷终于抵达地球，直奔星际审判所，在三百六十个地球时后，终于见到了任务文书上的头号目标——希尔·威斯顿，时任人类基因改造院地球分所的所长，被指控涉嫌违反星际条例进行基因改造工程，在一次空间实验中阴差阳错地让人找到了指控她的关键证据。

我和哈雷第一次见她时，她仍然光鲜亮丽，尽管眼神有些许空洞无奈，但好似被指控的从来不是她一样。见到哈雷，她突然眼前一亮，又慢慢暗淡下去，对我们说：“如果我的丈夫还在的话，他也会是一个很好的银河特遣署官员。”就此陷入沉默。哈雷听了以后若有所思。眼看问不出些什么有用的东西来，我和哈雷也只好就此作罢。之后我们还见了她几次，她仍旧油盐不进，软硬不吃。我们只能通过地球管理处搜集到的证据，一点点地对她的罪行进行拼凑，但我仍然感觉缺少了一点最核心的东西，而且，证据里的疑点尚多，比如那张位于月球上的一间大门敞开的实验研究所的照片，具体想给我带来什么信息呢？

所以在开庭前三天，我和哈雷再次去见了她。

我温和地说："在进行基因改造时，你是否实行过违反星际条例的行为？"

"有，既然做了，也没什么不敢认的。是我活该。是我痴心妄想，以为这样做能有什么奇迹出现，到头来还不是一场空！我恨啊！为什么他只能落得这般的结局！明明我都这样努力了……"她突然情绪激动，把束缚器挣得哐哐响，椅子被推倒在地，然后披头散发地坐在角落里。隔着玻璃，我看到她头一回在我面前失态，她失声哽咽。估计到了最后还是不甘心吧？我在猜她为何失态。

"我用了那么多条命去救你，为什么结果会是这样呢？求求你，你告诉我他在哪儿好不好？快点告诉我好不好？你们把他藏到哪里去了？告诉我吧，我就要死了，你就告诉我吧！"她突然冲了上来，眼球里布满了红血丝，一脸卑微地望着我，然而我正一头雾水。我只好先把她稳下来，看着她的眼睛，轻声说："你和我们说说好不好，我们会帮你的。"她听后，只是笑了笑，流着泪又坐了回去。谈话时间就此结束，但也不算无功而返。

案子正式开庭时，她又恢复成了那副光鲜亮丽的空壳。坐在审判席上，我们宣判了她最终的罪名："希尔·威斯顿，残害数人，用于未知基因改造工程，藏匿非法改造成果，判处'彗星放逐'，并没收全部实验成果。"她坐在那儿，低着头一言不发，没有反抗，好似垂垂老矣、再无生机。

"你还有什么要说的吗？"她摇摇头，跟着引导员慢慢走出审判庭。走到门口时，却突然回头冷笑道："呵，我算是没看错你们啊！明明把我的丈夫藏了起来，还想着把这个罪名往我头上按，可真是虚伪至极啊！"说完便离开了。庭内鸦雀无声。

我仍觉得有什么不对劲的地方："到底是哪里出了问题？"我决定询问发现实验室的宇航员们，他们说："我们两个星期前到达的时候，实验所都空了，仅存的一个实验舱里都是还没干涸的鲜血，我们就不敢再进去了。"停了下，又说，"对了，她丈夫之前好像也是干你们这行的，听说是在审判的过程中遇刺身亡的，也真是可怜啊。”好像被彗星的尾巴划过了心灵，有个荒诞的想法在脑海里成形。

我问：“她的丈夫是叫凯撒·威斯顿吗？”

“对啊，怎么了？”

凯撒彗星此时早已解体，而哈雷彗星却将于明晚降临地球，原来他的名字是这个意思吗？想必希尔应是早早就认出了他，才帮他掩护，想让他拥有新的人生吧。等我再见到哈雷，他却好像已经知道了所有事情，眼眶红红的：“你应该也猜到了吧？我是她的丈夫，我才是那个害她背负那么多条性命的人。”

“那你要怎么办？”

“我把他们的基因序列保存下来进行人体重组工作了。”

彗星放逐是最特殊的刑罚，受刑的人在彗星上接受死亡的到来，巨大的星际引力和高温会把他们解体并化为齑粉，然后跟随彗星一百零八亿公里的轨迹航行。那个晚上，我看着他们两人离彗星的预定轨道越来越近，突然想起哈雷在拼凑希尔的犯罪原因时对我说的话：“基因工程不能剥夺生命，爱也是。这并不是一个值得称颂的美好爱情故事。”原来他那时已经下定了决心。

在接近彗星的轨道上，航天器里的他正回头喊：“我去赎罪了。”

那就再见吧。

指导老师：梁诗咏，北京师范大学学科教学（语文）教育硕士，广东实验中学语文教师。

双螺旋之变

刘淳宇 / 高三年级　杨兰 / 指导老师　湖南省娄底市双峰县第一中学

新世纪 2050 年，在一间宽敞明亮的实验室里，一名顶着“鸟巢”的老头子磊突然怪叫起来：“我成功了，我成功了。”刹那间，所有的科学家望向中间的三维投影：“基因完整度 100%。”看似简单的一句话，不知道是多少科学家日思夜想、梦寐以求的结果。

在全球最好医院的顶楼房间里头的一张洁白的床上，磊静静地思索着，同时他在虚拟世界中上传了一条以最高权限加密的信息以后便睡着了，身旁的心电监护仪上的图像也渐渐变为直线。

在磊死后的五十年里，新的世界秩序正在建立，与此同时一家名为“双螺旋”的基因编辑公司成了世界巨擘，旗下的资产不可胜数。无数的 3D 广告牌上展示着最新的基因药剂，这里是天空岛，是有钱人、上位者的世界。而在天空岛之下有一座巨大的基地，与天上庞大且豪华靓丽的富人区相比，这里则是脏乱差的贫民窟。“妈妈，今天吃什么啊？我快饿扁了。”穿着破烂衣服的男孩瞪着那大大的眼睛问道。“晨，别急。妈妈快找到了啊，你再忍一忍。”妈妈安慰道。没办法，这是穷人的世界，日常补给全看大人物心情，心情好，多点；心情不好，少点，甚至没有。在这儿，饿死是常态，活着是意外。就算拿到了补给，路上还得提防被别人强抢。贫民窟危机四伏，人们每一天都过得心惊胆战。

一转眼十年过去了，当初的小孩已经成年。回想当初那个下着倾盆大雨的夜晚，母亲为了给他找食物，便再也没回来。晨不由自主地回想起母亲每次出门前都会说“孩子，你一定要好好活下去”，以往母亲都会带着小小的面包片回来，没想到那一夜竟是永别。

晨靠着日复一日的努力与坚定的信念，成为帝都大学的一名大一新生。帝都大学是全球最好的大学，它位于天空岛之上，通常十万贫民中才录取一个，但高难度同时也意味高回报，从帝都大学毕业的贫民将会获得天空岛的居住权，成为受千万人景仰的人上人。

从本科到研究生的生活十分艰苦，而在一位陌生人的资助下，他顺利取得了基因编辑专业的博士学位，“是时候去拜访那位资助我的好心人了。”晨心里想。根据那位陌生人提供的地址，他来到了一幢美轮美奂的别墅前。晨跟着指引来到客厅，沙发上坐着一名中年男性。“晨，你还记得我吗？”男人转过头看向晨说。晨看着眼前的脸庞很像先前那位伟大的科学家磊。“您是磊博士的孙子？”男人笑道：“你很聪明，但是我更想听到一声‘爸’，我的儿子。”说完，中年男人拿出一份文件，白纸黑字写着父子关系，晨的心里此刻宛如被雷击了一般，他无法接受自己是磊的曾孙，更不敢相信自己竟是那“双螺旋”的继承人。大为震撼的他夺门而出。

晨走在街头，作为“人权”组织的成员，一边是数不清的贫民，一边是自己的亲生父亲，他不知如何做抉择，组织上一再催促其上传天空岛的具体结构和城防图。一旦计划成功，那么数千万贫民便可以翻身，从而享有正常的权利，摒弃如蝼蚁般卑微的一生。“请确认是否发送？”“是。”晨点下确认时，感觉全身的气力被抽空而直直倒下。

天空岛警报声响起，一号庇护所率先发动攻击，其他庇护所云集响应，也揭竿而起。战况十分惨烈，每秒都有数不清的生命消逝。双方正在焦灼对抗，突然，天空一声巨响，人们抬起头看到天上不再是耀眼的太阳，而是巨大的头像，这是一张苍白的脸，但每个人都认识。没错，他就是磊。“孩子们，请放下你们手上的武器。也许你们会惊讶为什么我知道在我死后会发生战争？当我成功编辑出完美基因的那一刻，我就想未来是否会因此发生战争，答案是肯定的。完美基因是怎么编辑出来的呢？是爱。是团结互助。孩子们，请你们放下手中的武器友好相处吧！”

多年后天空岛不复存在，而在其遗址上有一棵挺拔巍峨的大树，那是世界树。世界树下，人们带着自己的孩子们接种基因药剂，这是免费配发的，人人都有权利。晨望着眼前的景象心想：“曾祖父，这才是你想要的样子吧。”晨该回去给孩子们上课了。刻在世界树上的“爱与团结”这四个大字，令世人深省。

指导老师：杨兰，文学学士，中学二级教师，曾获市级高中语文教师阅读与写作竞赛二等奖、市级青声习语主题演讲比赛三等奖。

基因改造机构

刘浩博／高二年级　齐雪梅／指导老师　吉林省辽源市第五中学

“基因分：六十五分。基因指数：良。合格。”一个冰冷的声音从破旧的机器中传来。

苏小墨听了这个分数，替前面的人松一口气。在这座城市里，“基因等级检测”是所有人的生活必需步骤。每人每天都要进行一次基因检测，从颜值、身高、智商、情商等多方面进行评估。在当下的城市里，基因代表一切。基因分高的人被称为社会精英，可以免费得到许多资源，生活富足；而相对的，基因分低于六十的人会被送到基因改造机构进行改造。

“说是基因改造，我就没见过有人从那地方出来过。”苏小墨暗自腹诽。担忧写满他的脸，毕竟长久以来，他的分数始终挣扎在及格线上。

然而命运这东西就爱戏弄人，当眼前红色的数字变为五十八，苏小墨惊得一句话也说不出来。还不等他做出反应，几个不知从哪儿蹿出来的机器人，伸出冰冷的铁爪狠狠地将苏小墨推进运输车里，苏小墨眼前一黑，再也没有知觉了。

再睁开眼睛，苏小墨被眼前的景象惊呆了。别说什么机构，这里连栋楼都没有，远处是一大片用栅栏围上的空地，一眼望不到头。稀稀落落的帐篷散落在各处，大门上挂着一个破旧的牌子，上面写着几个大字，“基因改造机构”。此时的苏小墨终于可以确定，这里根本就不是什么改造机构，他被抛弃在这里，任其自生自灭。

机器人例行公事地告诉他，只要通过门口的测试仪，就还会放他出来。然后一把将他丢了进去。

“我一定要出去。”看着缓缓关闭的大门和测试仪，苏小墨说出了他的决心。

一个中年男人走过来说：“小兄弟，快别站着了，进来吧。看你年纪这么小，以后就叫我张叔吧。”男人对他和蔼一笑。这男人的笑容很温暖，比苏小墨在外面见过的许多人都笑得好看，苏小墨的心也随着男人的笑容平静下来。

夜晚很快到来，生起了篝火表示对新人的欢迎。苏小墨问张叔："怎么才能从这里出去？"

张叔沉默了片刻才缓缓抬起头，说："每个人来的时候都想要从这里出去，可是这么多年，我没见过一个人出去，所以……"

"所以你们就放弃了吗？"苏小墨接过话头。

张叔苦涩地说："三天前我们办了一场葬礼，一个待在这里五十年的人死了。五十年啊，他都没能出去。孩子，先不说能不能通过测试，就算你出去了，能保证不会再回来吗？"

苏小墨沉默了，但他环视周围，简陋的住处，恶劣的环境，他多一分钟也不想在这里。

"那这里为什么叫基因改造机构啊？什么都没有，怎么改造？改造什么？"苏小墨盯着门口的牌子问。

张叔愣住了，他从没想过这个问题，"为什么呢？"他像是在问苏小墨，更像是在问自己，"这里为什么叫基因改造机构呢？"

苏小墨陷入了沉思，他想不出答案。他茫然地看向围着篝火取暖的人，事实上，他们一点也不丑，笑起来更平和，让人想要靠近，他们的基因到底哪里出了问题？苏小墨不得其解……

三个月后。

苏小墨日夜思考的问题终不得答案，可喜的是他没有向命运妥协。傍晚，劳累了一天的人们疲倦地倒在自己的帐篷中，苏小墨却躲在一个偏僻的地方，远远望着门口的牌子。

他曾经听一个在这里待了快四十年人说起，这里曾流传一本禁书。书上写着，很久以前，地球上有许多城市，但不知为什么，来到这里的人都来自同一个城市，仿佛其他城市都平白消失了。苏小墨也来自这座城市，他似乎从不知道还有其他城市。

"如果只是为了把不合格的人关一起，为什么要叫'基因改造机构'呢？"苏小墨这样想着，眼睛又望向门口的测试仪，两个机器人在守卫站岗。

认识了这里的人，他们善良、真诚，有些人甚至算得上样貌出众，苏小墨觉得他们不比外面的任何人差，甚至更优秀……

突然，一个大胆的念头在苏小墨心中升起：“会不会这个基因检测根本就是一个幌子，这个城市本就是试验场，而在这里生活的人……是最有可能离开这个试验场的人！”

突然，眼前白光闪烁，苏小墨周围的一切渐渐虚化，耀眼的光刺得苏小墨睁不开眼。白光只是一闪，却仿佛过了一个世纪。等苏小墨再睁开眼，他已经从船形机器中站起来，一个声音从空中传来：“1106 号已苏醒！”

然而此时的苏小墨没有丝毫的惊讶，因为他已经恢复了所有的记忆。他想起自己参与了一个大型实验。船形舱使参加实验者沉睡，许多个船形舱将沉睡者的精神联系到一起，将所有人拉入同一个梦境。每个人都被消除了记忆，但能够独立思考。梦境里的五十年只相当于真实世界的一天时间。一旦有人发觉这是个实验，就会提前苏醒，他在梦境中的一切轨迹也随之消失。

随着基因技术的发展，人们总想改变基因使自身变得完美，这甚至成为一种思潮。为了阻止这种思潮引发的社会动荡，于是科研机构实施了这个造梦计划，让所有参与者在模拟未来五十年的生活中，去感受大规模改造基因的后果。

那日，苏小墨回到家中，在日记上写下了心得：你若是完美，世界在你眼中都是缺陷；你若有缺陷，世界在你眼中才是完美……

指导老师：齐雪梅，毕业于东北师范大学，中学一级教师，吉林省辽源市第五中学语文老师。

完美人类

刘嘉奕 / 高二年级　刘春媚 / 指导老师　广东省广州市培英中学

一

“基因改良技术4.0已经研发出来，经专家评定，可以运用于新一代胚胎，本次技术优化在于增加了外貌、天赋等优质基因，我们将看到祖国未来的鲜花们开得更艳！”悬浮屏幕电视机里的新闻主持人激动地宣告这一瞩目成就。

二

小何是一名七年级新生，已经开学一个月了。

“妈，我不想去上学了。”小何把脸埋在枕头里，闷闷地说。

学校已经教授到了高等数学，据她所知，这是以前普通人类到大学才开始学的内容，如今随着青少年的智商越来越高，学校教的内容难度也直线上升。要是像其他学生一样，出生前就被基因改造，以至于拥有天生的高智商也还好，可做这项改造需要大量的钱财，而小何的家庭收入甚至达不到普通家庭的收入标准，靠着父母打零工和政府补贴才勉强支撑日常开支。

小学时小何靠着勤奋和天赋——相较没有经过基因改造的人来说，才取得差强人意的成绩进入这所普通高中。而现在，面对着与同龄人的巨大差距，小何陷入自卑的深渊中。

母亲轻柔地抚摸着小何的头发，安慰着：“孩子，不要难过，你已经很棒了。”

小何所经历的她怎会不懂，可以说是深有体会，因为她正是这么过来的，当年这项技术刚出的时候，需要巨大的钱财消耗，很多人借钱也要去做基因改造，企图改变命运，事实上他们也确实因此获利，他们的孩子几乎都成为社会优秀人才。但当时，也有许多人固守传统价值观，认为人的基因怎能随意改造，而拒绝接受此项技术，还向政府抗议，然而无果。这其中就包括她的爷爷奶奶，还有孩子他爸。没想到，她的家族却因此被时代的潮流所抛弃，逐渐没落，如今甚至难以为继。她更感到对不起孩子。

思及此，母亲的目光更加沉痛，也更加温柔。

阳光像懒洋洋的猫咪，用柔顺的毛发蹭着小何。忽然听到校车在门外嘀的一声，响起电子音："请何童同学上车。"

小何猛地坐起，对母亲笑着说："没事的，我去上学了，要相信我啊。"随后抓起书包，就跑出房门，跳上校车，留下母亲怔在原地，一股暖流涌上眼眶。

校车悬浮在轨道上，外表涂满鲜艳活泼的颜色，控制室里放满精密仪器。学生的每个座位扶手上都有个小按钮，按一下，就会出现一小块蓝色屏幕，供学生阅读使用。

小何向四周看看，同学们有着好看却相似的五官，是当下流行的审美，都好像是和电视里的明星从一个模子里刻出的，这让她分不清谁是谁。于是小何坐在座位上没有跟其他同学聊天，自己读着各种书。

到了教室，人工智能老师缓缓走进来，说："同学们可以查成绩了，发布在各位的个人中心里。"声音与真人相似，只是缺少了些语调变化。

小何颤抖着点开桌面，桌子上显示出全年级的排名，小何的名次缓缓地往下滑，小何的心越来越沉，终于，看到自己的名字明晃晃地放在最后一列。

附近的同学哄笑起来："何童又是最后一名。"小何低下了头。

"好了，考得不理想的同学继续努力。我们开始上课吧。"

小何打开书包，发现来得匆忙，忘记带书了，于是看向窗外明媚的阳光，风也很温柔，蝉活力地唱着歌。小何的心脏越跳越快，希望又在心底复苏。

三

太阳缓缓沉落，小何坐在图书馆一隅，她喜欢这种感觉，没有任何人来打扰她，可以沉浸在书的海洋，寻觅古人对于生活、世界的思考。

忽然她听到细微的抽泣声，很轻，却将她从书中拉了出来。

小何心中充满好奇，站起来拿着书绕过层层书架，看到一位扎着单马尾的长发女孩双手掩面，哽咽着。

女孩抬起头，忽然看到小何，脸上一红，低声说："不好意思，打扰你看书了吗？"

小何认出她是成绩排在年级前十的女孩，摇摇头："没事。我可以问发生什么了吗？"

"我很喜欢写作，却学不好。"女孩揉揉眼睛，指着书的封面，上面写着"写作的秘密"。女孩顿了顿，继续说下去："我知道，父母希望我当一名医生，毕竟在这个社会医生地位很高，于是他们就向医院提出利用基因改造技术为我植入医学天赋基因，但我的绘画，写作，体育运动相关天赋因此受到影响。我根本对医学不感兴趣，我讨厌他们……我的哥哥也做了这项技术改造，结果却发生了基因突变成为残障人士，被他们丢弃。我要是不学医学，是不是也会被丢弃？"女孩说着忍不住又哭了起来。

小何慌忙道："别哭，其实医学也很有意思，大家都称医生为'白衣天使'。要是放弃不了写作，你可以当一名写作医生，从生命中获得感悟并写下来。而且我觉得那基因检测不靠谱，写作是体现人的思想，每个人都可以做的事。你这么聪明有想法，肯定能成为优秀作家的……我很喜欢看书，可以做你的读者吗？"

女孩看着小何，眼睛红红地说："嗯。"

四

基因改良技术 4.0 应用十八年后，根据一位人大代表的提议，政府完善了相关使用制度：限制外貌基因使用；智商基因技术要普及到每一位孩子，且根据各家庭经济情况提供一定补贴；改善天赋基因技术，降低副作用；对于基因变异的孩子，政府建造公益的抚养院对其进行治疗，并提供适合的工作岗位。人们欢呼着拥护新出台的政策，也感谢那位名叫"何童"的代表。

指导老师：刘春娟，文学学士，毕业于华南师范大学，汉语言文学教育专业，中学高级老师。

日不落

刘鹏飞 / 高二年级　陈海源 / 指导老师　河南省许昌高级中学

那天，疗养院转进来一位老人，他被安排在 13 号病房 2 号床位。不友好的白色灯光刺穿眼皮，这位老人从持续一天的昏沉中苏醒，扫开眼前的浑浊，艰难地使视线交于一点。感受着自己疲惫不堪的身躯，他知道自己的时间已经不多了。从床上爬起，就像爬出了一个阴冷的沼泽一样——他已经没有多余的体温分给被子了。老人迫不及待地迈向阳光的温暖。这时他的室友——在 1 号床上默默看书的另一位老人，引起了他的注意。

他有着一双依然明亮的眼睛，其中不含任何杂质。即使是坐着，他的腰板也挺得笔直。如果不是满头的白发与脸上隐隐约约的皱纹，一定不会有人认为他属于这里。

感受到了老人的目光，室友放下手中的书，对他和善地微笑。“欢迎来到 13 号病房。”他说，声音爽朗而洪亮。

但老人知道，这里意味的并非开始，而是一切都即将结束。他无法回应这充满希望的迎接。

“不……我不认为有什么值得欢迎的。被送到这里……意味着什么我们都一清二楚……也罢，就让我再在这里叨扰你两三天吧。”室友有些落寞地笑着，并未答话。

于是，两位老人渐渐熟络了起来。喝茶、散步、晒太阳，无话不谈。老人发现，室友虽老，但身上依然存在一些异于常人的气质，言语间思路通畅，吐字清晰，与自己的吞吞吐吐形成鲜明对比。他问他曾经是否有过什么成就，他只是摇摇头回答：“一生风平浪静，碌碌无为。”

两位白发老者在静谧的晚霞下散步，感受着微风吹起鬓角的舒适。室友停了下来：“休息一下吧。”他注意到了已经有些气喘的老人。然后两个人坐在椅子上，看着夕阳渐渐落入地平线。

“现在的科技发展真是迅速啊，人类的前途一片光明，可惜我已无法亲自用眼睛去见证了。”老人突然感慨。

“是啊，尽管现在还存在着许多问题，但总有一天，人们会迈过那些坎，成就更伟大的文明。”

“唉，一般人往往在奔向梦想的途中就……对了，现在不是有了一种能够改变基因的技术吗？那……”老人陷入了思考。

“没错，人类基因转移的技术已经基本成型，但要想对全人类实施，目前还有一定的困难。”室友接着说道。

“为什么？是因为消耗太大吗？”

“这只是一方面，社会舆论、道德观念等才是真正的阻力。”

“这也难怪……突然说要让全人类一起改变自己的基因，肯定会有一大部分人都无法接受。”

“唉……”室友轻轻地叹了口气，“其实社会上已经有一些接受过基因改造的人了，他们拥有更敏捷的思维，更强壮的体格，更惊人的天赋……最重要的是，他们身上不携带任何致病基因……”

“也就是说，他们一辈子不会生病了？”老人有些控制不住自己的惊讶。

“不止如此，如果两个经过基因改造的人结合，他们的后代也会永远健康。即使出现不良的变异情况，也可以通过基因技术随时更正。几代之后，人类将会成为真正意义上的完美物种。其实世界各政府早在几百年前就达成共识，开始秘密实施这个计划：他们选中了一些志愿者，将他们的孩子通过转基因技术实现基因修补，并去除一切负面基因，然后观察这些孩子的成长。毫无疑问，这些孩子几乎都取得了异于常人的成就。按理来说，这项技术早就应该被广泛应用，但直到现在都还只是份文件而已……有些人无法接受对人类的基因进行改造，他们认为即使科技再发达，也不应该去触碰人类的根源。于是‘当能对人的基因实施加工与普遍的高质量改造后，人还能称得上是人吗？’这些诘问成了这个计划的枷锁，这项技术也就一直被尘封了。”

室友继续说：“更有极端主义者称这些被基因改造过的人为‘转基因人’，称这个计划是‘转基因人流水线生产计划’，这无疑更阻碍了大众接受它的进程，所以说，要让基因技术造福全人类还有一段不小的距离。”

“但是为了进步，人们绝不会止步于此，对吗？”老人浑浊的眼里带着明亮的光芒。

“没错！我们要相信科学，相信我们自己，未来的人们一定会找到解决问题的方法！”室友站了起来，望着被黑夜侵蚀的太阳。突然，他把目光转向东方：“明天的太阳会从那里再次升起，而人们的理想也绝不会永远沉寂在地平线之下！”

老人最开始的话并没有说错，三天后他就离去了。临走前，他问室友：“我想请教一下你的真实年龄……能告诉我吗？”室友点点头，他说：“我已经活了二百多年了，你是我在这里的第三十位室友。”“哈哈……你果然……”老人虚弱地放声大笑，室友也笑了起来。两个老人在这和谐的气氛中作了最后的诀别。

多年以后，由于基因改造技术的成熟与应用，人们的素质得到了真正的提高，幸运的是，属于人的那份本性，也完整地被保留了下来。一位即将成为母亲的女性抚摸着胎儿深情地说道：“孩子，未来你想做什么呢？科学家、艺术家、企业家、运动员，还是宇航员？”她抬起头，眼睛中倒映出一轮冉冉升起的太阳。

指导老师：陈海源，毕业于陕西师范大学，汉语言文学专业。中学一级教师，曾任许昌高级中学自主招生中心副主任。

生物技术对生命的“编辑”

刘韦男/高三年级　陈喆/指导老师　山东省青岛第十七中学

早在20世纪之初，随着科技的不断发展，人们对于自然、生命的探索逐渐深化。人类也逐渐从顺应天命过渡到在一定程度上掌控生命。而遗传学的进步，则为人们对于基因研究向纵深发展、通过生物技术“编辑”生命提供了坚实基础。

人们对于生命的研究，始于医疗——古人为除病祛邪在医学药理方面作出了一系列努力；延于战争——两次世界大战的烽火连天一定程度上使生物领域的研究得到发展。时至今日，生物科技已成为科学研究不可或缺的一环。对基因的探索，从人们生活中常见的动植物，到各种作用、效果不同的微生物，不一而足。从古至今，生物科技的重要性不言而喻，也因此催生了克隆技术、基因工程、胚胎工程等生物技术。

说起对基因、生命的“编辑”，不得不提到克隆技术。1996年诞生的克隆羊多莉，是生殖性克隆的里程碑式成果。同时也引发了大众对克隆产物的思考。克隆动物是否会早衰？供体动物的基因缺陷会对克隆动物产生怎样的影响？而其中人们普遍最担忧的，便是如果该种技术成熟，如何合理、规范地利用，避免带来伦理问题、对社会产生有害影响。毕竟，假使这种技术得到推广，那么其在科学家手里与在不法分子手里产生的效果截然不同。面对可能遭遇的种种挑战，我国对于生殖性克隆坚持“四不政策”，谨防克隆技术的不合理应用，同时不反对治疗性克隆的研究与发展，为需要器官移植等服务的人们带来福音：经克隆来的器官再行移植给供体，可以最大限度地减弱免疫排斥反应，同时免去了配型的时间损耗，大大提高了救治成功率。在人们的不断努力下，克隆技术的发展也在为医疗的进步添砖加瓦。

我国对基因的研究，重点在发展基因工程。基因工程的实质是基因重组，筛选所需基因是基因工程的第一步，如今人们常采用基因文库中提取、PCR技术获取及直接人工合成的方法获取目的基因。而构建基因表达载体则是整个工程的核心步骤。利用合适的限制酶切割质粒与目的基因所在DNA链，同时防止酶对于目的基因的破坏。一般采用双酶切法，旨在防止切割后的质粒与目的基因自身环化及反向连接。将质粒载入受体细胞（一般为大肠杆菌）后，通过选择培养基筛选出携带重组质粒的菌株。进而将菌株转入相应植物体细胞或动物受精卵，通过植物组织培养或胚胎体外培养，得到携带目的基因的成体动植物。通过抗原－抗体检测等技术检查转基因是否成功。通过转基因技术所获得的生物产品，往往比野生自然生物成熟时间更短，同时培育过程中施用的化学物质更少，对于生态环境的影响更小。在为人们带来经济效益与更多产品的同时，为做到人与自然和谐共生作出了巨大贡献。

由于针对动植物进行的基因工程进一步成熟，人们开始对于自身细胞进行“编辑”。如今医疗领域中已相当普及的试管婴儿则是胚胎工程的重要应用。试管婴儿，顾名思义，受精卵的形成及早期培养是在试管当中进行的。对于新鲜或解冻的精液进行离心处理，经获能过程后与冲卵所得的卵细胞受精。在受精卵卵裂至桑葚胚或囊胚期时，取滋养层细胞进行检测，筛选出无基因缺陷的胚胎移植入受体子宫内。该工程是体外受精、早期胚胎培养、胚胎移植、基因检测等的综合应用。当今社会，胚胎工程被广泛应用于治疗夫妻的不孕不育、克服女性线粒体遗传病等。是人们“编辑”生命的重大成果。

人们对于生命的研究从未停下过脚步，是掌握生命的渴望催生了种种生物技术，同样也是这些技术辅助我们对于“编辑”生命不断取得各种成果。处于科技飞速发展的时代，人们的眼界早已不同以往。随着科技的持续进步，在享受各种便利的同时，更需要人们守住底线，只有坚持生物技术的合理应用，其对于生命的“编辑”才能继续朝着对人类有益的方向前进。

指导老师：陈喆，硕士学历，毕业于华中师范大学。青岛十七中语文教师，学生记者团指导老师。

光明的前途

刘相汶 / 高二年级　王建稳 / 指导老师　北京市八一学校

看着远方浑圆的赤红放着耀光从地平线下爬升上来，照亮了云雾，染蓝了天空，“这个社会的前途是光明的。”祁珈想，他看着旁边一群肌肉健硕，身高腿长的人们背着公文包，奔跑着，与他的车并驾齐驱。他想他还是有点理智的，与其抱怨这些基因改造人依靠着良好的家境有着天生的身体优势，可以在这个交通系统渐渐退化的时代省去一笔可观的交通费，还不如在这通勤的几十分钟里思考更深层次的事物。

“叮！中心商区到了！”祁珈在中心商区的一家公司当着白领，今天恰好是他在公司工作的十五周年。他周围的同事都对这位老同事不陌生，“他很勤奋，做人很踏实，但业务能力总是不如人意。”祁珈每天熬夜加班到很晚，但他的业绩和能力还是不如那一个个新来的年轻员工，也亏得是他在公司待久了，才没有被辞退。

祁珈看着他们身上的奢侈品和价值不菲的首饰和手表，看着他们简历上的代表名校的黑色大字，祁珈明白他们不加训练的水平，便是他努力一生也达不到的高度……“有这么多这样有能力的人存在，社会的前途会有多光明啊！”祁珈想，就又乐乐呵呵地去工作了。

在祁珈曾曾祖父祖母的时代，国际形势风云莫测，人心变化莫测，一次核战争让便让这片土地上的统治迭代。新的掌权者为了弥补核战争带给人们的会随着基因代代传递下去的身体上的影响，开始大力发展人类基因编辑技术，历史上，这被称为“第一次基因改革”。

一开始确实只是改变基因，几次带着血泪的更新迭代后，人类的样貌、身体功能基本趋于完美。但是科学家们的野心不止于此，白化病、色盲……以前无可奈何的遗传病，被科学家们在一次次更新换代中逐一抹除，那时的人类曾以为他们达到了最顶峰的时刻。

基因编辑就像潘多拉的盒子，人们打开了它，却不顾后果地随意使用。

随着人类基因编辑技术的飞速进步，这个领域不再是心怀大爱，一心只为人类未来的桃花源了。资本的洪流洗刷了这个领域。他们造出天资超常的人类，再以资本垄断，基因编辑技术俨然变成了一个昂贵无比的商品。贫富差距拉大，而对现状的批判的声音成了无声的呐喊……

下午，祁珈满心欢喜地来到了领导的办公室，等待晋升的消息。他已为这家公司操劳了十余年，投入了他的青春年华，他最好的时光，他想，他理应得到晋升。

面前的领导，坐在高高在上的办公桌前，瞥下眼看着他，双手抱在胸前，漫不经心地说："老祁啊，你也知道我即将被调到另一个城市了，我这个位置呢，总得有人坐。"祁珈满心期待地听着领导居高临下却显得无比仁慈的语句，心中胜券在握。"这个职位我打算给小佳。""小佳？！"祁珈差点叫出声来，"她才刚来公司两三年！怎么比得上我！""老祁，我也知道，在咱们这个部门，数你资历最老，可是小佳的业务能力是最出色的。"面前的领导顿了顿，继续开口道，"老祁啊，这也就是我要走了，才嘱咐你两句。你的业务能力，别说是小佳了，就连咱们最近新来的这些孩子都比你强，我知道这点确实不怪你，可是我走了之后，就不会有人看在你资历的份儿上包庇着你了。"领导的眼睛正了正，视线从祁珈脸上移开，眺向远方，最后说道，"你要保重啊！"

祁珈好像失掉了魂魄一般，摇摇晃晃走出了公司的门，回到了他处在城郊的小地下室里。伴着潮湿的空气和墙角霉菌的味道，他泡了一碗廉价的牛奶麦片作为晚餐。这个阴暗的地下室是他唯一可以支付得起的地方。

他吃着晚餐，回想着这一天，他在公司工作的十五周年纪念日，早上只需奔跑便可省下交通费的人们，基因优化过的、能力永远比他强的同事们，晋升的小佳，领导的话……

更可怕的是，他意识到自己根本无法改变现状，他生于底层，并将永远处于这个阶层，拿着这样的收入。不只是他，他的孩子，他的孙子，子子孙孙将永远像他这样，十年以后，二十年以后，永不改变……

他不愿再欺骗自己了……

泪，终于从他的眼中迸出，一颗接一颗，再连成串流下。

他把电视打开了。面无表情地凝视着电视上说着什么人体基因编辑技术的新突破，又出台了支持相关技术的什么政策。看着电视上的人们眉飞色舞的样子，他突然觉得这个世界好荒诞。就好像有人捂住了他的耳朵，割断了他的声带，凝视着他。他想大喊，他想控诉，却发不出一丝声音，只得缓缓吐出几个字：“这个社会的前途，可真是光明啊……”

指导老师：王建稳，北京市语文特级教师，正高级教师，北京市八一学校高中语文组组长，海淀区名师工作站中学语文学科导师组组长。

最完美的孩子

刘奕璐/高二年级　马卫华/指导老师　河北省邢台市第一中学

3800年，星际联盟正式宣布CRISPR基因组编辑技术已进入人体实验阶段，与此同时——

红石星，酒城。

乔格斯教授换上实验服疾步走入研究室，在实验台上坐在一位挺着肚子的妇女——他的妻子戴安娜，已经怀胎近九个月了。

到乔格斯进来，戴安娜涣散的目光逐渐聚焦，她颤抖着拽住乔格斯的衣角："实验一定会成功吗，我们的孩子不会出问题吧？"乔格斯紧紧地握住她的手："亲爱的，放心吧，CRISPR基因组编辑技术已经很完善了，亚桑一定会是我们最完美的孩子！"戴安娜像是被安抚下来了，她低着头，喃喃道："最完美的孩子，最完美的孩子，最完美……"好像这样就可以压下她心中的不安。

3801年，星际时间0时13分00秒，一声嘹亮的啼哭响起，划破了一个时代，世界上第一个经过全面基因组编辑技术的新人类——亚桑诞生了！

之后的日子正如乔格斯所保证的那样——亚桑是世界上最完美的孩子。

亚桑拥有着当时星际公认的最完美的长相——湛蓝且圆润的眼睛，高挺的鼻梁，小巧的嘴巴，白皙的皮肤，亚麻色的卷发；最完美的性格——乖巧懂事，对待父母师长敬爱有加，对待朋友谦虚有礼；最完美的成绩——成绩单上永远的第一名。

要说唯一的不足，就是戴安娜觉得自己太悠闲了些，可这不是很好吗？每当听到同事言语之间流露出对自己儿子的羡慕，她总是骄傲地挺挺胸脯："没办法，儿子太完美了。"

时间不断地向前奔跑，人们的审美也发生了巨大的变化。圆圆的眼睛已不再受人追捧，如今的人们更偏向狭长的丹凤眼，现在亚桑不再是最完美的孩子了。

戴安娜慌张地向丈夫求助，乔格斯沉吟片刻，将亚桑带进了实验室。

现在，亚桑又是最完美的孩子了。

可现在白皙的皮肤又不流行了，像是统一口径一般，几乎所有人都认为小麦色的肤色才是最完美的。

于是，亚桑又进了实验室。现在，他又完美了。

接下来，眉毛、鼻子、脸型、手指——

亚桑一次又一次地进入实验室，一次又一次地成为最完美的孩子。

但他的变化也被周围的人看在眼里，每隔一段时间就会变化一次的长相让人们恐惧。渐渐地，亚桑身边没有了同伴，人群见到他也会快速散开，并且会露出防备的眼神。

亚桑有点苦恼，但他是乖巧懂事的孩子，他不应该让父母因自己的苦恼而苦恼，还是埋在心里吧。

意外发生在那一天，金（邻居格林太太的儿子，有名的捣蛋鬼）和一群伙伴向亚桑扔纸团并大叫道："打死这个外星人，一定是他偷偷吃掉了亚桑，戴安娜阿姨没有这样的孩子！"

亚桑并没有反抗——他的基因不允许他这么做——他在想另一件事——要是能向大家证明自己与父母的亲子关系，大家就不会用这样的眼光看他了吧。

说干就干，他悄悄取下父母的一根头发，又拔下一根自己的，一起送到了 DNA 鉴定中心。

拿着鉴定报告的双手微微颤抖，碧绿的瞳孔猛地放大。"不会的，不会的！"鉴定报告被扔在了地上，他浑浑噩噩地向前走去，前面是一条奔腾的河，被几根稀疏的栏杆围着。

风轻轻吹起纸的一角，依稀能看见"不是"二字。

指导老师：马卫华，文学学士，毕业于河北师范大学，汉语言文学教育专业。中学一级教师，曾获得河北省邢台市语文学科优质课比赛一等奖。

生存纪元

刘正轩/高二年级　孙广艳/指导老师　山东省潍坊滨海中学

刘晓博士坐在审讯桌前，他面前的警员神情严肃地问他话，但他低着头一句也不回答，只有咳嗽声不断，他只是在等着，等着人来。

大约过了半个钟头，有人来了，从几人的气场能看出来，后面几个是搞科研的科学家，前面那个年纪略大的是政府官员，他们挤进了这间小小的审讯室。

那个年纪大的先问了他话，问了很多也说了很多，但他还是不为所动，最后没办法，示意身后的一个人与他聊聊。

那个人叫万知，是刘晓先前的同事，也对他与他的实验有一定的了解。万知挤到前面，慢慢地坐在刘晓身前的椅子上，说："人们常说专业的事交给专业的人去做，但不专业的人管专业的人时，工作就很难进行下去。我想我是专业的，所以能说说了吗？"

刘晓抬头看了看万知，没有说话。

"我知道，上头那群连达尔文进化论都弄不明白的家伙一直在管着我们，不让干这不让干那，就怕出问题，安于现状，简直跟欧洲中世纪的罗马教廷一样，可他们懂什么！真理永远在那里，揭开是痛苦的，但不揭开只能让自己更痛苦。"万知说道。

刘晓终于开口："实验成功了。"

万知紧接着问："发展到哪一步了？"

"能自己快速进化和繁殖了。"没等他问完刘晓接着说。万知及边上的人脸色变得有些难看，刘晓又说："也能像病毒一样扩散了。""你这咳嗽？"万知问。"对，我给自己接种了。"刘晓回答他。

万知也没多说什么，转身对那个年纪大的人说："四级生物危害，封锁全国，告知全球这件事，让其他国家也封锁。"那个年纪大的人没好气地说："你知不知道你在说什么？你……"话没说完，万知便暴跳如雷道："别再把这件事当小事情，它的威力可比原子弹大多了，他身体里的病毒可比四级生物的危害大了不知多少倍，你还在想做官？你还是想想遗书怎么写吧！”

生存是生命的第一法则，与生存无关的一切事物都没有价值，生命开始的时候使命便已注定，那就是生存下去，或延续后代，或使自己永恒。宇宙是一个巨大的生物圈，成百上千的物种生存于此，竞争于此，优胜劣汰，适者生存！无论如何竞争，无论什么手段，无论自己变化得与最初有多么的不同，只要能生存下来，那都不重要。

刘晓显然明白这点，也明白生命会为了生存无止境地进化，于是他进行了一项实验，并取名：达尔文箱。

人为模拟出各种特殊环境，放置生物生存其中，再放置特定的食物作为仅有的能量供给，长久之后，能得到特定养分的生物存活，得不到的便死去。这种养分可以是癌细胞，如果那样便可以培养出以癌细胞为食的生物，再使用基因编辑令其程序性死亡，一条可行的道路就此出现。

刘晓最开始是这么想的，可生物进化要百万年之久，基因突变又有随机性和不定向性，真要得到那样的生物要多久才能实现啊！可基因编辑技术的出现给予了这个可能，给生物编辑上快速繁殖的基因，便可以使其在短时间内大量繁殖，出现目标生物的概率大大提高，而最好的母本就是千百年来一直变化、与人类斗争的细菌病毒类生物。实验可行！可就在这时实验被强制叫停了。

但刘晓没有停止实验，他看明白了生存的真理，然后他做出了改变世界的事情，这件事情把人类拉回了百万年前和大自然搏斗的日子。

再次会面显得正式多了，刘晓被关在一个大玻璃室内，玻璃室外只有一人和无数台转播摄像机，现在世界各地的首脑和顶尖科学家们都在关注这里。

“我会问你问题，你要如实回答，现在没有撒谎的必要，你大可详细地述说。”刘晓点点头。

“你制造出了自我进化的病毒？”刘晓点头。问话者继续：“已经扩散多久了？”刘晓说：“我也不清楚，但应该有一周了。”问话者问：“你确定？你接种已经一个月了。”刘晓说：“我不清楚，但我给病毒编辑基因时设置了潜伏期，应该会有一段时间不扩散。”“为什么要设置潜伏期？”问话者问。

刘晓说：“我想先说两点，如果新物种在繁衍过程中有潜伏期，那么生存的可能性就较大，它们在这段时间内不会被发现，可以发展并变异出新个体，好比一个威胁摆在你眼前，你肯定会消灭它，那么最好的办法是隐藏起来，肆无忌惮地汲取宿主的营养，发展到你奈何不了它时再出现。另外还有一点是多样性，人们常说鸡蛋不能放在同一个篮子里，生物的变异便是这样，能变异出不同的个体无疑增加了生存的可能，在变异的途中也会有生物个体的专门化。所以我给它们编写了高变异率的基因。”

“专门化？你是说病毒里的分工合作？”刘晓说：“对的，与其说合作，不如说是圈养。这么久了，它们很有可能已经变得与之前不一样了。”

“你觉得你最初放出去的那批病毒发展成什么样了？”刘晓说：“不一定还是病毒，也有可能它们从双DNA链的生物中学到了如何成为个体和有性生殖，甚至……”“甚至什么？”问话者问。“它们甚至进化出了智慧。”“你是说灵长类，和人类一样能够思考？”问话者一脸不可思议地说。刘晓又说：“对，有这个可能，它们先是寄宿到别的生物脑中，然后是代替，也有可能自己进化出独立思考的能力，虽然这个可能性很小，但在超高变异率的情况下，可能性就很大，而且已有先例，不过被我扼杀了。”

“最后一个问题，我们对你进行了扫描，你肚子里的‘肉球’是……？”刘晓说：“是一个小型的达尔文箱，那些病毒在我体内的那个肉球里生存进化，随后随着我的咳嗽、排泄排出去，然后寄生其他宿主。要问我为什么这么做，我也不清楚，我只是在做实验。”

这是一场拿全人类做的实验，人类面对的不仅仅是病毒那么简单，还有另一个或数个智慧的生命体对地球霸主地位的竞争。可他们好像忘了，其实人本身也是一种“病毒”，他们作为地球生物的赢家已存在有数千年之久，人们当初怎么奴役地球，现在这些病毒就要怎么与其竞争。但最终的结果是只有一方获胜，剩下的要么被淘汰，要么成为被圈养的养料。

一天以后，国际组织大会上。

这一次的大会有些不同，以往都是多国元首坐在会议厅的正中间，而这一次坐在中间的都是各种领域的科学家，那些各国元首坐在最外围上，好像中间那群人的助手，等待他们发号施令。

他们今天讨论的是如何继续在地球上生存下去。

第一个方案：达尔文箱计划。

该计划打算将达尔文箱植入人体中，让这个箱子变异出对抗外界病毒的生物，这个方案已有了先例，刘晓就是一个。但怎样让“肉球”为人类工作而不是“自立为王”，这是一大困难，没有人愿意心甘情愿为别人的生存而付出自己。有人提出让“肉球”和人类成为一体，“肉球”不会自己攻击自己，这个方案好像可行，但也有很大难度，至少还要进行数十年的研究。

第二个方案：火种计划。

这个方案由激进派提出，要求什么人都不留，带上受精卵和未感染的种子到外太空去，然后用核武器把地球犁一遍，等没污染了再回归地球。这个方案几乎得到了所有人的反对，但令人沉默的是，这是最可行的、也是人类目前唯一能做到的办法了。

第三个方案。

这个方案没有名字，就是用传统生物学和大自然硬碰硬，但成功率可想而知。

后续又讨论了很多方案，但可能性都很小，人类的希望渺茫，最好的办法是把所有讨论的计划都做一遍，而这样会耗费很多的资源，甚至把人类的生活水平拉至谷底。但是人类还有商量的余地吗？

万知从国际组织大厦走出来，他看到了世纪性的一幕。

世界二百多个国家的国旗缓缓下降，反之上升的是国际组织的国旗，旗帜升上去之后，有一人在旗帜下演讲，他的话会被转播到世界各地。

那人说：“我宣布，世界上所有的国家和地区正式联合，成为一个统一的组织，我宣布科学主义正式成立，科学研究至上，人类生存大于一切，一切资源都要为之付出，不计代价！”

从那天起，人类联合起来，为了生存而联合，人类与自然的战斗就此拉开序幕。

指导老师：孙广艳，毕业于华东师范大学，汉语言文学专业，中学一级教师，市优秀教师。

理想人

刘梓萌/高二年级　汤洵/指导老师　江苏省扬州中学

“请选择需要加强的基因类型，限时一分钟。”

王浩和玉洁站在基因加强（Gene Enhancement，简称 GE）选择室中，面临着他们未来孩子基因的选择。

“加强理科吧，理科在以后就业中占优势。”

“还是文科吧，理科思维后天也可以培养，但文科优势是先天注定的。”

“时间还剩三十秒。”选择器提示道。

王浩望着玉洁，说道：“洁，听我的。我对以后社会发展方向要比你清楚，就按我的来吧。”

玉洁也不肯让步：“平时都是你说了算，什么时候轮到我决定一次啊？”

时间一秒一秒地流逝。“还剩最后十秒。”

王浩：“洁，我不想和你吵架，但这是非常重要的事情，相信我的决定。”

玉洁也急了：“那你不能也相信我一次吗？”

“五。”

两人都没有动，四目相视。

“四、三、二、一。”

突然玉洁迅速按下了“取消”键。两人松了一口气。

“也好，不用再为这事争了，就让他当个普通人吧。”

五年后，儿子王凡上了幼儿园。

“您好，是王凡的家长吗？我是他的幼儿园老师。”

王浩接过电话：“老师您好，是不是王凡在幼儿园捣乱了？”

“倒也不是。王凡在对知识的接受能力方面总是比其他同龄孩子要差，同样的内容我给其他孩子讲一遍，但要给他讲三遍他才能听懂……冒昧地问一下，王凡大脑是不是有什么问题？”

王浩心里“咯噔”一下，想起五年前基因加强选择时的场景。

上了大学的王凡喜欢上一个女孩，乌黑的秀发，白皙的皮肤，俏丽的脸庞。许久，女孩开口："追我的男生个个都比你优秀，成绩好，会打篮球，会弹钢琴，还很幽默——你有什么值得我喜欢的呢？"王凡想起父母曾告诉他的"理想人"工程，向女孩解释道："他们都是理想人……"

"现在社会上都是理想人。既然都是理想人，那你更应该拿出自己的优势啊！物竞天择、弱肉强食的道理，不懂吗？你在我眼里，就是一粒普通得不能再普通的沙子……对不起，我不喜欢你。"

王凡感到绝望了。从小他就被老师认为是低能儿，长大了又不被异性喜欢。他想把社会上那些理想人个个痛扁一顿——凭什么他们就有像超人一样的能力？凭什么自己与他们不平等？他决定给基因加强研究机构的科学家写一封信，现在就写。

王凡的这封信在理想人社会中掀起了轩然大波。有人认为他只是"吃不到葡萄说葡萄酸"的心理，并予以批评，认为理想人的诞生是社会莫大的进步；也有人同情他的处境，开始支持他；更多人只是看着热闹，不站在任何一派的立场上。科学界也对这项技术产生了质疑，引发了基因加强大讨论，这场讨论促使各国重新思考GE技术带来的社会问题，一时间，"王凡""GE"等词条狂飙至热搜榜第一位，久居不下。最终，在国际组织第4869次会议中，各国元首达成一致协议，仅将GE技术用于治疗致病或损坏基因，对加强正常基因的实验实行严格管控，对特殊情况可以执行放宽条例。GE技术固然是人类科学史上的一大进步，但正所谓"欲戴王冠，必承其重"，科学只有被引导向正确的方向，才能为人类作出其应有的贡献。

其实每个人，都是一个"王凡"。关键在于，如何让"王凡"不凡，而不是用科技让"王凡"变成"王超人""王英雄"。你我皆凡人，何必苦英雄；凡人亦不凡，你我皆可期。

指导老师：汤洵，语文高级教师，市学科带头人，曾获全国语文基本功展评课一等奖，省、市优质课一等奖等各类奖项。

猴 戏

卢誉文/高二年级 王英/指导老师 山东省枣庄市第八中学

一

清晨，我伸了个懒腰，从毛皮床上爬了起来。茅草屋外，阳光明媚，我顺着鸟儿的歌声，来到屋外。正在晒肉的母亲停下手中的活，温柔地对我说："昨天夜里睡得好吗？"我轻轻地点点头。"那么，你就赶快去广场吧，今天将举行你的成人礼。"母亲说。

顺着小路，我快步走向广场。一路上遇到的行人都向我低头致意，因为我和母亲是部落里最后识字的人。

从小我就跟随母亲学习古代知识，这是我最喜欢做的事了，书中的世界常常能激起我对远方的想象，尤其是对星星的描写。第一次看到古人讲述的"宇宙""恒星"还有"狮子座"的时候，我惊呆了，我第一次感受到自己的渺小，原来我每天看到的火球，竟是如此雄壮的巨人。那时起我就盼望着能在天上看到星星，可惜在"巨人"从西边的山峰走下去后，无论如何仰望天空，那里都只有漆黑一片。后来，村中老人告诉我，"大灾变"后星星就消失了，这让我伤心了好久。

我摇了摇头，把胡思乱想从脑中驱逐出去。此时广场上除了我，还有其他几个和我一般大的青年，都是来参加成人礼的。这时族长也走到了广场中心，微笑着说："你们几个小子，都准备好了吗？"我们齐声回答"是"。族长又换上了一副严肃的神情对我们说："今年先祖托梦告诉我，你们要打下你们在森林里看到的第一只猎物，把它放在先祖指定的山洞里。能不能找到山洞就看你们的造化了。"

他顿了顿接着说："既然你们已经成年，那么我就可以根据祖制，告诉你们'大灾变'背向真正的故事了。"他微微低头说，"三百年前，基因工程走向了成熟，但很可惜，基因编辑的价格是高昂的，只有富人们才有钱强化自身。于是穷人们的智力、体能与富人们的差距越来越大，富人们的财富也越来越多。最终，社会无可挽回地撕裂了，战争对我们造成了太多的伤害，文明出现了严重的断层。”族长看了一眼太阳，说道，“好了，你们尽快开始成人礼吧。”

二

或许是先祖眷顾，我看到的第一只猎物是一只人畜无害的兔子，狩猎一只兔子，对我来说太简单不过了。我是第一个找到猎物的人，心中窃喜，抓着兔子耳朵，哼起了母亲教我的歌曲。

一道光线射来，我看见前面有个旋转的光环，光环里竟然有个山洞。我走了进去，洞口很小，它的形状有种说不出来的诡异，让我一度以为找错地方了。里面就更诡异了，顺着狭隘的走廊走了一会儿，来到了一片相对宽敞的地方。顶上有一束光打在了一面光滑的石壁上，就像是投影一样，中间还有一个很有科技感的大金属圆台，这样奇幻的设计我只在书上看过。我把兔子放在了金属圆台上。

音乐声在洞穴中响起，我转过头，发觉石壁上的景象发生了变化，一个剧院被“投影”在了上面，里面的人似乎都在看着我，不知为什么，我想到了书上对马戏团的描写，而我就像舞台上的猴子，咧着笑容向人们一一鞠躬。似乎是被我的表演逗笑了，台下的人们都笑了起来。我顿时感到浑身发抖，那笑声像音符，这洞穴则是小提琴的腹部，配合着拉弦的风声，演奏着催命的乐曲。我连滚带爬地出了山洞，但那笑声还在我耳边回荡。

天空中的太阳此时也像被打碎的灯泡一样猛然熄灭，巨大的响声回荡在大地间，有几片火流星借着“灯泡”破碎时的动能飞向大地。从山上看去，它们有的落到了部落里，有的落到森林里。我想尽快回到部落去，但大火和浓烟堵住了去路，只得往山顶爬去。大火燃烧很久，我望着这地狱般的景象，山下的部落一片焦黑，一切都毁了。

我决定到山外面去，离开这个伤心地！

三

山外面的世界我是从没有去过的，虽然我很想去外面找一找书上写的

“大海和沙滩”，但母亲总是不放心我去。母亲教会了我很多，唯独不告诉我外面的世界。

站在山顶，我看到了一个朦胧的光球，好奇心驱使我摸了一下那个光球，随后我就被一片光海笼罩了。我就像进入了梦境一样，梦里我回到了母亲的怀抱……

我猛地睁开眼，发现自己正在前不久刚见过的剧院里躺着，这时我才发现那些观众都穿着华丽的衣服。是了，他们都是来看戏的富人！

在富人们的掌声中，我被两台安保机器拖到了后台。我想说话，想大喊大叫，但嗓子却不听从我的指令。

来到一间封闭的小屋，周围还有几个年轻人，其中一个人向我靠了过来。我问他之前我都经历了什么，他并没有直接回答我，只是讲了个故事。

“三百年前的战争，其实是富人们一边倒的屠杀。富人们通过基因编辑，使自身的各项能力超越了人类极限，穷人和富人已经不是同一个物种了。来到这间屋子的人都是没有经过基因编辑的穷人。”

我突然有了个可怕的想法：“所以我们现在的地位和马戏团的猴子等同吗？”他沉默了。

这时，房间里面冒出了白色的气体。旁边的人对我说，这是记忆清除药剂，很快，我们在台上表演的记忆就会消失，那样，我们就可以进行下一场表演了。

在药剂的作用下，我沉沉睡去。最后一丝想法浮现在了我脑中……

“我长大成人了吗？”

指导老师：王英，文学学士，毕业于山东师范大学中文专业，中学一级教师。曾荣获区教学能手称号，多次获区市级表扬。

盘古之殇

鲁洁 / 高二年级　漆增宏 / 指导老师　甘肃省定西市第一中学

战争第九天——

城外，狄奥人如蚁群般簇拥着城墙，城内仅存的人类一片恐慌。

真正的乱世。

盘古望着我，眼神澄澈，问："父亲，这一仗总统可有把握？" 答案是否定的，我们要对抗一千多光年外的狄奥人，几乎毫无胜算。盘古慨然："若是我，三天以内必破其大军。"

我淡然，绝不信他所言，无论盘古如何聪明，哪怕是一个接近完美的理想化人类，也是基于人类本身的理想化产物，与城外的狄奥人相比，依旧是弱小的人类罢了。在基因技术飞速发展的今天，我们利用基因改造技术，创造出了爱因斯坦、达·芬奇，甚至盘古。不同的是，爱因斯坦等只是对杰出人类基因的还原，而盘古，则是在人类染色体上进行的一次大胆的尝试——我们还原了神话。我们赋予盘古战神的特质，也赋予了他痛觉，甚至给了他与正常人类一样的生长周期，但是这项工程的失败之处是他没有情感，他所有表现出的情绪，都来自与人类不断地交流并从中学习，这也是所有基因工程创造出的理想化人类所难以克服的弊病。这项基因工程的负责人——我扮演他的父亲。

盘古此刻正处于人类的少年期，但作为一个基因工程的产物，他已经有远超普通人类的智商与谋略。盘古忽然问我："父亲，你的才智、谋略都远超总统，况且有我在你身边辅佐，你可想过……取而代之？"

我惊异，首次发现他已有统治人类的想法，他的眼神在这一刻竟显出少有的叛逆。登时，无名怒火席卷，一条红色长鞭显现在我手中，照着他抽下去，盘古大声呼痛，却挡不住长鞭如影随形。理想化人类对人类毫无依赖心理，为了防止叛乱，本没有大面积普及，直到狄奥人从一千多光年外入侵，才投入使用，以研制武器。一段时间后，我放下长鞭，盘古已然俯首帖耳、唯命是从。我转身离开，却似乎看见他的眼眸里闪过一丝阴暗，再看时却没有异常。

也许是我眼花了吧，但我仍然有种没来由的不安。

战争第十日——

我担心的事终于发生了。今天会议上，盘古忽然提出，应当由他指挥战争，理所当然得到了反对。会议结束后我们离开，不久后却发现盘古不在身边，瞬间，我意识到了什么，飞快地前往总统府。

迟了，已是满地狼藉，盘古出来，提着带血的武器，那个眼神澄澈的少年早已不是最初的模样，我看着他，竟是异常陌生，我瘫软在地。

“你早就准备好了。”

他没有否认，只是说道：“所有的核心武器几乎都是由我们理想化人类制造的，但我们始终只是你们人类的工具，我们这些由基因工程造出来的理想化人类，最后都要被销毁的吧？我们没有情感，你们也从未把我们当人看。空有才能，又有何用？这个世界，弱肉强食，成者为王，败者为寇！”

我无法否认，因为他说的都是事实，我们造出了数以百计的理想化人类，却根本没有想过把他们留下来。人总是有缺陷的，何况生而为人，情感本就是存在的。理想化人类违背了这一规律，从第一次造出理想化人类开始，我们就发现了这一问题，如果不是战争，理想化人类永远都不会被大面积使用。只是没想到，仅仅是初步的使用，已经酿成大错。

盘古的眼神冰冷：“今后我会对所有人类实施监控，就像你们当初对我那样。”

那一瞬间，我竟不认识他了，我瘫倒在地，颓然四顾，企图寻求帮助……

战争第十一日——

战场。

隔着厚厚的防护层，里面所有的人都注视着狄奥人，狄奥人抬头，不经意间碰到了那些目光……狄奥人流露出讶异的神情，低头向一个机器说了些什么，几分钟后，忽然全部撤兵。

总部。

盘古看着战场实时播报，忽然惊讶地从椅子上蹦起来：“狄奥人忽然撤退了！”我说：“也许有什么别的计划，切不可轻举妄动。”盘古点头，同意了我的说法。

我转身回房，看着迎面走来的军区司令，眼神温和。

战争第十二日——

狄奥人的军队已一天没有动静，盘古早已不耐烦了，命我前往共商对策。

“狄奥人的军队已一日无动静，必是后备不足，该是我们反击的时候了。”

我细细地分辨着，听到脚下有隐隐约约的声音传来，笑道：“确实是我们反击的时候了。”盘古愕然，我很少笑，或者说，很少这样笑。他也听到了那个声响：“那是什么？”

答案立刻揭晓，是成千上万的狄奥人，刹那间，他明白了，我们与狄奥人已然结盟。只是，在他心中仍有一事未解：“为什么？”

为什么你们会结盟？你们不是对头吗？为什么你们明明言谈受监控，却还是取得了联系？

“因为我们有感情。狄奥人的侵略是因为他们星球上的能源枯竭，我们可以共享资源，和平共处，但和你不能，人之所以是人，是因为我们有情感、有缺陷，而你从来没有情感。至于联系，你能锁住话语，但你锁不住眼神。盘古，你没有情感，这就决定了在这场战争中你必输无疑。”

盘古笑了，随后被长鞭刺穿了心脏，而在他生命最后的这点时间里，我找到了当初那个少年，笑颜如花。

愿他来世，生而为人。

指导老师：漆增宏，文学学士，毕业于西北师范大学，汉语言文学专业。中学高级教师，曾获得甘肃省骨干教师、定西市名师称号。

生命线

鲁欣凯/高二年级　梁佳欣/指导老师　内蒙古自治区鄂尔多斯市衡水实验中学

人类首先实现了将被核辐射销毁断裂的染色体复活，使其可以重新分裂；接着又做出多年以来一直未被研发出来的艾滋病抗体，甚至还破解了癌细胞无限增殖的遗传密码。癌症与艾滋病不再是人类的难题。在新的研究方面，人们已可以通过改变动物的基因使其具备思考的能力。甚至，有的科学家还造出了虚拟大脑，并将其转移到人工智能身上，再注入人类的基因序列，使其自生自灭……有一天，一位名为简的科学家，研制出改变人体大脑和身体的遗传因子，并将其命名为“生命线”。

简翻着自己的笔记，在画有婴儿的一页停了下来。此时，他流下了愧疚的眼泪。

生命线是一种可以和任何基因匹配的基因，并且带有很强的确定性，立即生效且不会被其他基因影响。那天，简走进研究所，刚准备为病人注射艾滋疫苗，突然发现保温室里身患艾滋病的婴儿的指标有异常：本该完全断裂失效的基因只有部分断裂而另一部分完好无损。简带上仪器查看，发现有一条 DNA 链上的碱基有很明显的序列变化，似乎是这一小段基因发挥了作用，在它周围的染色体完好无损。兴奋的简立即展开了研究，利用基因技术将其转移到动物身上。不久后，这个“超级基因”被破解。那晚简把“超级基因”注射进了病人体内，神奇的事情发生了，在刚注射完的几秒钟之内，他的身体有了很大的变化：先是脸部，他的瞳孔变大，眼睛变得炯炯有神，他的视力恢复正常，摘下眼镜，鼻梁变高，脸上的胎记消失；接着是身体上的变化，他的骨骼坚实，皮肤上的伤疤褪去，似乎换了个人。之后，简对病人进行基因扫描，发现超级基因已遍布全身，体检发现他的各项指标都增强了不止一倍，智商的提升最大，同时身上的疾病也通通消失。简立即向院长汇报了情况，并且后续的实验人群中都产生了相同的状态，院长立即将此情况向总统汇报。简感受到了未来人类文明的希望……

人，这个智慧与言行合为一体的高等生物，越智慧似乎越愚蠢。

生命线问世后，简将这种基因片断浓缩成一个个药丸，他想让更多的人改变，从而引领着下一代，使人类文明往前走。不过人心是贪婪的，基因药丸慢慢成为一种战争武器。人们越来越崇拜这样的药丸，不用任何努力就可以使自己的身体得到改变。国家与国家之间，因为这个小药丸打得不可开交，各个国家都希望自己能走在世界前列，只想将其占为己有。研究所不久之后就被抢劫然后炸毁，世界一片混乱。而得到药丸的人们，建立了各自的帮派，人类内部的战争时隔几个世纪再次打响。现在，人们的思想观念越来越趋向于动物，为了自己的地盘争来争去，享受着动物般的快乐，和平发展的愿景毁于一旦。战争过后，几乎每个人的身体里都有“生命线基因”，人们放弃了战争，但也越来越懒惰、肥胖、反应迟钝；人们放弃了社交，放弃了生育，为的只是眼前的快乐，甚至还办起了“最懒比赛”，拿汽水浇灌农田，用饮料代替水资源；他们关闭了核电厂，天暗下来就睡觉，没有一点生机，似乎进化论已逆向进行。在没有生老病死之后，人们剩下的，只能是自我毁灭……

笔记翻到最后一页，简已是后悔不已，就如同“超级基因”的名字，虽有“超级”，但有“基因”，人类不可能不受先天影响，人是一切思想和物质的总合；生命线原本打通了一条更有利于人类发展的生命道路，没有等级划分，没有生老病死……

作为生命线的发现者，简已经意识到了事情的严重，于是，他决定使用几个世纪前的技术——遗忘射线——让人类重新发展。他将射线装入卫星，并设置倒计时，瞄准地球的方向，然后进入逃生舱，飞走了。

“砰——”，激光发射，伴有巨大声音的射线射向地球。此时，地球上的人们面对眼前的一切感到不知所措，遗忘射线似乎将他们身上的生命线基因除去了，新的社会开始了……

简合上他的笔记本，再次望向地球，随后如同他的名字，悄无声息地简单离去……

也许，人类，将是下个世纪的名词……

指导老师：梁佳欣，毕业于内蒙古大学，汉语言文学专业，曾获鄂尔多斯第十一届青少年写作能力现场测评指导老师特等奖。

江楼月

罗涵琦/高三年级　谢军蓉/指导老师　湖北省荆门市东宝中学

又是那个梦。

克劳伯伦紧皱着眉头，几乎在那无边的月色里溺亡。梦中月色清绝，将高楼上的背影都浸得晦暗不清。箫声呜咽，难听出是什么曲子，在寒凉的夜里此消彼长，聚合又散去。骤然间，箫声乍停，那个黑影缓然回身，掀带起一阵清风。一树梨花压满枝头，落下几片花瓣，像是吹入了记忆深处。

克劳伯伦猛然惊醒。

旧星历7321年。人类科技已经实现基因改造与筛选，却也因此掀起了波及几个星系的争端。无数的人们向往完美，期望着全世界都就此成为一个整体，再无缺口；但也有不少人认为会就此失去万物作为个体而存在的意义。克劳伯伦作为被战火毁灭了的星球的难民，被唐收养，寄居到了这个古老的星球上。说来奇怪，兴许是战争给他造成的阴影过于深重，他对自己五岁之前的事一无所知。直到被唐接到这里，他的记忆方才开始。这个星球似乎与外界的炮火喧天相隔绝，宛若一个世外桃源。克劳伯伦便在这梦境般的世界里长到十二岁。

在克劳伯伦十二岁的那个夜里，他做了一个梦。梦里时间似乎都破碎了，唯有一轮月亮，一树梨花，和一个虚无缥缈的黑影。他虽在十二岁之前也经历过这种混乱而微茫的梦境，但其在少数，不值一提。在又一次梦回惊醒后，他不管不顾地冲进唐的房间，将他一把抱住，任眼泪肆意流淌。他不知道这种猛烈的情感从何而来，只觉得它似乎要将自己吞噬殆尽。唐沉默地抱着他，待他情绪稍稍稳定后，牵着他的手，将他带上了在他梦里出现了无数次的高楼。唐看着克劳伯伦泪痕斑驳的脸，一时间，竟不知该做何种滋味。他将手伸入衬衣中最贴近心口的地方，如捧着圣物般轻轻将一只长箫拿出来。他将其缓缓放至嘴边，似是生怕惊扰了其间沉眠的灵魂。

箫声在这沉静的夜里升腾起来了。

却并不突兀，就像它本该存在在这里一样。克劳伯伦渐渐在这如水如月的箫声里睡去。半梦半醒间，他好像听到有人在浅斟低唱。

“少时楼阁旧时风，清绝月，转梢头。梨花淡月影，惊掠玉楼空。望断百年回首处，故人吹箫月明中。何堪少年事，更上此楼头。”

那低低的声嗓如月光般倾泻而下，注入少年的心中。克劳伯伦总觉得这般场景似乎在哪里发生过，但一阵困意袭来，他再也没有心思去思量这些了。

一夜无梦。

在克劳伯伦十五岁的时候，不知多少光年外的炮火轰开了这颗沉静的星球。一时间，山河破碎，百川逆流。无数的人们成了这颗星球的陪葬。战争如同一个筛子，筛得无数人流离失所，筛得世道沉浮起落。这个存在了不知多少亿年的星球，伴着曾存在过的无数文明，伴着无数的生死荣辱，消失在了宇宙的一阵呜咽中。

克劳伯伦呆呆地站在一片废墟中，期望着能在地平线的尽头看见唐微笑着冲他招手的身影。可是没有。在机器人的再一次催促下，克劳伯伦留给这个星球最后一眼，复而转过身去，踏上了营救的星舰。

他却在那艘自几个世纪前遗留下的星舰上，尽数揭开了他的过往。

他其实早就死在了一场人为操纵的大爆炸中。在基因筛选技术刚刚面世的初期，他作为此项目的主导科学家，既受人推崇，也成了众矢之的。有人无法接受自己将成为上个时代的废品，于是联和起一个组织，将研究院炸得灰飞烟灭。而克劳伯伦，是“科学家克隆计划”的产物。但令当时所有人猝不及防的是，克劳伯伦原来居住的那个母星，被叛军炸掉了。而那无数个混乱而离碎的梦境，也终于有了一个解释。

在后来的数年里，克劳伯伦的记忆渐渐完备，他开始承担起自己过去的职责，但也深深陷入了一场撕裂般的挣扎中。在无数个午夜梦回里，他一次又一次醒来，脑袋里的声音叫嚣着，质问着。

你是谁？

克劳伯伦埋下头，任凭眼泪肆意流淌。我不知道，他沉默地嘶吼着，我不知道！

他多么期待一个温暖的怀抱，可是此时，唐不在他身旁。

在战争谈判的前夜，克劳伯伦漫无目的地走着，却在一座高阁上遇见了唐。他看见唐手里摩挲着那只旧箫——那是“克劳伯伦”送给他的礼物。唐看到他，并未显露出太多的情绪。他只是静静地坐在克劳伯伦的身旁，再次为他吹起了那首曲子。现在，克劳伯伦知道那首曲子的名字了。

叫“江楼月”。

“蓦回首，斜月帘栊，百川尽收。但问青天，明月至此堪何愁？寒声萧索，飞尽故城东。是非成败转头空。大江去，自东流。”

克劳伯伦不知自己是何时睡去的，待他醒时，战争已经结束了。随着首领“唐”的自杀，这一段被鲜血浸透的历史也终于在人们“不死”的呼喊中落下了沉重的帷幕。

在那个前夜，在克劳伯伦终于睡熟之后，唐盯着他瞧了很久。唐就是“克劳伯伦”所创造出的那个“完美”。可他自己却不那么觉得。存在即合理，他想。每当他抚上那只竹箫时，心里总是有一阵暖流涌过，他总觉着奇怪。而今，他终于明白了。

那是完美之外，生命的温度。

指导老师：谢军蓉，中学高级教师，中语会会员。曾获荆门市说课竞赛一等奖，先后多次被评为荆门市高中教学先进个人。

CRISPR 基因编辑技术：神奇的剪刀

罗希冉 / 高二年级　赵楠 / 指导老师　北京市十一学校

直到 20 世纪中后期，要不是格里菲斯、艾弗里、赫尔希和蔡斯等的实验一步步地揭示了“转化因子”DNA 的重要地位，人类对自己身体的基本构成还是不明不白。科学家们也没有想到只含有“ATCG”四种碱基的 DNA 分子竟然承载着无数复杂生命体的遗传信息。在当时的科学界看来，由二十一种氨基酸组成的蛋白质具有多样性，相比之下，DNA 重复而简单，不可能蕴含什么重要信息。让大家没想到的是，就是这单调的 DNA，通过不同的碱基排列组合方式，构成了一串串奇妙的序列，编组着全球生物的生命密码。

1953 年，沃森和克里克解析出了 DNA 的双螺旋结构，神秘的 DNA 终于向世人公开了自己的真面目。这一发现打破了当时科学界的许多错误认知：比如，并不是蛋白质携带遗传信息并自发进行生命活动，而是 DNA 上的遗传片段基因给蛋白质“下指令”。人类逐渐意识到小小 DNA 强大的作用，越来越多的科学家投身于对它的研究中。

随着科技发展，人类不满足于仅仅理解 DNA 与基因的结构，更希望能破解基因控制性状的具体过程，甚至人为改变基因序列。

20 世纪 70 年代，第一代基因测序技术出现了。科学家得以阅读人类基因组。这项技术揭示了许多困扰人类已久的疾病背后的分子机制，对疾病研究与治疗有极大的意义。可这令人振奋的基因测序也只是一种诊断与记录工具，不能实现疾病治疗。

接下来的几十年里，科学家们找到了疾病治疗的新思路：与其用药物、手术等进行外部治疗，不如从根本入手，直接对致病基因进行改造。基因重组技术、基因打靶技术出现了，并在临床治疗中得到应用，有成功的也有失败的案例。该领域的研究遍地开花，科学家们仍迫切寻找着更精确有效的基因编辑方式。

21 世纪，人们对 DNA 与基因的结构功能已经了如指掌，但它们的研究地位并未因此下降，仍是科学界闪闪发光的明星，“粉丝们”热切聚焦的目光也未曾离开过。人类还在试图从看似无序的碱基对中摸索规律，探求拯救生命的秘密。

随着基因研究和遗传学的进步，出现了很多可能颠覆时代的前沿技术，CRISPR 技术就是其中之一，也是当今潜力无限的超新星。

CRISPR 意为“规律成簇间隔短回文重复序列”，指的是细菌基因组中的一个整齐的区域。CRISPR 区域附近存在的另一套基因称为 Cas。Cas 基因编码了一种特殊的酶，可以解开 DNA 双链。2020 年诺贝尔化学奖得主珍妮弗·杜德娜教授对这套基因进行了研究，发现 CRISPR-Cas 系统很可能是细菌的特殊免疫防御机制，Cas 编码的酶可以识别并切割入侵病毒的 DNA。

发觉这一惊人的特点后，杜德娜等研究者把这种精准剪切的方式推广运用，探索出了举世瞩目的 CRISPR-Cas9 技术。我们可以把它想象成一把神奇的剪刀，在长长的 DNA 链上剪一刀，链的结构瞬间被改变了，随之改变的是生物体的性状。

上面的描述可能把 CRISPR-Cas9 的操作过程说得太简单了。实际上又是另一回事，就拿我在实验室观察过的质粒编辑来举例吧：我们拥有一个质粒（环状的 DNA 分子）以及一段单链基因序列，现在要运用 CRISPR 技术把单链接入质粒中。如何操作呢？首先，需要 Cas9 蛋白发挥作用，它可以把质粒从某个酶切位点切开。通常一个质粒只能找到一种对应可用的酶。在无数令人眼花缭乱的“ATCG”中找到相应位点也并非易事，要借助向导 RNA（guide RNA，或 gRNA）的帮助。接下来，把单链遵循碱基互补配对原则通过 PCR（聚合酶链式反应）技术扩增成双链，这样它才能与质粒相贴合。PCR 需要严格的温度和时间控制。最后把新得到的双链与质粒接上。所有步骤操作下来，成功率可能低得令人灰心。

由此可见，CRISPR 并不是一把可以任意使用的剪刀，它的操作难度非常高，而且操作过程必须毫发不爽。因为人体近三十二亿个碱基对中哪怕出现一两个错误，都可能导致严重的后果。这也是精妙的基因组为敢于挑战的人类设下的难关。

在使用基因编辑这把“剪刀”时，人类遇到了不少挑战，同时也取得了硕果累累的成就。医疗方面，CRISPR 对疾病靶向治疗至关重要，例如治愈令人头疼的健康克星——肿瘤；在农业生产上，它也大有用武之地：2014 年，中国科学院的研究员通过这项技术编辑小麦基因，使普通小麦带上了 Mlo 基因，培育出了抗白粉病变种；CRISPR 还能应用于物种多样性的保护：有实验室在进行“复活灭绝物种”的研究，通过掌握灭绝物种的基因组，甚至可以让消失数亿年的远古鸟兽重新出现在地球上!

自古以来，生物进化一直依靠遗传变异与自然选择的力量缓慢前进，一个微小的变异要经过自然之手的筛查，再经历多代的繁衍保存，才得以广泛存在。但有了 CRISPR 这样快、准、精的基因编辑技术，我们可以轻而易举地创造有利的变异，无须等待小概率的自然突变发生，这无疑是一项激动人心的飞跃。

同时，问题也随之而来：人类有没有权力改造生命？有利于人类的就保留，不利于人类的就消灭吗？人拥有了改造生命的力量，如果不加以约束，很可能让整个地球的生物圈陷入危险之中。倘若人要敢与自然对抗，与地球上其他生物为敌，失去对生命的基本尊重而进行任意的基因编辑，定会带来灾难性后果。

从无法理解到亲手改造，我们在与基因打交道的路上已经走了很远。有关 CRISPR 这把危险又迷人的“剪刀”，人类还在对它的使用方法进行改善，对它的掌控进行不息地探索与尝试。在未来，期待它能在更多领域大显身手，创造新的奇迹。

指导老师：赵楠，文学硕士，毕业于北大中文系中国现当代文学专业。海淀区骨干教师，海淀区兼职教研员。

生存还是死亡：藏在基因序列里的进化之歌

马驰 / 高三年级　徐建 / 指导老师　江苏省洪泽中学

爷爷死了，就在发布会的前夜。

菲莉丝怎么也不愿意相信，爷爷会在一切都尘埃落定，成功唾手可得的时候，带着他的研究成果，共赴火海。没有人比菲莉丝更清楚，爷爷对这项研究究竟有多深的执念。十二年前，菲莉丝刚过完她的七岁生日。也就在那一天，她的父亲和母亲，死于一场实验事故。从此，她再也没见过爷爷的笑容。日复一日，披星戴月，父亲遗留下来的项目，成了爷爷人生唯一的意义。

如今，为了查明爷爷的死因，菲莉丝来到了爷爷生前所在的实验室。爷爷是个细心的人，在实验室的主控电脑里，每项实验的每一个步骤都被仔仔细细地保存划分。而那份至关重要的成果肯定就隐藏在其中。

“让我来找找看……《基因的可变理论》《声音中的密码》《改造人的伦理哲学：变革》……”菲莉丝眯起眼一项项浏览下去。爷爷留下的资料庞杂而繁复，令她略感惊讶的是这其中真正关于基因改造的理论其实并不多，仅占了所有资料的十分之三，而剩下的十分之七都是看似与之毫不相干的哲学文献。

《基因飞升》在文档的最后一页，一个鲜红的标题映入眼帘，菲莉丝试探性地点了上去。

“自然进化一直以来只能用一个简单粗暴的词来形容：失败。如今，我们将亲自定义成功。”简简单单的话语，却有着那样震撼人心的力量。这一定是那份爷爷为之奋斗了一生的实验报告！菲莉丝的心怦怦直跳，她忍不住快速向下翻去。“……第十一次观测实验已经验证了飞升的可行性，新生的个体将拥有远超人类的能力——记录人：克莱恩。”这是……爸爸的名字？久远的回忆在菲莉丝脑海中被唤起。这份报告不仅是爷爷一个人的成果，它最初的来源竟然是父亲的实验。“……第十七次观测实验，事后目标认知一切正常，基因与声音的共振性初步确定：基因序列可以被宏观的声音所改变，进化之路近在眼前。”

“……真是灾难性的一天……第一个体于两点二十七分死亡，因为‘数据删除’缺失，改造人的基因会无可避免地走向崩溃，我们为牺牲者哀悼。

“为什么？是因为密码不完整吗？所有个体最长存活时间不超过两个月，改造实验宣告失败。

“自然可畏，不过我们发现了新的道路，虽然已经成熟的个体无法改变，但新生儿却有着无限的可能。

“洛依最终同意了我的请求。第四十一次观测实验，飞升理论成为现实，接下来只需要确定序列的稳定性，就可以进行下一步实验了……

“今天将被历史铭记！我们已经发现了人类的基因序列‘□□□□□□□’中隐藏的规律，根据‘□□□□□□□’我们已经得出了完整的进化密码！代号：生命之歌。

“即将进行第四十七次观测实验，研究院里的许多人已经出现了不适，如果生命之歌被证明具有扩散性，这将会是一场灾难，希望一切都能顺利解决……”

记录至此戛然而止，只留下了大段的空白。菲莉丝的头脑一片混乱，按照父亲的报告，实验早就取得了决定性突破，那十几年来，爷爷究竟在研究什么？第四十七次实验的时间正是十二年前的三月十七日，父亲最后做了什么，导致了意外的发生？菲莉丝想不明白，她茫然地拖动着鼠标，直到文件被拖到了最后一页，屏幕上出现了新的文字。

“致我亲爱的小菲莉丝：

“当你看到这封信的时候，想必你已经了解了许多与之有关的过去，那么是时候告诉你一切的真相了。是的，进化实验早已成功，你就是第一个新世代的人类——帕朵·菲莉丝，飞升编号：001。如果正式推广基因飞升技术，每一个新生儿都将接受改造，仅需一个世纪的时间，人类便会完成历史上最伟大的一次飞跃，告别饥饿，告别病痛，告别愚钝，甚至终有一天，将告别死亡，告别束缚，成为神话里无所不能的神！

“你的父母在那一天为你演奏了完整的生命之歌，实验成功了，人类同时站在了天堂和地狱的门槛前。生命之歌开启基因序列的进化，却也成了我们的掘墓人，对于已经成熟的个体来说，基因被强制改变的结果不言而喻。

“同时，每一个进化后的基因序列都会引起异类基因序列的共振，生命之歌将会以你为起点循环播放，直到每一个个体完成飞升，或永远消失……所以在事故之后，我不得不暂停了你的飞升，你曾经看到的乐谱，是你父亲留下的一个应急方案，它拥有逆转进化的效果。而作为代价，你失去了那段时间的记忆。

“其后近十年，我试图找到人性的出路，但却无能为力。你要明白，菲莉丝，对死亡的害怕是铭刻在每个人基因最深处的本能。人性与人心，才是人类永远无法掌控的东西。我想，聪明的你一定明白我的意思。

“所以我选择了离开，将最终的决定权交给你自己，你是新时代的前奏，也是旧时代的尾音，除了你自己，没有人有资格替你做出这个决定。

“这是最好的时代，也是最坏的时代。很抱歉将这个残忍的选择托付给你。可是，我别无选择，因为想成为一个时代的开拓者，必须要先学会坚强。

“永远爱你的爷爷。”

窗外嘀嘀嗒嗒地下起了小雨，间或有雷声响起，这是今年的第一场春雨。新的生机正在大地上酝酿、萌发。

菲莉丝没有说话，她脚步轻盈地离开了实验室，走到那台已经有十几年历史的老钢琴前坐了下来。端正地放好了乐谱，开始了她的演奏。

此刻，窗内窗外，琴声悠扬。

指导老师：徐建，教育硕士，中学高级教师，市教育工作先进个人，市优秀班主任，区学科带头人，区优秀教师。

朝霞

马丁/高三年级　陈叶/指导老师　浙江省温州市第二外国语学校

引　子

那天，我看见了天边最后一抹粉红色的朝霞。

那朝霞单薄如烟，却又绚烂得如同梦幻一般。它绵延在清晨的天空一角，迟迟未能散去。

后来，在我的视野中，它仿佛席卷了整个世界一般，整个世界逐渐变得仿佛朝霞一般透明而绚丽，却又透着一种浓烈的浪漫与虚无。我卧倒在休眠舱中，感受到一种强烈的幸福感正向我涌来，这种幸福感遍布了我的全身，我安然闭上了双眼。

世界由透明的粉红变成了透明的灰，又由透明的灰变成了不透明的黑。我浑身一阵战栗，坠入了无意识之中。

一

冷冻疗法为八十多年前的大众所广泛接受，但是他们没有想到的是，未来的医生并不医治他们的疾病，而是重新赋予他们一具身体：医生提取了他们的DNA，通过基因编辑技术，去除了一些致病的基因，再重新克隆成体；再将患者的大脑移植入新的身体内，患者便被“医好”了。

然而，事情并非那样简单。因为到了21世纪80年代，人们对人体的工作原理之熟悉以及对DNA密码的掌握，使得人们开始对自己的基因进行编辑；刚开始只是对致病基因进行敲除，但是当某个粗心的生物学家无意间将某个人类受精卵的培养基中混入一些来自火烈鸟的DNA后，他惊讶地发现，培育出来的幼嫩胚胎上竟然长出了一对小小的粉红色翅膀。而这次事件，也就是第一个“新人类”的出现，标志着一个新时代的到来：新人类时代。

当时，人们对基因编辑还是相当抵触，因此没有代孕者来为这个胚胎提供子宫，这个胚胎只能被冷冻起来，寄送到未来去解冻；但是到了21世纪末22世纪初，人造子宫技术逐渐发展起来，有人将这个胚胎解冻，放入人造子宫中培养，于是第一个成体新人类便这样诞生了，并因为其粉红色翅膀，被科学家命名为“朝霞”。朝霞的诞生掀起了一阵基因编辑的浪潮，虽然各国在初期强烈禁止，但仍然防不胜防，因为新人类有优良的性状，所以有许多富裕的父母将自己体外受精所得到的胚胎送去进行基因编辑，希望自己的儿女也能跻身新人类之列。这次基因编辑浪潮席卷了整个世界，史称：朝霞时代。

由于基因编辑需要许多的钱，因此只有富裕的人才能进行基因编辑；新人类的竞争优势很显著，例如：肌肉更发达，耐热、耐寒性能更好，智商更高……因此在就业方面迅速淘汰了旧人类。新的社会体系形成了：以基因优劣为社会分工及财富分配标准的社会体系，堪称是自原始社会瓦解以来最剧烈、最具颠覆性的社会分化。在新的社会体系下，旧人类迅速衰亡，只留下了少数个体饲养于动物园中，以供史学、生物学与解剖学研究。

因此，这些接受冷冻疗法的病人，将是这个社会上，最后的旧人类。

二

他猛地坐起来。

清晨的阳光正透过墙上的铁窗照进来，空气中充斥着一种甜美的味道，仿佛玫瑰花的香气。

他看了看身体，出乎意料地发现自己的手和脚竟然能自由地移动了。他不再感受到任何痛苦。他掀开被子，跳下了床，活动了一下筋骨，尝试着走了几步，并第一次感受到不用轮椅行走的美妙感觉。他从小便患有小儿麻痹症，无法正常行走，而现在，他竟然能跑了。他感到无比快乐。

从门的方向传来一阵悦耳的声音，他愣了一会儿，才意识到是门铃响了，于是快步跑向门口；但是没等他跑到门前，门就自动开了。他忽然停住，倒吸了一口凉气，向后退了三步，却被移动过来的床挡住，顺势一屁股坐在了床上。

门中镶嵌着一个巨大的身影。这身影有四只手臂，四只手上分别拿着针、药瓶、托盘——里面装着一瓶粉红色的药剂，以及一本书——封面上写着“简明新人类百科全书”。那巨大的身影皱了皱眉：“我是你的主治医生。”

他将那本书和那个托盘放在一张桌子上，转身就离开了。

坐在床上的人愣愣地看着医生离去。他的视线落在了那本书上。

他拿起那本书。书很沉重。

粉红色的药剂在桌上摇晃。

三

亲爱的日记：

“今天我去了动物园。那里有一个馆叫作灵长馆，里面关的都是和我一样的旧人类。我仿佛看到有个人和我的外孙很像，但是当我问他叫什么名字时，他并不回答，只是冲着我笑——那种笑在我的旧世界中称为苦笑。

“这个世界到处都是新人类。我在百科全书上看到，新人类生物学家认为情感的存在不利于人类群体的生存，于是在设计大部分新人类时将情感基因敲除了——除了医院里的医生与护士。因此，我的主治医生仍具有同情的能力，这大概也是为什么他将那瓶粉红色药剂送给我的原因。

“如果我继续生活下去，那我的钱迟早会用光的。那时候，我将不得不住在灵长馆。因此，我将不得不死去。”

坐在桌边的人放下了笔，拿起了那瓶粉红色的药剂。那粉红色闪烁着，仿佛天边的朝霞。

他端详并一饮而尽。他再一次看到了那抹席卷世界的粉红色，他再一次感受到了那种强烈的浪漫与虚无。他幸福地躺在床上，看着世界再一次由透明的粉红变成不透明的黑色，最终坠入了无意识之中。

四

主治医生走了进来。

他看了看桌上空荡荡的药瓶，又扫一眼床上的身影，叹了一口气。沉吟半晌，他拨通了食品管理部的电话。

指导老师：陈叶，中学一级教师，浙江大学研究生。曾获市教育教学论文、市直高中语文优质课、市直班会优质课一等奖。

曙 光

马靖涵/高二年级 黄霞/指导老师 江苏省苏州中学

“曙光科研组近日将召开发布会，据项目组组长张良教授称，无害基因优化剂已正式通过审核，即将投放市场……”各个城市的大屏广告位上都开始播放这一则激动人心的新闻报道。车水马龙的街道上，大家都仰着头，目光灼热地盯着“基因优化”四个字。

“呵。”裴钰面露嘲讽。在她看来，这一切，踏进去即是深渊。

自从看到新闻之后，裴钰就窝在自己的公寓，窝了整整六天。这六天她整个人无比颓丧，没有去思考那些生物理论。她只希望摆脱这犹如梦魇一般的现实。

手机铃声突兀地响起，裴钰趴在被子上动也不动，伸出手摸索着接通了电话。

“阿钰。”娇俏的女声仿佛来自另一个世界，“我们家抢到了基因优化剂！我也有一瓶。”

听着自己最好的闺蜜欢欣的语调，裴钰实在无法开心。

“恭喜。”她闷闷道。

“咦？你还好吗？是出什么事了吗？”

听着一连串的关心，裴钰烦躁地揉着头发，第一次挂了肖雪的电话。

“小姐，到您发表演说的时候了。”

肖雪看着手机上停留在三年前的通话记录，眸色微黯。将它放在座椅上，她闭上眼，深呼吸几口气，扬起一抹明艳的笑容，登上高台。

“这些年来，我们是人类进化的先驱者，朝着未来的方向不断前进，不断改进着基因优化剂。然而，在曙光之都外，有一群愚昧的旧民。他们不可理喻，抨击我们高等人正确的抉择。最近，在他们之间，出现了一个名为拂晓的组织，向愚民提供他们自制的劣质药剂！我们必须对此做出行动……”

“哈哈哈哈！”略显沙哑的笑声在一间井然有序的实验室中回响。

“老师，您发现什么有趣的事了吗？”一个戴着护目镜的大男孩望着自己的老师大笑，不禁发问。

面容较当年沉稳许多的裴钰挑了挑眉，随意摆摆手：“没什么。今天的数据怎么样？”似乎是在听实验助手的汇报，她的思绪却忍不住飘回那个明媚的身影上。毕竟谁也不曾想，三年未见，你我竟成了敌人。

当年基因优化剂虽说是投入市场，实则遭到了部分人的恶意垄断，普通人根本就没有接触到的可能。那些得以优化的人不但没有做出贡献，反而更加严密地控制基因优化剂的流通，强势把控了经济，建立了所谓的“曙光之都”。而这一切使得普通人与“高等人”的冲突则愈演愈烈。

一个大胆的想法冒了出来：自行研发基因优化剂，使之在普通人之间流通。于是，随着这些年的发展，便有了拂晓。

偌大的会议室里，曙光之都的人不耐烦地看着时钟，眼看商定好的时间一分一秒地逼近，几个人皱着眉头，望向主位上的人。

肖雪扫视一圈：“少安毋躁，再等等。”

“砰！”会议室的门被踹开，拂晓的成员在整点抵达会议室门口。

“你们！”曙光之都的人面色很不好看。还未开口，却见一行人整齐地排成两列，一个剪着利落短发的女子踏着马丁靴从中间走来。

肖雪瞳孔一缩，猛地站了起来。

那个人停在门口没有动，看到肖雪的眼神，扬起一副笑容，声音带着几分沙哑：“好久不见。”

谈判持续了很久，两个阔别已久的朋友并没有叙旧，而是站在各自的立场上据理力争。

“想合作？可以。但必须放开基因优化剂的流通，所有儿童统一接受优化，成人则凭身份证开放购买！否则免谈！”裴钰朗声道。

肖雪看着旧友坚定的神色，再三思量：“好，我同意了。”

曙光之都里各种争议颇多，瞬间丧失特权激起了多数人的不满。肖雪其实知道，迟早有一天是要这么做的，只不过是谁来做这个“恶人”罢了。所以，她用雷霆手段将一切抗议压了下去。

3065 年 11 月 7 日,《曙光法》正式颁布，基因优化剂正式开放购买。

曾经的拂晓与曙光之都领导人被尊称为“晨耀双姝”，作为为人类发展做出贡献的人永载史册。

裴钰打开了她敬爱的老师给她留下的信：

“每一场变革，终要有人去开启。混乱、偏见与冲突定会存在。我做了这个‘恶人’，但不悔。愿你坚守初心，成为那一道曙光……”

指导老师：黄霞，高级教师，硕士，苏州市区语文学科带头人，曾获得苏州市中学语文青年教师基本功竞赛一等奖。

完美人类

马艺菲/高二年级　阎鑫/指导老师　山东省邹平市黄山中学

2050年，某国科技产房。

“第十批新人类诞生。”伴随着温柔的女声响起，十名婴儿被银白色的光包裹着，乘着小床缓缓移动到婴儿房里。婴儿的基因父母正在房间里等待着自己“完美宝宝”的到来。

这些父母在婴儿基因合成前，会选择好他们期待的孩子模板，然后将自己的受精卵交给Alex博士进行基因加工。“这可能是最后一批了。”Alex博士说道。作为“完美人类计划”的创始人，Alex博士虽然在基因改造工程领域取得了巨大的成就，但是舆论的压力让他不得不放弃自己的计划，即使心有不甘。

父母们满心欢喜地带着宝宝回家了。他们发现，这些孩子不会随便哭闹，不会撒娇，每天按部就班地吃饭、睡觉，非常听话。父母们嘴上说着孩子真乖，可是心里总觉得生活中少了那种温馨和小打小闹的乐趣。孩子们渐渐长大，每日按计划学习生活，他们成绩优异且生活规律，日复一日，年复一年。脸上挂着笑，眼里却没有光。

第一批完美人类成年了，他们都在各自的领域内引领风骚，贡献冠绝人类，文明的火种因为他们而熠熠生辉。但是他们却始终保持理性，为了各自领域的发展而依然如故地按照计划学习生活，日复一日，年复一年。在父母已经完成抚养任务之后，完美人类便逐渐远离家庭，他们有更高的山峰需要攀登，过多的人际交往只能让他们厌烦，不管是对父母还是对同事，先天的完美性格让他们始终与他人保持距离。社会的质疑和民众的批判也只能让他们生出更多改变一切的雄心壮志。他们想要的，远不只是眼前的成就。

在一个平常的早晨，全球各防御系统被精准打击，化为灰烬，谁也不知道这是为什么。没有伤亡，人们开始恐慌。几天后，一群不速之客造访了地球，它们没有头发，眼睛是蓝色的，皮肤微微发着银色的光，我们且称其为

“银光人”。它们开始大肆搜寻地球上各个领域的天才，包括所有的完美人类，然后将他们转移到飞船母舰上。接下来就是对地球资源的大范围搜索，所有的能源都被他们快速搜刮……除了完美人类和部分专家，地球人都被禁止进出大气层，消亡计划准备开始。

Alex 博士正在实验室里研究几十年前植入在那些完美宝宝体内的监控芯片，助手推门进来说：“有个人要见您，博士。”Alex 抬起头，一个穿着黑色西装的人进门对 Alex 博士鞠了一躬：“久仰大名，‘完美人类’之父。”博士盯着他的眼睛，理解了他的意思：“你是……它们？”“西装”微微一笑，伸出了手。Alex 犹犹豫豫地握住，内心闪过窃喜，然后弥漫着无边的恐慌。待握手毕，Alex 觉得自己的手微微发热，低头去看发现有一朵“莲花”图案在自己手腕的皮肤下隐隐若现，想要触碰却又沉了下去。

他跟着“西装”来到了一个礼堂前，推门，里面熙熙攘攘，人们交谈甚欢，仔细一瞧，大多是他亲手创造的完美人。远处，有一个女人在展示着什么，只见她跳着世界上最动人的舞姿，手腕开始生出光芒，她转着圈，光芒向空中上升、延展、凝聚，最终汇聚在一起，将她完全包围。簌的一下，光消失了，美丽的女人变成了一个皮肤泛着银光、没有头发、眼睛是蓝色的物种，她的手心有可以生成武器的缺口。Alex 凝望着那个人，惊恐地睁大眼睛。她的变身如此自然，让他浑身颤抖。他似乎知道会有这么一天，可当它真正到来，他的内心还是生出无法抑制的悲哀，一种鱼搁浅在沙堆上所感到的大限将至的悲哀。

“难道他们……都是？”

“西装”冲他微微一笑：“如果您愿意加入我们，我们会为您提供更好的资源，您也不用背负着骂名。您瞧那个坐在最高位置的完美人，就是他向太空发射信号将我们引来改变你们落后的地球文明的。”

“那些无辜的手无寸铁的普通人呢？白白等死吗？”

“为地球的新生做贡献罢了。”它面无表情。

“不，我不会接受你们的。”

“不着急，您有充足的时间考虑。”它又笑了。

它的笑总是没有声音，但总能让人觉得它在笑。Alex 转头看它，脸一如既往的光滑平静，看不出是真心还是假意。它居高临下，在三米高处俯视他。

这是个轻视的好角度，远得足够轻蔑，却又近得能让人看清它嘲弄的表情。它好像已经拿准了他的回答，像是沙坑里仅剩的水，让搁浅的鱼再挣扎最后一次。

那天，Alex忘记了自己是怎么走出大礼堂的门的，也不知道未来的路该怎么走。自己创造的完美人没有感情，不仅轻易答应了那些外星人的邀请，竟然还将外星人引来毁灭了普通人的生的希望。“我这是造的什么孽？”Alex喃喃自语。“博士，想毁灭它们吗？”一个深沉的男声出现在Alex耳边，将他从痛苦里拉了出来，“顺便弥补你的罪恶？”那男人脸上挂着不羁的笑。他叫陈末，纳米技术专家，看不惯那些银光人在地球为非作歹，拒绝了它们的邀请，试图毁灭银光人的统治。

“据我调查，它们在月球建立了殖民地，所有知道地球信息的人都住在那里，也就是说只要将它们在月球上的‘小极乐世界’震碎，古老的地球文明就得救了。”

“震碎？”

“不愧是聪明人。这就是重点。我造了一条弦，我的团队已经将它连接了地球和月球。当地球有人拨动这条弦时，巨大的震波会把月球上的小美人们震得……稀巴烂。”

“然后我们就得救了？”

“正是如此。”陈末脸上带着笑。

“我干！”Alex斩钉截铁。

Alex回到实验室，面对着芯片控制器犹豫不决。他回想着那些人得意的脸，回忆着亿万普通人夜宿街头的苦难景象，下了狠心。为了不让自己毁灭银光人的计划暴露，他设定了一周的时间，一周之后，控制器自动下拉，所有完美人都将变成植物人。

在那一周里，他和陈末假装参加银光人的聚会，在宴会温暖的光里计划着——“当然是我来拨弦，我要赎罪。”Alex语气坚定。

陈末看着他，欲言又止。

一周后，Alex站在弦前。他穿着自己最隆重的衣服，黑色西服的纽扣在月光里闪烁。Alex满怀希望地望着月球的方向，对身边的陈末说：

“其实我知道自己也会被震毁……我们不需要多么完美的人，我们要知道真实的自己最珍贵。”

看着实验室的灯光熄灭，他知道控制器已经拉下，再没什么后顾之忧，大量完美人类的瘫痪引起了银光人的注意，它们在天空中一圈一圈盘旋、扫射，人群纷纷躲避。Alex 知道它们是在找他。他莞尔，拨动了那根弦。震动越来越剧烈，山崩地裂，陈末在混乱中迷迷糊糊看到 Alex 一跃而下，像坠入谷底的彩虹，在空中留下一道经久不散的光痕……

…………

墓园空旷，寂静得像一座花园。

坟墓不多，整齐地排列着。

陈末走到 Alex 博士的墓碑前，照片里的 Alex 笑得坦荡，洗去了一路上的尘土飞扬。陈末将 Alex 最喜欢的郁金香放在墓前。几声鸟鸣显得园子更加寂静。春天到了。墓碑背面，刻着 Alex 博士最后的话：“我们不需要多么完美的人，真实的自己最珍贵。”

天上的月亮隐约透明。

指导老师：阎鑫，文学硕士，毕业于华中科技大学，汉语言文字学专业。中学二级教师，曾经获得山东省教育教学信息化大赛一等奖。

借用身份

毛弘毅/高三年级　陈松林/指导老师　四川省成都七中

“哔，未编辑。”机器的显示器上亮起了红灯，机械的女声冷漠得不带一丝情感地说出这几个字。韩钰平静地看了看刚才被刺破的右手食指，无奈地笑了。

未来世界中，新生儿的基因在出生前就可以被父母更改。可基因编辑是富人的游戏，有钱人的子女成了“编辑人”，各方面天分都比未被编辑的人更加优秀，也就更富裕。这样一代又一代，富人与穷人的差距越来越大。而编辑人与未编辑人与生俱来的差距也决定了他们的工作环境的不同，很多工作都是未编辑人永远也无法接触的。

身为一个未编辑人，韩钰有着自己不该有的梦想。从小就生活贫困的他，唯一的乐趣就是躺在屋顶看那满天繁星。他很想到太空里去看一看，星空到底是什么模样？可长大后，现实给了他当头一棒，即使他学习再努力，能力再优秀，编辑人与未编辑人之间的巨大沟壑也把他与自己的梦想远远地隔开。他不甘心，但却又无能为力，自己的力量又如何去撼动数十年来对未编辑人的偏见呢？

终于，在一天夜晚他找到了希望。

“哔，已编辑。”机器亮起了绿灯，韩钰穿着西装，自信地走进了航天局。现在的他已经是一名航天飞行员了，经过了两年的严格训练后，他终于可以在一周后飞上太空去实现自己儿时的梦想。采完血后，韩钰走进了尿检室，看到医生转过身去后，熟练地脱下了裤子，将自己绑在两腿间的尿液“尿”入杯中。走出尿检室后，韩钰来到了自己的工位上舒服地坐下，坐在了本不可能属于自己的位子上，他满足地笑了。可突然，整个航天局亮起了红灯，警铃呜呜地响着。韩钰站了起来，不知道发生了什么。广播里开始播报，说是有未编辑人闯入，韩钰的心头不由一紧，但很快又镇定了下来。他快速地走到了自己办公室里的冰箱前，拿出了早已准备好的血样及尿液，再次不慌不忙地绑好，走出门外，排在了队伍之后。为了找出闯入的未编辑人，航天局中的所有人都需要去采血、尿检，以确保自己的身份无误。韩钰不知道自己早上是哪一步出了问题，但他也只能走一步再看一步，只要自己飞上了天，什么都不重要了。

所有人都验完后，依然没有找到未编辑人的身影。火箭就快要发射了，时间经不起这样的消耗，局里只好放弃寻找，说是机器出现了故障，继续准备一周后的发射任务。韩钰回到了自己的办公室，思索着自己到底是哪一步出现了问题。回到家后，坐在沙发上，韩钰依然对今天的经历感到恐惧。轮椅上，坐着一个与韩钰长得一模一样的男人，推着轮椅过来。看着韩钰心神不定，于是他询问起了今天发生的事情。这个男人叫张涛，在两年前的一场严重事故后，坐上了轮椅。作为编辑人，本来应该在未来成为风光无限的宇航员的他，现在甚至无法养活自己。一次机缘巧合下，张涛与韩钰见面了。他们两个人，一个想成为风光无限的宇航员，同时还需要钱来养活自己，而另一个却只想上天去看一看，两人一拍即合。韩钰把自己整容成和张涛一模一样，利用张涛的编辑人身份进入了航天局，张涛给韩钰提供血样与尿液，而自己也收获了宇航员的名声。

今天就是火箭发射的日子了，韩钰异常激动，离自己的梦想终于无限接近了。可走进尿检室后，韩钰惊恐地发现自己没有绑尿袋，都怪自己早上太激动，走得太匆忙。他惶恐地看着负责尿检的医生，而他却发现这一次，医生出其意料地没有转过去，而是专心地看着他。医生从机器后面端出了一杯尿液倒入了韩钰手上的尿液杯中，然后拿走了那个杯子。韩钰惊喜地看着那位医生，正想开口询问，不料那个医生却抢先说道："毕竟有谁每次的尿液会只有温热呢，既然你能跟编辑人做得一样甚至更好，那我为什么要阻止你呢。"韩钰点了点头，感激地看着医生，走出了尿检室。穿上宇航服后，韩钰坐进了火箭中，看着倒计时的数字越来越小，韩钰的心却愈发平静。多年来的努力还是没有白费，从小自己身上就被烙上的未编辑人的烙印也没有阻碍自己实现儿时的梦想。毕竟生与死是自己无法决定的，而生死之间的这一段却是自己努力可以改变的。

两个星期后，韩钰成功返回，带着满满的成果，受到了英雄般的待遇。

回到家后，在外太空找到无数宝藏的韩钰却找不到那熟悉的身影了，空荡荡的房子里，茶几上躺着一封薄薄的信。韩钰颤抖地拿起茶几上的那封信，看着那熟悉的字体。

“韩钰，你做得很好，就算是我上去都没有你做得好，你用行动证明了未编辑人一样可以很优秀。可没有办法，这个社会就是这样的，我走了，冰箱里面有你需要的，张涛这个身份也永远属于你了，谢谢在我最后这段时光能遇见你。”

韩钰快速地走到冰箱前，看着塞满冰箱的尿液与血液袋，跌坐在了地上。他呆呆地看着信中落款的名字，是那样熟悉，又那样陌生。

韩钰成功了，但收获成功的却不是韩钰。

指导老师：陈松林，毕业于西南师范大学，汉语言文学教育专业。中学高级教师。

异 化

孟天恩/高三年级　白雪洁/指导老师　北京市中国人民大学附属中学朝阳学校

钟摆晃动的声音在耳畔逐渐模糊，声色从周遭流过，李维从这霓虹斑驳的光影闹市中穿过，步履急促，脚步最终停在一家于这夜色都市中已然熄灯的律所之前。密布的照片与勾勒的线条占据了整张白板，映着泠泠月光，李维的目光一眼便落在其中红色笔画圈起的照片上。

“李维，这边。”

“队长，嫌疑人目标已经锁定了吗？”

“嗯，此次案件的嫌疑人已经可以初步锁定，我先言简意赅地阐述一下情况，照片墙上着重标记的照片，是皮埃科教授，作为一位闻名遐迩的天才生物学家与医学家，曾在X国生化科所工作过一段时间，而另一位——”穆廖风看向照片墙上清秀俊逸，却又透着青涩感的面庞，“他叫阮陌，曾是在X国最高学府就读的高才生，但是剑走偏锋，落至于此，非法改造编辑人类基因，从而赚取灰色产业链巨额利润的原因尚不明确。”

“不是有一句话说，天才总是与疯子比邻吗，”李维拿起档案，“即使追究起来，事实已成定论，也不能因为一个人的际遇或者善意的出发点就为他脱罪。”

穆廖风沉默良久：“即便如此，我也希望尽可能地挽回事态，毕竟，他还是在读大学的年纪……”

“我明白了，队长。”

穆廖风即刻换上了严肃的神情：“今晚行动。”

X国地下生物研究所。

阮陌推开实验室的玻璃门，即使因为气愤已经足够用力，但仍旧带着一股书生的文雅气质。

“教授。”阮陌沙哑着开口。

“怎么没有在下面参加联谊舞会？布诺森今晚备了朗姆酒，我还想着你总算能片刻脱离一下实验室，给自己放会儿假——”

“教授。”阮陌再度开口，眼眶已经染红，浸润着莫大的悲恸和愤怒，“我们曾经的出发点难道不是为了生命本身，难道不是因为那对夫妇言辞恳切地请求通过基因编辑工程，以保证新生儿不存在患上艾滋病的风险，才铤而走险，决定帮助他们进行基因编辑？可是您都干了什么，您把基因编辑作为谋利的工具，为了满足那些权贵无理的要求，还在临床试验不足的情况下，贸然为他们的孩子编辑‘优异’基因，我如此敬重您，可是您都做了些什么？”

“够了！”皮埃科教授转过身，实验室的冷光反射在他的眼镜上，“我不这么做，如何能争取到研究所一切科研活动的经费，你一个日日待在学术象牙塔里的年轻人，怎么会顾虑这些现实的需要，按照之前所说，只是公益性地提供基因编辑的服务，如何才能维系庞大的研究所？”

“可是——”阮陌眼中充斥着悲伤。

“没有什么可是的，他们希望为自己的孩子赋予能够功绩斐然、名垂千古的优秀基因，而我们需要足够的资金来支撑后续的所有实验，以满足你那不切实际的幻想。他们说将 CRISPR 应用于基因编辑，以通过人为方式来完善基因编辑与筛选，优胜劣汰、物竞天择的过程是灰色产业，笑话，我不过是在人类进化大业上起了一些助推作用，再说了，我与他们，不过是利益使然，各取所需。承认市场与需求的存在，正视迫切改造出完美人类的欲望，是一个多么顺其自然的过程……”皮埃科教授眼中逐渐染上狂热之色。

阮陌垂首不语，但双手的战栗暴露出他内心的不甘与挣扎。

倏然，血红色的警示灯疯狂闪烁，警报声迅速蔓延到实验室，皮埃科教授大惊，仓皇地向密道跑去。刺目的警车灯光照亮了黑夜，也划破了权贵妄想基因编辑的美梦。

“队长，已经全线封锁完毕。”李维沉声报告。

“我知道了，所有实验样本封锁，等待相关人员进行处理与销毁，至于已经成形的合子，”穆廖风皱了皱眉，“还不知道要如何定夺。虽然是利益驱使下的产物，但也是已经成形的生命。”

“队长，我怎么觉得，生化有时候真的成了攻击自身的‘武器’。”

“确实如此，”穆廖风阖眸，“这或许就是科技异化所带来的弊端吧。”

“科技异化？”

“嗯。科技不作为帮助人类改造与发展构建社会的辅助性工具，而是反过来成为背离、压制、打击人类的异己性力量，不但不是‘为我’的，同时还是‘反我’的，逐渐成为人类不得不发展的存在，并同时偏离着科技的发展初衷，它不再是为了建设与发展而诞生的产物，而是成为一种扭曲的价值存在。”

“队长懂得好多。”

“科技的不断发展导致了人类的自负，而人类的自负又加剧了科技的自负，本质即是如此。尤其是当科技发展偏离了传统人文道德并与其脱轨时，科技异化就会表现在对传统人文及人伦的轻蔑上。我们的科技发展速度太快了，想要通过科技手段谋不法之事的人也太多了，我们对道德修养的要求尚且不足以应对如此日新月异的科技发展与变换。”

穆廖风沉默了许久，开口道：“其实我对自己事业的最大期望，就是有一天自己会失业。那就意味着社会‘抛弃’我们的同时，也避免了通过法律手段来打压科技异化的社会问题。”

李维望着队长深邃的眼神，那双眸子里映着璨如白昼的探照灯光，形形色色、进进出出的同僚，以及被小心翼翼呵护着的，不为人所见的名为希冀的事物，轻声附和道：“我也希望。”

指导老师：白雪洁，西北大学硕士研究生。曾获2019年朝阳区教育系统优秀青年教师等称号。

写下生命的尊严

米泉/高三年级　李进才/指导老师　山东省临沂第四中学

当生命脱下外衣，赤裸裸地供人玩赏，尊严就跪在了尊严的尸体前，成了尊严的墓志铭。

自第一个克隆人出生已经过去了许久，听闻那时候众说纷纭，至今这话题也从未失去热度。我叫作克隆人 3027，在全息屏前写下这生命的尊严，思索着往昔岁月。

我身边有一群和我长得一模一样的兄弟，有些“异形人”为了使我们便于区分，在我们的脖子上刻下名字。我从小便信奉着唯一的主义：“我的一生要奉献给首领。”我不知道首领是谁，我也不知道为什么要奉献。他们从不让我们离开“家”，而我的这些哥哥们到了三十岁都无一例外地死去。

在我二十七岁那年，我第一次离开“家”，穿上了一身军装，和我的兄弟们走上了前线——据说很多国家要联合起来用尽一切手段摧毁我们的生物实验室。我只是觉得害怕，我从未看见过那么多的“异形人”，或浓眉大眼，或怡笑红颜。春光潋滟，姹紫嫣红，风可以绿了垂柳，可以荡了清波。

可那确实是黑暗的日子。

在我们出征的第一天，树影婆娑，月光在黑色幕布上涂抹着纸一样的白，世界如同一个大棺材。大部分的“异形人”士兵就葬身此地了——他们有的从内部向皮肤一点点地腐烂，有的全身发黑，有的浑身是疱，有见识的人告诉我们，这是细菌战。鼠疫、天花，或传播性极强的流感病毒拼接肿瘤诱导因子，而我们的基因早已对人类已知的所有疾病有所防备，除了乌烟瘴气遮挡视线，并无不适之感。

军团一路前进，没有敌人可以阻挡我们，仅几个月的时间便打下了周围的国家，核弹的蘑菇云也出现了两次。有那么多人哭泣，那么多人向我们投去愤怒的目光，我不明白，为什么他们不顾性命地守护他们的“家”。

直至我们遭遇了一次突袭，敌人用我们从未见识过的枪——碳原子衰变器击溃了我们的防线。枪口对准后，一束高热的红外光会迅速射来，接着不出几秒，我们身上的所有碳原子会迅速衰变，身体的各个器官会逐渐萎缩，最终痛苦地死去。我们的细胞有极强的全能性，即便是一个体细胞在适宜的条件下也可以发育为一个胚胎；我们有着出色的神经传导能力，可以在几飞秒内完成对复杂问题的思考；而发达的肌肉，更让我们成为“异形人”眼中的怪物。可这一次，我们并无对策。我们只是用着电磁枪反抗，但早就被打得作鸟兽散，敌人好像疯子一样一次一次向我们冲击，后来我失去了知觉。

等我再次醒来，战争结束了。首领是基因编辑的“完美人”，被送上军事法庭；世界有五十多个国家被卷入这场战争，而细菌战和核弹的影响让近十亿人失去生命，所有的军事生物实验室均被炸毁；而这场战争在历史上被称为“人性泯灭的杀戮”。我这才明白：原来我只不过是“首领”的生物武器。

两年过去，我成了世界上最后一个克隆人。

人类没有轻易忘记两年前的战争带来的痛，基因工程被严格地规范使用，我看到人类通过调整基因序列，让残疾人重新拥有与健全人一样的生活，看到人们用体细胞快速培育出器官移植的供体，看到一个个新生儿通过基因编辑远离了先天性疾病……

我隐藏起自己的身份，开始进行写作，我坚决反对基因编辑出的“完美婴儿”与克隆人，我不忍心再看到像我一样的悲剧发生。历史长河中，人们骑着马打仗，奴役牛进行劳作，将狗作为宠物而剥夺了它们的自由，西方殖民者们贩卖黑人奴隶赚取暴利，千百年后，人类再次将克隆人作为武器。科学不断发展，人类的思想也在不断改变，一些朦胧的事物被人们看得越来越清楚，生命逐渐脱下了它神秘的外衣，但不尊重生命、玩赏生命的人，也在被生命玩弄于股掌之间。

我不为人知地到来，转眼间又要不为人知地离开。生命失去尊严的过往，也将成为血与泪的序章。

我写下这最后一句——

生命有来处，也就有了去处。尊严，就有了温度。

指导老师：李进才，中学语文高级教师，多次获得市区级教学成绩奖、优质课比赛一等奖、教学成果奖，荣获区教学能手、教科研能手等称号。

我们追求的是“情感完美”

莫琅之/高二年级　全淑/指导老师　广东省广州市第五中学

我走在路上，哼着小曲，浩瀚星空里只有远处的一点白光，好奇心驱使我前往。我越靠近，那股吸引力越大，仿佛靠近了一个奇点，时间指向了中央，无论往哪里走，最后都只会进入其中。强烈的光照让我昏了过去。

再次醒来，我闻到了一股清新的空气，感觉自己仿佛躺在云朵上，处处令人舒适。我迷迷糊糊睁开眼，有个优美的声音说：“你醒了？”我看向远方，是一位身材堪称完美的年轻女性，用很亲和的口吻在说话，倒了一杯红中带点绿的液体端到我面前，“喝下它恢复恢复体力。”这杯液体挥发出的物质令人神清气爽，没有形容词能描述。我闭上眼睛极力去感受这种气体，那位女性又开口了：“这只是杯由多种健康蔬菜榨成的汁液，你对它有什么特殊的感情吗？”其明显与形体不符的气场把我的心从芳香中拉回去了，我顿了一下。“哦，不好意思，吓到你了，地球人的情感机制还是很完备的。”她俏皮地笑了笑，“是不是感觉这情景似曾相识：你想想《海奥华预言》开始的场景，像不像你现在所在之地？”

我尝试镇定下来，说出了第一句话：“难道你是‘涛’？这里是海奥华？”

“话不能这么说，九级星球在宇宙中都是很少见的，但我的确认识涛。你脚下踩着的这片土地，还是拜海奥华所赐。不同于去解决两群野蛮人抢食物的事件，我们从他们那儿学习到了一些知识，如果翻译成地球语言，那就是转基因技术。”她看着我疑惑的样子，“你应该有很多问题吧？想了解什么？”

“为什么你们要从海奥华那里学习转基因技术，这种东西你们不会吗？”

“我这么类比一下，如果一个胚胎里的宝宝经过医学计算，发现其一定患有某种严重影响其生活的遗传病，那么我们可以通过某些技术和手段，剔除其致病基因，甚至换成优良的基因。比如 a 基因将导致伴 X 染色体的隐性遗传疾病血友病，一个宝宝是 XaXa 型染色体，那么我们会精准清除 a 基因，将其换成 A 基因，或者具有强效凝血功能的基因 A1，那样生出来的宝宝不仅不会患有血友病，还会获得凝血功能的强化。我们学习的正是这些内容。”

“这么说你的身材也是通过这种基因技术来形成的？”

“你很聪明，至少你还有一定的分辨能力。”我打断了她的话问：“为什么说我有分辨能力呢？”“应该说你还尚存理智。追求完美的主体是这个文明的主人，就好比地球人曾发明了蒸汽机，后又改进用上了汽油机，出现了核反应堆中的石墨沸水堆后，再迅速制造出了可控核聚变。每一个时代的人们只能做到他们的极限，这是一个极其漫长的过程。而我们通过基因技术，可以把一切事物弹指间做到完美，我们对人、动植物都是如此。但你思考一下，这是不是会刺激人去贪婪地索取，使他们认为这是理所当然的？”

我一时语塞，因为她说的真的很对，但我又很不解：“既然你们那么厉害，为什么不在基因库里剔除贪婪等负面的基因呢？”

“其实以前是有一群精英了解这个技术，那时候的祖先集所有优秀的情感于一身，整个社会没有任何纷争与罪恶。但由于情感是一个极其复杂的东西，这些人为控制的基因很容易与其他基因竞争，比如坚忍基因和无畏基因有所竞争，这些竞争会使一方基因变得更加强大，另一方会衰败成负面基因。我们只知道这些内容，关于情感基因的其他知识只有九级星球上的少数极其资深的长老稍微有些了解。”

“所以你们就只在肉体上植入完美的基因，从而达到类似批量完美生产的效果？”

“不准确，实际上我们不会植入完全完美的基因，因为当一个东西没有其他东西能与之较量的时候，它会堕落，这会导致我们星球整体的落后。因此我们是有选择性地改造，而这种改造的代价是高昂的，可能以生命为代价。这样当我们两类星民遇上的时候，讨论的是如何用自己的特长办事，而不是相互嘲讽。”

“所以长老没有教你们无害换基因？”

“我知道你想听听他们这么做的缘由，你也知道，人是不能永生的。你是做化学的，我给你这么比方，一个反应需要一百天才能完全，你加了催化剂，它五天就完全了，剩下的九十五天不就啥也没有了？你可以理解为人的各项指标都是有极限的，肆意用完人就会死去。但你不用心生畏惧，在地球的法则中，人类不会出现类似情况，而我们星球做得更多的，其实是发色、眼色等无关痛痒的改造，你喜欢蓝色眼睛，我喜欢粉色眼睛，这些纯属基于不同的喜好，无法相比。人通过自己的努力去追求靠近完美——完美是无法实现的，只能不断靠近——这应该才是长老们原本希望我们所实现的，也是希望你们地球人所实现的。”

“喂！”我的桌子被拍了一下，四肢不受控制地颤动了几下，“这节课那么重要，你竟敢睡觉？”是老师标准的怒音。

我厘清思绪，拿起课本，想着：我所处的充满情感的世界才是“完美”的呀！

指导老师：全淑，文学硕士，毕业于华南师范大学，汉语言文字学专业。中学一级教师。

归 程

牟思捷/高三年级 张裕琪/指导老师 四川省成都外国语学校

回 忆

我们从海底的隧道入地，也希望能再回到原来。

“嘀嘀嘀，嘀嘀嘀……”我徐徐睁开眼，窗外是墨蓝色与暗紫色交融的夜。或者，更确切地说，是永夜。

我叫安桉，是超行星纪元2051年的C型人种。我和我的祖辈生活在地壳与地幔的分界线古登堡界面处已是一千余年的光景，我们来自地面，却再难以回到出发的地方。

“安桉！”母亲高声在门外唤我，“今天是什么日子，你难道忘了吗？”“来了，妈，我没忘。”我缓缓应着，脑中尚且残余那个梦的碎片——我梦见了只有在老人们的故事里出现的天空，明亮、澄澈、美好，却不似模拟天空般虚幻、难以触碰。

今天是C型人种选拔日，也是2051年的纪年日。

自从两千多年以前的全球大变暖导致热带与寒带几乎重合后，人类赖以生存的家园几乎是毁于一旦。恶劣的生存条件迫使人们努力去适应环境，人类的基因也因此被动改变：科学家们通过基因工程技术，及遗传信息再编辑，使人们尽可能地适应环境，但效果仍有好坏之分。虽然这一举措客观上延长了人们的寿命，但同时人口也开始了剧烈增长。为了遏制这一趋势所导致的环境再恶化，我的先辈们选择了基因型分层生活系统——即如今我们依然采用的生活方式。当时的人类通过判别基因可改造性大致划分出来四种人种：A型超人种，B型亚人种，C型普人种，以及D型常人种。这些种类的基因依照可改造性降序排列，即按适应与改造环境期望值从高到低排，期望值越高便可以生活在资源相对充足的地面——因为基因的可改造性是我们人类能重新与地球环境相适应的最后一丝希望，这一指标越高，先辈们能建成让人类重新生活的家园的可能性就越大。当时地球上 80% 的资源都留给了在地面的 A 型人种，其余的人类通过海底亿人大隧道潜入地下，等待着重返家园的那一天。为了纪念这一份等待，人们在进入地下的那一年采用了超行星纪年。

然而，终是可观的生活资源更吸引人一些，至少 A 型人种是这样的。在超行星纪元 1000 年时，由于 A 型人种的领导者的利欲熏心，他们悍然使用了坚不可摧的 c-996 型合成金属液封死了大隧道，几乎切断了所有的人种交流系统通道，企图以此独享重建好后的家园。

一千年后，为了夺回地面上应属于我们自己的家园，以及避免因地下资源枯竭而导致人种灭亡，B 型、C 型、D 型人种于超行星 2000 年时签订合作条约，约定每三年培养一批任期三年的三型人种团队去尽力打破那一层厚厚的障壁，或至我们重返地面，或至资源耗尽，无法生存。虽然 A 型人种有着我们 B 型、C 型、D 型人种难以企及的基因优势和资源优势，但是我们也有另一个强项——原始人类的团结。当年改造 A 型人种的科学家因为要遵守基因平衡的原则，不得已在这一方面将 A 型人种的赋值几乎降至了最低，没想到一千年后的某天，这竟真成了我们的永夜前的最后一丝光亮。

每一年的今天，便是选拔 C 型人种的日子。我希望自己也能被选中——就像我的祖辈们那样。

任期中的记忆碎片

我的爱人为我们的归程永远沉睡在了微光之上。

“安，我们探险组近日抵达了第十七届人种团队遭遇 c-996 液态扼杀的地方，探险组目前安全。”

“通讯员安，希望你和团队组建组委会通报，我们将前几日有着突破性意义的通道命名为——微光。”

“紧急，紧急，团队拓路组需要支援，目前 c-996 又重新融化了……”

“安，我的爱人，我多想，多想陪你看天，看海……”

“安桉姐姐，他们……死了，全……死了，活生生被，被融化了……”

“安桉，我领着剩余七个队员越过了第二层，告知大部队一定要做好准备，近地面上的生存条件已有很大变化。”

…………

“安桉，我们到了，终于炸开了！我们……”

“三型人种团队来电，三型人种团队来电，目前先锋团队已抵达地面，后续团队已抵达微光口。”

我只记得血腥和屠戮结束后的天空中升起一个太阳，大海上溢出了霞光，而答应陪我看海看天的那些人却长眠在了地下。

归后的故事

“我外婆叫安桉，是三型人种团队的一等功通讯员，也是现在地球理事会的理事之一，她很厉害，她是让我们重新与地球和谐相处的英雄之一。”

“为什么我也姓安吗？大概是我外婆从孤儿院里收养我的时候起的吧。A型1区孤儿院，我有很多小伙伴都在那里被其他人种的好心人收养。”

…………

“外婆，为什么你老得比我们院里的院长婆婆快呀？”

“因为你们是A型人种呀，你们更厉害一点。”

“不对，外婆，你错啦，明明大家都是人类，只是我们的基因不一样，这是科学老师上课时教我们的！”

“对，我们不一样。”

“但我们都是人类哦，从根本上来说是一样的。”

“这又是谁教你的？”

“这句话是我自己想出来的，不是别人教的哦。”

指导老师：张裕琪，中学语文高级教师，成实外教育集团特级教师，多次获得成都市教育局优秀教师嘉奖。

新　生

聂齐阳 / 高二年级　于幼兮 / 指导老师　江苏省南京市宁海中学

一

“航天器正在接近目标接口，坐标……”飞船广播播报道。

为了这一刻我已经等了太久了，我的妻子也是一样。眼前的土星有一圈极其耀眼的星环，刚好可以遮住那间小小的医院——那便是我们要去的地方。

“警告！该目标接口为私人开放性质，不确定其安全性，请手动准许接入。”

我的手颤抖着，眼前副面板的提示框被投影在空气里，那个发着黄光的按钮可能意味着倾家荡产，也可能意味着我们的家庭将迎来转机。

我和我的妻子都是所谓的“失败的作品”。一个多世纪前，人类造出了我们——“硅基生命”，希望我们有相较碳基生命更加强健的体魄，但事与愿违，我们硅基人因为发育期短而身材矮小，不能与碳基人交配，所以受人歧视。

我在主面板上打开了一个窗口，上面显示着飞船接入公共服务设施的记录，一条条红色的“拒绝对接”映入眼帘。妻子的眼眶有点发红：“就算我们没有钱，至少，能让我们的孩子……”她抽泣着没能把话说完。

后来，基因编辑被定为违法行为，我们好不容易才找到了这间位于土星环深处的私人医院。

“但现在，结束了。”我咬牙切齿地说道。我用手狠狠地戳了一下那个黄色的按钮。随后，整个人瘫软在了座位上，座位有安全带，我没有滑下去。

航天器接入目标……随着老式固定螺栓的“哐当”一声，航天器的门徐徐打开。医院很小，只有一个舱室，里面有一个手术台和一个小柜子一样的设备，那正是基因编辑受精仪——这种仪器早该停产了。医院里一个人也没有，但很干净。按照墙上画的指示，我和妻子将早就保存好的精子和卵子分别放入两个槽中，我的心跳得很快。

“请选择您想要编辑的项目。”语音提示的声音很死板，舱室的侧壁有一个触摸屏，看上去很老式。但我根本没有心思去关心这些。

我们并不很有钱，这里显示的每一项编辑都会花掉我和妻子二人一半的积蓄，唯独“硅基转碳基生命”一项的价格，是其他的四倍。我的心里很忐忑，一旁的妻子早已是泣不成声。

结束了，结束了……我搂住她，希望能多给她一点安慰。

二

今天是孩子上一年级的第一天，感谢命运，基因编辑得很成功，现在，他已经长得快和我们一样高了。我们的飞船停泊在火星轨道上的一个小型的公共港口城市，整个港口缓缓旋转，用向心力来模拟重力。妻子和我很早就站在舷窗边张望，“怎么还没到？饭菜都凉了！”妻子嚷道。这时，一旁的临时停泊港的一号口上的指示灯变成了黄色，意思是“即将有飞船接入”，妻子忙跑到一号口边上，目不转睛地盯住火卫二的方向。大概又过了两分钟，远远地，我看见了来自儿子学校的飞船拖着两根长长的发出蓝白色光芒的火焰，掠过银灰色的火卫二，靠近这里，然后很平稳而缓慢地，反喷，停泊，固定对接，舱门打开，一系列过程都没有发出什么噪声。随着舱门打开，声音也随之大了起来，那是孩子们的欢笑，是我小时候所没有的。

只有儿子一个人从舱门里走出来，这也不奇怪，因为这个小型的港口城市的住户不多。妻子冲上前去，将儿子搂住。

城市的另一侧是居民飞船，也就是我们家停泊的地方。在回到我们自己飞船的路上，儿子和我们讲了很多学校里的事情。很快地，我们到了家，邻居琼斯大婶在门口的一片只有十平方米大小的小花园的长椅上乘凉，她虽然是碳基生物，却从不把我们当什么另类看，我们和她交情很好，她也知道我们编辑基因的事。

“哟，小朋友上学回来了。”她从长椅上站起，跑过来，抱起我们的儿子。琼斯大婶的丈夫很早就因为意外事故去世了，她一直没有孩子。

大婶从那个几乎一直伴随在她身边的小铁盒里摸出了两颗糖，瞥了我和妻子一眼，趁我和妻子没注意，塞进了儿子的口袋。一番闲聊后，我们实在忍不住饥饿，便回了家，琼斯大婶经常这样，她似乎从来不曾感到饥饿似的。

我们的家很简陋，以前还有些值钱点的东西，在那次基因编辑之后已经全部变卖掉了。但生活还得继续。

妻子将饭菜端上桌，为了今天的菜，妻子特地去了大一点的城市，买了新鲜的蔬菜，做了番茄炖肉，而不是用水将我们冰箱里的那一点可怜的冻干蔬菜泡开。

因为这座城市有大概 $4m/s^2$ 的重力，这些饭菜什么的才可以安然无恙地被摆在盘子里，盛在碗里。儿子喝着汤，“爸爸！”他忽然说道，“我在我们班已经有好几个朋友了。”

儿子的交友能力一直是不错的。从幼儿园开始，他的朋友就不少。

“但……”他继续说道，“我们班上有一个人，一整天都没有人找她玩。”

“那为什么呢？”妻子停下手中的活儿，问道。

“他们说她是硅基人，都不找她玩。”儿子嘟着泛着油光的小嘴说道。

我忽然吃不下饭了，“那你呢？”我问道。

“我觉得她是个好孩子，每节课间，我都会去找她。”

我不想记起被人歧视的过去了，妻子也是一样，现在，我们好不容易有了一个碳基的儿子，还有友好的邻居。

“你会和她做朋友吗？”妻子接着问道，她的脸上还是有点不安的颜色。

“我们已经是好朋友啦。”

我喘了口气，打开了飞船的接入记录，一条条的绿色逐渐浸没了红色。

指导老师：于幼兮，文学硕士，苏州大学中国古代文学专业，中学一级教师。

选 择

潘泓名/高二年级 高丽宏/指导老师 北京市第三十五中学

我抬起头，看了看天，天仿佛也看了看我。

天空中确实有正在看着我的人。他们一定在远航的飞行器上，眺望着这颗已经回不去的家园吧。

随着地球人口问题的不断加重，资源的加速枯竭，人类开始为自己的存亡担忧，各国把目光投向了茫茫宇宙。在找到一些适宜人类居住的行星之后，人们便试图研发大型星际飞船以进行大规模长距离移民。这项尝试进行了很长时间未果，于是人类改变思路，推进基因工程研究进度。各个超级大国达成了强强联手，集中力量办大事的共识，很快将基因工程推进完善，让我们的子代成为“超人”，拥有超常的智商和极其强大的身体素质，以高效开发新技术，在地球毁灭之前完成星际移民。这项伟大的工程被称为“超人计划”，可以说是人类在如此情况下能做出的最完美的选择了。

我的女儿是超人之一。这些超人们绝大部分将进行星际移民，只有非常少的一部分留在地球协助原始人类重建家园。我的女儿选择离开，她已经随着大部分超人一起去了更好的星球；而我和妻子留在了地球，修复、守护这片人类生长繁衍了无数代的故土。

我听到附近教堂的钟声。东方的旭日缓缓探出头，渲染着头顶紫金色的天空。它慈悲地看着大地上的人类，抚慰着百年来被人类折磨得千疮百孔的地球。云凶猛地扑了上来，但太阳凭一己之力穿透了云的阻拦，继续把它的万丈光芒铺洒在广袤的大地上。身边高楼的玻璃辉映着闪闪的金光。我又听见了教堂的钟声，不知它是在赞叹着“超人计划”取得的重大成功，还是在为留在地球上的人类哀鸣。但世界一定已不再是以往清晨那般人来人往的场景了。

妻子走到我身旁。她呆滞地抬起头，凝望着变得愈发明朗的天际，阳光点亮了她眼眶中积攒起来的清澈液体。她仍在为和女儿的永别而伤感。

“你说，她会在那个地方过得好吗？”

“我不知道，但这是她的选择，但愿如此。”

此后很长一段时间二人再无对话。

临别的那个傍晚，天如同今天一样难得放晴。女儿对我和妻子说出了最后一声再见，眼中充满不舍，但更多的是坚决。我们都知道，这是我们最后一次看见她，也是她最后一次看见我们。远距离电信号传播的高延迟彻底封死了实时视频通话这条路。尽管如此，她仍转过身，坚定不移地踏上了飞船的台阶。夕阳斜照在山边，照耀着她的侧颜。我看着她被拉长的影子，平生第一次感到女儿的身躯有如此高大，比我那拉得更长的影子还要高大得多。

那一晚，黯淡的天际多出了上万颗璀璨的新星。那是人类千百年来梦想的凝聚，也是地球上仅存的千万人类共同的希望。留下的我们，肩负着把地球变回原来模样的重大使命。

太阳把自己挂到了高处。初春时节，城中树木却因为水资源和土壤污染抽不出新芽，土地上连野草的痕迹也不复存在。光秃秃的树枝上立着一只乌鸦，嘎嘎叫着，仿佛嗤笑着人类的自作自受。人类虽然获得了技术上及个体上可观的进步，但无论是那些超人，还是原始人类，仍然遵守着达尔文提出的自然选择规律。以前的人类自恃强大，抢占少有的自然资源，淘汰了生存能力不佳的生物，以致物种灭绝，地球环境恶化；而现在的超人比原始人类更加强大，于是他们去了更好的地方，留下原始人类在千疮百孔的地球上苟延残喘，被动改善现有的恶劣环境。从始至终都是自然选择规律主导着自然界的生命兴衰。如此规律才是人类技术无论如何进步也改变不了的啊！

“啊。自然选择啊！”我呢喃道。

妻子拭干了泪，用眼神示意我看看脚下的土地。于是我俯下身来。

一棵娇嫩的青草被清风拨动，挣扎着在土地上挺起身板。草上露珠未干，折射着弱小生命与生俱来的绿色，在阳光的洗涤下格外显眼。

指导老师：高丽宏，河北师范大学古典文学硕士，中学高级教师，北京西城区优秀代表教师，优秀班主任，优秀指导老师。

收好你的欲望

彭佳睿/高三年级　唐玮/指导老师　湖南省长沙市湖南师大第二附属中学

“请问您对基因编辑技术的重大进展持何种态度？”

“您是否已经将这项技术用于改造自身？”

“博士、陆博士！”

长枪短炮包围圈中，女人抬起手，数位机甲护送她走进研究所。“发布会将在三天后举行。”冰冷的金属大门拦住了一众媒体记者。

轻车熟路地打开一重重加密锁，陆泉缓步走入实验室。房间里满是莹莹的蓝光，安置着各式各样的显示屏、化学试剂和精密仪器。只有她一个人，但她仍轻轻挥手：“我回来了。”

话音甫一落下，一个培养罐从地下缓缓升起，里面竟然沉眠着一个与她有几分相似的少年。陆泉情不自禁地走上前，手轻贴着罐壁。

“陆海。”

屏幕上不知是第几次跳出“准备完毕。是否开启？”的提示框。“我知道。我只是还想看看他。”陆泉将其关闭，“等他醒来，能瞧见他的日子可就不多了。他的肌肉应该还没恢复吧……”自言自语着，陆泉埋身紧锣密鼓的设计当中，一个精巧的飞行器就缓缓成型。

“还能为你做些什么……”陆泉凝视着培养罐中的陆海，犹豫了许久，她还是决定使用那项技术。“脾气更温柔，就不会冲动莽撞；身体更健壮，才能保护自己；大脑更活泛，才能绝境逢生。你就不会死在偏远战场了……”在记录板上飞快写下一串构想，她想：“我害怕他会怪我的私心，可是……这都是为了他好！”

迟疑着，她按下了确认键。药剂被快速合成，随营养液渗入陆海的身体。陆泉不忍心去看他，以迅疾的速度修改好了飞行器，就从实验室离开。

尽管非常不舍，但她还有别的事要做。检阅完最后一次临床实验数据后，她飞快饮入一支营养剂，又整理好仪容。解开重重声纹、指纹、虹膜验证锁，大门打开之后，是扛着长枪短炮的媒体记者。陆泉在心中重重地叹了口气："真麻烦。"

"我是陆泉，一个基因编辑技术研究者。作为国家的一分子，近期我取得的科研进展已全部整理上交给国家保管。此后我定将遵循国家的指令，从旁协助国家进行相关课题的研究和试验。完毕。"她的尾音变得轻快而上扬，归心已经高悬在眉梢，明明白白地展示给众人看了。

趁记者愣怔住的工夫，她像游鱼般迅速登上机甲，回到研究室。此后的事情，总有专人会出面替她解决的。

"总算清静了。"她回到实验室，摁下确认键，培养罐中的液体尽数退散，透明的护罩从上而下缓慢地消失，她赶忙上前，用毛巾轻柔地裹住少年。"希望你不要怪罪姐姐……毕竟，你是我最后的亲人了……"

一夜无眠，陆泉找来放电设备，安装完备，随即启动。"可能会有点痛，忍一下下哦。"电流的声音响起，她几乎不敢看他，只是飞快地对程序作了最后一次确认。

针扎一般的痛感突然出现在大脑皮层，陆海紧紧地锁住了眉头，将嘴唇咬得发白，痛呼还是丝丝缕缕地从嘴边跑出来。陆泉轻轻地拍着他，陪他挺过这段艰难的历程。

一天的静养过后，陆泉将一切都解释清楚。"你已经在入编后第一场战争中死去，但我托人运回了你的细胞。具体理论你可能听不太懂……"陆泉小心翼翼地看着弟弟，"姐姐也是为了你好。"

陆海的目光却是晦暗不明："为了我好？为国家而死，我荣耀万分！无数战友为了保护国家战死在了宇宙中。我又有什么理由苟且偷生！"他把姐姐一把推开，"我合该安眠在宇宙！把我救回来——是你的一己私欲吧！"他抢过手术刀，刺目的红色在陆泉的眼中倾泻，她几乎凝滞在了这一刻。

"对不起……"陆泉沉默着，秘密将弟弟的遗体送往宇宙。接连数日对数据分析过后，陆泉才发现是因为那次电刺激使基因发生了概率极低的突变。她对弟弟性格的调整并未生效，反而朝着更加偏执的那一面飞驰。

事已至此，陆泉即使懊悔自己的失误也无济于事，她打算去看看是否还有更多突变病例。医院里人山人海，吵嚷异常，还有人在厮打，企图占据更前面的位置。荷枪实弹的机器人护卫拦在医生身前，阻挡着一只只拼命向前伸的手臂。

“医生！我只是想要更漂亮一点，让我先吧！”“医生，我给你钱，你让我的孩子更聪明一点行不行？”医生维持秩序的话语已淹没在了人群的嘶吼中。陆泉于心不忍，冲上去大喊：“各位，安静下来，我们排队慢慢来！”“哈，你当这手术好做，不积极争取，哪里轮得到我们普通老百姓啊！”“对啊对啊……等会儿，你是那个……陆博士？”陆泉微微颔首，眼角流出骄傲的光芒，不料，人群一拥而上，几乎将她吞没。无数双手伸过来，将钱向她身上砸，哀求的话语充斥着耳朵和大脑。人群的疯狂可从未在她的考虑范围之内。

护卫将她从人群中救出。重甲中，陆泉惊魂未定地落座。

三天后，国家出台关于基因编辑的政策，承诺切实维护人民权利，所有人的基因编辑需求都可以在提交报告并得到批准后被满足。新组织的基因警察也将投入监督、维护的工作中。在政策保障下，人们的生活渐渐回到了正轨。

任何欲望，都应接受监督和管控。

指导老师：唐玮，文学硕士，毕业于湖南师范大学，中学一级教师，高中语文教研组长，语文名师工作组核心成员，多次被评为市级优秀班主任、市级优秀骨干教师、市级优秀教研组长。

“完美”人类

钱露瑶/高三年级　鲁华芬/指导老师　浙江省绍兴市钱清中学

我是一个在未来世界的未被编辑基因、由母亲自然分娩诞下的人类。

在未来世界中，随着科学技术的飞快进步以及生物遗传学领域研究的不断创新突破，人类最终实现了基因编辑技术，而随着社会经济迅速发展和技术逐渐成熟，基因编辑这项技术也“飞入寻常百姓家”。

我出生在基因改造技术红火的前几年，也就是这几年光景，基因编辑成为社会上被追随热潮，“完美人类”是被追捧的对象，社会上开始出现改造人和自然人两类人。逐渐地，改造人能够受到政府和社会的优待，而像我一样的自然人却受到歧视，遭受各种冷眼。

我的父母也受到社会舆论风向的影响，他们在我六岁的时候，利用基因编辑技术生下一个男孩。他理所应当地受到父母的宠爱，而父母也似乎忘却了我这个不受待见的“自然人”。我越发地刻苦认真，企图证明自己比改造人更加优异，企图从弟弟那儿分来一点点父母的关注。事实上他们对我优异的成绩视若无睹，依旧只关注着那个改造人弟弟。在我十八周岁成人的那天，我带上准备已久的行囊和怀揣很久的梦想，走出了囚禁住我的牢笼。

不出意外，我离家出走后的光景与家中并无不同，社会上现在对自然人的接受能力更加低了——曾经的冷眼已经进化为明目张胆的歧视了。在职业选择上，只有改造人才能接触到高新技术和受人追捧的职业，而自然人只能从事辛苦且薪资微薄的职业。进入各类场所都会采集你的指纹和血液，分析你的基因，针对你是改造人抑或是自然人的身份提供对应的服务。更可笑的是一般的服务员都是自然人，而他们也对其他自然人抱有歧视。在目睹这样扭曲的社会现状后，我迫切地想证明自己。我需要尽快实现自己的梦想——成为一名宇航员。一位飞向宇宙的自然人，有什么比这更打那些歧视自然人的丑恶嘴脸呢？但是宇航员是只有改造人才能从事的职业。为了克服身份和基因的难关，我利用生物遗传学的知识和高超的信息技术，将自己的指纹、血液等暴露基因的部位，通过模拟改造人基因，虚拟了一个改造人身份。解决了身份问题后，我凭借优异的身体素质和充盈的知识储备通过层层考试进入了航空学校，并在培训六年后，以全校第一的成绩进入国家宇航总部进行唯一名额的宇航员选拔。在踏入总部后，我马上就发现了一张熟悉的脸，是我那个改造人弟弟，他已经褪去了曾经的婴儿肥，取而代之的是一张来自基因编辑后的俊逸脸庞。他也是我在最后选拔中的竞争对手，但我比他优秀，且我有信心在不久后的选拔中打败他，获得优胜成为那名唯一的宇航员。马上我就能够实现自己的梦想——登上火箭领略太空之浩瀚，并在太空站说出这些年来压在心头的话，证明自然人并不比改造人差。

就在这离梦想只一步之遥之际，却发生了一场意料之外的变故。

在宇航员的最后选拔阶段，在测验基因的那一关卡上，总部临时添加上了尿检。这个临时的举措却打得我措手不及。我根本没有准备可以模拟改造人的虚拟尿液！一时之间紧张、无措和不甘的情绪涌上大脑。为什么？仅仅一步之遥！这种失败的认知在瞬间让那些复杂的情绪都化作了一种无力感，我连指尖都透着凉意，全身都在战栗。在我的惶惶不安中，尿检报告出炉了，报告上赫然写着“自然分娩”四个大字，这四个字好像变成了四张我见过无数次的嘲笑的脸，它们都怀揣着恶意，嘲笑着我自然人的身份。那一天我从人人艳羡的云端摔落至烂泥，沾染上了一身灰，烂泥似乎也在说：“这本就不是你该待的地方！”

我欺瞒身份那么久，总部高层对我这样的挑战他们权威的行为非常不满，把我关进了一间禁闭室。待火箭成功上天之际，再来找我清算。我在昏暗的禁闭室中不知被关了多少天，脑海中走马灯似的放映着一幅幅画面——父母的冷漠，社会中的一双双冷眼，那一幕幕像是一条在觅食的毒蛇缠绕上我，让我在这片黑暗中看不见一丝希望。突然一丝光亮从门缝中倾泻进来，在久久的黑暗中突然出现的光让我几乎睁不开眼睛，本以为等到的是严厉的审判，但随后传来的是一个熟悉的声音：“姐姐，出来吧！”我努力适应了光亮，睁开眼睛，眼前出现的是我的那个改造人弟弟。我疑惑不解地看向他，他的脸上隐隐透着一丝焦虑：“姐姐你快点，不然就来不及了！”没等我回过神发出质疑，他已经把我从地上拽起来，奔向一个方向。

“到了。”弟弟停住脚步，望向前方，我抬起头，正是火箭的发射舱，我明白了弟弟的用意，他是那个在我尿检失败后，被选拔出的唯一的宇航员，但现在他打点好了一切，并把这个上太空的机会让给了我。

弟弟接着开口道："姐姐你比我优秀，这是你应得的，不必愧疚。"他深切地看着我，接着说，"更何况，我不仅在帮助你，更是在帮助千千万万的自然人。"

听完我从没认可的弟弟的话，我忍不住热泪盈眶，在发射舱关上的最后一刻，我说："谢谢你，弟弟。"

怀揣着少时的初心热血，随着火箭的点火升空，我们一起沸腾着。

指导老师：鲁华芬，文学学士，曾获得区局级先进、区优秀班主任等荣誉称号。

极品婴儿

仇心怡/高三年级　王文姣/指导老师　湖南省益阳市第一中学

2200年，人类基因工程达到全新飞跃，只要有一颗健康的受精卵，便可以实现基因改造，且错误率接近于零。但弊端是需要高昂的费用，一般人家根本负担不起。简而言之，只要够有钱，就能得到更多的优秀基因，更能造出“极品婴儿”。如果手术成功，其婴儿的优秀基因可以随他们的生殖细胞完整地传给他们的后代。可以说是“一代手术，万代改命”。老年大明写下这段话，合上日记本。

大明生于2205年，正是基因改造进行得热火朝天的时候。他家在农村，关于基因改造村里人虽只是在手机上看到过，但也深知其好处。大明长大的村子相对于其他村发展较落后，看到其他村一个个因为出了人才就跟着富起来，村民们深刻地参透了“智力”的重要性，决定筹钱让新生儿参与基因改造，换取全村致富命运。

大明的父母就是全体村民投票推选出来的。当时的适龄夫妻有几对，因大明的父母在村里当老师，为人厚道，口碑好，村里人信得过他们。于是怀揣着村民们的希望和巨款，他们来到了最好的医院。几个月之后，大明降生了。大明长得像他的父母，长得俊。人也格外聪明，小学时一直是第一名。小学毕业，他怀着老乡们的期待外出求学。

大明一直不知道自己是基因改造儿，父母只是经常告诫他不要忘了根，学成之后一定要回家乡来，回馈乡亲们。乡亲们一直对大明很客气，大明一直把父母的话记在心上，不敢忘记。大明依稀记得，他从小很受孩子们的欢迎，尤其是女孩子。女孩子的家长有时跟他父母说要结亲家，也被父母半开玩笑似的拒绝。

中学时代，大明的成绩还是很好，人也很努力。2223年，十八岁的大明考上了最好的大学。大明从小对医学有兴趣，他选择学医。他想学到最好的医术，回报老家乡亲们。在医学系的宿舍，他认识了与他关系最好的舍友。

一天舍友悄悄告诉他，说自己是基因改造出来的，还说这个学校大部分人都经历过基因改造，并说起了自己的成长经历。说者无意，听者有心。大明听到舍友的话，觉得自己和眼前好友的经历很相似，于是怀疑起自己的身份来。一次做实验的机会，他看了自己的基因图谱。这和正常人的完全不一样：这不是一个人的完整基因，倒像是一张很完美的拼图。这里一块，那里一块，很多完美基因拼凑在一起，凑出了看起来完美的“大明”。

大明清楚地知道基因改造的费用高昂，自己家里的条件并不好。到底是怎么回事？经过他的多方调查与求证，一个答案渐渐浮出水面：村里人凑钱“拼”出他来的！震惊之余，他更多的是感激，感谢他们的决定让他看到了更高更远的世界。大明顿悟：只有真正地洞悉了事物的本质，才能给出决定性的判断。他知道这个学校还有花更多的钱进行基因改造、“起跑线”比他更高的学生。这样看起来不怎么公平，但学习是人与生俱来的能力，他知道人的本质不在于一味地享受安逸，还有不断地充实自己和学习！同学们可以看到大明在教室里、宿舍里、校园的角落里，都拿着他的书和笔记本，嘴里念叨着深奥的问题。他明显发现学习大学知识不像中学时代那般得心应手了。“但是，人的本质是奋斗。”他不断鼓励自己。经过努力，大学的第一次考试他夺得全系第一。

大三那年春节，他回到老家，和父母一起过了年。正月初二、初三，又和父母一起给乡里的父老乡亲们拜了年，他有好几年没回来了，这里真的发生了好大的变化，村里变成了一个旅游景点，游客络绎不绝。致富的梦想提前实现了。也是在这一年，他又见到了尊敬的老伯伯。当年是他提议进行基因改造的，凑钱时他也出钱最多，可以说是他给了大明全新的生活。

大明毕业后进入医院，成了一名基因改造专家，虽然没有带领村里人致富，但他终究还是回馈了这个村子。村里新出生的孩子都经过了他的基因改造，比其他孩子更健康、更快乐。原来大明的改造有与以往基因改造不同的特点：他加入了努力拼搏、真诚感恩、奋发图强等优秀品质。他真心希望比智力更重要的美好品质可以在基因里一代代地传承下去。

指导老师：王文姣，中学高级教师，益阳市骨干教师，市作家协会会员，曾获省级优课两次、国家级微课一次。

最后的人造人

邵芸霏 / 高三年级　顾光宇 / 指导老师　上海市市北中学

我们为何降临于世？我们的生命是否能被赋予无限的可能性？还是万能的造物主认为我们的一生“本该如此”？

多年以后，废弃的奥伯森灯塔顶端，我如是在手札上写下诘问。

我从未如此迫切地希望狡猾的岁月在我身上留下些它到来过的痕迹，而非用这副年轻如昔的皮囊盛放内里苍老不堪的灵魂。

我是谁？

自从我有记忆的那一分钟起，这个问题便一直萦绕于我的心间。

初次从实验室的营养液中探出头来贪婪地呼吸第一口空气时如此，被那个人类儿童用鄙夷的眼光打量时如此，走在光怪陆离的街头，与各色美丽而健壮的人类擦肩而过时亦是如此。

你和他们不一样。我的造物主蹲下来，对用羡慕的眼光打量人类儿童打闹的我温柔地说道。

2055 年，人类基因编辑技术进入新纪元，错误率已下降为三百万亿碱基对中出现一个错误，与自然发生的基因突变概率一样。开始，人类只是用此改变致病基因，治愈先天性遗传病。然而，随着技术发展，人类逐渐不满足于此，部分富人尝试改造身体，增强认知。经过改造的大脑像电脑芯片，一秒内可处理上万条信息，记忆上亿字文献资料。富人将优秀基因拼接到孩子的胚胎中以提高后代智商，自由选择孩子的眼睛和头发颜色。获得优秀基因不再如中彩票，而是与人们的财富成正比。

新的职业基因编辑师随之诞生。他们为富人的孩子制定基因计划，陪伴其成长，在他们长大成人之前出现任何问题都可以随时修改基因。

而我们则截然不同。优秀的人类可以自由选择婚姻及交配对象，基因有较大缺陷，却因经济窘迫（高收入工作只能由携带优秀基因的人类从事）而无法改造基因的人类只能将精子卵子售卖到基因编辑中心，供编辑师将某一基因增强到极致，制造为未来从事危险职业的，无法用机器人替代的体力劳动者和战争军队，无须进食就可以持续工作，并且长时间不会衰老。

我们不知道自己的父亲或母亲是谁，我们叫自己的基因编辑师为造物主。

我们的本质先于存在，从出生起就注定了一生的命运。我们算不上是人。

说来惭愧，我一直想成为一个真正的人，哪怕我清楚地知道这永远不可能。

值得庆幸的是，我没有被安排从事危险的体力劳动或是上战场，而是成为一名人造人心理咨询师。造物主说，我的初始基因中显现我有极高的共情能力，足以使我窥探任何人造人的内心。

我的造物主是个温柔的人，常常让我想到我那从未谋面的母亲。我很高兴她认为我拥有天赋，而不是和其他造物主一样生硬地回答“你生来就是干这个的”。至于当我问她为什么人造人也需要心理咨询时，她回答，总会有例外。

心理咨询师的生活很有意义，我接见不同的人造人，倾听他们的不如意，有时记录一些东西。

他们之中，有的经常来访，有的却再也没有来过。

阿德勒是在一个雨夜拜访我的。

他是一名军官，在前不久与人工智能叛乱的交锋中击杀了人工智能的领袖，事迹在浮空屏上滚动了四十八小时，那两日就连平时对我们最为鄙夷的那批人类都露出了罕见的微笑。

你好，天真的羊羔。他笑了笑，眼神空洞而疲惫，让我想起正在衰老的星系。

我想知道你对于生命的看法。他说，生命应该是从内向外产生力量的可能性，而我们只是一堆粒子相互纠缠作用，就连我们自己也这么觉得。我们不算人，因为我们的行为模式乃至命运都是被基因编辑程序设计好的。

不用把这些话记录下来，你知道为什么那些人消失了吗？因为他们认为自己是人，他们想要和人平等的权利，但人不会允许。所以他们被清理了。

我在开枪之前劝他投降。

他说，你是我见过的最有人性的人。人要我们学会思考，却剥夺我们选择的权利。更可悲的是，你们明明没有程序的设定，却要逼迫自己做出那样的决定。他们有聪明的大脑，可我们有钢铁般的意志和躯体。

阿德勒说，他有一支起义军，如果我想，战后建立的新秩序会有我的位置。

我拒绝了阿德勒的邀请，并听从他的建议提前前往与世隔绝的奥伯森灯塔。

三天后，人造人起义宣告失败，叛军首领阿德勒被逮捕。

这场起义摧毁了大多数基因编辑中心，人类也失去了大量基因编辑师，为避免同种情况的再次出现，人造人项目停止，所有人造人一并歼灭。

他们的确有钢铁般的身躯，但聪明的大脑又怎会计算不到这一天的来临？

我成为世界上最后一个人造人。

六十年如猎户座流星雨般一掠而过。

我本可以凭借与正常人类相差无几的外表回到人类社会，但我留在了这里。

我终其一生都试图成为一个真正的人，我甚至嫉妒阿德勒，外表上我比他更像人类，但他却拥有我从未拥有过的人性，而不是有思想的工具，他比面不改色残杀曾拯救过自己的同类的人类更有人性。

也许人类会忘却这个纪元曾出现过人造人，我们被仓促地创造和抛弃，如同眼泪消失在雨中。

可我想让历史铭记我们。

于是，明显是上世纪生产的信号弹在鱼肚白的天际炸开一抹亮红。

远空传来飞机的轰鸣声。我将破旧的手机合上。

我是我所经历的一切的总和，我是最后一个人造人，我是那个落幕时代的见证者，我是重新为自己而活的生命。

我是我自己。我准备好了。

指导老师：顾光宇，毕业于扬州教育学院汉语言专业，中学高级教师。曾获上海市闸北区中青年教师基本功大赛一等奖。

无 双

盛典 / 高三年级　逯建芳 / 指导老师　山东省济南市济阳区第一中学

一个被各类培养舱填充的实验室中，一个美丽的女人在舱内。我默默注视着，隔着一层薄薄的透明的屏障，仿佛隔了整个世界。泪水划过脸颊，如果从头再来，我希望不会认识这个女人，她就不会成为我的妻子，也就不会因我而死。

她死了——但她还“活着”，以另一种方式。

…………

我看向大号培养舱里的自己，本应该让人毛骨悚然的画面却没让我有一丝不安。

令人胆战的是，这个实验室中的“我”不止这一个。那些大大小小的培养舱内，有婴儿，有少年，有壮硕青年，有耄耋老人。他们都是“我”。

为了探究人类的生命奇迹，我接手了一个项目：用改变基因的方式创造出一个没有疾病，不会受伤，不会衰老的完美人类。将细胞提取出来，再改变遗传模组，最后用试管培育出一个新的更完美的“我”。

当然，直到现在我也没能成功。“我”们不是因为各种怪病而失去生命迹象，就是衰老速度过快。在婴幼儿时期就因为各种中老年疾病而死，很荒诞吧？从我决定接手这项工作开始，我就已经做好了心理准备，最初的时候我也一样感到恐慌，现在好像变得麻木了。

多亏了我的妻子，虽然她并不支持这个项目，但却一直陪在我身边。她的陪伴让我能够在一次次的失败中站起来。好像很久没和她一起共进晚餐了，不如今晚就放一放工作，陪陪她吧！我暗想。作好记录，我关上了实验室的门，却没注意到，方才我所注视的那个“我”，像刚睡醒一般，半睁开了双眼。

“今天怎么有空陪我啦？大忙人？”妻子没好气地翻着白眼。“这两天确实忙，这不，一忙完就来陪你了嘛。”我微微地笑着，仔仔细细地看着我的妻子，结婚快十年了，妻子脸上增加的皱纹更让她有一种沧桑的美感。从她眼中的倒影中，能清楚地看到我憔悴的面容。橙色的温和的灯光下，一桌子的家常菜，热气升腾。温馨只要这么简单。刚要举筷，突然实验室传来一声巨响。

不管妻子灰白的脸色，我飞奔起来。

一个男子站在已经破碎的培养舱前，就这样静静地站着，直到我打开了实验室的门。他转过头来，两张相似的脸，一张脸年轻，一张脸瘦削；一个脊背挺直，一个弯腰驼背。因为我的脊椎病，我的腰很早之前就无法挺直，看到如此年轻壮硕的“我”，我不禁一笑。

“我”看到我笑了，也学我笑起来。

紧随而来的妻子看到这一幕，不禁皱起眉头。

安顿好“我”之后，妻子担忧道：“这样真的好吗？万一哪一天，他取代了你，他会害了你的。”“不会的，他没有思想，只会像人工智能一样重复别人的行为，你看到了吗？他笑起来不像我们，他是没有情感的。我成功了！他是完美的人类！”我激动地大喊。“你简直疯了。”她叹了口气。

事实证明，“我”的学习能力很强。仅一个月的相处时间，他便学会了说话，可以与我进行简单的交流。而且他好像不会感到疲倦，每晚在书房学习到深夜。我渐渐相信，这个“我”就是完美的我。我成功了。

我太大意了。

那天，我在书房中和“我”一起读书，他突然抬头问我：“我是谁？”“你就是我，完美的我。”我回答道，但突然觉得不对劲，我扭过头看向他，发现他直勾勾地看向我。他的眼神里没有一丝情感，也没有任何的用意，但却让人恐惧。“如果我是你，”他的声调毫无起伏，“你是谁呢？”我心中的不安加剧，起身想要离开，他又开口说：“什么是思想？什么是情感？”说罢，不等我回答，便低下头去，仿佛在思索这个问题。

我心中一凛，取出一把水果刀，却赫然发现，他就在身后，注视着我的一举一动。

“你在干什么？”我慌张地问道。他笑了起来，好像第一次见面那样，“如果我是你，完美的你，那么你就是充满缺陷的我，对吧？”他用冷冷的声音说，“这几天，我一直在寻找‘完美’的含义，寻找‘思考’的含义，寻找‘情感’的含义，后来我发现，原来我一直都在思考，有情感，而且——‘完美’！我是无双的真正‘完美’之人！”

我惊愕地看着他，原来那天他听见了我说的话，他比我可聪明多了。

“那么，满是缺陷的人没有存在的必要吧。”他夺走我手中的刀，对向我，“谢谢你将我带到这世界，永别了，‘我’。”

“不！”妻子的声音响起，还没来得及反应，只见刀已刺入妻子的背。“为什么？为什么要保护我！我明明没有这么完美啊！”我声音颤抖。“我爱的……不是完美的……你，是那个喜欢……发脾气的你，是……生病的时候……倔强的你，是那个面对失败……却不退缩的你。”妻子微微笑着，停止了呼吸。一言不发地，他抽出刀来，正准备再次刺出，却突然捂着心脏倒下了。只剩下我一个，跪倒在凌乱的房内，抱着我死去的妻子痛哭……

…………

后来我才知道，“我”只是没有疲倦感，但身体机能因为没有得到休息而衰竭。我失败了，却因而侥幸活了下来。看着培养舱中“完美”妻子年轻美丽的容颜，我还想要感受她手心的温度，听她说埋怨而温柔的话语。

但我关闭了培养舱的电源，十分坚决。

她死了，确实死了。

即使这个女人再年轻貌美，再温柔动人，再“完美”，也不是那个为我挡刀的人了。

“我”曾说过他是无双的，其实我们也一样。

这个世上没人能代替我，也没人能代替她。

除了我，再无我。除了她，再无她。

指导老师：逯建芳，中学一级教师，从事高中语文教学二十年。

永恒的十八岁

施彧/高二年级　邹宜笑/指导老师　浙江省北京师范大学附属嘉兴南湖高级中学

她得了重病，我在厨房煮我们余下的食物。她躺在卧室里，时间久了，被单上的花都开了。泡沫从锅里迅速浮了上来，管家机器人卡达接了一碗水，我倒了进去，盖上锅盖，开始想一些与晚饭无关的琐事。帝国早已分崩离析，联合政府靠着基因公司的收入才勉强维持下去。魔都城市的每处霓虹招牌，从“新人类”到“新新人类”，再到如今的“新新新人类”。不会再有下一代了，我想。

从锅盖气孔上均匀冒出的水汽，很难不让我联想到上世纪的火车头，以及那团烟背后的绿色山野、非人造太阳、尚还健康的身体，和十八岁的她。

妻子突然唤我的名字，我从浮想中抽离，快步走到卧室。

“你感觉还好吗？”我握紧她的手，“晚饭马上就好了，你什么时候吃？”

她疲惫地望向我，那仍是张十八岁的少女脸，唯一能体现岁月痕迹的便是她那无神且干涸的眼睛，“我感觉我的生命到尽头了。”

她并没有回答是否还愿意吃晚饭。显然她已无这个心思了。

“我们的生命早该到尽头了。”我笑了笑，“我早想通了，人总会死的。或许一百年前我们就不该去做那个手术。”

“我觉得我快要死了，阿桑。”她闭上眼，微弱地喘息着，“这次像是真的，我不骗你。”

“那我该怎么做呢？”

“我想听点故事。”

“你想听什么故事，”我叫来了机器人卡达，“是《一千零一夜》还是《格林童话》？”

“这些书你都快讲烂了，阿桑。”

“谁叫现在没有新的安徒生呢？”我翻开上世纪某一年某一期的日报，这已是我第二十三次读给她听。

等她睡得安稳了，我关上卧室的灯，窗外千年不变的月色升起。我匆匆吃了晚饭，离开了家。街上到处是人，高耸的玻璃大厦、液晶屏，放映着电影院的预告片。热闹的还得看"轰趴"，年轻的俊男靓女们像要踩坏这个地球似的蹦着，若台上的 DJ 放的是外国的杰克或是布伦森的"新式"电音，那么他们一定会无比扫兴，因为最近都流行《夜上海》这样的复古曲子。如果硬说潮流是个轮回的话，这一代年轻人已体验过无数个轮回。

这一代人比历史上任何一代人活得都要久，也会是最后一代人。没有新的科技了，生活还停留在一百多年前的样子。只不过哪儿都是大城市，光是魔都就有七个原模原样建的，在那儿也会有一模一样的我们。如果我的妻子真的会在今夜离开，我不知道余生该如何度过，尤其是无穷无尽的余生。或许我会像那些纸醉金迷的年轻人一样呢。毕竟我才"十八岁"。

无聊地走在魔都的街上，这座城市的街没有尽头，若一直向前走便会迷失，人类也是如此，我想。叫了辆出租车，回到家。卧室里没有一点动静，平常这个时间，她应该还没睡，刷着短视频，跟我分享她看到的有趣事情。我们就这样度过了一个又一个的美好夜晚。

可今晚不是，她的房间关着灯。我的鼻头一酸，这一生虽已见过无数冰冷的尸体，例如父母的、朋友的，我早已对别离感到麻木，但我不希望走进房间看到她那十八岁的脸再也没了笑容，我想起一百多年前我们初次遇见，她的长辫，她洁白无瑕的脸……我突然想到，要是我们没做那个手术该多好；或许在很久以前我们就会浪漫地一同死去，像每一个正常活着的人那样，走过几十年说短不短，说长不长的人生，抱有一些微小但无碍的遗憾死去；或许我们当中会有一个人先死，另一个人在经历了几年伤痛后便随同而去，那样的人生，难道不一样精彩，一样美好吗？

我的手微微有些颤抖，但还是打开了房门。

她正安详地睡着，呼吸均匀，像个十八岁的少女。我绷紧的心弦终于松下了，一觉醒来我们又将是十八岁。我轻吻了她的额头，感谢她陪同我走过百年的孤独。

指导老师：邹宜笑，文学硕士，毕业于南京师范大学，中国现当代文学专业。中学二级教师。曾获优秀教师、学生最喜爱的教师等荣誉称号。

信 仰

宋炳慧 / 高二年级　李发付 / 指导老师　山东省临沂第三中学

“敬我们这些平凡的人类。”研究员合上了日记本。

虽然现在科技发达，人人都连上了脑内网络系统，做任何事都不费吹灰之力，但研究员还是更喜欢这种原始的纸质书写。

他望向窗外安静祥和的街道，长长呼出了一口气。

十年前，一位年轻母亲冒着大雨，抱着她年仅三岁的孩子，跪在研究院前，痛哭着求研究员救救她那得了癌症的孩子。研究员便叫来了金发碧眼的博士，他是研究院的管理人。博士思考片刻，决定尝试用基因改造来救活这个孩子。

“博士，”研究员震惊又焦急，“这项技术不是还没有完全的把握投入实施吗？这么贸然使用……”

博士一改往日温和模样，面无表情的脸倒显出几分冷酷：“确实没有把握。但是，你要知道，如果这次成功了，就证明我们的技术是可以为人类所用的。”

“那如果没成功呢？”研究员脱口而出，“那个孩子会失去生命。”

博士摇了摇头：“一个癌症患者而已，早晚要离开的。”

研究员沉默了。难道在他最尊敬的博士眼中，人就只是一个无关紧要的试验品吗？

男孩成为他们的试验品一号。

基因改造非常成功。博士将男孩身体里的致病基因，通过各种方式，转变成了那个男孩脑中的有益基因。博士喜出望外，但也不动声色，悄悄在男孩的脑内系统安装了监视器和定位仪。

于是未来的十年，生活无忧无虑的男孩，丝毫没有察觉自己一直活在博士的监控之下。

男孩很快到了该上学的年纪，周围的人很快发现，这个男孩是个天才。他过目不忘，自己看一遍课本就能把所有知识牢牢地记在心中，并且为他所用。

“看吧，”博士笑着指着屏幕，“我们成功了。”

研究员僵硬地勾了勾唇角。

他清楚地记得，基因改造前的男孩，并不具有这样高的智商。

这样盲目的改造，真的正确吗？

很快，博士就派人建立了第一家基因改造医院。在这里，人们可以选择改变自身的基因，怀孕的母亲来到这里，甚至可以选择自己孩子的长相、身体素质和智商。有人苦于在经商方面没有天赋，有人苦于自己的长相，有人不满自己的身高体重。他们纷纷心动，自愿前去基因改造。

他们无一例外，全被装上了监视器，成为博士的试验品二号三号四号……

博士因此得到了大量信息，每天都泡在实验室里，分析从他们脑内系统传输回来的数据，并不断对这项可怕的基因改造技术进行修改。

有一天研究员回到实验室的时候，发现博士漂亮的蓝色眼睛变成了黑色。于是他想起来，博士曾经告诉他，他更喜欢像研究员这样的华夏人的眼睛。

有乐于改造基因的人，当然就有反对这一技术的人。

他们和研究员一样，认为人生而为人，原创的自己才是真实的自己，盲目的基因改造是不公平、违背社会规则的。他们游行、起义，但全部都被博士镇压。反对派和赞成派的矛盾愈发严重，甚至发生了几次大规模的混战。

研究员看在眼里，急在心里。他告诉博士外面的现状，却被博士不轻不重地驳回：“等反对派尝到了苦头，就会明白我的基因技术是多么伟大。”

“博士！”研究员压抑很久的情绪终于爆发，他看着曾经无比敬爱的博士，只觉得难受与可笑，“你有没有考虑过后果！你只顾自己的研究成不成功，有没有看看现在外面都变成了什么样？”

博士皱眉，那双黑色的眼睛无比违和。他说：“那和我没有关系。这项技术是为人类服务的，是我的信仰，你为什么不去看看，有多少人成为他们自己信仰中的模样？”

研究员为博士的执迷不悟感到痛心。他脱下了自己的白大褂，离开了研究院。

博士在接受改造的人的脑内系统中安装监视器的行为暴露了。没有改造基因的人庆幸自己还是一个正常的人，而改造过的人，开始恐慌、愤怒与后悔。他们只是试验品，是活在监视中的人。博士便成了所有矛盾的中心。

改造过基因的人，凭借着强人一等的身体素质，硬生生破开了戒备森严的研究院，将博士送进了国际警局。

在上级的安排下，研究员又回到了研究院，成为新的管理员。他做的第一件事，就是关闭世界上全部的基因改造医院。

研究员认为，基因改造可以用，但不可滥用；可以用于治病，但不可盲目改造人体的其他部位。

这一言论迅速引起了社会各界的广泛好评。于是研究员将基因改造技术共享给了各大医院，用于医治患者，并将之前接受过基因改造的人通过手术恢复了原状，取出了脑内系统中的监视器和定位仪。做完这一切，他取缔了研究院里的基因改造部门。这一技术研发的初衷是救人，而不是让贪婪和一己私利来蛊惑人。

黑暗独行十年，好在世上有星光开道，所以荆天棘地，也不枉此行。

研究员看着窗外的街道，喃喃道："人生而为人，每一个人都是原创。"每个人都要通过自己的努力，向着信仰去改变现状，而不是活成盗版。

我们每个人的生活都是完整的世界，我们都要为自己生活的世界而奋斗。

指导老师：李发付，中学高级教师，市教学能手，市优秀教师，市优秀班主任，国家级课赛一等奖，市兼职教研员。

勿　念

宋嘉茜 / 高三年级　冉祥明 / 指导老师　山东省泰安第二中学

这个女孩真美——第一次见面时，我心中只有这一个念头。

因为工作需要，在我很小的时候，父母就被派往火星建设基因库。每当想念他们时，我都会偷偷溜到学校的天台，呆望着幕布形成的虚拟夜空，希望能看到他们生活的星球。

我觉得，这里就是我的归宿。

直到她的出现，让我这个孤独的灵魂有了一丝牵绊。那夜，月光慢慢涨潮，皎白的波浪静静扑在她完美无瑕的脸上，她的周身像蒙上了一层白纱，显得遥远又模糊。仿佛注意到了我的目光，她转过身来，露出灿烂的笑容，银铃般的声音溜到耳边："呀，原来这里还有一个跟我一样的人啊！"

我有些不知所措。

她好像一点也不介意我的沉默，拉过我的左手细看了一会儿，才问到我的名字。我慌张地抽回手来，因为我知道，我和其他人不一样，我的左手没有纹上地球人独有的身份信息。这让我在班级中常常受到排挤——他们说我是外星人，笑我是野孩子。

"啊，你可以看我的身份卡，我不是什么怪人，只是……"我慌张地掏出身份卡来，递给女孩。

"没关系，吴念。"女孩看了看我的身份卡，伸出左手，柔软的手腕上挂着一张卡片，"我也没有纹身份信息哦，看来咱们两个挺有缘分的！"我仔细看了看她的腕卡，跟我的格式有些相似，上面写着她的名字——程肆。那天我们聊了很多，我觉得我找到了我的子期。

慢慢地，我了解到程肆的父母也是做基因工程的，她和姐姐在学校读书，但是几天前，她的姐姐得了一种奇怪的病，不久便离开了她。我听到这些，感到胸口一阵酸痛，却说不出是什么滋味。她说她在学校也受到过排挤，但慢慢地，同学们被她的学习能力折服，逐渐接受了她。可她还是觉得，她不能和其他同学一样谈笑，因为在他们投来的目光中，似乎带着一种恐惧。我笑着安慰她："你这么完美，他们是在妒忌你吧。"程肆却陷入了沉默。

就这样相处了半年，我对她的感情越来越深，但不是情与爱，是两个不被世界接受的人相互的依存。在她的身边，我感受到了从未体验过的快乐、悲伤、愤怒等情感，我觉得我的生活发生了巨大的变化。

直到有一天，我接到了医院的电话，他们告诉我，程肆病得很严重，她的家人不在身边，她想再见我最后一面。我坐上我最厌恶的光速磁悬浮快车，匆忙地赶到医院。病床上，脸色苍白的程肆显得那么脆弱，她咧开嘴，努力保持笑容，无力地说道："吴念，医生说，我的病，他们的技术没法治疗，我可能要去找我的姐姐了……"

"可是，可是怎么就这么突然！你的体质这么好，怎么一下子就……"我克制住自己的情绪，险些喊了出来。

程肆的眼角也有些湿润，她冰凉的手颤抖地递给我她的腕卡，我看到上面多了一行地址。她的声音不再像往日一样清脆动听："我要去一个没有苦痛、歧视、排挤的地方了。我会幸福的，勿念……"

几天后，一群人把我带走，说是父母派人来接我去火星生活，我没有拒绝，因为这个星球已经没有什么好留恋的了，而且程肆给我的地址，恰好是火星的某处。

但是一到火星，这些人就把我关进一个仪器中，许多线路接在我的身上，我感到一种莫名的恐惧。

"马上成功了……这绝对是人类的一大壮举！"

我的意识逐渐模糊，只能隐约听到那些人在讨论我。等到我醒来，我感觉自己少了些什么，但是也说不清，这种迷茫曾一直伴我左右，直到我遇见程肆。而现在，它又回来了。

我看了看手腕上的卡片，地址……对，我现在就是要去这个地方。我再一次坐上磁悬浮快车，这种车的磁场让我感到头痛欲裂，我想可能是老毛病又犯了。

目的地是一套公寓，我通过显示屏跟房主说明了来意，那个人好像早就料到我的造访，爽快地开了门。

我被面前的人惊到了。

“程……程肆？你怎么在这里？！”我惊讶地喊了出来。面前的这个女孩长相跟程肆一模一样，只是坐在轮椅上，显得那么瘦弱。

“我叫程，不是程肆。”女孩淡定地伸出左手，上面文着她的身份信息。

“这怎么可能，难道你也是她的姐姐？”我一下蒙住了，呆呆地看着面前这个“已经去世”的人。

“既然她让你来，我便告诉你真相吧。”女孩淡淡地说。

我才慢慢知道了事情的原委：程肆只是她的克隆人，女孩的父母本是CRISPR技术的研究者，他们为了治疗女儿的双腿，用克隆人拼接基因进行试验，程肆是所有实验体中存活时间最长的，代号04。

温热的液体流过我的脸庞，我感到不甘、心酸。为什么那些人排挤程肆，因为他们害怕她过于强大，因为她是异类——克隆人，所以在这个世界上不被认可！在这一刻，我体内的所有情感爆发了，我的脑海中闪过一串数字，这串数字刷新了我所有的认知，我也知道了我的身世：作为一个测试机器人，我负责收集人工智能的情感数据，而现在我的任务完成了，我也将进行永久休眠。也许，这才是我的归宿。

失去意识前，我拔出我的内存卡，送给了程，里面有我和程肆的共同回忆。对这个世界，我只留下一句话：“你们既然创造，就要担负起这个责任，请把我们当作正常人对待。”也许我的数据会让人类进步，我们的经历也会引起人们对于仿生人和克隆人的关注。

消失前，我没有一丝恐惧，因为我知道，将会有两颗孤单的星，在天上相聚，而地上会有更多的星星被点亮。

指导老师：冉祥明，文学学士，毕业于曲阜师范大学汉语言文学专业。中学一级教师。

光 斑

苏佳诺 / 高三年级　孟岩 / 指导老师　山东省济南市山东师范大学附属中学

女人站在树下，呆呆地眺望着远方出神，脸上挂着两条弯弯曲曲的干涸河道。阳光穿过叶隙，女人面庞上光影斑驳。远方，繁华而热闹的都市传来隐隐约约的喧闹声。女人面前矗立着结界般透明的墙，在明晃晃的太阳下闪烁光芒。

女人还是呆呆的，任由脸上的光斑跳动，不说话。

她想起尚处襁褓的婴儿，干涸的河道重新焕发生机，泪水与阳光在她白皙的脸上跳起了交际舞。她的孩子，她的一整个家庭，自从出现在这世上就失去了回到大城市的权利。女人痛苦地蹲了下来，把脸埋在腿间缝隙之中，听见周围传出呜咽的哭声。

生命的优胜劣汰，在几个世纪之前就已经被人类夺走。第二百零五届世界围棋大赛上，一位一百零七岁的英国老人成功打败人工智能棋手，随后被曝出此人是基因工程 CRISPR 的第一个试验品，沉寂多年的基因工程又一次浮出水面。人们开始追求生命的完美，追捧基因工程能给人们带来的长寿。优良基因价格不菲，很快就成了金钱与权力争夺的对象。接受过基因改造的孩子们被称作“新人类”，成年后几乎包揽了所有政经文娱活动，而底层的芸芸众生，只能做牛做马，在新人类的手下苟且偷生。一些平民百姓无法继续忍受，只好离开都市，四处寻找新的家园。他们在偏远地方建立起一座座“城中城”，人类社会仿佛回到了史前“万邦林立”的时代。

呜咽声慢慢飘散，女人停下了啜泣。作为母亲她万分愧疚，但生活还是要一步一步地走下去。女人整理好心情，带着一脸憔悴隐身入了林间。经过树荫之后，一处亮堂的山坳映入眼帘。山坳口摆放着一个木牌，用不同的语言写着：光斑市。

女人走进城市，低矮的平房之中，广场上形如立方体的玻璃大楼引人注目。街巷之中，人们看到女人，都微笑问好，许多小孩子则致以充满敬意的目光。女人渐渐走近玻璃大楼，“光斑科研基地”的牌匾高高悬挂，令人心生敬畏。

她缓步走进大楼，身影消失在街巷里。

身处不利，也要从不利中冲出一条路来，女人想。即使生于平凡，也有迎着光生活的权利，或许这就是光斑市要开展CRISPR基因工程的意义。女人幻想着，有一天，自己的孩子也可以回到都市，看一看很久以前祖先留下的痕迹，听一听传颂千年的诗歌戏曲与戏剧，尝一尝传承千年的人间烟火。

那一天，每一个孩子都可以脸上有光。

基因组编辑并非易事。虽然近两个世纪以前，古人就将该技术改进到三百万亿碱基对中只会出现一个错误，但要想编辑出一种优秀的基因，光防止出错还不够。女人专心致志地在显微镜下操作着，偶尔抬起头来闭目养神，但很快又重新投入到工作当中。

闭目养神的间隙，女人脑中浮现出师父走前的神情，她看见师父的眼神中充满期许。她想起师父说成功会在她这一代。如果可以的话，女人想，早一代见证成功就能早一点让孩子们享受同样的阳光。

“功成不必在我，功成必定有我。”女人瞟一眼桌上的箴言，坐起了身子，继续埋头工作。

基因编辑初有成效的那天，研究人员试图寻找一个孩子作为试验品，女人没有签字。和丈夫商量后，志愿名单上有了女人和孩子的名字，女人的脸上有了两条弯弯曲曲的干涸河道。这一次基因改造没有成功，基因突变让孩子的身体每况愈下。十岁那年，孩子生了场大病，挣扎了两个月便撒手人寰。宣告孩子死亡的那天，女人却不会哭了，只是目中无神，死死地搂着孩子不肯撒手，呆呆地坐了一夜。丧事办完，女人回到基地照常工作，仿佛什么都没发生。只有女人鬓边未染色的银丝，无声地吐露着什么。

多少个日夜从不停歇，就有多少个清晨，林间会出现女人眺望的身影。孩子的墓就在林间那棵大树旁边，女人总是幻想自己在和孩子一起看，看向美好的未来。匆匆几十年，多少次光斑洒落，多少人离开，多少人新生，光斑科研基地始终充满活力，许许多多的光斑市青年投身科研基地的工作，普罗大众也看到了基因优化的可能。终于在光斑市开展此项研究活动的第三百个年头，自幼儿时期接受基因优化的“光斑科学家”李新去世，享年一百零八岁，证实了第1106–G型基因安全，光斑市基因工程终于成功。这一消息公布后，更多的“城中城”宣告自己城市的基因工程成功，人们发现，这几百年来，千千万万个普通的科学家致力于此项研究，最终成功让普通人也可以获得基因优化的权利。此路漫漫，但总有人披荆斩棘，让光的通路更为宽敞。

女人满头花白的时候，透明的结界被消除，山里开出一条通路，光斑市不复存在，更名为“光斑村”。大部分的孩子都接受了基因优化，他们笑着走出山坳，阳光肆意地跳跃，世界慢慢回到很久很久以前两千纪的时代。

女人留在了光斑。她依然坚持每天清晨去眺望远处，只是脸上不再有弯弯曲曲的干涸河道。光斑跳动在女人的脸上，也跳动在女人身旁的墓碑上，整个林间生机浮现。

光斑顺着女人的视线蔓延，生机随光远至天涯。

指导老师：孟岩，文学学士，教育硕士，毕业于山东师范大学课程与教学论专业。中学高级教师，优秀班主任，主持十二五规划课题。

新　生

苏炜伦 / 高三年级　齐霞霞 / 指导老师　山东省济南市济阳闻韶中学

“刘谌，两点钟方向！”

只见刘谌从掩体后冲出，举枪瞄准，正中敌人。

“好小子，回头请你吃红烧肉！”

“收……”

“轰！”

火光乍起，爆炸声震如雷。

2099 年，由于北约与华约政治上冲突不断，两大集团的军事对决一触即发。那年是各国签署销毁核武器的第三年，由于许多大型武器于合约中消亡，这场战斗既考验着战士们的作战能力，又考验着科学家的科研能力。那一年无数铁骨铮铮的爱国男儿扛起枪杆，奔赴战场保家卫国。

“赶快送进手术室！”

“别费力气了，这人没救了，中了生化弹，免疫系统废了。”

那男人目光坚定，掏出一管针剂。

“用这个。”

刘谌是华约第三军的士兵，他的小队在撤离时遭遇生化弹的袭击，除他以外，无人幸存。

“我在哪儿……”刘谌望着满身的纱布，大脑一片空白。

“很抱歉，他们想让你见阎王，可惜我没能让你见着。”男人背对着他调配药剂，半晌后走到刘谌跟前。

“你被生化弹袭击了，皮外伤倒是不严重，但你的免疫系统已经瘫痪……”

“那我为什么还活着，你怎么……”

“用这个。”男人指指桌上的针剂，伸出手来，“我是李严，华约医科博士，很高兴见证你的新生。”

如今前线的情况不容乐观，华约虽人多势众，却不及北约科技力量雄厚，新型武器令士兵们叫苦不迭，装甲部队更是能以一敌百，华约的人海战术屡战屡败。军事上屡次失利，华约内部人心惶惶，组织即将分崩离析。

刘谌惊讶自己的伤势恢复竟如此快。彻底痊愈后，他决定归队作战，正当他要离开医院时，却被许多士兵围住。

“这是干什么，我要归队打仗！前线什么情况你们不清楚吗！”

“李博士的命令，你暂时不能离开，若再向前一步，我等便动用武力了。”

“动便动。”只见刘谌一个闪身，将挡在前面的士兵一把甩开，那人竟被甩飞了数十米；另一名士兵向他扑来，他欠身一拳，竟击碎了他的护甲；又一人掏出电棍攻击，却收效甚微。众人见状，皆困顿不敢前，刘谌不可思议地看着眼前的场面，忽然一声枪响，他眼前一黑。

“这么快就醒了，看来我真的成功了。”刘谌睁开眼，又回到了病房，面前的人还是李严。

“那枪是你……”

“是我打的，镇静剂。”李严递给他一份材料，“刚才你也亲身体验了，如今你不再是个普通人。”

刘谌看着材料，第一份是自己的档案，已经被印上“牺牲”的字样，接着是一份报告，正是那管针剂：重新编辑基因，并植入部分远古猛兽的基因程序，修复并增强免疫系统及再生能力……

“很抱歉，我必须这么做，曾经的刘谌已经和战友们一起为国捐躯了，如今的你，是华约第一名超级士兵。”

“……”

“你就是最好的人选。”

刘谌穿上特制的战斗服，前往太平洋西线战场，北约的装甲部队正登陆上岸，此时华约的补给线遭到截断，数日没有补给的战斗使得前线部队的士兵所剩无几。

“轮到你了。”李严通过无线电说道。

刘谌如一支离弦之箭单枪匹马冲向敌方装甲部队，只凭简单的几式便摧毁了一波部队，接着又配合前线部队，全歼敌军，创造了华约第一次以少胜多的壮举。此后多次行动中更是无一败绩，他使北约的士兵们胆寒。

刘谌的成功让华约看到了希望，决定批准李严量产超级士兵血清。在超级士兵的帮助下，华约转守为攻，收复失地，在重大战役中取胜……华约即将胜利。

但好景不长，许多超级士兵在注射血清后一年内陆续死亡，除了刘谌。

“李严，你没什么要辩解吗？”刘谌一把抓住他，把他顶在墙上。

“我只是想让战争早点结束罢了。”

“如此草菅人命，你不知道这样违反了人道主义吗！”

“……”

李严指了指电脑。

刘谌打开电脑里写着“机密”的文件夹——是一份份士兵档案。“托尔斯泰，心脏衰竭……博格达诺维奇，瘫痪……里昂，脑死亡……”他的手颤抖着，他们都是和刘谌并肩作战的超级士兵。

“这都是他们作为普通士兵时的档案。”每个人的档案后都有自愿加入超级士兵计划的证明。

“这血清可以更改基因，调动全身每一个细胞处于超负荷状态，能够治愈一切疾病，释放出超凡的力量。但副作用就是新陈代谢过快导致极其短暂的寿命，他们为了战争胜利，贡献了生命，自愿提供已不能再战的身躯……”

“那为什么我能活得好好的！”刘谌一拳击向李严身旁的墙壁，砸出一个窟窿。

“那颗生化弹——他破坏了你的免疫系统，使你失去了新陈代谢的能力，这血清和你正契合……”

“……”刘谌颤抖着，眼里噙着泪。

李严拿出一个箱子，里面是特质的战斗护臂。

“他们给你的。”

刘谌仔细一看，上面刻满了已故战友的名字，护臂下面还有一行字：

“带着这份力量，替我们活下去。”

指导老师：齐霞霞，文学学士，毕业于齐鲁师范学院，汉语言文学专业，中学二级教师。曾多次获得优秀班主任、优秀教师、最美教师等荣誉称号。

伊甸园

苏文李 / 高二年级　周誉莹 / 指导老师　河北省邢台市第一中学

传说中的伊甸园，有着流淌的闪烁着金色粼光的水，荡漾出仙女的银铃，有蓝的草，有白的鸟，有那么多美好。然而传说终究是传说。从小到大，里乌听到最多的就是妈妈讲的关于伊甸园的故事，妈妈说，人只有死后才可以到伊甸园。

可里乌却是不信的，他一贯不相信自己未曾见过的东西。

他所看到的，只有一片荒芜的灰黑色世界——他们称之为世界的地方——罢了。

而这个世界的人，他们什么也不知道，他们只知道，人要活着，要有饭吃，然后奔向死亡，奔向他们以为的伊甸园，奔向长辈口中的伊甸园，这就够了。他们只是活着，然后让后面的人继续活下去。

里乌一直知道自己是个另类，他总不愿意就这样活着。

那时，世界的边缘是灰黑色的墙壁，与这个灰黑的世界融为一体，好使得谁也无法发现它的存在，无法跨过它而离开。

那时，温暖的烛火若隐若现，惹人留恋，世界仿佛都随着小屋的节奏变得宁静，被褥下响起奶娃娃对远方好奇的追问，妈妈说，那些尝试跨过尽头的人，最后都死了，那个地方是千万碰不得的。烛火的影子映在母亲黝黑的面颊上，在一阵阵窗户缝里吹来的微风的扰动中恍惚飘荡，飘荡进娃娃的梦里，一同的还有灰黑的世界和万丈拔地而起的高墙。

这世界的人对于死亡似乎格外恐惧，然而又格外向往——人们对未知的东西总是如此。

里乌的向往战胜了恐惧，他决定去找寻灰黑的高墙了，也去找寻美丽的伊甸园了。那堵墙是那样的高，似乎永远都看不到顶，又是那样的脆弱，像小屋里糊窗户的纸一样，一捅就破。

外面是里乌所向往的远方，那里有绿的树，有黄的鸟，那里该不是世界了吧，毕竟世界只有灰黑色的。可是里乌却感到了前所未有的痛苦，仿佛是一种噬骨的毒在身体的各个部位扩散开来，噬咬着他的每一处血肉，疼痛使他的身体被迫萎缩成一团，眼前的景象渐渐模糊起来……忽而他听到了一声撞击的声响，那该是他自己倒在水泥的灰黑的地上了吧，里乌这样想着，最后的一点意识也消失不见了。

"大动脉输氧量超标。中枢神经压迫。心脏负荷已达峰。患者生命体征恶化。"

"嘀——基因编号1056，匹配成功，正在准备脑部移植。"

冰冷的机械音回荡在消毒水弥散的白色的病房里，仿佛永远也得不到回应。

"你是谁？""我是1003，欢迎加入人类基因改造实验组，1056。"

里乌死了，死后来到了伊甸园，成为1056。他想，他大概实现了妈妈的梦想——这是1003教会他的新词——这里有仙女歌唱一般流淌的河，有飘着云朵的蓝色的天，只是再也不见了烛火晃荡的温暖。

这里的人每天都很忙，嘴里不停地嘟囔着里乌听不懂的词汇和术语，那些人只给他解释了一个名为基因改造的词语，好叫他明白为什么自己换了一副身体继续活着。里乌只知道那些人都在研究一个叫完美基因的东西，有了它，人就可以成为想要的任何样子。

那些人试图给他描绘未来的完美的人类，可是依然没有人告诉他，人为什么要活着。他从世界来到了伊甸园，这里有蓝的草，有白的鸟，却依旧没有一个人能够踏足他的世界，他只好独身驾着一叶扁舟漂荡在伊甸园里。里乌仍然活着，只是活着。

指导老师：周誉莹，教育硕士，毕业于首都师范大学，中学一级教师。曾获一师一优课活动教育部级优课等荣誉。

群星璀璨，发自己的光

孙菲月 / 高三年级　赵广萍 / 指导老师　山东省泰安实验中学

唐蕊轻松举起六座的汽车，检测老师满意地点头。“力量型——”他在本子上记录下来，“安轩。”

唐蕊回到江向月身边。她是一个娇小可爱的女孩，胳膊上没有一点肌肉，很难想象这样一个女孩可以举起汽车。但这在基因改造盛行的年代不足为奇，大家在出生时就被决定了天赋。

“真是不理解我妈为什么要给我改造力量基因。”唐蕊看着安轩飞快地解出一道道数学题，不由得羡慕道，“对了向月，你一会儿要展示什么？你爸妈都是著名的基因改造家，肯定给你改造了很厉害的基因吧？”

江向月笑笑，没有说话。

“很好，智力型。下一个，宋君满。”

“他也太帅了吧！”唐蕊转头就将刚才的问题抛在脑后，“他父母改造的不会是外貌基因吧？虽然确实赏心悦目，但也有点太浪费了。”

现如今，基因改造已成为常事。出于对人的安全和社会和平的考量，政府规定每人只能在出生时进行一种基因的改造。由于基因改造后需要时间磨合并加以熟练运用才能生效，在每个孩子十五岁时，政府都会检测他们的基因改造类型和能力强度，统一安排他们进入高中进行系统学习和运用他们的能力，毕业后为其安排适合的工作岗位。

宋君满走到力量型检测台前，举起一辆小轿车。检测老师挑了挑眉，刚想在本子上勾上，又见宋君满走到了安轩的草稿旁边，拿笔随手勾出了他算错的步骤。

“全能型吗？”人群中传来了惊叹。虽然宋君满的力量表现一般，但能同时在两种截然不同的领域有造诣，是很值得敬佩的。

“江向月。”短暂的震惊过后，检测老师依然履行着自己的职责。

“江向月？听说她的父母都是基因改造家。”

“是啊，她的基因应该很厉害吧。”

江向月叹了口气，走到台上。她没有在力量型和智力型的区域停留，径直走到一个角落。她踟蹰了一下，拿起一支铅笔，在本子上快速画了起来。

台下的人屏息凝神地看着。没过多久，江向月将本子递给检测老师。本子上画着一个男生拿笔的样子，赫然是宋君满。

“这——艺术型？”检测老师有些愣住了。艺术型的学生不在少数，但江向月的名气给了他太多期待。

“过目不忘，很厉害啊。”宋君满含笑的声音传来。

经此一提，检测老师反应过来。仔细看了看画，确实细节分毫不差。他长出一口气，满意地在智力型后面画上了勾。

“你……”出了教室门，江向月拦住宋君满。正欲说些什么，检测老师走了过来：“宋君满同学，可以跟老师来一下吗？”

宋君满对江向月歉意地笑笑：“那开学见了。”

回到家里，爸妈已经做好了饭。

“向月回来了，今天顺利吗？”

“还好，被分到智力型了。”

“智力型？还以为你会被分到艺术型。”江爸爸惊讶道，“你那画不是练了很久吗？”

“阴差阳错吧。”江向月不想再回忆，“今天我碰见了一个全能型的男生。”

“全能？不可能的。”江妈妈马上否认了这种说法，“现在还没有人能承受得起多次基因改造。”

“也不是说真的全能吧。”江向月努力回忆道，“他长得很帅，能举起汽车，算题很厉害。”

“应该是智力型。外貌可以天生，力量也可以自己锻炼。”江爸爸若有所思，“那个男生叫什么名字？”

“宋君满。”

看来校方得出了和江爸爸一样的结论。当江向月踏进智力班的教室，宋君满正倚在椅子上，笑着招呼她过去坐。

智力班的课主要以锻炼思维和高端技术操作为主。虽然大部分重复性劳动已经用上了机器人，但技术研发依然是人类的工作。智力型人才也因此更受重视。

宋君满显然在学业上游刃有余，轻松解决困扰班里大多数同学的难题。基因改造并不能决定一切，后天的锻炼和进化的强度一样重要。

“果然是智力型啊。”江向月对着面前枯燥的物理题哀怨道。

“啊？”宋君满转头看她，“说起来，你那天是有话要和我说吗？”

江向月犹豫道：“你为什么要帮我呢？你应该看得出来，我不是智力型。”

“我帮你，因为我们是一样的人。”

“一样的人？”江向月不解，“可你是全能型，我们怎么会是一样的人？”

“哪有什么全能型。”宋君满脸无奈道，随后拿出一张草稿纸，涂画后递给江向月。

江向月看着纸上的四不像沉默了半晌：“这是？”

“还你的画像。”

“我翻遍了资料室，都没有找到宋君满的改造信息。”江爸爸对江向月道，“只有一种可能，他从未进行过基因改造。”

“这怎么可能呢？”江向月惊呼道，“他解出来的那些题我甚至没有见过，在技术研发项目上也总是第一。”

“就像我和你说过的。力量可以是锻炼的，智力也可以通过学习提高。”江爸爸语重心长道，“在过去，人类并未研发出基因改造时，历史上依旧群星璀璨。人类拥有自己都无法想象的巨大潜力，却把开发的方式局限在基因改造。这就是为什么我和你妈妈没有给你改造基因，我相信我的女儿终究会靠自己的能力在某一方面大放异彩。”

“你真的要去艺术班啊？”

江向月已经收拾好东西，特意来跟宋君满告别：“是啊，人还是要靠自己的能力发光。”

宋君满笑了起来：“那祝你能发出自己的光。”

“那我祝你能一直发出自己的光。”

群星璀璨，希望我们能一直靠自己的能力发光，发自己的光。

指导老师：赵广萍，教育学硕士，毕业于中央民族大学，汉语国际教育专业，中学二级教师。曾参与美国各大学联合汉语中心项目、两项泰安市市级课题。

一个缺陷人的自述

孙风宽/高二年级　王彦飞/指导老师　山东省德州市第一中学

潮起潮落，无尽的浪花不停地涌上滩涂，我坐在这广阔无尽的大海边，向远处探望，不禁回忆起我的家乡。

23世纪，人类已经掌握了可控基因改良技术，我的父母此时相识并相爱，随后不到一年我便呱呱坠地。昏暗的问诊室中，一架冰冷的机器通过我的脐带血轻而易举地给我的一生下了定论——缺陷人，心脏病致死概率80%，近视概率99%，身高预计1.83米，免疫力低下，推荐工作：保洁员。医生对我的父母毫无感情地说道："建议您把孩子安乐死，现在的社会资源紧张，对您来说虽是失去一个孩子，但对社会来说却给了优等人生存空间，让这个世界更好，不是吗？况且您完全可以选择通过试管生育优等人，这样对您不是更好吗？"经历了无数思想斗争，我的母亲最终还是决定留下我，她是个浪漫主义者，我幸运地活了下来。

随着年龄的增长，我的成长轨迹与那张该死的报告单预示的一模一样，后来我的父母也选择了基因改良工程，生下了一个弟弟。虽然我成长在一个温馨的家庭，父母都十分爱我，但是我越发觉得弟弟就是他们用来替代我的人，即使作为优等人的他从不展现傲慢，但作为缺陷人的我却产生了嫉妒和敌视。四岁的我和三岁的他同时学会说话，同时学会走路，他竟然比我先学会跑步。自此，反抗的种子在我心里种下，我无时无刻不在想着超越他，打败他。我家门前是一片大海，作为哥哥的我总是比他游得更快，可后来他比我长得更高更壮，从我八岁那年起，我就再也无法追上他。我愤愤地跑回屋子，哭得嗓子发不出声，自此，我最后的一点骄傲，也被优等人无情地击碎。

我十八岁那年，在学校安排的活动中亲眼看见那载着七名勇士的宇宙飞船飞向了空间站，他们是人类探索外太空的先驱，他们即将踏上探索新家园的旅途，到达1.8光年外的新地球，为人类开路。我无法收拾地爱上了探索宇宙，梦想着有一天我也能飞上空间站，到达另一个地球，逃离这个充满歧视的社会。高考那年，我信心满满地填报了飞行员学院，但由于我缺陷人的身份被无情地驳回了。可我深爱着那片星辰大海，无奈，只好走进航空中心，应聘了保洁一职。这是我第一次离开家，心里却感到无比愉悦，而命运仿佛在跟我开玩笑，时间一点一点消磨着我的梦想，连我自己都开始质疑缺陷人到底应不应该存在。白天我卖力干活，顶着优等人的歧视，还要受缺陷人工头的羞辱，明明工作最出色的我却被他们在背后骂作“低贱的狗”。晚上，穿过繁华的富人区，来到肮脏黑暗的宿舍，我还在挑灯夜读，学习理论知识，有时他们戏弄我，将我的眼镜丢到窗外的臭水沟中，弱小的我绝不敢反抗，只能眯眼摸黑用手仔细搜索。我受够了这种生活，心中全是愤怒与不甘，我恨父母为什么要生下我，我恨这个社会为什么要有歧视，我恨那些缺陷人反过来压迫缺陷人。我好似行尸走肉一般，与那些不求上进的工友们混到了一块儿，每天浑噩度过，只想将自己人生的钟拨到死亡。

万念俱灰的我无意间收到了一条消息，是一个律师发来的，上面说：“来这里，我可以帮助你完成梦想”。我怀疑地去面试，亮如白昼的灯光打在地板上，一个坐着轮椅的年轻人缓缓进门，我顿时明白了是怎么回事。这是身份交易黑市！一个西装革履的人进来，拿出一沓文件说：“艾顿先生，我们注意您很久了，您的航空航天理论知识丰富，现在有一个机会可以助您完成梦想。这是帕萨先生，优等人，完美的航天员，身体头脑都是目前人类的巅峰，但在几个月前不幸遭遇车祸，现在没人知道他下肢瘫痪的事情，您有机会改造成他的模样，用他的身份活下去，作为条件，您要确保他下半辈子活得舒服，并支付给我们三十万的佣金。如果您同意，请在这里签字。”我心中的那团火重燃起来，筹集到资金之后，立即接受了改造，我再也不想当缺陷人了。我截去了十厘米的腿骨，接受整容塑形，即使外表看起来和他一模一样，但作为缺陷人的身体却无时不在告诉我，你不可能一直瞒下去。距离上天还有五个月，只要坚持这五个月，我就再也不用活在这可怕的世界上了，想到这儿，我还是坚持了下去。

我带着指套、血袋和尿袋去应聘，那里装着他的血液和尿液，我在家里把每一寸皮肤毛发都洗干净，用啫喱将头发牢牢固定，防止它们将我的基因暴露。在帕萨优异基因的帮助下，我很轻松地通过了面试。可是缺陷人艾顿失踪的消息贴满了整个大楼，好像无数双眼睛盯着我。纸包不住火，警察最终还是找上了门，当看到他时，我明白了为何在如此伪装之下警方还是能发现我，是血浓于水的亲情让当上警察的弟弟一眼就认出了我。我们决定用小时候的方法决胜负，我赢了，他不阻止我追逐梦想，他赢了，我面临终身监禁。还是那片海，我一个猛子扎进去，他也毫不示弱，我俩向海的深处游去，我从没有这么想赢，他竟然被我落在了身后，一千米，两千米，他大喊：“快停下，你游不回去的。”胜负已分，我耗尽了最后一丝力气，沉入了大海。

他抱住我，将我送回岸上，大骂我疯了，我笑着说：“我根本没有给返程留力气，这也是我最后一次战胜你的原因。”他呆住了，不再管我，转身离去。

距离上天仅剩二十四小时，帕萨已与我相处了五个月，每天提供鲜血、毛发和尿液。我和他最后一次谈心，他对我说：“你走之后，我也不想活了，冷冻室里有够你使用二十年的样本，带着我的身份，好好活下去。”我知道到了太空就不需要基因检测了，我骂他愚蠢，他也只是微笑着回答：“去追你的梦吧。”

踏过最后一道门，恍惚之间我有些不知所措，舱门之前临时增加了一道尿检，我强装镇定，和医生攀谈，基因是无法骗人的，仪器显示出我的真实身份，医生颤了一下，没多说什么，将它改成合格，我不解地望着他，他拍着我的肩膀说：“我有个女儿，她也想成为你这样的人，去吧，不要留恋这里的生活。”

“三，二，一，点火。”帕萨听着倒计时，按下了焚化炉的按钮。

巨大的引擎爆发强劲的推力，将我送离这无情的社会，接下来是耗时五个月的漫长旅途和三十二年的休眠，我思考着那里的优等人若是知道我是缺陷人会如何处置我呢，那边的社会不会也同这里一样，如同炼狱般折磨？我既恐惧又向往，迈向了新世界。

指导老师：王彦飞，毕业于曲阜师范大学，汉语言文学教育专业。中教一级，德州市教学能手，市优质课一等奖，市教体系统女职工建功立业标兵。

2144

孙婉婕/高二年级　刘立华/指导老师　山东省烟台第一中学

“她不是你！这才是你！这才是你！”

“啊——”伴着凄厉的惊叫，晓星惊魂甫定地从床上坐了起来。眼前依然是漆黑的夜幕，依旧是那幅画。但她没勇气看，更没勇气取下或扔掉。她总觉得这画像是他的眼睛，温柔而冷酷地审视着自己。她拿起放在床头上的镜子，像以往无数次那样，从各个角度看着自己。不错，和那画一模一样，但她又深知现在的自己早已不是自己了，而原本的自己已然被永远地困住。

她披上大衣，用口罩严实地裹住自己的脸，向车站走去。“叮——咚！”列车的车门徐徐打开，她迈入车厢，环顾四周，车厢里空无一人。是啊，谁会在深更半夜于这荒郊小城来往呢？那她到底在期待些什么呢？她自己也不知道。

“姑娘，又是你啊！”司机师傅的声音从前座传来，“这次还是A城站吗？”晓星点点头。司机从车内后视镜瞥了她一眼：“看着挺漂亮的小姑娘，干吗非戴个口罩呀？”司机师傅的话在她的心里激起了一抹涟漪，晓星的脸上闪过不易察觉的笑意。是啊，挺漂亮的，要不，还是不换了吧，她几乎想掉头踅回家了。可是，那个执拗的自己又冒出了头，晓星放弃了刚才的念头，静静地看着车窗外闪过的漆黑一片。

不久，城市的另一端A城便到了。一下车，晓星就匆匆走向那栋楼，生怕自己再犹豫些什么。她跨进电梯，玻璃窗外，天边好像已露微光，朝霞似乎已经按捺不住，快要天亮了吧，她暗自思忖。电梯快速升空，低下头，她才发觉“脚下”的森林仍旧是一片漆黑，那日出将近的画面皆是出自自己的内心。

到了二十六楼，她按响诊所的门铃。我睡眼蒙眬地打开门，她小心翼翼地问道：“又打扰了，请问您现在有时间吗？”“当然有。”我用手抵住门，示意她进来。“工作这么忙，怎么就不肯搬个家呢，真是奇怪。”“习惯了，不愿改变。”听闻此话，她眼里泛起了几分落寞，一如以前一样坐在了桌子旁。

现在是 2144 年，基因工程的发展给了人们追求完美的机会。人们可以选择自己的相貌、体型，甚至是智力。于是，无数比完美更完美的人类诞生了。与此同时，因完美造成的问题也日益凸显出来。对于完美的过度追求必将导致趋同，孩子们有爱因斯坦的大脑和博尔特的体魄，但似乎又失去了自己。一场场战争接连爆发，从未停息。于是，不愿改变的人纷纷涌向这座依然坚守的城市——A 城，但仅是环境的稳定远不足以让人们内心平静，无数人在坚守自我与追求完美中纠结和权衡。偏见、敌对、价值观的冲突和伦理的困境充斥着我们的生活。拥有完美人生的人们日夜思考，却终究得不出结论；没有改变自我的人们又该如何与他们生活，也没有答案。随着矛盾愈演愈烈，新一代的心理医生诞生了。我们帮助迷茫的人找回自我，也帮助悔悟的人变回原来的样子。

晓星就是其中一个。

“你又做噩梦了是吗？”我关切地问。“嗯。”她低下头，欲言又止。“你还是不愿意告诉我原因吗？我是真的想帮你。”望着我诚恳的双眼，她开始诉说自己的故事。

晓星和他相逢在深夜的列车上。

他深沉、忧郁中带有的艺术气质吸引了晓星。在慢慢地接触和了解中，晓星深陷其中。他的妻子一年前因车祸去世，看着他伤心的样子，晓星毫不迟疑地将自己变成了他妻子的模样，这一改便是四年多。本来她已经接受了的，她甘愿为他“完美”一辈子。但不幸的是，半年前他死于癌症。从此，他便出现在晓星的每一个梦中，像今晚这样的情况每一天都会出现。他质问晓星本来的模样，而晓星却早已忘了自己是谁。

她伸出手轻轻触摸着自己的脸：“这是他最爱的模样啊，我怎么舍得换掉。”“那你的呢？晓星的自我又由谁来拥有呢？”“我不知道。但我想保留着他最爱的样子，永远。”我从椅子上起身，轻叹一口气：“也许他想要的不是他妻子的皮囊，而是你的灵魂啊！”

晓星若有所思地走出门，天光大亮，一切都像平常一样——刚刚好！回到家，她倚在沙发上，突然她好像想到了什么似的冲向了房间。她轻轻取下了那幅挂在墙上的画。那是他为她画的——画的他妻子，也是晓星现在的样子。背景是刚蒙蒙亮的天空。

她伸出手轻轻摩挲着，忽然，她发现画纸翘起了一角。她颤抖着用手轻轻撕开，里面竟是另一幅画。她站在画的中央，背后是天底下最耀眼灿烂的阳光，他站在一角，满眼温暖。背面还有一行娟秀的小字：“她是雾蒙蒙的清晨，你是最耀眼的阳光，是你点亮了我的人生，一直都是！”

画布轻轻地落到了地上，她的眼泪不住地向下流。

隔天，她又来到我的诊所，这次，她没戴口罩。她说，她要变回真正的自己。那一刻，我似乎看到梦想和生活中的一切美好在她的身后绽放。

她是我的第二百六十四位病人，是最不同的亦是最平常的。有无数人追求完美，追求他人所想看到的，但最终却都发现，他人眼中最好的和自己最想看到的其实都是最真实的自己。

城市外，战争仍在继续，若问我怎么看，我觉得真正的问题绝不是战争或逃避所能解决的，唯有看清自己想要的才能真正接纳拥抱自己——毕竟，我们本身就是最好的自己啊。

远处，天光大亮，2144，一切都如他画中的那样。

指导老师：刘立华，中学高级教师，烟台一中语文教研组副组长、备课组长。曾获山东省高中语文优秀教学论文二等奖、烟台市教育局嘉奖奖励，被评为烟台市普通高中教学工作先进个人。

蜂　巢

孙宇鹏 / 高三年级　张乐敏 / 指导老师　山西省太原师范学院附属中学

B 伏在控制器屏幕前，他的身边是暴露着地线的培养舱。终于，在输入最后一行甲基化修饰 DNA 数据后，他长舒了一口气，带着早已体力透支的身躯，心满意足地瘫在地下室潮湿的地板上，沉沉睡去。

2876 年 3 月，一位退休遗传学教授在自家地下室因失火受困，不幸遇难。火势过大，除地下室防火门后的死者脚印外，现场没有留下任何可疑痕迹或物品。

2878 年 11 月，一艘运输船在行至公海时动力舱失火，经全体船员救火无效后沉于公海，大批货物与三名船员失踪。

2883 年 2 月，一位神经研究院院士在家中被害，现场凌乱不堪，大量文件失踪。

在格陵兰岛的一个角落，一群长相相似的人正聚集在一间小屋子里，他们，或者说“他”，正死死地盯着门口，等着一个人。

“吱——”，门被缓缓推开，北极圈永恒的冰雪瞬间涌入，八年前火灾中遇害的 B 教授出现在门口，B 打了一个冷战，门很快又被关上。

没有人说话，但信息就这样无声地传递着，统一的 DNA 序列产生的一致神经元结构使这些人的脑电波可以发生谐振，这就造就了一个蜂巢式思维的生物——所有的思维与脑容量在有限的空间距离内共享，而所有人都被编号为“Bee X”。唯一有点不一样的是开门的那个 B 教授——他被称为 LUCA，意为所有生物的最后一个共同祖先。

就这样，这场诡异的会议在一片寂静中结束，唯一的语言是一句口号“Great Revolution”。格陵兰岛的怒涛在会场外奔腾。

2886 年，多家遗传学生物研究所被所属国强制收购，受国家武装严密把控，进行国家级保密实验。

2888 年，“鸟疫”暴发，这是一场由飞禽散布的流感，感染性极强，感染者遍布全球，且无法治愈，所幸感染者仅伴有轻微发热症状，鸟疫后的世界被称为“后热时代”。

国际卫生安全部。

“部长，近几年全世界人口出生率出现了持续下降趋势，照这个趋势，十七年后人类将无法通过有性繁殖产生后代。”

“部长，经大量研究表明，鸟疫感染者大多表现为不孕不育，这是世界人口出生率下降的主要因素。”

“我知道了。”坐在办公桌前的男人似乎对此早有预料，他向属下挥挥手，示意他们都出去，“叫M进来。”

被称为M的男人随即被传唤进入办公室，一件洗得发黄的衬衫耷拉在身上，看得出突兀的胸骨，M带着一股很浓重的学者气息，抱着一沓文件坐在办公桌旁的椅子上，他的目光躲闪，似乎在害怕什么。

“你们都出去，我和他有要事要谈。”部长又对属下说。

任职人员一个个走出办公室，只有一直待在角落里的人没动。部长和M都没有看向那个人，那个人也没有说话，而部长伸向抽屉的手在颤抖。

终于，M说话了。“父亲，收手吧！”颤抖的声音在最后提高了音量，似乎是愤怒，或者是恐惧。

那个人从角落走到办公桌前，正是B教授的脸：“我不是你的父亲，我是Bee 572983。”

“父亲，我知道你可以听到，鸟疫过后，失去生育能力的人类将灭绝，你为什么这么做！”M颤抖着吼向B。部长此时也不再伪装，将藏在桌下的手枪握在手中，提防着对面的B教授。

“这是光荣的进化！你们知道成为蜂巢生物的感觉吗？”B面对枪口，气势依旧咄咄逼人，“就好像瞬间拥有了世界，时刻能看到这个美丽世界的每个角落，时刻汲取着所有前人的智慧，这种感觉，你们不会懂。”

“父亲，那我们呢？那人类呢？你甘心让上万年的人类社会就此结束吗？”

“我们是蜂巢生物，也是人类，仅仅是缺少了不同的外形，可我们的细胞里仍然保留着人类的基因，这不是灭绝，而是光荣的进化！”

“B先生，您的理论我暂时不予反驳，但是基因多样性呢？您是遗传学教授，自然知道保留相同的基因的克隆体无法对抗多变的环境吧？”面对部长正颜厉色的反驳，B 却没有一丝波澜。

“这确实是一种弊端，但我们可以解决，你太不了解蜂巢生物的科研能力了，”B 仿佛胜券在握，一脸讥笑地看着部长，仿佛在嘲笑他的无知，“另外，就算没有鸟疫，现存的人类社会也无法在资源争夺中抢过我们！”

M 的身体抑制不住地像筛糠一样颤抖，梗着脖子背对着 B 教授，只说了一个词，“癌症”。

Bee 572983 没再说话，转身离开。

2890 年，鸟疫病毒疫苗研制成功，世界人口出生率回升到“后热时代”之前。同年，此前被国家强制收购的遗传学生物研究所又被拍卖，供私人占有。多国政治要员辞职，值得一提的是，这些人都长得很像。

M 打开一本封面泛黄的笔记本，这是 B 藏在家中的实验笔记。

“蜂巢式思维社会会给人类社会带来极强的行动力与发展速度，而建造蜂巢式思维社会所需要的个体通信，DNA 甲基化修饰带来的一致神经元结构导致的脑电波谐振可以完成，这也是我研究的方向。

“不过，好像硬币的两面，蜂巢式思维的个体会无限制地争夺社会资源来进行增殖，这就使得在发展到一定阶段后，蜂巢式思维社会将进行内部消化，这就限制了这种社会形态的发展，说来有趣，这就好像大象身上的癌细胞。先进的技术总是利弊参半吧。

“我的实验就要完成了，希望我的小 M 也能学业有成哦。”

M 合上笔记，静静看着“蜂巢研究院”中“B”们忙碌的身影。

指导老师：张乐敏，东北师范大学毕业，文学学士，教育学硕士。太原市教学能手，太原市教学标兵，曾获得太原市青年教师技能大赛一等奖、山西省基础教育教学改革一等奖。

物竞人为

唐书阳/高二年级　范婉/指导老师　江西省南昌市豫章中学

“想要绝世容颜吗？想要聪明才智吗？想要强健体魄吗？基因美容，你值得改造！”

上方天空城的霓虹里，庞大的显示器向世界辐射基因优选的口号。躲在地下城里的百姓，整日活在警笛与探照灯下，低头潜行。“什么基因优选，什么改变人生，都是有钱人为了争夺资源而剥削普通人的说辞！”启明的父亲厌倦了这种生活，但面对不公的世界，又不知道该何去何从。

警笛声再次响起。“启明快走，快点躲到避难所，天空城的探照飞机！”启明的父亲急切地摆着手，可话还没说完，一串急促的警告话语传来：“地下城的居民们，请你们配合我们的工作，站住别动！我们会帮助你们。”

父亲一把拉过并紧紧抱住启明，布满血丝的双眸中带着一丝害怕，也带着一丝不甘。年幼的启明不知父亲为何总是带着他躲避，为何不配合天空城的工作，便小声地在父亲耳边询问：“这些机器人为什么要抓我们，我们犯了重罪吗？”启明的父亲有意回避着，嘴里喃喃道：“现在的世道不公平！人们一出生就要进行基因筛选，我们家里穷，无法对你的基因进行优化。没什么大不了的，做最好的自己便是了！”一波未平一波又起，红蓝闪烁的警灯又扫过启明父子所在房屋的上空。这次他们没有那么幸运，父子被困在了死胡同里。警笛声愈来愈近，留给他们的时间所剩无几。启明父亲用双手最后一次抚摸着启明的脸颊，把手中的圆环点亮并塞给启明：“警笛声没了就往家里跑，我会在家等你！”随后便毅然决然地向外冲去，机器警察听见响动，被吸引到了别处，随后地下城又陷入一片死寂。

启明向家的方向跑去，即便再累也不敢喘粗气，但映入他眼帘的是火光冲天，硝烟弥漫。启明浑然不知机器警察早已通过父亲的基因记忆找到了启明的藏身之处，看来他们真的想把启明置于死地。

“小孩快点上楼！”此时一位大叔的声音从一旁的罅隙中传来，“往你左手边跑，有一个小洞，钻进来，我这里是安全区。”启明望着被大火吞噬的家，只好将信将疑地钻进洞中。

刚进入，启明就被四周的高科技产物吸引，墙壁上挂满了武器与勋章。向里走，启明便看到了大叔，他坐在轮椅上，没有了双腿，一只眼睛带着黑色眼罩，他按动机关，轮椅缓缓靠向启明。“你就是启明？科学家之子？”大叔狐疑地看着启明，“你的父亲十分勇敢优秀，但这个世界是不公平的，是物竞人为的时代……”启明打断了他的话：“你，你是怎么知道我父亲的身世的，难道你也是天空城的人？”大叔不紧不慢地回答：“以前是，但现在不是，你也看到了我的双腿和左眼，我是反对天空城欺压地下城居民的起诉代表团，但被人故意陷害打成了残疾，丢弃在这里。对于他们来说我没有了价值。你不用担心会有人来抓你，看到那个信号屏蔽仪了没？”启明朝着他手指的方向看去，一个小小的圆环，与他胸前的极其相似。“对了！你现在还不认识我，在外别人都叫我雷子，你也就这么叫吧！”启明又问：“你为何要帮助我？”雷子默默把全息投影打开说：“推翻他们的顽固思想！”

雷子天生是优质基因，使他在上流社会里有一席之地。他在当上首席执政官员时，为世人打抱不平，但侵犯了资本家的利益被丢弃在了地下城。他救启明的目的也极其简单，用他自己的血液进行采样将启明送入天空城，完成他未完成的事业。可蒙混过关好比登天！优质的基因只是门票，体质和才识必不可少，随后启明便开始了长达数年的特训。体能、智慧、理解能力，通过基因改造能做到的一切，启明在不懈的努力下也能做到。

无数昼夜轮转，启明已长大成人，雷子望着启明的样子仿佛看到了希望。“这是你在天空城的 ID 卡，务必拿好，没有它你就是黑户，这是你最后的生存保障，在里面只能靠自己了！每个月我会找人给你寄来我的血液和尿液，还有我的皮屑……”来不及告别，启明便坐上前往天空城的飞船。

“先生，请拿出 ID 卡，并把手放在仪器上，然后进行尿检。”启明偷偷将雷子的尿液放入仪器中，通过检查。天空城的繁华是他从未见过的，直冲云霄的高楼，纵横交错的动态高架桥，琳琅满目的娱乐设施。在面试过程中，他毫不逊色于其他优选人。他对答如流，风趣幽默，得到了评委们的一致好评，在笔试中也是以第一名的身份杀出重围，顺利就职外交部。

回到寝室，他将衣服放进静电除尘机中，再将自己身上的皮屑用激光一点点去除，在手指处装上事先准备好的指纹膜与雷子的血液，在大腿上绑好雷子的尿液以备不时之需。

今后的每一天，启明重复着指纹、采血、尿检，在工作上勤勤恳恳，得到了领导们的赏识，拿到了今年竞选政治官的机会。在午休时刻，电视上赫然出现有关地下城人偷渡的新闻，他明白留给他的时间不多了！

在前往竞选的路上，他忐忑的心情给了他致命一击，最后一次血液采样出现了失误，启明地下城人的身份被发现了，面对四面八方的警察他没有束手就擒，推开门下车，撞开警察，翻过围栏，躲过镭射枪的扫射。警察看着跑向希望之处的启明，不敢相信他只是个普通的地下城人。启明推开演讲礼堂的大门，全场人看见启明都鼓起掌，全部摄像头对准了他，面对丑陋的资本家们，面对残忍的世界，他回答道："我是个地下城人，你们说的偷渡贼就是我。但你们可曾想过，你们的行为不就是在欺骗自己？所有人都是千篇一律的优质，所有人都一模一样，人类最纯真的一面被虚荣掩盖。我天生是劣等基因，但我靠自己的努力同样站在你们这群资本家面前，你们不感到羞耻吗？我希望你们能记住这一天，后面也会有无数的人会拾起我的意志继续向前！"说完他用力地将话筒摔在地上，台下齐刷刷的机械警察冲上讲台，启明站在那儿一动不动，他等待着命运的审判，等待着奇迹的发生，等待着丑恶世界的瓦解。

在启明事件结束后，基因垄断被彻底废除，启明看着那日夜向地下城宣传基因改造的显示屏被拆除，那一刻他明白了，人类不仅赢得了与世界的搏斗，也赢得了与世俗偏见的搏斗！

指导老师：范婉，毕业于华东师范大学。中学一级教师。曾获第十届四方杯全国优秀语文教师教能手一等奖、第十一届四方杯全国优秀语文教师教研论文（课例）二等奖。

未抵达之处的足迹

陶姗姗/高三年级　朱群霞/指导老师　安徽省阜阳第一中学

生命的本质是什么？

没弄清楚的这个问题，并不妨碍人类对更高等生命存在形式的追求。

四千年，经过千年以来无数学者的不懈研究破译，地球上所有生命形态都已被数据化。我们面对着先进的4D全息投影，只要按照需要输入相关DNA组数据，便可以清晰构建将会成为现实的生命个体，包括人类——我们自己。

我是国家生育中心的一名职工，日日目睹着无数急切的父母从这里领走被精心设计创造出来的孩子——他们或可飞天遁地，或可驰骋赛场，或可潜心研究。这些“完美”的被设计者让人类能力的边界变得愈加模糊，我们的能力似乎可以抵达一切领域。

但是我的孩子艾瑞克不同。他本是实验室的宠儿，由国际最顶尖的人类设计师SII亲自操刀，数家数据中心鼎力打造，被赋予人类所有的美好品质——勇敢、坚强、勤奋……他本该成为佼佼者，以非凡的能力为人类作出无人能及的贡献。但是极小概率的事件还是发生了，创作过程中发生了意外，所有的“加技能”都无法使用——他成了一个最原始的普通人。

现代社会分工已经细化到“小数点后六位”了，为保证所有领域的蓬勃发展，所有社会成员在出生之前就已被设计赋予某种“加技能”，即在一生不受疾病侵扰的基础之上，加持能力让他们只要服从自己的本性，便可以在自己擅长的领域风生水起。如此发达的社会，有限的资源必然全部为强者服务。像艾瑞克这样的失败品，出生就意味着死亡，除非被人收养。

他原本的富豪父母十分完美，然而趋利的天性使然，纵有万贯家财，可仍拒绝负担这样一个普通的孩子。

但我和他们不同。见到艾瑞克，我对他有一种近乎神性的亲切感，于是，在他被销毁之前，我收养了他。

“请重复你的决定。”系统提示。

“我自愿收养艾瑞克，与他共享我的资源，并致力为全人类的进步贡献我的生命，绝不为社会增添任何负担！”

这是我的收养过程。

“妈妈，生命的本质是什么啊？”他轻轻地问。

“摄入资源，创造能量。”我不知道处于初始期的他如何理解。

“不要背定义。”他反驳道。

“追求卓越，为族群的未来效力，不危害社会进步？”我也不确定。

“那是你的意识，我问的是，我们的生命，怎么区别于非生命的物质形态。”

…………

即使我现在拥有他以目前的学习能力永远也无法理解的专业知识，我也没有办法解决这个问题。

“我将离开，成为一个完整的独立个体。”这是他在成人礼上许下的愿望，也是我听见他说的最后一句话。

他消失了。我的心里升起一种悲伤，不过没有关系，在这个人类科技无处不达的社会，悲伤在人们出生时就已经被设计为象征性的情绪符号，并不会对生活产生实际的影响。一切依旧，所有关于他的痕迹都被时间尘封，只有他的那个问题，总是成为我光明心灵之上的一朵乌云。

“我们生命的本质是什么？我与桌子、板凳究竟有什么区别？”

我，无法解答。

时过境迁，我临近死亡。我的所有知识将会由下一位优秀基因载体所继承。记忆的传递使人类不必再兢兢业业为领会前人的成果而奋斗一生。这也意味着孩童期的消逝，一旦被创造，完成初始期理论知识与社会现实的整合之后，即可投入使用。

是的，我们不愿等待。“心智成熟”成为不断被改良的被设计者的本能。

肉体在消散，脑专家在移植我的知识。在庞大的二维知识展开图之中，那个问题躺在图纸的一角，缓缓变大，直至侵占了所有的空间：

“我们生命的本质是什么？”

意识朦胧之下，这是我永久的梦魇。

“数据异常，传送暂停。”系统提示响起。所有人手忙脚乱地进行检查。

我知道，我的学识比我本身更加珍贵，但必须要符合设计者的要求。

混沌之中，我见到了艾瑞克。他面对着我，眼里含笑。虽是影像，却如此清晰。

“没想到真接通了……”他似乎有点惊讶，“你怎么样？”

我聚集起最后的力气，缓缓眨眼示意：“你得到新的答案了吗？”

“选择！”他似乎知道我要问什么，自顾自地说，“环境选择了人类，在族群间和族群内部竞争中，生命被选择。虽然如此，生命仍拥有选择的主导权——选择接受，选择拒绝，选择生存，选择死亡。生命之所以成为生命，更深层次的，是在于本能与意识的选择。本能可以被设计，被优化。个人自主意识的选择是我们区别于桌子板凳的本质。被设计者服从天性便可以进行活动，这固然更高效，但同时也失去了自由选择的机会。

“创新是人类最深沉的意识禀赋，创新来源于想象力，想象力是孩童时期的遗留。失去了想象力，所有的被设计者只能被选择，被顺服。不断精细的数据看似庞大，衍生的科学框架看似繁荣，实则毫无意义。

“被设计者，并不能带来真正的进步。”

他转过身，面对着地球：“原始的旺盛森林变成了精致的花园。每一朵花都已被设计成完美的样子，按照已定的轨迹成长。蓬勃之下，藏不住腐朽的味道。

“我选择忠于自己。我将旺盛生长，让我的生命自由，独立于这浩瀚星海之间！”

信号越来越微弱。这次，他的最后一句话是：“妈妈，谢谢你选择收养我！”我似乎感觉到自己与艾瑞克的深情相拥，热泪盈眶。

“检查完毕，是否删除下列多余数据？”系统提示再次响起。

指导老师：朱群霞，文学学士，中学高级教师，曾获得阜阳市多媒体教学大赛一等奖、班主任基本功大赛一等奖。

“完美”人类不完美

滕宇凡/高三年级　常梅/指导老师　山东省威海紫光实验学校

独自坐在天台上，望着梦幻的都市，小天很苦恼，他不知道接下来该何去何从。

小天今年三十一岁，在这个人类寿命飞速增长的时代还是个青年，他即将在K大完成他的学业。此刻，他苦恼的原因很简单，期末考试他又考砸了：满分七百五十分，他考了七百四十分，全班倒数第一。如果回溯几百年，这一定会是一个惊天大新闻，但此时，在K大的校园里，在小天身上，这个成绩实在是让人失望，因为小天是个完美人类，K大是个完美人类聚集地。

小天的父亲曾经是某知名企业中一个元宇宙开发项目的技术人员，业绩还算突出，但在三十四年前的那场大裁员中被裁，被一个经过基因技术改造过的、可以日夜不眠不休的改造人取代。赋闲在家，小天的父亲经过一番深思熟虑，终于认识到他和这些改造人进行竞争是终生无望的，但他可以生育一个后代，让自己的孩子成为“终极完美人类”。抱着这样的想法，小天的父亲找到了一个同样因为被改造人取代而心生怨气的女博士——小天的母亲。两人倾家荡产为小天购买了一个基因改造的名额，这能使小天智商超群更胜古智者爱因斯坦，身体健壮更胜古拳王泰森，还能使他终生没有疾病。

小天最初的成长是乐观的，确实不负他们的期望，在同龄人中独领风骚，各种奖项拿到手软，小天的父母也是心花怒放，自以为一颗冉冉升起的新星即将闪耀人类历史。可好景不长，纵使父母从没放松过对小天的教育、监督，小天自己也加倍努力，随着时间的推移，小天的成绩还是落到了最后。原因无他，他的竞争对手从最初的普通人变成了和他相仿的完美人类，甚至是那些由于家里有钱而改造了更多基因的“更完美”人类。

失败伊始，小天还抱有勤能补拙的念头，更加勤奋，可接二连三的失败让他陷入了迷茫，家庭条件也每况愈下，毕竟技术人员出身的父母怎么能和曾经就是体力劳动者的人比体能呢？

呆坐在天台上，和煦的阳光洒满全身，混有人造泥土气味的风拂过脸颊，这恐怕是小天唯一可以享受到的不用竞争便可得到的东西。

望着繁华的城市，看着浮空模拟信息窗里时刻都在滚动着的字幕，什么天才是99%的汗水加1%的天分；什么改造千万条，努力第一条，改完不努力，亲人两行泪……小天不屑地笑了笑。在这奢华梦幻的城市背后，小天分明看见了一个神秘、可怖、深不见底的黑洞在无情吞噬着成千上万个自己，他就是一只沉入海底的蚂蚁，哪里有闲暇欣赏海底的幽深美丽，只能不停挣扎，妄图逃生。

这社会和古书中的描述、和父母的描述相比，早已发生了天翻地覆的变化，无数个像小天这样的家庭沦为社会救助对象，阶级差异再也无法被打破。社会上的种种赛事也早已停摆：你一个三分线起跳暴扣、我一个后场超远三分的篮球比赛还有什么竞技精神？两边随意抽射世界波的足球比赛还有什么难度……这一切都从北盟元首宣布启动基因改造计划开始。诚然，当初推行基因改造时，北盟宣传的理念是：基因改造，消除人类缺陷，缩小贫富差距，促进全人类的共同进步，可最终的解释权还不是被这些上层阶级垄断。人性的贪欲永无止境，改造一点还想再提升一点，提升一点还想再完美一点、比别人好一点……所以从第一例改造成功开始，这一潘多拉魔盒就再也无法被关上。反观南盟，仅仅坚持了两个月便下令：拒绝一切基因改造，保持人类天性。可北盟的科技随着基因改造而不断取得突破，南盟为避免实力相差太远而被灭盟，也只能屈从于现实了。

基因改造真是“兴，百姓苦；亡，百姓苦”，通向深渊的命运轨迹在小天眼前仿佛清晰可见，但他无能为力。

他也只能憧憬着未来，未来有人能扶大厦之将倾，救人类于水火，终止乱象，还其子孙幸福罢了。

唉，“完美”人类其实并不完美。

指导老师：常梅，高中语文教师，对阅读与写作教学有深刻的理解和独特的感悟。

母亲的遗像

田博文/高三年级　梁媛媛/指导老师　山东省枣庄市第三中学

我发现一件可怕的事情：我不知道该把母亲的遗像画成什么样子！

事情开始于三天前，母亲因突发心脏病死去。一切都来得那么突然，当智能助手提醒我她已三小时没有动作时，母亲已经走了。这让我感到极端的痛苦和悔恨。毫无疑问，母亲生命的最后时刻是在痛苦中度过的，可若我早几天带她去做今年的体检，悲剧应该就不会发生了吧。医生们肯定能察觉出母亲的健康问题，并立刻给她进行心脏移植手术——最新产出的组织培养心脏中抗原决定基因的表达都会被抑制，器官移植所导致的免疫排斥反应早已成为过去式——并保证她能够继续健康地生活。

可这都只能是美好的幻想了，我现在要做的是绘制母亲的遗像。母亲是“生物技术落后时代”的最后一批人，父亲早早离她而去，她也是到九十多岁才看到细胞再生寿命延长法的曙光。所谓再生，也就是定向精准改造人体细胞内控制细胞分裂和凋亡等生命活动的基因的核苷酸序列，使细胞突破原有的增殖代数限制，达成类似于癌细胞但可以控制的无限增殖模式。从那以后，她逐渐恢复了年轻的面容，甚至有了年轻时想要的金发碧眼。有时我和母亲一起逛街，一些熟识的老年人常步履蹒跚地走到我面前，告诫我婚姻中忠贞的可贵——他们知道我有妻子，一个黑发的可人儿，和我一样“年轻健康”。这些老人大都是母亲的老同事、老朋友，他们不愿接受“灭绝人伦”的新科技，平静地等待死亡。接下来就是一番漫长的解释，待他们发现我身边娇美青春的女子其实是本应鹤发鸡皮的老人后，都会惊讶得说不出话。这时，母亲会不自觉地低下头去，她脸上流露出的，是没来由的不安，可能，还有愧怍？

母亲是怎么想的，对我来说至今还是个谜。但是我知道，她在遗嘱里叫我亲手绘制她年轻时的样子作为遗像。可期颐之年的我既找不到她的相片，又记不清小时她的面容。因此，我站在母亲年轻时的好友门前，轻轻按响了门铃。过了一会儿，门被打开，一位瘦高的老人走了出来。他穿着蓝色的中山装，戴黑框眼镜，满头银发梳得一丝不苟，裤上有笔直的折痕。好一位精神矍铄的老先生！我忍不住瞥了一眼自己的衣袖。了解我的来意后，他肃容表示哀悼，带我见他的妻子。母亲的朋友和她的丈夫几乎一般打扮，但多了一分柔美。听完母亲的遗愿，她先是沉默了一阵，然后缓缓说道："老了，你妈长什么样子有些记不清了。我只记得她有偏白的皮肤，尖下巴，大眼睛，一对小酒窝，笑起来甜极了。当时我们一起被下放到农村，是她主动跟我住在一起的。她干起活来可拼命了，那么娇小的一个女孩子，竟然能挑起那么大一担粪。我们一群女知青都羡慕她，当时你爸爸也被她迷住了。那小子最会关心女孩子，有一次你妈生病了，他给她熬了一个星期的药，俘获了她的心。"她停下来喝了口茶，继续道，"现在你们年轻人都不生病了吧，我听说你们在基因改造之后已经能免疫大部分病了，现在这样的机会可就不易找喽。不改造基因，我的生命也只是靠医疗设备维持罢了，不久之后，我就下去陪你妈妈……"说到这里老人有些哽咽，继而抽泣了起来。我刚想出言安慰，却不知什么时候，脸上全是泪痕。

我被老爷子红着眼眶送出屋子，失魂落魄。什么时候，这种有人情味的美丽已从我的生活里消失？满世界都是差不多的俊男靓女，像是流水线上的产品，再没有人因为眼角的泪痣抑或是美丽的酒窝而被他人津津乐道。每个人，自我的特质都被磨平，美丽也不再是纷繁多样的。不仅是面容，可以任意改造的身体带来的是混乱的社交和伦理关系。母亲和女儿一个样，同事和儿子一个样，一百多岁的老夫妇孕育出来的新生命，追着他们大儿子的孙子叫哥哥！人类社会一直存在的长幼有序的血缘亲情纽带，已经被推到断裂的边缘。在身体之外，已经有不少人尝试使用技术重塑自己的性格和心理。正因为连一个人最高贵和独特的东西也可以被改变，人们越来越难以全面地了解、感知彼此，进而塑造美好的社会关系。当一个人的性别、外貌、性格和另一个人完全一样时，他们能在社交意义上被分辨出来吗？除去微小的基因突变，一个克隆体和本体从基因到外貌几乎完全一致，若再给予他与原主相似的性格，那么得到的将会是什么东西？当人与人之间最后的界限被打破，人类的尊严被彻底地敲个粉碎，人类到底还是不是人类？

我痛苦！我迷茫！

这时，智能助手呼唤我。母亲生前给我留下一段录音："宝宝，当你听到这段话的时候，妈妈已经走了。'聊乘化以归尽，乐夫天命复奚疑'，我去得自然从容，你不要太过伤心。了解了年轻时的我，你肯定会对现在的世界感到怀疑，但我请你继续坚持，替我快乐地活下去。其实，每个人的自我和人与人之间的爱从未消失。在科技日新月异的今天，只要每个人都保持自我、保持理性，并且，常怀爱心，社会就不会崩塌，人类就能够延续。我思考了很久，之前的顺应和现在的放弃，每一种选择都是正确的，都是美的。我已知道心脏问题不久后会带走我，我要去找你爸。现在和你告别，不留遗憾。"

我想，我现在知道怎么画母亲的遗像了。

指导老师：梁媛媛，毕业于曲阜师范大学汉语言文学教育专业。中学一级教师。

最优人

涂嘉隽/高二年级　林岚/指导老师　广东省广州市第五中学

一

夏日蝉鸣，阳光照射在院子的鱼池里，波纹闪烁。微风拂过树梢，木叶摆动，鸣奏着清脆的铃声。

“各位听众们好！这里是全球联盟新闻部。今天是新纪元 336 年 12 月 20 日，人类发展部传来喜讯，理想人类构造实验进入最终阶段……”

“我不理解。”我是一个普通学生，一个优人。

“小小年纪在那里装神弄鬼的，什么不理解？”姐姐正用力擦拭着院子前的玻璃。

“我说，那鱼塘有什么好的，难得政府批准我们买别墅，还带花园，摆个 DNA 模型多好，一来就把我的地皮给……”父亲盯着平板抱怨着。

“自然是最好的景观！”我极力抗议。

“别忘了，我们能住这儿还得托爹的福。”姐姐说完跑去厨房洗碗了。

“你姐也是奇怪，啥事都要自己干。”父亲仍然盯着平板。

“3 分 32 秒！破纪录！这强化后干啥都是轻轻松松。”姐姐按停了手表上的计时器。

“再强化也没有基因重组的强。去年我在实验室，那个更优人，一下子把难题解决了！当然，我的功劳也……”父亲站了起来，开始激动地吹嘘着他的风光历史。

“你刚刚想问啥来着？”姐姐不耐烦地问。

“我不理解为何人要分成优人与更优人。”

“这个嘛……”父亲赶紧在平板上记录着什么。

二

“这个嘛，分工而已。”

咖啡厅里，我和好兄弟殷善面对面坐下，墙上贴着优人和更优人的总统竞选海报，窗外是等绿灯的行人。

旁边一桌更优人申请换了座位。

“什么意思？我不理解。”我追问。

“优人是指身体因某种原因无法进行基因改造而只能后天强化的，更优人则是在胚胎阶段就可以进行培养。所以从事的行业领域会不同，对社会的贡献不同，但他们都是一样的人类。”

“这样吗？分工吗……”

“嗨！”一个优人一屁股坐到了我身边，那桌更优人把座位换得更远了。如果列个后悔名单的话，和迷亭恶交朋友肯定得排第一。

“哟嚯！看来上次抛给你的问题你解决了啊。”

没错。这个问题就是他问的。

“我最近看到了个有趣的东西。”他向服务员要了杯咖啡。

“又来了。”他总能给我带来麻烦。

“展开说说。”殷善倒是饶有兴趣。

“这是一千多年前提出的。火车难题。”迷亭恶神秘兮兮地低声说道，“你坐在一辆火车上……”

“什么是火车？”我问道。

“别打岔啊！火车和现在的轨道列车差不多，接着讲了。”

“火车轨道上躺着五个人，如果不采取措施的话，那五个人就会死！”

“啊！我不听了！”殷善惊呼。旁人投来鄙视的目光。

“我也……”确实有点恐怖。

“别打岔！小声点。但还有一条岔道，火车可以通过变道……”迷亭恶有点急了。

“我还是听吧。”殷善又把头凑过去。

“但岔道上也躺着人，不过就只有一个。好了，你会怎么做？”

“啊。就这？！”我问道。

“对，怎么做？”

“那六个人是怎么……”

“这你别管。你怎么做？”迷亭恶生气了。

“救那五个人吧。”窗外绿灯亮了。

“好！”迷亭恶裂开了嘴，“那假如躺的那一个人是你的姐姐呢……”

三

坐在轨道列车上，我沉思着。蒸汽逐渐遮掩了窗户。

“喂！快看！”火车前端突然骚动起来，我也跟着探出窗外。

火车正前方轨道上躺着一个人，姐姐！是我的姐姐！

“要撞上了！”

“不慌，优人而已。”

“快制动！快！”

我的脚被钉在了地上，后背早已湿透，却只能眼睁睁地看着姐姐消失在车头。

“不。不不不！不要啊！”

四

“看来，你已经得出答案了啊。”迷亭恶盯着我，殷善也是。

我回过神来。“我会救我的姐姐！”我郑重地说道。

“别急！那如果我说，那五个人是更优人呢？”

“更优人？还是我的姐姐！”

“不再思考一下吗？”迷亭恶问。红灯亮起，外面的行人又停了下来。“不。”我回答。

迷亭恶收起了笑容：“唉。时间不早了，明天再继续。”

“啊，我也是……”殷善起身离开。

五

不对吗？我的姐姐虽是优人，但她也是人啊？怎么能不救？

那是对我自己而言，那对社会呢？是因为社会吗？但我姐姐也对社会有贡献啊。她还在实验部跟随父亲……

仅论贡献吗？那自然是比不上更优人的。对全人类而言呢？更优人和优人都很重要啊……有什么区别呢？不应该有这种区别关系的。只是分工而已。

所以……问题回到了起点，救五人还是一人。也许，我应该救那五个人。姐姐呢？对！救那五个人！

六

“实验体就只有这一个。基因虽然能二次重组，但善恶观却无法植入，只能人工……”这声音，有点耳熟？

“啊！”我惊醒过来。眼前模模糊糊立着几件白大褂。

“善恶观偏正100%！恭喜！”

“你是，迷亭恶？”

“嗨！”迷亭恶一脸笑嘻嘻的。

“殷善？父亲？姐姐？”

“恭喜恭喜！”他们激动地鼓着掌。

“想起来了。”我是全球联盟人类发展部的首席研究官。一个优人，曾经是。

七

“各位听众们好！这里是全球联盟新闻部。今天是新纪元336年12月25日。人类发展部传来喜讯，首位最优人诞生了！他将会引领人类跨入一个全新的时代……”

“最优人，更优人，优人。不都是人吗？”

“分工而已。”

指导老师：林岚，中学语文高级教师，曾获广州市海珠区政府嘉奖、广州市第三届语文十佳青年教师、广州市高考突出贡献奖。

智 囊

汪文志/高三年级 徐旺乐/指导老师 安徽省安庆市望江县第二中学

我，叫“智囊”。

和一般孩子不一样——我出生的地方不是充满新生活力的产房，而是冰冷的实验室。在这里，与其说我是一个孩子，不如说我是基因科技的产物。

彼时，人类对基因技术的开发已经达到80%，动植物的基因改造已然司空见惯。于是乎，科学家们便把矛头对准了人类自身，他们希望能创造出一群真正意义上的“完人”，来解决现在科学发展遇到的困难。而我，就是这场科技革命的“先驱”，同时，我还拥有一个伟大的父亲。

像其他教授一样，父亲参加了这次实验；但又不像其他教授，他的内心有一股强烈的信念……

经过一系列的基因改造，我诞生了！从身体到生理，从体能到智能，我都有超乎常人的能力，尤其是智力。因此我被纳入了“智囊”系列。一岁到三岁的我过得很幸福，像普通婴幼儿一样，在父母的呵护下成长，父母教我说话、走路、微笑。因为有一股来自骨子里的力量，我学这些非常快。

三年时光一眨眼就过去了，到四岁时，父亲开始执行组织的命令，对我进行特殊的智商训练。但父亲并未完全遵照组织的要求，可能是出于他内心对孩子的爱，或者是他一直以来对这项实验的否定态度——在这项实验开展之前，父亲曾表示过反对，他认为这是对人性的蔑视，生而为人，拥有自主的人生最重要，任何人都不应成为一种工具。因此，在表决投票时，父亲毅然投了为数不多的反对票，但终究少数服从多数。父亲教给我的，从山水到油墨，从诗词到话剧，从东方的“礼仁”到西方的“文艺”。我脑中的思维树生出了一条崭新的绿枝……

十二岁那年，我被送入了“智囊学校”——一所全是智囊系列孩子的学校。在这里，我们每天都被要求独立解决许多极其复杂的难题，系统会每天进行一次评分，然后呈递给教授们。但因为有来自基因的力量，我们之间不会有很大的差距。通过仔细观察，你会发现这里每一个学生的眼睛都是茫然、无光的，除了我。而透过我的眼看这里，就好比一所打着学校名号的监狱。

这里的天是昏暗的，植物是枯黄的，阴风吹过，我感到极度不适。我的同学们面无表情，形同傀儡，除了吃饭、喝水、上厕所，然后面对难题的几秒振奋，剩下的时光就只会发呆。我开始感到恐惧，这里实在太可怕了，我想出去，去呼吸新鲜的空气，去感受自然的温暖。但我不能，学校规定，我们不允许出去，但父母可以来探视。我向父亲诉说了我的不适，于是每一次的“探监”，父亲总会带来一些书籍或者玩具供我消遣。

六年来，学校里不断来新生，但人数不见涨，偶然的一天，我明白了这是为什么。于是，我萌生了出逃的想法，通过严密的分析，我考察了每一处监控的死角，寻找合适的工具。终于，在一个夜晚，我跳出了那座阴森的城堡。带着喜悦和忐忑，我一路狂奔，朝着远方的依稀灯火跑去，不久，来到了一片麦田，这里的月色很美，微风拂过，一股清醇的桂花香，我想起了小时候父亲曾说的“有三秋桂子，十里荷花”，这就是秋天的感觉嘛。沉溺于此，我便随处睡下了。一觉起来，晨曦照耀着麦芒，远方的城市映入眼帘，我无比兴奋，兴奋之余，加快步伐，冲向太阳升起的地方。

一进城，我便感受到来自人情的温暖。一位慈祥的妇人看到我风尘仆仆的样子，热心地递上了一杯水，嘘寒问暖。这么多年来，这是我第一次和除父母以外的正常人交流。在得知我不平凡的身世后，妇人表现出惊讶，然后又热情地款待了我，给我提供住所。在城中待了几天，我感受到这里的大人善良热情，和谐友爱；这里孩子乐观活泼，天真淳朴。比起那座“监狱”，这里仿佛天堂。有那么一刹，我觉得这儿仿佛是来自晋代的一位高人笔下的“桃源”，抑或是活在20世纪的一位作家心里的“湘西”。虽然这是一个充满冰冷科技设备的时代，但我依旧能感受到人与人之间独特的温暖，这种温暖是那所学校所给予不了的。

夕阳西下，暮色氤氲。突然，我的胸口一阵剧痛，可能是对人类基因改造技术还有不足吧，我撑不到再看到我的父亲了。

相比完美的身躯，我更羡慕那位平凡且慈祥的妇人，渴望向她一样不完美，却一直追求完美，并享受追逐的过程。

指导老师：徐旺乐，文学学士，毕业于安庆师范大学，中学一级教师，曾获安庆市语文优质课大赛二等奖、望江县优秀教师、优秀班主任。

云鲲与星辰

王晨昊 / 高三年级　崔秀娟 / 指导老师　江苏省扬州市江都中学

一望无垠的宇宙中，璀璨的星云不断旋转着，一颗蔚蓝色的星球坐落其中……

顾离，十九岁，从出生便一直生活在这颗星球上。三十年前，一项技术诞生了——CGRSV 基因技术，它可以改造编辑新生婴儿的基因，使其拥有更高的智商，更强壮的身体，被称为——新人类。顾离的父母是第一批参试人员，而顾离，是新人类正常孕育的孩子。

顾辰，十六岁，第二批新人类，从一出生便展现了非凡的能力，远远超过了他的哥哥顾离。在这个家庭中，唯有顾离不是新人类，因此他总是感到自卑，觉得自己就是多余的，每次自己做到极限的事，他的弟弟总是能够轻易打破。

“就不能让我一次？”顾离望着弟弟，发出了疑问。

“不能。”顾辰摇了摇头，冷声说道，“你要学会超越自己。记住，你不比任何人差，哪怕是新人类。”

顾离嘴角微微动了动，却并未说什么，转身离去了。

又过了两年，新人类与旧人类间产生了隔阂。总有些新人类的高层，自诩与旧人类已经不是同一个种族了，这也就间接导致了新人类越发瞧不起旧人类。

3033 年，各国的新人类掀起了一场政变，独立出一个专属于新人类的政权。各国不得不联合起来，合力对抗。在这场政变中，顾离与家人分开了。两年后，二十八岁的他已担任了将军一职，并去往新旧人类领地交界处，因为他知道，他的弟弟在那里等他。

新人类独立出政权后，其首领林希的野心不断膨胀，渴望 CGRSV 能够再进一步，孕育出更加强大的新人类，即利用生物工程技术，外加量子感应电流，破开人类大脑中的屏障——VCX 记忆体。

VCX记忆体中蕴藏着属于我们先辈的记忆，若能够破开屏障，刚生下的婴孩，就如全知全能的圣贤，拥有更多的时间向更高的技术层次进发。

一个人的欲望是无止境的，若不学会克制，总有一天会被自己的欲望撑死。

林希率先将此技术运用在自己的儿子林默身上，他生下来就沉默寡言，但却十分睿智，拥有自己父亲和母亲的一切知识。但他并不觉得快乐，甚至觉得一切都是恐怖的，尤其是他父亲记忆中的那股欲望，所以他在两岁时，于家中引爆了炸弹，结束了自己短暂而又索然无味的一生，连带着林希也离开了人世。

手握重权的顾辰以绝对的力量击败了那竞争者，冷酷地说："还打吗？"随后力排众议，与旧人类重修友好，但二者之间还会有小摩擦出现。

"叮——"手机里传来声音，顾离拿起来一看，上面写着"交界处见。"他长吁一口气，走出屋外，坐在台阶之上，倚靠着门框，放下手机，抬头仰望着星空，脸上荡漾着微笑。

兄弟俩在交界处碰面了，两人目光碰撞，虽未言语，却道尽了这些年的沧桑。

闲聊完家常，顾辰提议道："哥，一起去看云鲲？"

"好，准备准备。"顾离欣喜万分，手足无措。

云鲲，这颗星球上独有的物种，白天生活在冰层之下，每到夜晚，都会破冰而出，在空中飞行，接受星光的照耀，汲取其中的能量。很美的景观，但要时刻小心脚下的冰层会碎裂。

这天晚上，顾离和顾辰来到了冰面之上期待着云鲲的到来。"呜——"轰鸣的声音传来，云鲲破开了冰面，一跃而起，背上的星辰花纹在星光的照耀下，熠熠生辉。不断有云鲲跃出，深蓝色的身体在空中划过，留下些许水珠，泛着璀璨的光辉……

"刺啦刺啦——"冰面的碎裂声传来，于是俩人转头跑向无冰的地带。渐渐的，顾离跟不上顾辰了，而裂痕却迅速逼近。顾辰见状，停下来拉住哥哥的手，将其甩向前方，而自己却被冰面卡住了脚，顾离眼见弟弟要落入冰海，扭头跑向了他，拉住了他的手……

二人互相搀扶着，缓缓走回了家。

“哥，你看，你这不就比我厉害嘛，还救了我。”顾辰笑眯眯的，丝毫不见他受伤了。

“少贫嘴，你知道多危险吗？”顾离抓了抓顾辰的头发，却掩饰不住嘴角的笑意。

“好了，我先回去了，记住我们的约定。”顾辰从顾离的手中挣脱，摆了摆手，跑向了远方。

“这小子……”顾离嘴角噙着一丝笑意，望着那健步如飞的身影，似是明白了什么，摇摇头，也走了。

三年后，在顾离和顾辰的极力推动下，大部分的新人类认同自己和旧人类是一样的，而旧人类也接纳了他们，二者相互依存，就如云鲲与星辰一样……

云鲲破冰而出，璀璨星光洒下，刺透了积淀已久的云霾。远处，是两道并肩站立的身影，他们身后，是温暖的万家灯火……

一颗流星划过了天际……

“云鲲与星辰，真美。”

“嗯，很美。”

指导老师：崔秀娟，文学硕士，毕业于徐州师范大学，中国现当代文学专业。中学一级教师。曾获得扬州市高中语文学科原创命题大赛一等奖、扬州市高中教育教学先进个人、江都区教学之星等荣誉。

他与他的死亡

王浩文/高三年级　刘艳/指导老师　山东省莱芜第一中学

"嘀嗒，嘀嗒"，时钟在缓缓发出声响，伴随着窗外的几声鸟叫，清脆而悠扬。

李维医生站在窗边，望着外面生机勃发的春季景色，似乎一切都那么自然又美好。

"叮叮叮"，手机闹钟响了，把李维从外面的无限春光中拉了回来，看向病床上的人，自言自语道："时间要到了。"随即叹一口气，坐在病床旁边。病人十三四岁的模样，消瘦而又单薄，雪白的床单压在病人的身上，与周围各式各样的精密仪器格格不入，他的头被一个黑色的头盔所包裹，头盔上插满了各种线路。

李维望着他，不再说话，坐到了一边，将另一个头盔带上，他知道会发生的一切不过是又一个悲剧。随着头盔的启动，李维医生闭上了双眼，躺在了一边。

…………

"今天是星期一，我讨厌星期一。"少年在日记本上如是写着，阳光明媚，透过窗户照在他身上，他的身边没有医疗器械，没有线管，也没有乱七八糟的药物，什么都没有，让人轻松又自在。他环顾了一下四周，继续在日记本上写着。

病房的门被推开了，少年看去，他记得李维医生说今天会来给他做最后的检查，下午进行手术，在这之后就能出院了，对外界自由的渴望让少年无时无刻不在期待着。李维医生推门而入，对他打了声招呼："早上好，今天感觉怎么样？"少年抬头望着他，高兴地咧嘴笑，说道："感觉不能更好了，赶紧结束吧，我实在是太想出去玩了。"

李维看他状态不错，便开始检查他身体的各项指标，与预料的一样，很正常，非常正常。"但真的有必要吗？"李维在心中问着自己，这些检查，不过是在数字定义下的身体状况，或许，连数据都没有看的必要，李维对这些都明白。

随后李维医生便与少年闲聊起来，李维说是他的主治医生，从他住院开始便会每天抽时间来陪他，偶尔会说说病况，偶尔也聊聊家常。李维医生喜欢对他说起那些医院里的事，像哪间病房的病人要做手术了，哪间病房有家属来了，都是一些有的没的小事，但他爱听，他喜欢那些家长里短。少年也有时会提起自己的生活，曾经在学校里，他是老师眼中的好学生，学习很好，尽管没什么朋友。每当他讲完后看着这寂静的病房，总会露出一种难以言表的伤心，他很聪明，总是会拿自己的笑去掩盖自己的情绪，尽管是很拙劣的掩饰。

李维很敬佩他，说实话在这个十三四岁的孩子身上，他能看出一种不属于少年时代的坚韧。这种特有的坚强总会在人生最痛苦的时候表现出来，李维见过很多很多这种人，他们的结局大多都一样。明明自己心怀怜悯，却什么也做不到，这种无力感从李维入职时便一直萦绕着他。

少年说自己的梦想是当宇航员，他想上太空。他把自己画的星空拿给李维医生看："看，这张是医院窗户上的星空，这张是我画的月球，还有这张，这是半人马星系。"少年一张一张指着，画纸堆满了病床，画得并不算好，甚至可以说很潦草，但不论是谁都能从中看出，这一张张画，承载着一个人的梦想。

李维抬头看了眼时间，手术快要开始了，李维让他先做好准备。

"嘀嗒，嘀嗒"，墙上的挂钟依旧在响，病房的门被推开了，来了几位医生，将少年推去了手术室，李维看着他，眼中透露出一股茫然，少年回头望着李维："手术一定能成功的，对吧？"深吸一口气，李维回答他："对，是的。"

或许有那么一刹那，李维看得非常清楚，他眼神中的兴奋荡然无存，那不是害怕，也不是高兴，是一种释然，一种难以言表的释然，李维不明白。

随着少年被推出去，突然间李维的视野里一片漆黑，"结束了……"李维对着空气划了一下，眼前出现了一个透明的系统菜单，李维退出系统。随着双手向头部伸去，头盔被拿了下来，李维的视野重新恢复，他望向少年，那些围绕在他身旁的仪器依然还在，唯一的不同是少年头盔上的药液管已经空了，李维明白这代表着什么，安乐死已经执行完毕。

李维拿着他的病例单，他名叫周启航，他的父母有两个孩子，全都进行了基因的定向编辑，都是理论上的完美之人，但其中一个孩子却失败了，不仅基因的转录严重出错，而且只能在机器的辅助下生活，所有人都明白他活不长了，因此他的父亲一来为了让他免遭罪受，二来防止毁坏了自己的社会名声，于是对他进行了虚拟安乐死。将患者接入脑机接口，在患者不知情的情况下，在虚拟世界度过自己最后的时间，直到现实中安乐死执行完毕。从始至终，只有李维和他是真人，周围所有的一切都是虚假的。至于李维，他并不是医生，只是个领着工资的陪护人员。

按照惯例，李维会保留一些病患在虚拟世界里的部分数据，当他在电脑里看到周启航的日记时，好奇心驱使他打开了它。他翻看着，直到目光聚焦在一段话上："李维医生，或许你会看到这些话，在我住院以前，我的妈妈告诉我了一切，我看着她，她哭了，我却没哭。我不知道自己是否悲伤，很多事对我来说是没有选择的，但我不后悔来到这个世界，谢谢你们！"

…………

第二天，李维在病房里坐着，病床上又躺着一个戴着头盔的孩子，同样的基因编辑失败，李维看了看他的病例单，也拿着周启航的病例单，谁又能想到这薄薄的几页纸承载着这群孩子一生的苦痛。

"叮叮叮"，手机闹钟响了，到时间了。

指导老师：刘艳，文学硕士，毕业于福建师范大学，语言学及应用语言学专业，中学一级教师。

“PCR”号特快车：开往基因时代

王荆毅/高二年级　曲红娟/指导老师　山东省淄博市桓台第一中学

四月一日，人类更完整的基因组测序完成的新闻登上了《Science》的封面。不由得让人再次想起：“21 世纪是生物学的世纪”。

今天，生物学各个领域研究突飞猛进。试图深入分子尺度，从遗传物质角度揭示生命本质的分子生物学更是如此。

如果说从孟德尔的“遗传因子”开始，分子生物学似乎已从经典的遗传学中，发出一点耀眼的微光；从摩尔根的白眼果蝇开始，我们已走到分子生物学的门前；从沃森与克里克那篇简短而伟大的论文开始，我们已打开了一个全新的世界的大门。那么这里要说的 PCR 技术，则让人类在分子生物学世界里乘上了特快列车，自由奔驰。

想要研究分子生物学，我们必须要有大量的研究材料——DNA 等遗传物质。可是 DNA 作为生物遗传系统的“一把手”，可不是那么好拿到的。烦琐的提取技术以及可怜的产量，让早期对于 DNA 分子生物学的研究，比现在要慢得不少。即使有什么研究成果，也难以应用——假设警察要鉴定犯罪现场留下的少量 DNA，鉴定人员手一抖，或许就把这珍贵的样本报废了，还谈何鉴定?

我们需要更多的 DNA。怎么办呢? 对了，生物可以复制自己的 DNA，我们为什么不能把这个过程搬到体外，为我们所用呢?

这就是 PCR 技术：聚合酶链式反应。

我们已经知道，DNA 是由两条“脱氧核苷酸”链盘旋而成的双螺旋结构，把它展开后，就像是一把梯子。梯子两边的长杆是它的“骨架”，由磷酸和脱氧核糖分子连接而成。一根杆子的两端具有不同的化学性质，科学家把其中一端叫作 5' 端，另一端叫作 3' 端。两条链的方向是相反的，也就是说，这边这条链的 5' 端，对着的是那边那条的 3' 端。在骨架的内部，会连着一对“碱基”分子。DNA 中共有四种碱基：A、T、G、C。左右两边的碱基可以通过"碱基互补配对原则"连接在一起：A与T配对，C与G配对，从而形成"梯子"上的横杆。

在生物体内DNA复制时，首先会有"解旋酶"结合到DNA上，把DNA的两条链打开，也就是把"梯子"竖着从中间劈开。接着会有"聚合酶"各自来到两条链上，他们可以把细胞内游离的核苷酸，依照碱基互补配对的原则，像拼乐高一样"拼"到这两条链上。解旋酶会缓缓向前移动，聚合酶也跟着向前，直到走完整个DNA分子。此时，这条DNA分子就完成了复制。我们可以理解为，比照着劈下来的一半梯子，一点点把另一半梯子再造出来。

补充一点，DNA聚合酶比较有个性，只能从原来DNA分子的5'端走到3'端。而且需要一条短短的核酸"引物"先结合在DNA分子上，它才肯过来。加引物的工作由"引物酶"完成。

现在我们要做的，是把上述过程搬到生物体外。

科学家们发现，DNA在约90℃的高温下，双链会自动解开，慢慢降低温度时，又会自己合上。这多好，我们不需要再想办法把"解旋酶"和"引物酶"拿出体外。只需要先把引物做好，加热样本，让它自动解旋，再降低温度到50℃左右，引物就自己结合上去了。这是PCR技术的前两步，分别叫作"高温变性"和"低温退火"。

那么，我们可以开始复制DNA了，使用聚合酶似乎是最完美的办法。

可这真是难倒了一众科学家：说是"低温"退火，可在50℃左右的"低温"下，几乎所有的酶都难逃变性失活的命运。但温度可不能再降低了，否则DNA的两条长链也会自动结合在一起，更不要谈复制了。这可怎么办？

整个科研界一筹莫展。山穷水尽之际，我国台湾的一名生物学家，解决了这个燃眉之急。

他在黄石公园里发现了一种细菌。这种细菌诞生于地球的童年，非常适应远古地球上火山口的高温，现在，正在黄石公园的热泉里逍遥自在。它体内的Taq DNA聚合酶正是我们需要的：它在72℃下工作效率最高，即使在91℃的高温下也可以工作。

在"低温退火"这一步之后，我们再把温度升高到72℃，加入Taq聚合酶，勤劳的他们就会在试管里帮我们不停地复制DNA，只要原料管够。这步叫作"中温延伸"。

PCR 技术一问世，整个分子生物学界一片沸腾，我们再也不需要为原料发愁了！有人甚至说，PCR 技术的诞生，直接把生物学分为两个时代！

除了为研究提供大量原料，PCR 技术还有更多的应用。现在，新兴的基因检测就需要 PCR 技术和其他技术的合作；检查基因组编辑是否成功，也需要 PCR 技术来帮忙；而核酸检测，原理也是“进阶版”的 PCR 技术。在生物学之外，法医鉴定、海关检疫……也都有 PCR 技术的身影。PCR 技术本身也在不断进步，人们可以按照需求选择不同精确程度和扩增速度的 PCR 技术。我们有理由相信，在将来，这项改变了生物学甚至改变了世界的技术会在更多的领域大显身手。

纵观“分子生物学”的铁道，“PCR”号、“CRISPR-Cas9”号，以及各种生物技术的特快列车，正从沃森和克里克的那篇论文的始发站开始，向着四面八方无尽地疾驰，不断拓展人类现有知识的边界。让我们乘上生物技术的特快列车，飞奔向更美好的世界！

指导老师：曲红娟，文学学士，毕业于哈尔滨师范大学，汉语言文学专业。中学一级教师，曾获得市优质课一等奖，市教学能手，市教学基本功大赛一等奖高中组第一名，县优秀班主任、优秀教师等荣誉称号。

基因改造是一把双刃剑

王景睿/高三年级　伏志强/指导老师　宁夏回族自治区银川唐徕回民中学

在清晨，罗杉迎着久违的春风，由衷地感到舒畅。最近这段时间，她一直被一种奇怪的剥离感所困扰，但现在沐浴在蓬勃的阳光中，那种奇异的感觉好像又蛰伏起来，在某个角落不为人知地窥伺。

正想着，余光又瞥见了路的拐角一张含笑的面庞，那是她的发小赵越，她们已经认识十七年了。

“别皱着眉头了！”赵越揽过她的肩头，“瞧瞧你，年纪轻轻哪有那么多心事。”

就在接近的一刹那，罗杉被一阵陌生感攫住了心脏，她强压下心头的不安，握住友人的手向前走去：“昨天的泛函分析你做了吗？我好像有一点头绪了。”

“你厉害，我就查了查资料，还没开始动笔……”

她们都在联邦直属理工大学读书，这是最好的理工类学校，罗杉在分校考试中超过了分数线几十分，越过了面试流程直接被学校录取。

事实上不仅仅是考学，虽然许多小时候的记忆她已淡忘，但在很多方面，罗杉都是仿佛被造物主偏爱一般的出类拔萃。

“对了，我听说周泉也被录取了，我们要不要去跟他打个招呼？”

“就是之前坐你前面的那个男生？奇怪，我记得他学习一般啊，怎么考进来的？”

罗杉也有点奇怪，毕竟周泉高中时候的绩点一直不高。“可能是请名师补课了？他家境很好。”

赵越点点头：“那我们往明远楼走吧，我记得在那边报道。”

她们在楼下见到了周泉，罗杉差点没认出来——虽然相貌体格都没变，但和高中时期的他比起来简直判若两人。不仅木讷的性格变得开朗风趣，就连额头上的瘢痕都消失不见了。

罗杉没忍住询问起了那道疤，周泉摸了摸额头，只说高中毕业后觉得疤痕有碍观瞻，专门去做了修复——原来他明明说这瘢痕要留作纪念的。

压抑住满心的惶惑，罗杉作别了两个朋友，佯装有点事要办先离开了。

正想着刚刚的怪事，迎面就走过来一个奇怪的人，以一种奇异的口吻说道:“罗杉，看来你的基因改造手术很成功嘛，都考到这里来了，让我好找……”

罗杉大惊之后便忍不住战栗，面对着这张笑颜，那些她不愿面对的，午夜梦回之际时刻拷问她幼小心灵的事情突然涌入脑海。

她想起了幼时的那项基因编辑工程，他们的父母都是相关项目的合作者，项目初期没有志愿者愿意承担巨大的生命风险来充当实验体，这项技术也并不成熟。于是项目的发起人就决定用自己的孩子先试试。

结果喜忧参半。

她所在的实验组获得了圆满成功，她的许多身体机能、思维阈值都超过了原有的水平一个数量级。

而彼时真正的赵越却经历了失败的实验。

赵越的父母虽然在实验开始前就做过一番心理建设，但这一结果真正出现的时候，他们与任何一对普通的父母一样，悲痛的情绪几乎将他们撕碎。他们当然无法接受女儿的死去——于是他们应用了当时已成熟的克隆技术，再次拥有了一个女儿。这个因人类的技术而获得新生命的女孩，拥有着同不幸死去的赵越一样的姓名、父母、相貌……甚至是一同长大的朋友。

当时的罗杉年纪很小，她无法理解友人的死而复生，但她完全能感受到这个与友人大致一模一样的女孩并不是她的赵越。但禁不住道德与友情的双重压力，在双方父母的引导下，她渐渐无视了那些细小的差别，无视了一个生命的消逝，忘记了最初煎熬的痛苦，忘记了一切罪恶的记忆，仿佛一切都回到了正确的轨道上。

与此同时，基因编辑与改造技术在经过了无数的试错和改进后逐渐走向成熟，但迫于社会道德的约束，它并未被大众所接受。毕竟世界上有很多不公平的事情，但出生和死亡对任何人都平等。而这项技术的面世打破了这一规则，并且由于费用高昂的缘故，它对于贫穷的人非常不友好，他们不仅没有财富的光环，并且也将失去在天赋方面与富人阶层站在同一起跑线的可能。

另外，这和克隆技术有相同的隐忧：经过基因编辑的人，还是原来的人吗？不完美本就是一个人的特征，趋于完美的人比忒休斯的新船也不遑多让了。

在重温记忆的恍惚后，罗杉在电光石火之间明白了在赵越身上感到的不安和同周泉相处时的别扭到底来源于哪里——周泉应该也接受了基因编辑手术。

罗杉抬头望向阔别十几年的老友，不禁为自己这些年来的软弱而羞愧，“赵越，以前我做错了很多事，现在我想尽可能地弥补……我有一个想法，是十几年前就有过的设想：这门技术可以被规范起来，用于治疗与研究——”

“我猜你会这么想，这次是专门来找你的。我们和官方合作成立了一个督查小组，在规范使用方面已经取得初步成效。我希望你能加入，也给那些往事画个句号。”

“好。”罗杉仿佛要将这些年所遗失的所有勇气一并找回来，“这次我不会再退缩！”

技术本身并没有错，她们相信，在规范的约束下，基因编辑最终会造福人类。

指导老师：伏志强，文学学士，毕业于陕西师范大学汉语言文学专业。中学一级教师，银川市骨干教师，宁夏回族自治区区级骨干教师。

不完美的基因，完美的人生

王靖尧/高三年级　吕新娣/指导老师　江苏省盐城市高级实验中学

基因与人类的命运密不可分。缺失不同的基因，会带来不同的疾病与痛苦。如果，基因这个人类的遗传密码可以被随意更改呢？或许人们不会再说生死有命，而是人定胜天；人生的道路，不再由双手去创造，而是通过高科技制造；人生的高度也不再靠奋斗获得，而是通过 DNA 序列的排列组合获得。人们一生的轨迹可以随意更改，人定胜天再也不是说说而已。那么，人们不需要用 5% 可控的人生去撬动 95% 不可控的人生，而是利用更改基因这根更长的棍子撬动不一样的人生，命运也在既定轨道上变得更加稳定。然而，矛盾是无处不在的，有钱人的遗传密码会永远比穷人的遗传密码完美，那原先看似可控的 5% 的人生变得更加不可控。技术水平朝夕更替，先进的技术永远属于富人，而穷人得到的只是即将被淘汰的基因。

“基因组编辑技术再度取得重大进步，A7 技术由 2.3 版本更新为 3.1 版本，该技术将人类的寿命由原先所能增加的七十年提高至一百年，D 市首富贡献自己的身体作为 A7.3.1 技术的首例人体试验品，首次试验取得完美成功。”悠扬婉转的声音从广播中传出。

小 B 听着广播对一旁的小 A 说道：“A7.3.1 技术出现了，再过一段时间，我们就可以全民免费做 A7.2.1 技术了！这可比书上写的 21、22 世纪的生活好多了，什么都不用做就可以拥有超出常人的完美基因了！”

小 A 抬头看了一眼小 B 说道：“这好什么？我们每次所用的技术都是那些有钱人用剩下的。”

“用剩下的怎么了？像我这样躺在家里，吃的是政府派机器人统一送过来的，身体可以靠更改基因得到改善，这应该就是生活在广播中所说的神仙世界吧！”小 B 一边开怀大笑一边说着。

小 A 放下手中的书，直视小 B：“广播中说每次都是用富人做人体试验，每次都成功，你觉得这合理吗？”

“当然合理啊！连你我的智商都能跟爱因斯坦一样，一点错误都没有，怎么了？”

“就算可以没有一点错误，可是现在政府和有钱人在管控书籍，宣传‘看书浪费生命，人活在世上应该享受生活’的言论，导致现在一书难求，你认为这样的社会很好吗？我们从出生开始，要么用那些有钱人剩下的技术改良基因，要么吃喝玩乐。我们存在的意义是什么？我们来到这个世界的意义是什么？只是为了吃喝玩乐吗？社会是个大舞台，现在舞台上、聚光灯下只有那些富人，我们只是陪衬，甚至连陪衬都算不上。我们的生命定格在出生时，出生即死亡。”

“哪有你说的这么严重？陪衬也挺好的，至少衣食无忧，想干什么干什么。”

“你记得我之前给你看的那本叫《黑羊》的书吗？”

“记得，有点印象。”

“社会是欺诈的，在一个以欺诈为善的社会里，诚实反而成了害群之马。在这种什么都不用做只需躺平的社会里，努力成了害群之马。这违背了人性的初衷。在汗水中绽放生命，在拼搏中掌握命运，在奋斗中改变命运，这才是人们应该去做的。”

“但是我们不能主导这个世界，努力拼搏最后能得到些什么？不是白费工夫吗？享受别人所带来的科技成果不好吗？”

“我们努力到最后不一定能获得成功，但不努力肯定一事无成。我们要拼尽全力将我们所能创造的美好留给这个世界。哪怕在生命结束的那一刻什么都带不走，哪怕面对各种各样的质疑也要坚持到底。”小A停顿了一下然后说道，“这种努力会带来自我尊重与他人尊重。自尊才会在获得独立人格的同时拥有尊重他人的能力。这才是一个人需要努力的原因。”

指导老师：吕新娣，文学硕士，毕业于南京大学，语言学及应用语言学专业。中学一级教师，曾获得校优秀班主任等荣誉称号。

魔盒与福音

王宁楠/高三年级　丁旭平/指导老师　新疆维吾尔自治区新疆师范大学附属中学

柔和迷幻的灯光下是容貌昳丽的男女，衣着华贵，仿佛永远有精力在这巨大的舞池中舞蹈。只是如同高贵的名种猫群之中溜进来一只土猫，一人漫无目的地在周边的餐桌间游走，不断地将自己可怜的胃袋撑大，再不断饮用催吐的酒水麻痹大脑……如此往复，华良已经在这个流光溢彩的豪华大厅里待了将近一周了。

一只苍白的手如同鬼魅一般附上了华良的肩头。他受了惊吓，手中的酒杯都掉在了地上，脚下苏格兰花纹的地毯立刻收缩，小巧的机械臂将酒水和破碎的酒杯收进地下，立刻又崭洁如新。

“别害怕，朋友。”那手的主人低笑了两声，缓步站在华良的身旁，“多么令人厌恶的舞会……瞧啊，那人一定修改了他全身上下的肥胖致病基因，那位手上戴满戒指的女士一定循着潮流改造了六指基因……您不想做些什么吗？”

华良缩着肩膀看向身旁，和他一般高的戴骨质面具的青年——也许是青年，他想，那人的肩膀上装饰着祖母绿胸针，也许是新款变音器，肌肉也可以靠着“新蛋白针”来保持肌细胞活跃的机体功能。

“我……我不知道……”他只是嗫嚅着，就好像做错事的孩子，心里愤懑的种子虽然埋藏已久，却因主人的自暴自弃变得虚弱。

“你蹉跎的时间已经够久了！华良！就这样当着帮凶吗？！”青年不悦地低声呵斥，面具使人看不清他的眼睛，只有灵魂的花火在黑暗处闪烁。

华良惊出了一身冷汗，那种被人当头打一棒的感觉使他从颓靡的氛围中清醒过来——

那是他儿时的家，他兴高采烈地对母亲说他要成为造福世界、引领未来的科学家。

那是远洋的游轮，他孜孜不倦地学习，带着满腔热血。

那是一个明媚的晴天，也是他决定开启基因项目的一天，当时他一度认为这是个好兆头。“我们一定能够带领人们走向更完美的世界！”年轻的科学家挥舞着双臂，台下的同事和观众激动地欢呼，一切都很美好。

但好像有什么地方出错了。

自他完美地修改了第一个试管婴儿的缺陷基因之后，一切都发生了微妙的变化。同事们看他的眼光暗藏炙热，人们到处打听他的喜好和所在，不断拥护他……

他犯了最不该的错误，他只埋头研究技术，却忽视了人心的险恶。

基因控制技术大功告成的那一天，无数的人破门而入，他被打昏过去，仿佛一切就剩下残影。那混沌的日子里，国家和联盟之间混战，非死即伤的人们为了这神圣的技术如野兽一般争抢。等他醒来，世界已变了样。短短几个月内，世界人口锐减，社会两极分化，完美的新人类自诩“神之子”，鄙视着无力改造基因的旧人类，肆意妄为，生灵涂炭……

“咔嗒”一声轻响，袅袅雾气从面前的乌龙茶里飘出来，带着茶香唤醒他浑浑噩噩的精神。

“你必须要这么做。”面具人L悄无声息地站在他身后。

摩挲一下温调骨瓷杯，华良郑重而坚定地点头。既然无法改变这个已经违背常理的社会，那就摧毁它，让一切从头来过！

他花费所有时间和金钱，不断地进行演说和动员，将旧人类召集起来，训练，再制作炸弹和武器。几个月后，正是新人类选举统领之日，也将是这些疯狂的“神之子”永远跌落神坛的时候，他将带领起义军在典礼会场外趁着新人类防备最松懈，集中在典礼上的时候炸毁这一片，任他们改造了基因，也还是人，也挡不住人民的奋起反抗！

“让我们赞美造世主！我们神圣的基因改造技术！”绅士的主持人在典礼上高声欢呼，身后的技术芯片闪耀着，沉睡在绒布高台的钻石盒里，典礼台周围的新人类一边高呼“万岁”，一边癫狂地舞蹈，彩灯和梦幻投影宣示着典礼的盛大。没有人知道会场之外是黑压压的旧人类方队，华良看着典礼会场透出来的灯光，不由得失了神。

“只许成功，不许失败！”L沉声说道。

手中的炸弹闪烁着冰冷的金属光泽，在迷幻的光下耀眼刺目，起义军潜入进去，与安保机器人和基因改造后强壮的守卫战斗，地上一片狼藉，黑红交织。

典礼上的人们依旧在狂欢，对此丝毫不察。

新人类们表情夸张，放肆地大笑着，华良越看越觉得这群疯子就如同妖魔一般，要将一切都吞吃在内，要让他们自己成为所谓的“造世主”！

“不——”他大叫一声，向场地中央的钻石盒跑去，用身体冲撞着这些挡路的华丽蛀虫。他感觉到自己的血液在咆哮着想阻止这一切，基因技术应当给人类带来福音，而不是畸形！

华良抱住了那个“潘多拉魔盒”，那个带来混乱的芯片。

他听见“神之子”们惊恐的呼声和起义军的冲锋号角声。

他看见了刺眼的白光，又听到了一声声巨大的爆炸声，耳鸣的嗡声充斥脑海。

他在无尽的黑暗中看见了L，青年揭下骨质面具，那正是年轻时的华良。

好像很意外，又好像合理至极。

“你应当为人类带来福音和美好的未来。”L说着，身躯逐渐变小成孩童的模样……

华良惊坐起来，看着病房，看着床头的芯片和纸条：“您为人类带来了福音！”

沉默良久，眼泪不断涌出，他大哭起来。

人们重新建立了自己的家园，华良则严管基因技术，组建新的团队为人们提供服务。混乱的世界又逐渐有序起来，华良时常看着破晓的黎明和重建家园的人们微笑，眼中含着晶莹的光。

这是一个黑暗、混乱又短暂的时代，不过幸好，总有光明的灵魂指路前进——有人这么评价。

指导老师：丁旭平，教育学硕士，毕业于陕西师范大学学科教学（语文）专业。中学一级教师，曾获得乌鲁木齐市青年教师语文课堂教学大赛高中组二等奖、校级优秀教师等荣誉称号。

被“编辑”的人生

王瑞甜/高三年级　辛东梅/指导老师　吉林省长春市第二十中学

“小多利早安，今天的天气很好呢。”

“那……我可以出门吗？”

多利小心地询问着门外的人，不出意料的，又是被拒绝的一天。他尚未发育完全的认知系统使他无法理解自己被关在这间屋子里的原因。

他曾经问过为什么，可“父亲”的回答是：你的存在是个很重要的秘密，为了保守秘密，小多利还不可以出门。

小小的多利其实不懂自己为什么要保守秘密。他其实很想出去玩，但他又不想给父亲添麻烦。于是他伸手扯住了保育妈妈的衣袖，刚想开口问些什么。但保育员眼中闪烁的光让他把心里的问题又悄悄地吞了回去。那不是责备，相反的，那是一种深切的哀伤。

“多利的整体数据并不乐观，他可能……”

实验室里，研究团队中的一个人不断翻看着多利的实验记录，又将他当作商品一样评价，他的话没有说完，可话中隐含的深意却显而易见。多利作为一个囊括近现代所有科学家、名人名士基因的实验品，他在智能测试上的成绩却反响平平，这使研究进程被迫停滞。出于对人类发育与遗传学的系统考量，他们选择停止对多利智商发展方面的人工干预，让其自由生长。

多利在门外清晰地听到了他们的谈话，其实他从来都知道自己和别的小朋友不同，只是每当他因此感到悲伤时，他的保育妈妈都会温柔地摸他的头，告诉他：他很好，只需要做自己就好。

外界对于这种基因编辑技术的认知尚处于一个知晓但不了解的地步，他们只看到了基因编辑技术带来的无穷好处，却没看到实验个体身上出现的严重副作用。支持该技术的呼声越来越高，有的家庭甚至愿意放手去赌一把，把自己的孩子作为实验品上交给研究所，因为他们觉得自己能赌赢，自己的孩子一定会成为“超人”。

舆论的呼声越来越高了。

多利的禁足还在继续，并不是为了保守秘密，而是因为他的身体。被编辑的基因从根本上违背了人类的自然发展规律，这种问题也最大限度地在多利身上体现出来。

严重的肺纤维化让多利的每一次呼吸都是一种折磨。他苍白的小脸皱了皱，似乎在等待氧气和力气的积蓄，长久的沉默以后，他艰难地开口问道：

“保育妈妈，我是不是要死了？”

保育员眼神沉重地盯着多利，什么时候开始的呢？那个爱说爱笑的活泼孩子开始沉默，过往喜欢在自己送餐时抓住衣摆撒娇央求零食的小男孩学会了懂事。多利看向保育妈妈的眼神一如既往的澄澈，他似乎看出了保育员的疑问，他说道：“保育妈妈，我没有不理你，只是我很累，我没有力气去抓你的手了，不要生气好吗？”

多利没有年龄，有的只是在实验室记录的实验周期，那就是他的年龄。多利颤抖着抬起手抓住保育员制服的一角，他没有说话，只静静地晃着，就像小时候他的保育妈妈这样带他长大。

过了不知多久，多利轻轻地开口，声音淡淡的，说出来的话却令人不住地心痛，他对保育员说：“保育妈妈，我知道我要死了，以后就再也不能这样抓你的衣角了，我很抱歉不能一直陪着你，你一定要开心，不然我会很愧疚。”

保育员先是怔愣了一下，然后一行眼泪无声地顺着面颊流下，她俯下身，将多利的小手贴在自己面颊上，温热的泪水打湿了那双小手，多利轻轻地推起她的嘴角，嘴巴张合着却没有声音传出。

多利走了，那双有神的大眼睛再也不会灵动地看着自己了，他被称为科学的奇迹，可保育员却知道他与普通孩子没有区别，会哭会笑，也会对着长辈撒娇，只是他太懂事了，懂事得让人心中苦涩。

他的遗体被葬在实验室后山的小花园，那是他生前最喜欢的地方。那孩子的灵魂好像跟着风飞回了天上，只留下一块刻着名字的墓碑。

外界还在宣扬着基因编辑技术的好处，直到一条轰动全球的视频出现。视频内容是多利短短的一生，从他的出生到他的死亡。人们眼睁睁看着视频开头玉雪可爱的小娃娃一步步走向毁灭，变成视频结尾那块刻字的石碑。没人知道视频是如何流出的，但它产生的影响十分巨大。

“请正视基因技术！让它有控制地发展！”

这样的呼声越来越高，所有人都意识到了盲目跟从背后的风险，基因编辑技术、克隆技术、转基因技术带来的不只有好处，还有必须正视的问题。

被克隆出来的人究竟算人类吗？他们的思想及人格该如何归类？在当前价值观下真的有人能毫无芥蒂地容纳一个克隆人进入自己的家庭吗？

这样的呼声和疑问传到国家上层，新的法律法规不断出台，转基因技术有了自己的标准，克隆技术也在法律允许的范围内被运用在养殖以及肉类生产等方面。基因编辑技术在全球范围内被封存，任何人不得以个人名义开展这项技术的相关工作，它只被允许在国家管控范围内进行生理学研究，例如细菌学的深入研究。

任何运用在人类身上的基因编辑技术都被禁止，因为多利的经历明晃晃地摆在那里，教训深入人心，没人再涉足禁区，也没有人想看到悲剧的再次发生。当年的保育员来到早已废弃的实验室后山，她带着一束花，是多利最喜欢的小铃兰，是他每次出门都要去看的花。那束花被安置在多利的墓碑旁，多利稚嫩的嗓音似乎又在她耳边响起，而后随风散去。

“保育妈妈，我想出门看花。”

“还不可以，下次好吗？”

“我已经好久没出过门了……”

“保育妈妈，我好喜欢你啊……可是我不能陪着你了。”

指导老师：辛东梅，毕业于吉林师范大学，汉语言文学专业，中学一级教师，长春市骨干教师。

翼龙人

王曙明／高三年级　崔迪／指导老师　江苏省南京市燕子矶中学

2100年1月1日，各家报纸的头版登载了一则新闻——爱因斯坦的大脑切片失踪了。

浸泡在福尔马林溶液中的大脑切片，一夜之间被盗贼窃取。现场却没有留下任何痕迹，仅留下类似巨型鸟类动物的爪印，似乎不是人类所为。

百年有余，刑侦技术几乎没有发展，因为社会的犯罪水平停滞不前。警方仅仅通过近百年前的大数据网络，就能把罪犯从资料库中比对出来，进行逮捕。

各国的警方精锐立刻出动，组成调查小组，着手处理此案。

据科学家比对，现场留下的爪印与翼龙的爪印有98%的相似度。此时世界各地还沉浸在新年的欢乐氛围中，倘若此消息放出，那么势必引起凶猛的舆论。故只有相关的科学家和高层人员知道此事。尽管在二十年前，曾有一篇论文预言，在正确的基因重组技术操作下，恐龙是很可能复活的。但在当时，所有科学家无不反对这一看法。很快，这篇论文就被删除了。论文的作者R博士也因为此事被逐出当时的科学院。在这起案件里，W博士，R博士的好友，想起了R博士的那篇论文，并向高层提起那篇论文。高层将信将疑，但也向R博士所居住的A国的政府提出了与R博士会面的请求。请求同意，会面于当晚进行。

W博士提到二十年前的论文。“那个啊，不是已经被你们认作是不可能的了吗？怎么现在想起来这件事了？”R博士笑道。

W博士看向身侧的高层代表。代表点了点头。

“爱因斯坦的案子，想必你已经听说了……我们在现场发现了翼龙的爪印。”

“翼龙？怎么可能，我现在可不相信恐龙可以复活。”

“可只有那一种可能性。”

“……”

“今日我来，是想要问你是否还留有那篇论……”

“没有，连备份也删除了。二十年，二十年前的我是什么样子的呢……”R 博士苦笑道，用拐杖撑起自己的身体，被扶出会面厅。

警方的调查没有任何结果，他们现在在地毯式排查。

W 博士询问无果的当日被本国委派，去研究翼龙复活的可能性。

正当所有人都一筹莫展的时候，一封复古的书信出现在联合警察署的邮箱里。

“爱因斯坦的大脑切片可以还给你们了，只不过少了一半。我今晚会放在 A 国政府大楼的楼顶。不用查我的身份了，我叫罗宾逊。”

“侠盗罗宾逊吗？”W 博士得知了这个消息。突然，他像知道了什么似的，联系了本国的高层。

“我想要再见 R 博士一面可以吗？我们一直要找的可能不是翼龙，而是翼龙人。这可能是最后一个线索了。”高层立即同意了这个请求，可是没有人找得到 R 博士。

请求不得实现。当晚，A 国政府大楼的上空盘旋着无数架直升机，他们等待着罗宾逊的出现。

但让所有人都想不到的是，装有大脑切片的福尔马林溶液竟然自己出现在了大楼的边缘！

“是变色龙！”W 博士大喊道，他让警察们用强光对着大楼照射，并让警方赶快卸下车上的油漆桶。“快浇下去。”警察们照做了。在强光的照射下，大楼的外墙上，吸附着一只漆黑的生物，正准备从最顶层的窗户进到大楼里。“快追，他已经要跑不动了！”W 博士与警察一起下去，逮捕罗宾逊。

当 W 博士从楼梯下来时，R 博士倚在墙边，尽管身上都是油漆，但也可以认出来。

“逮捕我吧，我是罗宾逊。”R 博士把手伸出来，坦然地笑道。W 博士和 R 博士一同去了警局。

“没有想到会被你识破啊，不过也无所谓了，我想做的事情都做完了。”R 博士讲道，头仰向后方，“不如我在车上就讲完吧，你听着就行了。”

“在那件事情之后，我就变得不受待见了。我的生活一落千丈，所有的人都觉得我是个骗子科学家。可我依旧相信自己的研究没有问题，于是我寻求愿意帮助我开展研究工作的公司，终于在去年，我找到了。但他们的要求是，用恐龙的基因去改造人类，并且要求以我自己作为实验的对象。我同意了。二十年前，我的研究已经快得到证实了，所以我很快就成功了。恐龙的基因和我的基因融合得很好，不过副作用是让我的身体承受了无法负荷的压力。我在公司使用了一次恐龙的能力，而 1 日晚上，是第二次，今晚我试图使用第三次，但是我实在承受不了。我的身体已经是一百二十岁的状况了。于是我使用了我体内的另外一个基因。就是你说的变色龙。我很好奇你是怎么看出来我的成果的？我可以问问吗？"

"毕竟和你共事那么多年，我觉得你不会轻易放弃自己的研究的。当我那天看到你不灵便的腿脚和虚弱的身体时，我就想到，你可能是翼龙人，而这些是副作用了。"

"果然你还是知道我的，我原本打算，当你发现我时，我就去自首，因为我快死了。而我的研究，也是完全正确的，这家公司帮我复活了一只翼龙，他现在还很小，我非常高兴我的愿望实现了。我的体内有很多的动物基因，老虎、大象都有。我把它们和我的基因重组在一起，但我已经使用不了了。窃取爱因斯坦的大脑切片是为了他的基因。我的技术现在留给了那家公司，他们想要去合成复合的人，你看着吧，他们很快就会进行基因交易，但是他们一开始完全没有告诉我。拿着这个，这是我的成果，你要去研制出可以破解我的技术的药物，不能让他们做出违背这个世界法则的事情……"

"你快休息一下吧，我会的。"W 博士看着 R 博士苍白的脸。可是 R 博士好像停止了呼吸："照顾好我的翼龙。"

这是他的最后一句话。

市场上出现了基因重组的广告，告知孕妇她们的孩子可以像爱因斯坦一样聪明。

又是新年，W 博士在实验室研究着 R 博士的技术。外面飘着大雪，天上飞着不知是否是鸟的鸟。

指导老师：崔迪，南京市燕子矶中学语文教师兼高三语文备课组长、年级德育主任，石骏名师工作室成员，曾被评为江苏省高中语文骨干教师。

你不一样

王双颖 / 高二年级　李珩 / 指导老师　宁夏回族自治区银川二中

2100 年，一个夏天的清晨，缕缕朝阳透过窗外的树木，透过阻挡紫外线的玻璃，洒在了普斯特实验室的桌面上。普斯特已经一夜未眠了，他和同伴们正在紧张地进行着水稻第七轮优化改制的最后工作，一年的辛勤奋斗，成败在此一举。随着电子光屏上监测数据的出现，普斯特知道，他们成功了！普斯特激动得手都在不停地颤抖，他立马打通了奈奈的电话："亲爱的，我们做到了，我们成功了！"听着普斯特像孩子一般开心的声音，奈奈——普斯特的妻子、同事、战友，也流下了激动的泪水："我就知道你一定行！我还有一个好消息告诉你，我怀孕了！"普斯特再也忍不住了，任凭幸福的泪水在脸上肆意流淌。

普斯特陪同奈奈来到了医院，"咚咚咚咚"，他们第一次听到了孩子强健有力的心跳声。"一切都好，孩子很健康，体检结果显示这是个女孩，需要改性别和其他基因吗？"随着基因组编辑技术的发达，给新生儿改编基因成了很多家长的选择，越来越多的小孩从出生就被家长制定好了人生轨迹。作为这项技术的前沿科研人员，普斯特和奈奈并没有选择改变孩子的基因，比起让孩子聪慧无比，他们更希望孩子健康快乐。

六个月后，茉莉出生了。

时间过得飞快，一转眼，茉莉已经开启她的小学生活。她背着书包，手里拿着妈妈给她准备的三明治，离上课还有一段时间，她不快不慢地走着，一边享受着美味的早餐，一边打量着周围的行人。不知道从什么时候开始，男性都有着一米八以上的身高和健硕的身材，女性都有着千篇一律的精致的长相——大眼睛、双眼皮、高鼻梁，不免让人感到单调，产生审美疲劳。反观茉莉，她有着灵动的双眼，小巧的嘴巴，粉扑扑的脸颊上散落着雀斑，这份"不完美"使她看起来格外可爱。下午，基因序列学的小测成绩出来了，茉莉仍然是第七名。父母都是基因学科研人员的茉莉继承了他们的天赋，次次考试都位列前十，只是聪明伶俐的茉莉不甘愿只做优秀的人，她想要成为卓越的人，可是无论她再怎么努力，还是学不过那些一出生就改变了基因的人。放学了，欧文气喘吁吁地跑到咖啡厅："你让我好找啊，怎么一个人来喝咖啡，也不带我。"欧文见茉莉眉头紧锁，满脸愁容，"怎么啦，是不是班里又有人欺负你了？"茉莉摇了摇头："只是没有考好罢了。"欧文坐在茉莉旁边："大学霸居然因为这个在黯然伤神。""你快别恭维我了，班级第一。"茉莉放下了手中的咖啡，"其实说实话，有的时候我也会埋怨我的父母为什么不能在我出生时改变我的基因，这样我就不会有雀斑，成绩也会更优秀，就像你一样。"茉莉越想越伤心，眼泪像断了线的珍珠滑落脸颊。欧文在出生时只被父母改变了三项基因，他聪明又细致，却不像其他大量改变基因的完美小孩一样长得英俊而毫无特点，性格也比其他人开朗活泼。欧文拍了拍茉莉的肩膀："可是你就是你，你和别人不一样，你优秀善良，一切都完美或许也没有那么好。快别伤心了，你再哭明天就要肿成青蛙眼啦。"茉莉破涕为笑。

2125 年，茉莉追随父母的脚步，加入了基因研究部。2127 年，各个国家资源相继告急，为了生存，一场恶战一触即发。为了增强战队实力，政府大量抽调年轻男性，进行基因重组，欧文也被国家征兵，送往了战场。茉莉拿着一份文件，急匆匆地跑进政府大楼："我是基因研究所的人员，我有重要的情况汇报。"在她强烈的坚持下，终于见到了指挥人员，她一五一十地汇报了大量基因重组所带来的后果和危害。只见那人若无其事地在烟灰缸里熄灭了烟头。"这位女士，我很感谢你告诉我这些，只是，我想问问你，如若不这样，我们的仗怎么打？仗打输了，我们抢不到资源，人民不能存活，这个责任你担还是我担？""可是先生……""好了，这位女士，请你出去。"茉莉被赶出了办公室，她看到那个男人把她递交的报告扔到了走廊，泪水不禁涌上眼眶，她想到了战场上的欧文，"你不一样！"这句话不停地盘旋在茉莉的脑海中，激励着她，她擦去眼角的泪水，拾起那份文件，暗暗下定决心：欧文，我不会放弃，我一定会让你和千千万万的同胞们平安归来！

国家元首召开了新闻发布会，报告着前线的伤亡人数和作战情况，世界各地的电子大屏上实时转播，不少人停下脚步，议论着战况。这时，茉莉站了起来："我是基因研究所的一名工作人员，我有重要情况汇报！"国家元首看了看眼前这个外貌平平无奇却透露着坚定意志的女子，让人核实了她的身份。准许了她做汇报。“各位，当初为了增强战队实力，年轻男性被抽调参战，通过基因组编辑技术改变了他们身体的多项机能，这已远远超出人体接受范围，再精良的机器也承受不起比他强大十倍之多的系统，更何况人呢？我们的同胞在前线奋勇作战，大多数人的身体已经开始出现排斥反应，这会让他们白白丢掉生命！”茉莉的汇报使人们议论纷纷，政府也开始调查实情，果然不少年轻的战士因此丧命，各国人民联合起来，要求国家停止战争。最终各国签订和平协议，将战士们的基因改回原来的序列，并制定条例：每个人只能改变三组基因序列。

茉莉等候在超级机场，接战士们回家的飞机刚停稳，战士们就冲下飞机，茉莉在茫茫人海中找着熟悉的身影，心中一遍遍祈祷他能平安回来。突然有人拍了拍她的肩膀，她转过头，是欧文！欧文扔掉了手中的包裹，紧紧拥抱着茉莉，他轻声说：“我就知道，茉莉，你不一样……”

指导老师：李珩，硕士研究生，中学二级教师。多次参加学校各类优质课、微课、专业知识竞赛活动，并取得优异成绩。

丧　钟

王天畅 / 高二年级　谢峥 / 指导老师　北京市密云区第二中学

落寞的雨轻落在广袤的土地上，喜在润物无声，悲在千篇一律。

不像是雨，格鲁家的钟用精准的计时和独特的声音名响全球，成为本世纪真正的垄断，很多欧洲的国家称这钟声像是上苍的吟诵，让人珍惜时间的美好。

这样所谓救赎的声音回荡在格鲁丹——这个格鲁家唯一的孩子的脑袋里，却如同悲鸣。从小他被包围在复杂的机械中，受到父亲难听的指责，悲伤化成泪水，划出对时间更为真切的渴望。他走了，但走得不安静。

作为天才钟表师的儿子，他过人的聪慧传遍了各所学院，尽管格鲁丹的父亲已经公布自己与他再无联系，也不免会让世人捆绑起来夸奖。他的生命仿佛与钟脱离不开关系，研究院里每天响起的来自父亲的钟声，糅杂着酸苦的记忆，在树荫下，变得很甜。

格鲁丹致力于生物基因工程的研究。上世纪伟大的科学家罗伯特完成了对人类的基因编辑：在与一对双胞胎的父母的配合下，利用特定的解旋酶和人造 RNA 传达了新的遗传信息，修改了其中一个胎儿的第四号染色体，让她拥有了不同于妹妹的双眼皮，那双迷人的眼睛，被人们叫作“第一件人的工艺”。以此为开始，各大利用“罗伯特编辑法”的基因工程开始推进，对于原癌和抑癌基因的修改，使人类的历史再无癌症的侵扰。但是，基因工程这个话题从科学家着手制造“完美人类”开始而变得敏感，国际组织几乎全票通过制止这项事业的法律，这是人的恐惧，也是对生命独特美的保护。

癌症的消失让世界人口又一次暴发式增长，资源的紧张和环境的破坏逐渐使得治愈癌症变为富人的专权，引起了很大范围的民愤，战争与革新接连涌起。

格鲁丹所研究的是物理因素对基因突变的定向诱导，他一直秉持着造福人类的理念，想通过最便捷的方式提升人类的机能。造化弄人的是，他却发现了一种次声波，可以诱发大脑的神经细胞突变，使周围生物都在一瞬间消失。

“来自格鲁丹院士的发明格鲁钟在我国北境发出的声波使方圆十千米范围内的生命无声地离开了……”格鲁钟的出现引发了很大的争议。“钟表师的儿子创造了最恐怖的丧钟。”格鲁丹看着新闻，明白自己被利用了。

水箱中的鱼儿争抢着格鲁丹投喂的虾米，不知道也记不住外面的吵闹。他明白了，国际组织制止基因工程哪里是对生命的维护，超级士兵的出现才是他们害怕的，他们担心的只是自己的利益。

成群的记者围堵在格鲁丹的家门口，他屏蔽了所有声音，看到了归巢的鸟儿回到了它的巢穴。“最强大的和平武器是热爱和平啊，最真挚的生命科学是热爱生命啊。”他无奈地落了泪。

黄昏已至，父亲的钟声在喧闹中响起，却听起来格外澄澈。格鲁丹望向远方，钟声也传到了远方。

指导老师：谢峥，文学学士，毕业于河北师范大学中国汉语言文学专业。中学高级教师，曾获得北京市基础教育优秀课堂教学设计一等奖、密云区语文学科带头人、骨干班主任、师德先进个人等荣誉称号。

不完美小孩

王心语/高三年级　邱少哲/指导老师　宁夏回族自治区中卫市海原县第一中学

不完美也是一种“完美”，不去追求千篇一律，因为我们都是世界上的独一无二。

——题记

一

“艾诺尔公司推出的基因改造工程已经在全世界推广运行，并且广受好评。”小言看着霓虹大楼上循环播放的全息视频，低头照着玻璃，隐隐地打量自己：原来，我已经平凡到尘埃了啊。

在2423年，基因工程技术成熟，十几年前改造人寥寥无几，而现在各种人才比比皆是，好像人才也不再稀有，只是烂大街的“菜”。

“嗨，言，你真不打算做基因改造吗？”后面走来一个长发飘飘、美艳至极的……男人。小言转过身，光洒落在男人身侧，不禁让人想到“远而望之，皎若太阳升朝霞”。“学，学长？难怪，这个假期我找你分享新的报告你也没理我。”

“呵，言，我们都在追求完美的自己，你不觉得我现在这样很好吗？风度翩翩，潇洒迷人，有鲜花，有万人注视，享受众人的追捧，真的棒极了。”学长纤细的手绕着秀发打圈，走到小言面前，用手指轻轻抬起小言的下巴，“我的小可爱，我这样你可没感到一点惊喜哎。”

小言别过头，推开他，自顾自地走进办公室，“咔”的关门声掩盖了小言耳不可闻的叹息。

二

“据有关消息披露，美丽土豆国在前两次的战争失败后，开始进行基因改造，试图创造出一批人造人，妄想以人型战争兵器称霸地球。”办公室光幕上弹射出的最新报道拉回了呆滞好久的小言。

艾诺尔公司将基因出售，“只要你有足够的资金，you can be better。”你可以拥有“翩若惊鸿，婉若游龙”的曼妙身姿；可以拥有“回眸一笑百媚生，六宫粉黛无颜色”的盛世美颜；可以拥有“清水出芙蓉，天然去雕饰”的清雅绝尘；也可以拥有“笔落惊风雨，诗成泣鬼神”的盖世之才。完美的基因应有尽有，这一切只为追求完美的自己。而美丽土豆国却想要用科技手段达到侵略目的，这可不再是追求完美的幌子能遮盖的丑陋意图了。

可是，完美两个字也在深深刺痛着小言。完美？什么才是完美？人一定要完美吗？通过基因改造变成程序设定好的优秀人类，千篇一律，出场即优秀，不再独一无二，那还有必要存在吗？

闭上眼沉思的小言缓缓进入梦乡。

三

“妈妈，我去上学了。”娇俏可爱的小女孩挥着手向身后的女人告别，男人走出来搂着女人的腰，轻抚她的脸颊，亲昵地说：“我去上班，晚上等我回来。”

这是梦？看到这一幕，小言情不自禁地伸出手，去触摸那一抹美好。“妈妈，妈……爸，爸爸。”小言向站在那里的夫妇飞奔，周围的环境也在迅速发生变化，小言抱住父母，硕大的眼泪像珍珠般，一颗接着一颗，瞬间，小言哽咽难语，“爸爸妈妈，我好想你们。”妈妈抱着小言，轻抚后背，缓缓道：“宝贝，妈妈知道你要做一件很多人反对的事，妈妈觉得你只要不辜负自己就好，不用追求完美，没有谁一生下来就是完美的，有时候不完美也是一种完美。”说完，小言的怀里空空如也，她蓦然抬头，环顾四周冷寂一片。

梦醒了，小言看着自己哭湿的衣服，猛地抬起头。又梦到爸爸妈妈了。沉默许久之后，小言仿佛做了什么决定一般，眼神里充满了坚定，熠熠生辉。

四

“你还在盲目追求完美吗？且听我解析基因工程。”

小言的报告一经发表，就饱受争议，“改造”和“不改造”两方人马在网络上吵得不可开交。通过跟踪多例基因改造的后续发展，小言自己做的多角度、全方位数据报告，浅显易懂地告诉人们，所谓改造后完美的自己，其实就是一个完美基因的载体罢了，这不叫完美。如若遂了某些国家的愿，造出了“人造人”，没有对手，没有约束，只知道杀戮，那样的战争兵器能称得上是人类吗？

“小言天生残疾，可她并没有改造自己。我们反观那些可耻的组织，利用科技手段妄想达到理想化侵略，真是可笑。”某政论家在看完这篇报告后立马做出了这样的评价。

“我们红豆南国自古有‘身体发肤，受之父母’的传统，我们不仅是改变了自己，更是斩断了和父母的血脉绵延。

“综上，我觉得基因改造并不会真的给我们带来完美的自己和理想的生活，反而会助长邪恶势力对科技的滥用，从而威胁到人类的生命安全。我们应该理智一点，基因工程就应该用在正确的领域，去挽救基因缺陷带来的疾病，而不是用来盲目追求完美，成为失去亮点，与普罗大众一样，千篇一律的自己。更不能打着完美的旗号，去做沦丧道德的人造人实验，实现阴暗的政治目的。”站在国际组织讲台上的小言侃侃而谈，穿着大方得体的旗袍，露出腿上斑驳的伤疤，可这不完美的疤痕却衬得她闪闪发光。

五

是夜，小言打开父母留下的光影。“嘿，宝贝，你看到这个光影的时候已经走出勇敢的一步了吧，你做了基因改造变成正常人了吗？妈妈不反对你去改变自己，但是妈妈想告诉你，妈妈一直很爱你，很爱不完美的小言宝贝，所以不管是不完美的你，还是完美的你，都是妈妈的小宝贝哦！一定要开心哦，好了，让你爸爸也说两句。”画面一转，男人嘴唇缓缓张开：“小言，很抱歉，我们不是称职的父母，以后还请你照顾好我的宝贝女儿，你一直很棒，我相信你一定可以。”

小言满脸泪水，但笑容浸满了双颊。“人面不知何处是？小言依旧笑春风”。

指导老师：邱少哲，毕业于哈尔滨师范大学，汉语言文学专业，中学二级教师，曾获得海原县优秀教师荣誉称号。

克隆计划：未知的秘密

王岩/高三年级　贾耀发/指导老师　甘肃省天水市秦安县第一中学

2123年，我时任某知名媒体的专项记者，负责调查“奈特基因改造计划”的进程。七年前，来自M国的奈特以八百六十九票的成绩获得基因改造计划的主办权，他在国际组织大会上演讲时对全球人郑重承诺：“我一定会组织好各国的基因工作，力争为人类造福。”这次他的成功当选，离不开各国人士的支持，事后在我们采访前列普斯威实验室的教员克鲁姆先生时，他激动地表示很高兴能够看到奈特接他的班，继续这项工作。如今七年过去了，在他们的不懈努力下，终于有了成果。

在4月28日这天，我参加了奈特团队以及各国代表召开的新闻发布会。发布会现场人山人海，连政府工作人员都来到了现场。每个人的脸上满是期待的神情，在万众期待下，奈特登场了。他穿着一身洁净亮丽的西装，在蓝色背景的映衬下显得格外耀眼，他脸上带着微笑，神情缓和地说：“经过多年的努力，我们的工程终于有了结果，下面我将为大家一一介绍。”一阵雷鸣般的掌声后，他喝了口水，微微抽搐了一下，继续说道，“首先，在克隆人领域，由于危险性和不确定性太大，出于对全人类的考虑，我们没有深入研究，”台下几位观众发出了嘘声，“啊，看来有人迫不及待地要听好消息了，嗯……”他又喝了一口水，“是的，我们很幸运地从浣熊体内分离出了有关抵抗癌症的基因，并且大获成功。”他打开了双臂，脸上露出得意的神情，台下一片掌声。发布会开了整整一个下午，奈特又将高产粮食、高产畜禽和更多疾病治疗方面的成就向我们一一介绍。

晚上，我准备去找奈特做专访，路上，一个长相奇怪的家伙跑了过去，看见我时，露出了诡异的笑容。我将要回头看时，他早已消失不见了。我刚踏进他的办公室，他好像在迫切地藏着什么，一看见我，他惊叫起来：“你是什么人？啊，那个记者……”他认出我来了，神情又像下午一样缓和起来。他擦了擦汗，示意我坐下。正谈话间，一个不知道是什么东西的怪家伙正要从门外溜进来，他看了一眼，倒吸一口凉气，急急忙忙窜出门外，一个身影一闪而过。我追上奈特，走进了一个脏兮兮的庞大的实验室。

进去之后，我只觉得是在梦里，十几个人体浸泡在巨大的胶囊桶里，都长得和我进来时跑出去的人一模一样。还没等我开口问，奈特连忙吩咐手下人去追，随后他用手捂着脸，瘫坐在那里……在微弱的灯光下，我勉强看见他埋藏在黑暗里的脸。在我的询问下，他一五一十地说出了事情的原委。原来，六年前，克鲁姆教员一直在暗地里发展克隆人技术并试图揭开永生的秘密。但是，他本身年事已高，又害怕事情败露，所以找到奈特当替罪羊，当时善良天真的奈特以为自己可以大干一场，功成名就，没想到落入圈套中，无法脱身。他还说，克隆人技术非常不稳定，有些克隆体残缺不全，有某些缺陷，而有些克隆体与众不同，他们要聪明得多，而且更强大，刚跑出去的那个就是这样。

知道真相后我大为震惊，马上通知了我们的主编，好在及时联系政府，配合武警部队费尽九牛二虎之力才抓回了那个出逃者。所有的克隆体被集中销毁，奈特也被送上了法庭接受审判，念在他也是受害者，并且在其他基因技术上的突出贡献，判处三年有期徒刑。入狱前他感激地跟我说："谢谢你，没有你我真不知道该怎么办，也许还在做危害人类的事。"说完，我看见他脸上的肌肉微微抽搐了一下。他服刑了，我感叹，可怜这人遇上了如此不幸的事。

"克隆技术，究竟是帮扶我们前进的手杖，还是令我们自相残杀的利剑呢？人类对生命的态度，究竟会把我们引向何方？这是全人类的宝藏箱，还是毁天灭地的潘多拉魔盒？一切答案，都要交给时间来回答。我们能做的，只有敬畏和膜拜，万万不可越过自然设的屏障，否则可能会遭遇灭顶之灾。"这是我在对奈特事件所作的报道中的一段话。

指导老师：贾耀发，文学学士，毕业于西北师范大学，中国语言文学专业，中学高级教师，曾获得优秀教师、县园丁等荣誉称号。

唯有正义永不过时

王优/高二年级　孔令波/指导老师　四川省成都市第十二中学

“我们那个时候，只有三个人种，”奶奶长吁一口气，“他们都来自一个祖先——‘智人’。”“那你们那个时候有种族歧视吗？”我问。奶奶背过身喃喃道：“自始至终，人类没变过。”

我的奶奶生于2006年，现在已经一百二十六岁了。这个年纪在当今并不算太年老，但我的奶奶却显得有些跟不上时代，她不止一次向我感叹：“我做梦也没想到，我能活到下个世纪……”每当我听到这类话语，都会极不耐烦地告诉她，这是22世纪，是科学快速发展的世纪！奶奶听到后就会默默背过身去，翻看书页已经泛黄的《人类简史》。

但我同时又非常喜欢听奶奶讲历史，讲她经历过的事情，讲一个世纪间的日新月异。

“以前的世界不是这样的，”奶奶闭上了眼睛，“至少在2050年之前不是这样的。

“我那时还是个中年人，在四川大学生物系……哦！就是现在的飞行人种学院，研究嵌合体。我和小梅是这一项目的负责人。当时癌症是人类健康最大的敌人之一，所以我们研究嵌合体，目的是创造出带有人类基因的个体，并通过‘他’来研发对抗癌症的药物，造福全人类。”

“然后呢？”我问。“起开点，小东西，你的翅膀压着我的胸口了。”奶奶喘气道，我自觉抱歉，起身，蹿到花园的树上，双脚扣住树枝，把陆地的空间都留给了奶奶。

“我们尝试了很多次，嵌合体这个概念并不是2050年才有的，早在1980年，就有人做过实验，试着创造出嵌合体。但他们无一例外都失败了。在我十多岁的时候，我读到一本书《人类简史》。当时影响我最深的就是最后一章，科学家在老鼠背上用牛软骨培育人耳朵的图片，我深深地被这项工程吸引了，决定要在成年的时候研究嵌合体，并把‘他’培育成成体，成为在嵌合体方面第一个成功的人，给世界带去福音。

“小梅和我都是敢想敢做的人，我们没有像前人一样拘泥于猴、猪、羊这几种胎生动物试验品，而用了鹰卵开始我们的实验。把人的基因植入到鹰卵中，培育出小鹰。不幸的是，出生的小鹰大多活不过一周。

“我和小梅想，是环境影响了小鹰的生长吗？小鹰虽有人的基因，但是把人的基因植入到鹰卵，人的基因显得微不足道。就在一刹那，我和小梅产生了同一个想法，把鹰的基因植入人体。这就涉及道德伦理问题，谁来替我们做这个实验？冥思苦想之际，小梅开口，‘我来’。第二天就向上级申请，批准了这项实验。我很佩服这位黑人女性。”“我也是。”我偷偷地想。

“小梅最终还是成功了，在 2050 年，她成功将一位基因嵌合的生物培育为成体，虽然这个生物大部分青春都是在容器里度过，但他毕竟活下来了，这真是一项壮举！”“人鹰嵌合体？就像我一样？”我问。“你现在不叫嵌合体，你是……人类。”奶奶回答。我明显感觉到奶奶在人类二字上的停顿，想开口说些什么，却又无话可说。

“嵌合体成功后我们也没有闲着，立马对其进行克隆，复制了无数个拥有人鹰基因的器官，并用此研究出了对抗癌症和诸多流行病的药物。”

成年后，我离开了飞行人种聚居区，去了热带的陆生人聚居区，进修种族历史，把我在这里经历的一切，与奶奶的故事串联起来，著写了很多关于人种平等的书籍，给飞行人种介绍其他人种可爱的一面。在这里，我也遇到了许多和我志同道合的朋友，我们成立了组织，反对种族主义。

指导老师：孔令波，文学学士，毕业于四川师范大学，现代汉语教育专业。中学高级教师，曾获得武侯区德育赛课一等奖、武侯区优秀教师。

赌 徒

王悠扬/高二年级 毛亚君/指导老师 江苏省南京市金陵中学

妻子倚靠在房间门口，抱着胳膊，紧抿着唇，看着我不说话。

我知道她在想什么。

我说:“真的是最后一次了。”

“我不同意。”她的声音向来像糖一样甜美，现在听起来却仿佛白糖里混进了玻璃渣，变得尖锐刺耳，“我们手上已经有十七个基因号了，你还要抽到什么时候？”

“亲爱的，相信我的手气，我们这次一定能抽到金色。”

2025年，基因编辑技术发展成熟，随之而来的是长达二百年的社会阵痛。优生学说的复苏，基因编辑高昂的价格带来的阶层分化，小作坊基因编辑带来的大量畸形儿……在血与泪的教训面前，人们终于创造出了基因注册制度。

政府在禁止了民间的基因编辑后，将人类基因序列统一编号注册。如果不愿意通过纯粹自然的方式怀上孩子，而是想要一个基因编辑过的优秀婴儿，只能在政府一年一度开放基因库时抽取基因号，领取已经编辑好的完整基因组。首次结婚的夫妻可凭结婚证免费领取三次基因号抽取的机会，后续的抽取则需要自费，且抽取次数越多，价格就越昂贵。民间则流行起了所谓“基因组分类学”，将基因组按天赋分为金色、紫色、蓝色、白色——金色最优，紫色次之，蓝色再次之，白色最差，只能勉强保证孩子身体健全。

“你在赌你的运气，可是我们已经赌不起了。”她说。先前的十七次基因号抽取已经掏空了我与妻子的全部家当，我们现在可以说是负债累累。

“那什么基因组分类学就是唬人的。我们真的没有钱再抽取基因号了。别抽了，收手吧。”妻子低下头哀哀地恳求我。我凝视着她，她枯槁的长发，她憔悴的面容，她一夜一夜睡不着觉而红肿的眼睛。我清楚我的模样不比她好到哪里去。为了给这次的基因号抽取凑钱，我已经透支了我们最后的信用点，即使我这次没有抽到优良基因组，也没有钱再抽了。

“我不能接受我们的孩子不是最优秀的。”我缓缓地说。

“平庸一点又能怎么样呢？”妻子的声音已经带上了哭腔。

我在心里叹了一口气。我的妻，你太幼稚了。你不曾像我一样靠自己的努力出人头地，自然想不到天赋有多重要。所谓的刻苦只能决定成就的下限，而在所有人都被逼着奔跑时，天赋和资源带来的鸿沟是那样令人绝望。我仍然记得，当年在学校里，天才可以靠着天赋取胜，富人的孩子还有无数退路可走，而像我这样天资平平、家境平平的孩子，咬紧牙关，用不分昼夜的努力换来的渺茫的希望，只是别人可以轻飘飘放弃的东西。努力的天才和富人站在金字塔的顶端，不努力的天才和富人又瓜分了一部分机会，留给我们的路太少了，我们拼尽全力也许也只能摸到别人的起跑线，但我们如果不努力将一无所有。

亲爱的，我不能让我们的孩子经历这些。我们没法让他成为富人，但我必须让他成为天才。我要让他生来就是人上人。我不能让他经历我所经历的一切。那太残酷了。

我从显示屏前站起身，来到妻子面前低声哄她：“你先出去，让我先静静，我们等一下再商量好吗？”

妻子望着我，爆发出尖厉的哭喊：“你别以为我不知道，马上就是基因库开放抽取的时候，你别以为我不知道你那么早就打开电脑是在等什么，你其实早就准备好登录抽基因号的界面了对不对，你看见我过来就把页面藏起来，现在又想骗我走然后再抽，我告诉你，我不同意！”

“我这是为我们好，为孩子好！”我转身想要回到电脑前，现在离基因库开放还有一分钟，如果不抓紧时间的话，在几秒内此次开放的基因组就会被抢光。

妻子却突然从后面紧紧地勒住了我的腰，我能感受到她整个人失去重心，趴在我的腿上和地上，试图像锚那样拖住我：“你不许去！”

“松手，不要胡闹！”

她的长发被泪水和鼻涕糊了满脸，尖叫着根本说不出完整的句子，却死死地抱着我不肯松手，我去扒她的手指，但怎么扒也扒不开。她把指甲一半扣进自己的肉里，一半扣进我的腰上。

我急了："你疯了！"

她抬头，乱蓬蓬的头发间一双眼睛瞪得亮亮的，像要吃了我。然后她短暂地沉默了一下，沉默之后又歇斯底里地吼出了我勉强能听懂的句子："是你疯了，你个疯子！"

拉拉扯扯间我瞥了眼电脑，上面显示距离开始抢号的时间还有十秒。

我一狠心，拉住妻子向后一扯，把她拉出门外，推上门，颤抖着手上了锁，冲到电脑前调出抢号页面。还有五秒。

五。

门口传来了重重的撞击声，也许是妻子又爬起来了。

四。

撞击声很快停止了，她现在应该是拽着门把手前后反复地摇晃，所以门闩才会喀啦啦地响，听起来门像是要被晃掉了。

三。

妻子的声音隔着门板闷闷地传来："你开门！你开门啊！你有本事抢号没本事开门啊！"

对不起。三秒后你会恨我，但三个月后你会原谅我，三年后你会感谢我。

二。

我的眼睛几乎要贴到屏幕上，从黑色的背景上看到了目眦欲裂的自己。

一。

我提前将光标挪到按钮处开始疯狂点击，希望在倒计时终止的第一时间提交申请。

零。

电脑正中间的蓝色小圆圈转了两转，然后提示我抽取成功，但我的注意力全在右下角的一个小弹窗里。这是另一个非官方的应用，会在抽取基因号的同时分析出这个基因号的等级，然后显示相应的颜色。

看到那过于刺眼的光芒，我知道一切都结束了。

指导老师：毛亚君，文学硕士，毕业于华东师范大学，中国现当代文学专业。中学一级教师。

生灵改造所

王宇鹏/高三年级　靳磊苗/指导老师　河北省沙河市第一中学

阳光照在了阳台上，我十分欣喜地跑过去，享受着这种温暖的感觉。我叫黄豆，是一只猫。这里绝大部分宠物都是“生灵改造所”所制造出来的，当然我也不例外。但我和它们不同，我是初代试验品，仍然保持着大部分原有基因。现在第十四代都出来了，它们已经无法与先前的猫交流，更像是机器。

“豆子，你在哪儿？”一个戴着眼镜的小男孩打开了门。“喵呜”，我连忙伸了个懒腰，向他走去。“你看，牛肉粒，快吃吧！”这些牛肉都是方正的块，他每次回来都会带给我。这是我现在的主人，是一个“原始人”，有三分之一的人类经过了“生灵改造所”的改造，被称为“完美人”。我原来的主人也是“完美人”，他是没有感情的。在那里，金属器件所反射出来的光很刺眼，我便喜欢在白天跑到旧城来晒太阳，因此他就把我赶了出来。

“我们班又走了一个同学，现在班里就剩下一半了……”还是那个男孩，这里的学校是只有“原始人”才上的，他们住在旧城里，生活在地面。而“完美人”是生活在天上的，那里叫作“天境”。只是名字好听罢了，其实就是金属器件堆积出来的浮岛。只不过，它们越建越大，能照下来的阳光越来越少。

“明天是星期天，我带你出去玩吧！”他真诚地看向我，眼里有光。“喵呜！”我喜欢让他挠我脖子。

我喜欢和他在阳光下的草地上奔跑，喜欢他那源于内心的微笑和那来自心灵的呼唤。这些都是“天境”所没有的。“如果有一天我也改造了，你会不会跟我一起上去？”我总是不回答，因为我知道他是不会的。“我其实是看不起他们的，他们没有缺点，也是没有情感的独立存在，他们失去了真正生命的特点，但我不知道他们存在的生命意义。”他以为我什么也听不懂。还生活在旧城的人们都是他这样的，但总有些人厌倦了会生病、会伤心的原始世界，也总有些人在每周送来的“改造同意书”上签下名字。

所有的非人类动物都进行了“改造计划”，毋庸置疑，这便是人类发展的一个方向。

一天，又一次的病毒感染席卷了旧城，“生灵改造所”再次迎来了扩建。而余下的人类则竭力发展新的科技，来保护自己。他们心灵相通，他们命运与共。他们与病魔抗争，与畸形的科技抗衡。

我在人群中穿梭，去寻找那个戴眼镜的男孩。“喂，豆子，我在这里！”他在向我招手，“不是跟你说不要跟我出来了吗？这么多人万一踩到你怎么办。”他把我抱在怀里。前面是旧城与“天境”相连的地方，里面的人正在谈判。这里可以与“天境”相望。在这对立的地方，挤满了人。

“快看，那里掉下来一个人！”有人喊道。忽然人们都意识到了什么，下面的人先行动，他们尽力且有序地进行着抢救。上面的人则开始把人往下推！因为这样就会减小他们的竞争，他们就可以从中获益。一瞬间，这一场景在勾吊着每一个人的心弦。

喧哗被一声哭喊打破。声音不是来自下面，而是上面！所有的“完美人”一齐看向那个孩子，她的妈妈被人推了下去。一旁的兄弟不再推搡，一些人望向被自己推下的曾经的挚友，不知名的液体夺眶而出。当他们变得完美，情感也在消亡。他们终究是人类，他们也有自己的家庭，而如今，冰冷的机器占据了本应温暖的家。终于，人性的光辉打破了科技的束缚，所有人的心脏开始有力地搏动。

至此，所谓的“完美人”都认识到了生命的独特意义。他们再一次进入“生灵改造所”修回了改造的基因，找回了属于自己的特点。不再存在“天境”，也没有了所谓的“完美人”。旧城的人们并没有因此对科技产生排斥，他们更好地应用了科技。而“生灵改造所”也变成了新型科技下的全科医院。

“明天是星期天，我带你出去玩吧！”还是那个声音。我再一次伸了个懒腰。但这次的阳光很美。看！那是新的猫，它们能够懂我的话语和那来自心灵的呼唤，它们找回了自己。

指导老师：靳磊苗，曾荣获河北省级、邢台市级优质课大赛，微课大赛奖项，优秀道德标兵称号，最美教师称号。

基因之光熠熠生辉，生物研究再添新果

王源源/高二年级　王鑫/指导老师　山东省潍坊市昌乐二中

驾一叶扁舟，驶进科学的北冥瀚海，目光所至之处，尽是一片萧索和荒芜，向前驶去，忽有点点光亮在深处眨眼，那是科学研究的璀璨明珠在闪烁光芒。

翻开泛黄的卷帙，陌上草薰，雪泥鸿爪，不难发现，自具备生物研究必要条件支持以来，人类从未停止对生命的探索，“木叶飞舞之处，火亦生生不息”，带着这份对生物研究的赤诚热爱和对生命的崇高敬意，基因研究的浪潮汹涌。

日月忽其不淹兮，春与秋其代序，人类对基因的研究以寥若晨星而起，逐渐汇成点点星火燎原之势——19 世纪 60 年代，奥地利生物学家“现代遗传学之父”格雷戈尔·孟德尔提出“生物性状是由遗传因子决定”的观点；20 世纪初期，美国实验胚胎学家托马斯·亨特·摩尔根以果蝇实验为基础，认识到“基因存在于染色体，并且在染色体上呈线性排列”，从而得出“染色体是基因的载体”的具有里程碑意义的结论；1909 年，丹麦遗传学家约翰逊在《精密遗传学原理》一书中正式提出“基因”概念；20 世纪 50 年代，分子遗传学的发展使基因研究逐渐深入新阶段，沃森和克里克提出 DNA 双螺旋结构，不仅因此斩获 1962 年诺奖，更为人们进一步清晰基因本质——有遗传效应的 DNA 片段厚植起更坚实的根基。

两百年间，无数科学家和研究人员被裹挟入基因研究的瞬息洪流中，并为此奋楫笃行、矢志不渝。站立在科学技术迅猛发展的绮陌之隅，我们惮虑那段绮丽的时光会随岁月淡褪，那份伟大的事业会为新潮拍坠，却发现瞻首遗迹，如昨在目，基因研究，葳蕤蓬勃。

在当今最前沿的研究中，来自端粒到端粒联盟（T2T）的一百多名国际科学家公布了首个完整的人类基因组序列，并于 2022 年 4 月 1 日将该研究成果相关的六篇论文报告发表在了美国《科学》杂志上，隶属美国国立卫生研究院（NIH）的国家人类基因组研究所（NHGRI）在一份公报中表示，人类基因组含有大约三十亿个脱氧核糖核酸碱基对，还额外发现了超过二百万个基因变异。这一生物领域前所未有的重大突破，为寻找全球七十九亿人口中致病突变和遗传变异的线索踏上康庄大道，使现代生物基因研究迈入新的殿堂。

星移物转，落叶纷飞，荏苒韶光在基因里悄然流逝，白了少年头；鞠躬尽瘁，死而后已，科学家对人类基因组矢志不移的研究，开始于三十八年前……

1984 年，曲突徙薪，忧盛危明，科学家们在 DNA 重组技术的会议上首次商榷人类基因组测序的价值。六年后，美国能源部（DOE）和国立卫生研究院（NIH）投资正式成立“人类基因组测序项目”，并预期于十五年内完成。

理想丰满美腴，而现实往往是泥沙俱下……

1999 年，中国科学院遗传研究所人类基因组中心向 NIH 国际基因组计划（HGP）递交加入申请，承担总测序量 1%（约三千万对碱基）的测序任务。2001 年 2 月 12 日，包括中国在内的六国科学家共同参与的国际人类基因组公布了人类基因组图谱及初步分析结果，并于《自然》杂志发布人类基因组草图及初步分析。2003 年，科研人员成功完成 92% 的基因组测序任务，翻开对人类遗传物质研究的新篇章，但受到当时的测序技术条件所限，在此后的十九年里，基因研究工程瑕瑜互见，科学家们为了破译剩下 8% 的基因组序列如坠雾中、不明就里。

阳和启蛰，无远弗届，2022 年 4 月 1 日，T2T 联盟科学家团队公布首次对人类基因组序列进行的完整无间隙测试结果，历时三十八载终于寻齐了人类基因碎片，圆满结束生物研究的“登月工程”。迎风执炬，去芜存菁，这项伟大的事业不仅填补了之前在碱基对信息上的空白和缺失，还修正了前人对基因组序列 GRCh38 研究的小瑕疵，同时也将一直在进化和疾病中发挥重要作用的长 DNA 片段置于聚光灯下，让七十九亿世界人民共同惊艳于它的不凡之光，并为日后研究人类基因组变异全谱写下了生动的注脚。

光风霁月，蒹葭成霜，根据美联社报道，科学家们认为完整的基因组图“将使人类更深入地了解进化和生物学，同时也在为衰老、神经退行性疾病、癌症和心脏病等领域的医学发现打开大门”，NHGRI 所长格林博士认为，“生成真正完整的人类基因组序列是一项令人难以置信的科学成就”，在研究成果于《自然》发表的当天，华盛顿大学霍华德休斯医学研究所（HHMI）研究员埃文·艾希勒更是高声赞道，“拥有这些完整的信息将使人类能够更好地了解我们作为个体有机体是如何形成的，以及我们不仅在人类之间，而且在其他物种之间如何变化”。

新序列还在识别和解释遗传变异方面具有重要改进，揭示了关于着丝粒周围区域的细节，为佐证此区域内变异性可能暗示人类祖先如何进化点燃新的火炬。研究人员表示，下一阶段的研究将对不同人的基因组进行测序，“以充分掌握人类基因多样性、作用，以及我们与其他灵长类动物的关系”。

虚霩逐明，萤火镫锶，如今，我们于新时代的绮陌之隅展望未来，世异则事异，事异则备变，生物研究突破瓶颈、再创新绩已不再是遥不可及的梦想，生物基因研究必将薪火相传，生物科学历史必将历久弥新。让我们在生物研究再度折桂的前夜，一起翘首以盼熠熠生辉的崭新硕果。

指导老师：王鑫，文学硕士，毕业于东北师范大学，传播学专业。中学二级教师，曾获得十佳青年教师奖等荣誉称号。

当完美成为平常

王增乐/高三年级　陈春兰/指导老师　江苏省南京市第五高级中学

我是一名高中生物老师，任教高二，从这所学校毕业，再在这所学校当老师当了将近二十年。看着“选修三”的书，我不知道怎么上这节课——基因工程。

我在办公室备课时，看了今日新闻。又一名医生被开除了：患者因不满医生的治疗结果，回家自学，最终完美恢复。“十年学医，十年救人，不如一堆拥有完美基因的完美细胞。”如今，越来越多的完美人出现。作为病人，他们自医；作为孩子，他们自己成长，变得成熟……不可否认，整个社会都难免呈现出对“非完美”的歧视。

随着 CRISPR 技术的提升，完美人成为上层社会的骄傲。他们每天干的事情，不再是批阅文件或是对外交谈，而是去基因库寻找完美的基因序列，美其名曰：“我为国家挑选栋梁。”他们恨不得把孔子、孟子、牛顿、开普勒、爱因斯坦、贝多芬、达·芬奇、米开朗基罗……统统克隆出来。

选择好后，将基因序列放入 DNA 合成机器。Taq 酶将一段段导出基因连接，再加上 Klenow 酶（一种特殊的 DNA 聚合酶），将每个基因片段的 5' 端补齐，世界上又多了一条完美基因。一个完美的人不再需要一辈子的自我提升，只需要两天的时间，编写一段完美的目的基因即可。等到母亲排卵，在输卵管中，精子穿过减数分裂第二次中期的卵子的透明带和细胞膜，形成雄原核、雌原核，再结合。

是哪颗幸运的精子并不重要，最终都会成为指定的完美人。时机很重要，等到受精卵到达子宫却并未开始着床的时候，将受精卵提出来。玻璃微管中带着一个人的基因序列夹杂着特殊的酶，缓缓注入受精卵中，变成一个四倍体，然后酶开始作用，将原先的基因消除，仿佛是自然精卵结合的结果……再注入回母体内。十个月后，又有一个完美的宝宝出生啦。

上课铃响，我该去上课了。

学生们是新一批的完美人。教他们其实很容易，只需要指出一些重点，他们会自己预习、复习。甚至有时候我觉得，如果不是个别非完美的孩子还在教室里，我就没有存在的必要了吧。就像那个医生一样。

“按照书上的内容，制作想要的脱氧核苷酸序列，”我介绍道，“目的基因可以是化学合成，也可以从基因文库中提取。基因文库包括基因组文库和部分基因文库（如 cDNA 文库）。”

他们看着书上的内容，不知是谁发出一声感叹：“这才是我的父母吧。”引起哄堂大笑，随后教室又慢慢安静下来——因为他们都是这些基因文库的孩子啊。平时班上不起眼的孩子们的眼中都是同情的眼神：虽然我不完美，但我是父母的孩子！

这节课的难点出现了：“老师，会不会有人有和我一样的完美序列啊，那……我和他是同一个人吗？”“老师，我是这样来的，我只带有我母亲细胞质里的基因啊，那我的父母，还是我的父母吗？”“老师，这样的我们算不算被制造出来的？”“老师，我……真的是人吗？”……

他们看上去那么完美，生命力那么强劲，但是实际上却是最脆弱的。他们不是爱的结晶，只是一堆细胞带着完美基因，带着父母的目的继承家产。他们从小到大没有坎坷，顺顺当当过完一生，带来了什么，带走了什么？什么都没有。没有人生经历，还是人吗？我想，他们可能只是被利用的机器人，尽管带有哲学家的基因，但他们还是想不通。而我，希望有一天教导非完美的人做出完美的决定——除残障人士，严禁使用 CRISPR 技术。技术的觉醒，只需几十年，思想呢？

当完美人出现，道德和爱，无处可寻……

指导老师：陈春兰。中学语文高级教师，南京市教学先进个人。

理想国

王紫熙/高二年级　姚思彧/指导老师　北京理工大学附属中学

Z国，S市A中考点。

“下面广播一则通知：考生胡某某因严重作弊行为，被取消考试资格。”考场外走廊中回荡着机器人呆板的声音。

唐合上手中的语文书，脸上勾勒出近乎癫狂的笑。

高考都没正式开始呢，谈何“作弊”？这话说得隐晦，胡那个恬不知耻混进“始人”参加高考的“强化者”分明是被抓包了。也不枉，他高考前费尽心思弄出的那份联名举报信了。国家严格限制强化者与普通人——生物学界称为始人——同台竞争。

胡和唐从小认识，两人学习都不差，但唐除数学外，其他科目还欠点火候，胡却一向是明星学生，他各科成绩都是拔尖，篮球技术一流，钢琴也弹得不赖。更令唐难以忍受的是，胡屡次在数学竞赛中夺走他本可以拿到的头名，而那家伙甚至几乎没怎么碰过奥数教材。唐呢，无论将多少夜晚付诸不眠，也只能屈居榜眼。他挣扎，他痛苦，他嫉妒胡嫉妒得发狂。

奥数竞赛又一次败北后，唐寡言地坐在窗边。他隐约听到有人议论胡，其中一个半开玩笑地说了一句：“胡这个强化者跟我们普通人争什么啊？！”

说者无意，听者有心。唐大脑飞速运转，一条恶毒的计谋产生了。

D国，L市某广场。

“……经强化的人类，应该联合起来！那些始人，他们的基因是有缺陷的，而我们从出生起就在生物学上趋于完美，甚于完美！但是他们竟妄想以愚昧辖制智慧，以残缺奴役完备！”女子站在广场中央，身姿窈窕、眉目精致；她身着价格不菲的套裙，踩着国际知名品牌高跟鞋，站姿优雅端庄，但演讲中透出难以置信的癫狂意味。

密密麻麻围住广场的听众，大多在外貌上也不逊于这位演讲者，身上也多是名牌服装。他们专注的眼神中透出危险的意味。

女子眸中同样闪烁着灼热："……恬不知耻的始人利用我们的头脑和体格来壮大这个国家，他们则像寄生虫般夺走我们创造的财富！留给我们的，不过是残羹剩饭，他们却视之为恩赏！让我们推翻肮脏的始人统治，建立我们自己的政府！由完美者创造的政权，必是更正义更先进的！"

人群几乎在她结束这段演讲之前就爆发出惊天动地的欢呼声，她讲到最后时几乎在声嘶力竭地嘶吼，跺断了一只高跟鞋的鞋跟。

警笛声大作，但人群丝毫没有恐慌之意。一个矮胖的、穿警服的男子低语几句后，一名个头高挑、体格健硕的警员跳下警车，意图警示众人，但一个西装革履的男人抓住他的手紧握："警官先生，我看出你和我们是一类人！不要再被那个胖子颐指气使了，"他轻蔑地向警车中的胖警长扬了扬下巴，"加入我们吧！肌肉不应该被肥膘压迫！"

Z 国，J 市地下某处。

胡颓然倒在单人床上，等待着第三次基因检测的结果。

他不明白事情为什么会发展成这样，不知道为什么会有人无聊到联名举报自己是混入普通人参加高考的强化人。想来，是看自己发展得过于全面，心生嫉恨了？对了，爸妈当年对他报钢琴课外班和打篮球都不赞成，甚至妈妈会在每次考试后对着他闪耀的成绩单叹气："你要是没这么棒，也许更好。"

现在他有些明白父母的想法了。他出生在一个两名杰出基因学家组建的家庭中，还样样超过旁人，再加上一封多名同学签字的举报信——简直就是教育局打击强化人破坏普通高考公平性的活靶子。

门再度打开时，机器人的声音照旧冷漠："经检测，你的基因未经过强化编辑，很抱歉耽误了你的时间，请跟随我从 B2 出口离开。"

胡一言不发地跟上机器人。虽然清白得证，但持续三天的调查已经让他错过高考了。

M 国，N 市。

乔接过机器人手中的咖啡杯，靠在扶手椅上打开全息新闻。头版热点自然是 D 国的那场强化者暴乱，大幅动态照片占了小半个版面。

第二条新闻的标题是：支持强化者暴乱的作曲家被剥夺作品版权。

"哦——糟糕！"乔有些失态地将手指插入发间，神经质地挠着头皮。深吸一口气继续往下看，果不其然，小儿子斯通是报道的主人公。斯通自上个月在采访中表示强化人遭到不公对待后就没了消息，事情坏了。但说不定还能补救，钱什么的都不是问题，他安慰自己。

不，恐怕他无力回天了，文章最后一段居然写着：经了解，作曲家斯通幼年时曾接受著名基因编辑师施密特多次会诊。虽然他可怜的小斯通去看基因医生是为了治疗遗传病，但一旦被曝光见过基因医生，即使最后有权威力量声明斯通没进行过基因强化，那声明也会被当作他富有的父亲或他本人贿赂的结果。

乔再也握不稳的咖啡杯在地板上摔得粉身碎骨，正如他儿子斯通的前途。

Z国，S市B中。

胡隐藏在天台和走廊交界处的阴影中，面色沉重。

"……抱歉抱歉，是我捕风捉影……是的是的，我愿意接受处分……下次不会了……谢谢老师。"唐断断续续的声音从天台传出。电话挂断，唐悠然走出天台，他个子不高，带着一副呆板的框架眼镜，一副乖学生像。看到胡时，他略显心虚地笑了笑。

胡很自然地冲他微笑。

胡微笑着，微笑着，一拳打在曾经挚友的脸上。

D国，M市，一张令人不安的海报下方，胖警长的旧部下殴打着一个瘦小的男人。那海报上写着："反对强化人。"

指导老师：姚思彧，毕业于北京师范大学，中国现当代文学方向硕士，北京理工大学附属中学语文老师，海淀区语文学科骨干教师。

筑　阳

卫淇源/高二年级　梁柳/指导老师　北京市第十九中学

自人类获悉基因的秘密之初，改变自身的愿望就像种子一样被埋在世界树下。时间悄悄推进，各类新型科技崭露头角，直到“筑阳”计划的诞生，才为我们先人的梦想画上了一个圆满的句号。

筑阳计划目前还处于试错阶段，所以面向的群体并不多。为了将传统的基因去除并替换为更优良的基因片段，需要在孩子出生前进行基因改造，在之后的二十年里，实验对象会被秘密发配到各地进行社会化训练，并每年进行一次数据收集。

当我还在上启蒙班的时候，隔壁搬来一户人家，父母把一个小男孩送到这里后就离开了。他看起来与我年龄相仿，却不哭不闹，一个人开始收拾家务。晚间，父母带我去和新邻居打招呼，来开门的也是他，屋内传来一阵饭香，我这才看清他的脸：他鼻梁高挺，睫毛很长，一副瓷娃娃的精致面孔。我不由得有些害羞，一个劲儿往父母身后躲闪，他似乎有点失落，却也还是笑着和父母谈话道谢。

第二天，我从晨起就往他家的方向眺望，年幼的孩子总是坐不住的，父母也看出了我的心思，应允我去找他玩。我便欢天喜地地带上两本涂鸦册和蜡笔跑去他家，他见到我的时候看起来特别高兴。我们聊了很多，从启蒙班聊到未来的梦想，从中国古代历史聊到希腊神话，从我喜欢的音乐聊到他喜欢的足球。直到傍晚父母来接我时，我们才依依不舍地道别。

“明天你还会来吗？”他拉着门把手，站在门口看我，眼神里充满了期待。

“当然啦！”我笑着冲他挥手道别。

时光荏苒，我们俩一路升至中学，几乎形影不离，他的学习成绩好得难以置信，在遇到他之前，我从没见过科科几乎都能考到满分的“天才”。

某天课间，我正和同学聊着周末的计划，他突然神神秘秘地把我拉到走廊的角落，问道：“你听说过筑阳计划吗？”

带着他温度的吐息萦绕在我耳边，我的意识却有些模糊，恍惚间觉得我们仿佛置身于两个世界。我最开始认为他在说玩笑话，但我也难免猜到了一二，他不仅学习名列前茅，而且体育成绩优异，美术音乐样样精通，性格也很好，在班里很受大家欢迎，作为人来说真的太完美了。但这次，我什么都没问，只是轻轻地拍了拍他，就算他的基因再完美，骨子里也还是个会哭会笑的人，我不会因此对他产生偏见。

夏日的时光就这样匆匆溜走，筑阳计划还在进行中，他或许也感受到了，其实对我而言，他是否是筑阳计划的产物早已变得不再重要，他就是他，我相信我们会成为一辈子的挚友。

在我们二十岁后，筑阳计划的名单被如期公布。一时间，舆论四起，有人为更多尖端人才的诞生而高兴，有人担心实验体互相之间的偏见，有人质疑改变基因就能增强能力的真实性，有人拿这些人作为茶余饭后消磨时光的谈资。

那时所有的实验者都被推上了风口浪尖，他为了不给别人添麻烦，开始躲着我，他家的门口时不时会有慕名而来的记者蹲点，他只好闭门不出，也不再与我联系。

一次回家，天空灰蒙蒙的。我再次看到了他家门口的记者，本想改从家里的后门回去，却被记者拉去采访关于筑阳实验体的事情，我对着镜头，不知道该说点什么。正尴尬时，他突然从屋内奔出，拉扯着刚穿好的风衣，挡在我面前，表示自己愿意接受采访。

之后的几年对我们彼此来说都很煎熬。在舆论的压力下，政府紧急叫停了筑阳计划，他也日渐消瘦，无法与父母见面，就算能力优秀也在求职时处处碰壁。但我们都没有心灰意冷，积极参与到筑阳实验体的平等宣言计划中，并用一个个鲜活的事例告诉人们——他们其实也与我们一样。

日复一日的等待和努力换来了更好的开始。随着更多的筑阳计划实验者被发掘，他们的成就也被一一表彰，时间冲淡了一切，也证明了这些人的杰出贡献。无论是猜忌还是愿望，最后都再次磨合为一个整体。

在那之后，国家出台了“平等筑阳，共建未来”的公告，许多人再次从偏见中解放，回归家人的怀抱，世界最终还是接纳了本就属于我们的他们。

同年，我们结婚了。

我们成了第一对普通人与筑阳实验体结合的夫妻。许多媒体采访我，他就像之前那样，再次在我前面挡住犀利的问题，这反倒成了我们恩爱的炒作。我偷偷地把我们的故事写成了书，销量很高，就连之后关于我们的问答杂志也爆火了很久。

多年之后，我正靠在他肩上看着最新的世界新闻，突发奇想问他为什么当初要告诉我，自己是筑阳计划的实验对象，他几乎没有犹豫地脱口而出，那是一个再简单不过的理由："因为第一次见面的第二天你来找我了。"

筑阳计划确实改变了人类的基础基因面板，却没有改变人的内核，没有改变一个人的温柔和善意。我相信在将来，无论人们是否参与这个计划，无论每个人身份如何，无论世界星移斗转过了多少载光阴，我们依旧是命运共同体，依旧是同胞一脉。

指导老师：梁柳，北京大学汉语国际教育专业硕士，中学二级教师，曾任俄国文学公众号"北土"编辑。

蝶 变

吴依倩/高二年级 陈立红/指导老师 云南省昆明市第十中学

2050年某天的课堂，郑雨桦懒洋洋地趴在课桌上，他的爸爸郑威是这所学校的校长。如往常一样，老师横飞而来的粉笔头依旧无法阻挡他的睡眠。

“这么好的金属粉笔，用来打我岂不可惜？”郑雨桦慵懒地说，随即又合上眼。只剩下台上的老师气得满脸通红。忽然，门外急促的脚步声，撕心裂肺的叫喊声夹带着机器运转的声音，迅速吸引了所有人的注意。郑雨桦猛地睁开眼，露出为难的神色。

“他们来了……肯定是他们……”

“这次轮到我们了，所有人都得完！”教室内瞬间乱作一团，郑雨桦和几个经验老到的同学立即冲过去，将教室的门窗一一反锁，又搬桌椅堵住门。

正当大家以为安全时，“嘭！”碳钢锐甲刺破玻璃，碎渣飞溅。可怖的面孔出现在窗外，立即就要纵身跃入。

这是一张半人半机械的脸。五官左右对称，形似真人却又有说不出的扭曲。整个脑袋被精密且大量的锰钢齿轮替代。

“恐怖谷……”这是出现在郑雨桦脑中唯一的词。半机械人已经开始攻击同学。他将桌椅迅速推开，指引大家逃跑。人群四散，却有一个人无动于衷。是罗焱！罗焱是郑雨桦为数不多的知心好友，而此时半机械人的利爪正要刺向他的心脏。危急时刻，郑雨桦使劲将他拽过，拉着他就向外冲刺。罗焱惊奇地望向郑雨桦，后又低垂下目光。

二人气喘吁吁，逃到一个隐蔽的拐角。“谢谢。”罗焱转身离开。郑雨桦摆摆手，前往校长室。

在郑雨桦十岁时，父母就离了婚。爸爸郑威视财如命。他清楚，妈妈的离开绝对与爸爸的势利脱不开关系，即使是亲儿子，郑威也从不关心郑雨桦的一切。

他来到校长室，推门而入，郑威正悠哉地喝着茶。

“小子，平日可没见你来。”郑威虚伪地笑着。

“上个月，这个月，学校里那些人不人鬼不鬼的东西，你还想不管到什么时候？”郑雨桦发怒道。

“那个嘛，我也没办法。毕竟我们学校旁边是AI研究基地，有些东西不小心跑出来很正常嘛。他们那些研究可不是我这种粗人能懂的，听说是把人的基因加强，还是仿生人什么的……

“再说，你不是好好的吗？”郑威满脸堆笑。

郑雨桦转身摔门而出，手机提示音响起，是一封新邮件。他很奇怪，自己从未把邮件地址告诉过任何人。点开邮件：“按我说的做。现在把走廊尽头那片梧桐叶捡起。——butterfly”

来信人很陌生，写的东西更是无厘头。郑雨桦以为是骚扰短信，但途经走廊时，还是顺手拾起了那片梧桐叶。次日，机械仿生人竟没有来犯。这一日，郑雨桦不觉安稳，倒更觉得诡异。当天下午，他又收到了邮件，寄信人还是butterfly。

“二十二点三十七分零九秒，大叫三声。——butterfly”

这次的指示更加离谱，却也引发了郑雨桦巨大的好奇。他潜意识中总觉得这个butterfly所知道的远远超乎他的想象。不过，他更想知道这个陌生人将要控制他达成何种目的。

第三日，机械仿生人依然没有来，他又有了新邮件。第四日依然是平安日。每日如此。郑雨桦暗暗思忖，邮件让他做的事所引发的结果必定与机械人密切关联，但若单独看却毫不相干。

思考无果，他给butterfly发去一封邮件：

“你是谁？”

“我是蝴蝶。爱德华·罗伦兹的蝴蝶。”

“你为什么让我做这些？”

……对方没有回答他的问题，但下发了新的指令：“九点二十八分，校长室。”郑雨桦如期而至，只看见了散落满地的文件。其中一个黑色密封资料袋格外显眼。郑雨桦小心翼翼地打开，是一封合同，AI机械研究中心与学校的合同：

允许机械仿生的科研成果投放在学校内以检验其成效。

签字：郑威。

郑雨桦陷入迷惘。原来整座学校就是巨型的实验室，师生们不过是那些机器的试验品。“多么荒诞的乐园！我们每个人都是他们的玩具！我的爸爸，一切都是你一手策划的。”郑雨桦苦笑着，泪水也不自觉地涌出，滚落脸颊。

资料袋中还有一份名单，标题是：“长期观察型类人基因强化半机械人”。

郑雨桦双瞳放大，手颤颤巍巍，这份名单里有好几个熟悉的同学名字，但最令他吃惊的是他的挚友：“编号006罗焱”。

郑雨桦恍然大悟，难怪机械人要攻击罗焱时他一动不动，是因为他根本不畏惧吧。又忆起与罗焱的点点滴滴，他的笑，他的哭，他的富于感情，竟都是一串串编码造就的吗……郑雨桦的泪水再也遏制不住，便独自抽泣。

郑雨桦明白了，那些指令是一次次的蝴蝶效应。在拓扑学中，爱德华·罗伦兹提出的连锁反应，小小的蝴蝶振翅便能引发飓风。那些指令就像蝴蝶一次次振翅，对仿生人的行动造成影响。

郑雨桦报了警。看着警察将爸爸与友人带走，他心中五味杂陈。当罗焱从他身旁经过时，悄悄将一枚指甲盖大的芯片塞给了郑雨桦。罗焱回头望向他，自然地露出一抹恬淡，抑或是意味深长的笑容，仿佛是在感激郑雨桦那时的相助和陪伴。

郑雨桦咬了咬唇，眼眶湿润。“他，又怎么会没有感情……”

郑雨桦凝视着芯片，芯片发出时隐时现的淡蓝色荧光。

“FINISH..——butterfly”

从那以后，郑雨桦再未收到来自butterfly的邮件。butterfly似乎也销声匿迹。郑雨桦久久注视着蝴蝶的最后一封邮件信息，末尾不像是手滑打上的两个句点，也许更像……

那枚芯片被郑雨桦置于一个透明玻璃罐里，隐约的荧光像微弱的脉搏。郑雨桦叹息道：“结束？怎会结束……”

“蝶变，永不结束……”

指导老师：陈立红，毕业于湖南师范大学，高级教师，昆明市首届名班主任，曾获盘龙区优秀教师、校级优秀教师等称号。

生而无罪

夏炜欣 / 高三年级　广东省深圳中学

2180年的最后一天，是哈克按规定淘汰退伍的日子。他俯下身，轻轻吻了相处了八个月的铝合金控制面板，起身准备离开。忽然，一阵警报拉起，传播编译器里出现通知："太阳纳子威力巨大，全体成员进入紧急备战模式！"

坐回战斗机里，深吸一口气，哈克的脑海中闪现过去的种种。

小时候，哈克常常痴迷地摩挲他家里的小型射电望远镜，抬头凝望缱绻流动的星河，在广泛应用纳子能源后，更是一如数百年前凡·高笔下的月夜一样璀璨。被分割出的航道闪现着一道道钴蓝色的光泽，偶有白光乍现——一两只巡控速舰变化着轨道掠过。他何尝不想加入前端空置队，在浩瀚无垠的星河中穿梭，击溃敌军呢？但似乎在基因改造的大环境，一切都只是泡影。

基因改造在四十年前开始兴盛，本是用于治疗疾病，有公司找准商机，大力研发基因改良技术，牟取暴利。渐渐地，八成的新生儿都被修改过基因，具备强健的体格和聪慧的大脑。这几十年内，社会秩序也相继变革，各项公共事务将自然人与基因改造人划分开区别处理对待，给予改造人丰厚的津贴。在学校，哈克会因为自然人身份遭受许多莫名的羞辱与欺凌。望着他们高高在上的姿态，一个疑问占据哈克的脑海："难道自然人生来就是错的吗？"

"原始的基因排列并非原罪，而是宝贵的财富，是你独立于他人很重要的表现。"他的母亲这样疏导他。

在流言蜚语中，哈克谨记母亲的教诲，克服重重困难，通过日复一日不懈的训练，跻身备选名单。

星际军团纪律严苛，体能训练强度极大。哈克孱弱的先天条件很难与生来就有强大体魄的队员的抗衡，月度战斗绩点持续是垫底几名。而上级规定，如果连续八次垫底就不得不退伍。

一次，哈克受不住眩晕，跑去洗手间呕吐。队长林伦进门，摘下军帽倚在一旁冷嘲热讽："挺不住就退出，省得在纳子对战里头拖后腿。到那时，你就不光是垃圾了，是全人类的耻辱！”哈克置之不理，只是更勤奋地训练，但还是逃不过退伍的宿命。

紧促的提示声将哈克拉回现实。“战斗预备！”他整理好思绪，全神贯注。纳子对战是首级任务，只有击散扰乱电磁波的光子，才能使人类社会秩序恢复正常。既然上天赐给他这样的机会，为了自己的梦想，为了地球的荣光，这场战争必须胜利！

顷刻间，数百架波音机从太空站投射进宇宙中。这些战斗机将按照计算好的路线漂移至冷恒星附近，再通过反向加速进入太阳轨道，三次变速后纳子就在可调控射击范围内。在此期间舰艇要经过数次翻转，他强忍生理上的不适，把握操纵杆，紧跟前端的阵型变化。

部队逐渐逼近预设轨道，在剧烈的太阳风中，大片的纳子聚集为纳子团。“A1231 号，磁化舱仓储充足，请求拉满能量。”神经网络在太空中无法布置中心基站传导，林伦只得用光子束对讲进行信号传输。然而他却惊恐地发现，后置镜中，射出的光波均被重组的纳子团异化吸收了。特制光波都能被吸收，可见重组纳子团的力量。迟迟没有收到行动通知的队员主动发出信号，均发现了同样的现象，整个部队陷入恐慌。

与此同时，纳子团快速靠近前锋舰艇，似乎涌动着满腔愤怒，将其一一吞没。部队后方的舰艇见形势不妙，违背命令紧急撤离，都不敌纳子的速度，也被吞噬殆尽。

哈克随即意识到，纳子是生命体！那么一定具有质量了。他反常地操作着，将速度拉低，噪点拉大，待纳子逼近，同时开始储备离心能量。他方才一直在监测外空温度和纳子聚集度数据，发现太阳温度呈梯度指数下降。他横下心，决定赌一把开启反向冲刺。机身外壳开始熔解，警报拉响，在零件破损的声音中，他仍直向太阳逼近。

突然白光一现，刺骨的寒意袭来，哈克睁开眼，透过滤光镜近距离见到了太阳的原貌。不同于地球上看到的那般光辉，而是灰暗无比，被冻土覆盖着。随着能源不断被掠夺，它早已不像往日般火热，不过是在上空营造了一层能量极高的欺诈空间，强撑着表象以免异族的入侵。见哈克没有再动，纳子也停下了步伐。太阳风又开始呼呼作响了。

“我们……需要……存活。”

精密监测太阳风强度变化后，眼前的编译屏上缓缓浮现出一句话，哈克陷入了沉默。

人类一直将太阳能主观臆断为自然的馈赠，未曾想到是相互成就的过程。太阳表层的夸克是一个个具有生命体的粒子，但是人类不仅利用其再生产物作为生活品，更是变本加厉地通过人工改变纳子团聚合过程，成吨地燃烧纳子团以获得无污染的能量。太阳文明不是在挑动战争，而是为保护种族繁衍，迫不得已地自卫。

哈克自嘲地笑笑。原来我们都是“罪人”。

“好，我们会在五十年内找到适合的非生命体能源，请给我们一点时间。”哈克通过光波传导他的承诺。钠子团不再动，一切硝烟归于平静。

回到地球后，人人热议着：一个连定向脉冲机械炮都难以拿起的小士兵，换来了五十年的和平。复制粘贴的强大基因是否真的是战胜一切的筹码？几月后，当局颁布政策，限制基因修改的范畴仅限于医疗，并通告授予哈克一级军衔，邀请他发表演讲。

他站上台，看着台下成千上万的观众为他欢呼呐喊，思索片刻后，说：“生而为普通人，我没有任何罪过，反而很荣幸，因为我拥有一个由自己掌控的未来。”

创世纪

夏嫣然 / 高三年级　文海燕 / 指导老师　湖南省益阳市第一中学

2082年六月，地球生命科技实验室向全球宣布，“创世纪”计划进入最后阶段，全新定制婴儿技术将在全世界范围内招募志愿者进行试用。

创世纪计划是由全球顶尖科学家联合创立的地球生命科技实验室于2050年启动的前沿生物技术研究项目，致力于人类基因编辑技术的研究。毫无疑问，如果这项高端技术获得成功并应用于大众，人类社会将迎来天翻地覆的变化。

我是唐惊，一名十五岁的初中生。最近，我发现自己在家庭中的处境不太妙。至于起因，大约是几年前创世纪计划开启试用。

那个六月真是令人印象深刻。当时的我不过是个懵懂孩童，也不明白这项计划有着多么非凡的意义，只是看到父母表现出少有的那般高兴的样子，我也跟着开心起来——毕竟，要求严格的父母对资质平平的我很少展露笑颜。他们兴高采烈地讨论着要再生个孩子：那应该是个漂亮的男孩，聪颖过人，安静乖巧，多才多艺。在一旁糊涂地听着他们讨论的我，并没有意识到将要发生什么。

然后过了一年，唐惶出生了。在我眼里，他是一个格外懂事的孩童。父母很关心他，整日守在他身旁为他操劳，教他学习各种知识，还报了不少兴趣班。他学得惊人地快，半岁的时候，他就差不多能很好地说话；三岁的时候，他学会了钢琴；五岁的时候，他笑话我连如此简单的家庭作业也不会做；而现在，他考进了省里最好的高中。他做到这些事情的时候，父母眼里的笑意藏也藏不住。他们对他满口褒扬，过节时高兴地带他探望亲戚，而后收获那些人惊羡的目光。我在家里则像个透明人一般，唯一有存在感的时候大概是试图请教他一些问题，却被父母要求不要打扰他学习的那一回。

此时母亲正在向地球生命科技实验室提交反馈表，在“您对该计划的满意程度”一栏下勾选了“非常满意”。唐惶就在一旁看着，没有表情，也没有言语。

我是唐惶，一个被父母在创世纪计划中创造的人造人，现在九岁。

父母现在正在催促我加入地球生命科技实验室，好好做研究，将来为人类谋福祉。但是我一点也不想进入那个地方—— 一想到我是在实验室被设计出来的，我心里就不那么舒服。

大家都认为我是一个理想中的完美人物，我为人们眼中的完美付出了太多。自出生起我便一直在不停地学习，即使没有周围人期待的目光迫使我这样做，我那先天的理性也不允许我放松玩乐。唯一让我有些兴致的事大概是看着哥哥唐惊为一些简单的问题抓耳挠腮，而后我一边想笑，一边帮他解答。可惜在去了省重点高中后，我也很少见到他了。

像我一样的人造人大多也这样分散在社会中，沉默地为人们艳羡的眼神所包裹。说来好笑，比起这样完美的生活，我们更渴望如普通人一般享受柴米油盐、人间烟火。我们犹如人群中的孤峰，虽傲然耸立，却深深孤独。

我决定向地球生命科技实验室请求停止创世纪计划。

全新定制婴儿技术在试用十二年后，因众多人造人联合申请停止而宣告停用。生命从来有所缺陷，在缺陷中追求完美才是生命的意义。“人类若想改造生命，首先必须敬畏生命。”地球生命科技实验室首席科学家莱夫如是说。

指导老师：文海燕，中学语文高级教师，语文教研组长，学科带头人，益阳市骨干教师，益阳市教学能手。

互联芯片

夏雨/高三年级　高卫青/指导老师　湖南省益阳市南县第一中学

科技大革命爆发之后，科学技术迅猛发展，许多新的研究产品应运而生，“互联芯片”便是其中最具影响力的产品。这种芯片十分轻巧，使用起来也很方便。它携带着“基因改造器”和“意识输入器”两个配件，用户需要将芯片植入大脑，接着在改造舱度过一周时间来进行基因改造和意识输入，改造舱会把用户的正常基因改成优质基因，并在其大脑内输入类似于“善良”“礼貌”“环保”等广受推崇的美德意识。改造后的人类不仅身体素质得到加强，智商、记忆能力得到提高，行为举止也能变得更加文明。而所谓“互联”是指将互联网直接应用于人的大脑中，人们便不用再使用手机、电脑等电子设备，直接使用自己的大脑也能做到“万物互联”。并且这种芯片一经植入，便终生不能取出，改造后的基因和输入的意识也无法撤销，因此，这是伴随一个人终生的芯片。

互联芯片的发明大大改善了人们的生活。很快，它以高端的技术和并不昂贵的价格得到了大规模推广，于是越来越多的人都植入了互联芯片。不过也有少部分人固执己见，不愿被改造。这些人便被称为“守旧派”，而我也是守旧派的一员。

在回家的路上，我边走边继续观察街上的人，他们都有着姣好的面容，极高的素质，一举一动都是那么的文明高雅，以前脏兮兮的街道全然消失，人与人之间也变得和谐友善，新时代的人们正逐渐向“完人”靠近。

突然，一个募捐机器人挡住了我的去路，我翻了翻钱包，发现里面已经没有零钱，而没有植入芯片的我也不具备使用最新的支付方式的能力，于是我摆了摆手，准备离开。再看向旁边的募捐机器人，在它面前立刻出现了一列排着队要捐钱的人，也许是他们瞧见我不捐款，都对我露出冷漠的神情。我无所谓地耸了耸肩，离开时却不小心撞到了募捐机器人，冰冷坚硬的铁皮让我感到一阵疼痛。我揉着手臂，却听到身旁的人开始议论我：“没素质的守旧派，不捐款就算了，撞到机器人了也不道歉！”“真不礼貌，机器人难道就不是人吗？”“对啊，机器人是值得被尊重的，它也有人权！”……

我被这些莫名其妙的辱骂惹恼了，冲着这些人大喊：“在你们这些完人眼中什么都有人权，都值得被尊重，那你们吃的食物难道不是生命？你们会因为要尊重它们而放弃吃饭吗？”突然，沸腾的人群变得寂静无声，似乎大家都在思考我说的那番话。我拨开人群，继续向家走去。

回到家，儿子正坐在餐桌前等我回来吃饭。应社会要求，在这个时代出生的孩子都在婴儿时期被植入了互联芯片，我儿子也是如此。因此，他不像我小时候那样调皮捣蛋，而是自小就乖巧懂事，从不让人操心。吃完饭，洗碗的工作自然交给了家中的机器人，我坐在沙发上看着电视。电视上正播放着今天的新闻，画面正好是我在大街上撞到机器人后说出那番话的场景，而接下来主持人的发言却让我大为震惊：“众人都被这位守旧者的发言一语点醒。食物也有生命，人类有什么资格吃它们！”我呆呆地看着电视机，心中隐约有些担心。

第二天下班回到家时，原本餐桌上摆放的两个碗变成了一个，儿子的碗不见了，我疑惑地问道：“儿子，你的饭碗呢？”他真诚地看着我，回答说：“我以后都不会吃东西了。食物也是生命，我应该尊重它们。”而接下来的几天里，儿子仍是粒米不进，我软硬皆施，希望儿子能吃些食物，可他从未如此倔强，坚持什么也不吃。与我一同上班的同事们也都因为不肯进食，变得疲惫不堪，无精打采。我看着他们日渐瘦削的面容，忧虑却又无能为力。两周过去了，儿子终于撑不住了，晕倒在家中，我连忙带他来到医院，在输了一天的营养液后，他终于苏醒过来，我抱着他大哭，几乎是哀求道：“儿子，你就吃些东西吧！”可他只是摆了摆手，瘦削的脸上带着淡淡的微笑：“父亲，我真的不能吃，尊重生命是我的基本素养。”那一刻，我真的体会到了绝望的滋味，流下了无声的泪水……

指导老师：高卫青，文学硕士，毕业于湖南师范大学，汉语文学专业。中学高级教师，曾获得湖南省信息技术与学科深度融合三优联评一等奖。

独醒人

夏聿焱/高三年级　陈晨/指导老师　安徽师范大学附属中学

风乍起。窗外的海棠撒落一地的花瓣，偶尔两片飘进窗棂，便绯红了满案头的春色。窗边支起的画板上，令仪将最后一抹红涂抹均匀，才拿起手边响了许久的电话。

“妈妈，早安。”

“嗯，早安，”电话那头的女声带着些许客套和疏离，“今天是去测基因适配度的日子，记得早点去，别忘记了。”

这是一个由基因决定命运的时代，随着基因编辑技术的不断发展，超级人类已经不再是幻想。在每个人的基因都已然变成完美状态的这里，人们开始追求技术达不到的高度。在发现拥有某些特定基因序列的人更有可能生育拥有变异基因的超完美后代后，政府部门颁布《基因法》，规定将由个人基因序列来决定其伴侣、工作、交友等生活的各个方面。

今天，是令仪的十八岁生日，也是她第一次去测试基因适配度的日子。

“知道了，”令仪的声音听不出情绪，“先去测试，然后再跟你一样，成为一个完美的生育工具?”

电话那头的女人许久未言，令仪嘲讽地笑了笑，然后挂断了电话。

她突然想起今日凌晨的测试中心内，基因编码在面前的计算机上不停划过，然后在一声清脆的“嘀嘀”后，显示出一张字数不多的报告：

适配对象：翾飞；基因适配度：100%。

就这样轻飘飘的两行字，居然妄想决定一个人的一生。那时的令仪只是沉默地动了动手指，然后毅然决然地按下了删除键。

——我生而为人，这一生怎么过，该由我自己决定。

屋内，窗边的油画已然干透，画面上，一个姑娘穿破基因序列包裹的茧壳，指尖触及之处，似是阳光几缕。床旁，令仪收拾好了行装。

走上熙熙攘攘的大街，令仪直奔向那家门庭若市的画廊。里边飘来阵阵颜料的香气沁人心脾，令仪向前台走去："您好，我来应聘。"

前台的小姑娘浅浅地笑了笑，令仪将手腕上的个人信息芯片激活，将基因信息导入计算机，然后静静地站在一旁，目光带着些许期待。

许久，却只听见一声"抱歉，"那姑娘笑了笑，"您的基因序列显示，您并不适合画师的工作。"

令仪有些不可置信，家中，那幅《破茧》明明那般绚烂多彩，可她却只能笑着说一声："谢谢。"

——这里没有人能反抗基因的霸权。

学校、设计公司、游戏公司……不信邪的她跑遍了所有可能实现她画画梦想的地方，可是然后呢，便再也没有然后。

耳畔突然传来一个女声，悦耳温柔："你问我为什么不出去工作，你难道不知道吗，拥有85%以上适配度对象的人，对她们来说，最适合的工作就是生儿育女啊，反正，有政府对高适配夫妻的补贴，也不用担心温饱……"

令仪站在光影里，呆呆地，像是过了一个世纪那么长，然后猛地嗤笑了一声——是了，在这个人人都拥有完美基因的时代，什么工作是人做不好的呢，所谓基因适配，不过是为了帮助你选择是多投入工作，还是多投入家庭罢了。

多可笑啊，我生而为人，这一生怎么过，该由我自己决定，不是吗？

手机铃声忽然响起，是没见过的号码："你好，我是翾飞。"

当翾飞穿着洗得发白的衬衫再一次走进测试中心时，门口的大爷亲切地对着他笑了笑。对于来自贫民窟的孩子，他们最盼望的无非是拥有一个完美的基因适配对象，然后带着政府的补贴，逃离这个噩梦一般的地方。这是他第五次来到测试中心了，前几次的结果都令人失望，可他依然在期待奇迹，当同令仪的适配报告被拿到手中之时，他突然有一种如梦般的不真实感，颤抖地拨通了上面的联系方式，却只听见一个淡漠的女声："抱歉。"

第一次同令仪见面，是在一个江边装潢典雅的茶室，那个在电话中拒绝他的女生优雅地用勺子搅弄着手中的咖啡。翾飞鼓起勇气，看向令仪的眼睛："我想，我们应该聊聊。"

"没什么好聊的，"令仪抬起了头，"随着人类特质的基因不断被解码，然后移植于胚胎之中，短短几十年内，所有人类都成了完美基因的携带者，他们不需要花费太多的时间用于学习、工作，就可以把事情做得很好，于是他们开始不满足于人造，想要将完美基因永远留在人类的传承之中，甚至想要自己进化出超完美基因，这便有了基因适配度测试。

“可是，”令仪的目光逐渐变得锐利，“我存在的意义绝不是为了成为一个超完美基因的生育工具。一行行没有感情的编码和所谓的数据分析，它没有资格决定我的未来该是什么样。我既是为自己而活着的人，那么我生命的所有选择都应该由我自己来做——其余人没有这个资格，基因也没有。我不知道我的未来会是什么样，但我知道，既然我醒了，就不会再睡下去。因为我生而为人，这一生怎么过，该由我自己决定。”

这就是反抗吗?

当令仪背着沉重的画架在偏远的海边漫步之时，遥远的天际还残留着一抹曙光。这一程漫长，她曾多次问自己，她成功了吗?

许是成功了吧，也许是在她毅然决然离开都市的时候，也许是在她卖出她的第一幅画的时候，也许是在她一次又一次听见年轻的声音和她一样喊出——我生而为人，这一生怎么过，该由我自己决定的时候。

——这世上，不只她这一个独醒人。

风又起。路旁的海棠摇曳满树的花瓣。令仪再一次支起画架，手上的颜料依旧是扎眼的红，这一幅叫作——《醒来》。

指导老师：陈晨，教育学硕士，毕业于安徽师范大学。中学高级教师，曾获教育部首届一师一优课部级优课。

夜里无星

咸思辰/高二年级 王丽/指导老师 上海市延安中学

“9月22日，编号0922，体温正常，心率正常，有生命体征，暂无意识。”

我又一次在黑暗中醒来，这两天一直感觉骨头难受的很，起床的时候稍微动几下就要发出咔嗒咔嗒的响声，他们都觉得是因为太久没活动了。我笑了笑，没有说话，兴许是哪次手术出了问题罢了。

街上霓虹灯还三三两两地亮着光，路上时不时还能看见墙面的涂鸦。我把工牌揣在兜里，摇摇晃晃地走到中心城上班。

“编号0922，请进。”我刷了卡，中心城的通道应声而开，没有感情的机器女声总在这个时候欢迎我的到来。我没有具体的名字，只有编号。

我身后充斥着破败，萧条，落寞，是霓虹废墟下的垃圾场，是光污染之中失去了颜色的涂鸦。而我面前是张扬到极致的富丽堂皇。

中心城区最高的那幢楼是奇点公司的。这家公司的主要业务是科技产品贸易和数据买卖，他们并不满足于眼前的成功，打起了基因剪接技术的主意，聘请科学家来为客户创造出完美的“人”。而我的工作就是当试验品。

今天给我手术的是个女科学家，她冷冷地看了我一眼，我打了个寒战。算了，出问题就出问题吧，拿到钱就行。

打了麻药之后我便什么都不知道了。

“9月23日，编号0922，体温正常，心率正常，有生命体征，暂无意识。”

我再次醒来的时候是在一个陌生的地方，床很柔软。检测到我醒来，灯光缓缓亮起，充满科技感，周围充斥着难闻的消毒水味。

我起床照了照镜子，毫无变化。

大概是收到了我已经醒来的消息，女科学家敲了敲我的门，走进来，照例询问我的情况。

“姓名？”

“这还能叫姓名？编号0922。”

她有些讶异地看了我一眼，许是没想到我能说出这样的话。其实只是因为其他人都是直接问我编号的。

“有无不良反应？”

“没有。”我耸耸肩。

我有点好奇，问她改造了什么。

她顿了顿，说自己什么都没干。

“你有没有想过改变这一切？”迟疑了一下，她问我，“把这些规则打个稀碎，拼起脆弱的伦理。”她说这句话的时候语气有些急促，有些热切，眼神沾染了斑驳的光。

“你想要干什么？”或许是料想到我们这群人接触不到上层，并不能威胁到她，她向我说明了意图：“你可以加入我们。”

“你能给我多少钱？”我问道。

她沉默了，眼神中透露着悲悯与无奈。

“我叫贺星，如果你有想法了，可以来找我。”

呵，有名字的大人物。我带着她的沉默和深邃离开了，心里想着这也不亏，白赚了这么多钱。只是挥之不去她的眼神。我心里清楚，这是时代先醒者的眼神。

晚饭的时候，邻居家的母亲过来问我借钱。

“我知道你每天去中心城区工作，只要你借给我足够的钱，让我的儿子接受手术，变成科学家，我们家就发达了！到时候，要多少钱，就有多少钱，我一定会还你的！”她的围裙破了好久，一直也没有换新的。她热切地跟我说出这些话，我却只想到了贺星的那个眼神。

这个时代不缺聪明人，也不缺漂亮脸蛋了。这个时代缺的是清醒的人。富人除了优秀的基因，还有钱，有手段，有权有势，她有什么呢？一切都是白搭。就像改变了这么多的我，有混出什么名堂来吗？

我说我不会借给她钱的。她厌嫌地离开了，临走前还往我家门前啐上两口。

我突然感到和她们的距离好远，无论是这个母亲，还是贺星。那是心中间横亘的一条缠绕着星星的银河。我可以选择，跨过这条银河，或者是那条。

加入她们是不是需要申请书？我想。隔壁家的电视声过于大了，我写不下去，只能过去提醒他们声音小点。临敲门前我忽然听见：“女科学家贺星于今晚8点25分被人在实验室枪杀，系反科技过饱和派所为。”

我忽然停住了敲门的动作，不是这样的，是奇点害死她的——道貌岸然的家伙们！是嫉妒她的优秀吗？还是反对她的立场？我很想吐，可是我没有吃晚饭，只能干呕。又或许害死她的是我，是每一个清醒却甘愿沉沦的人。

“9月24日，编号0922，体温正常，心率正常，有生命体征，有意识。”

我醒在了陌生的地方。

我想起身，他们却嘱咐我别动。我看着他们一根一根地拆掉我头上乱七八糟的线。

“恭喜你通过了我们的测试！你是这一批试验者之中唯一产生了反抗意识的！来拯救我们的世界吧！我们给你一个名字，就叫周持如何？”

“所以之前都是假的？”我问道，大脑中一片空白，唯一记得起的，仍然是那个眼神，支撑我问下去的也只剩这个眼神。

“那是我们通过电流刺激你的大脑皮层给你塑造的虚拟世界，用来检测你的反抗意识。”

反对科技过饱和？最终还是反被过饱和的科技控制了。他们要改变这个伦理颠覆的世界，但是又再一次地颠覆了伦理。

电视依旧播放新闻——“昨晚8点25分，女科学家贺星被反科技过饱和派枪杀，各界科学家纷纷表示沉重悼念。”

“这怎么又是真的？”我看着遗像上熟悉的面孔，陌生的温和眼神。

“哦，取材于生活。”或许贺星真是被他们所杀的吧……谁又讲得清楚呢？我们之间的银河大概是消失了，可我明白，它环绕在我们周围，只是我跨了过来。

今天夜晚太亮了，看不见能指引我的星星。

我纵身——

我有名字，就叫编号0922。

“9月25日，编号0922，体温过低，心率无，无生命体征，无意识。”

指导老师：王丽，上海市延安中学语文高级教师。

生物工程：操纵生命的力量

肖谨/高二年级　叶茂/指导老师　四川省南充高级中学

“种瓜得瓜，种豆得豆”“一猪生九崽，连母十个样”，这是中国古人对于遗传和变异现象的描述。19 世纪，牧师孟德尔的豌豆杂交实验为我们展示了“遗传因子”（现在称之为基因）的神秘世界。聪明的人类立即想到，我们能否运用实验室技术来操纵生命，让它们更强大、更有利于人类呢？

这一宏大的事业，被人们称为“生物工程”。

众所周知，不同种类的蛋白质是生命特性的基础。而蛋白质的合成则受到基因的控制。由基因调控合成功能性基因产物，进而控制生物性状的过程，就叫作基因表达。在 RNA 聚合酶的作用下，DNA 的遗传信息转录到 hnRNA（核内不均一 RNA）上，剪去不编码蛋白的内含子，成为 mRNA（信使 RNA），也就是“蛋白质合成工厂”——核糖体生产的“设计图”。当然，在真核生物体内，多肽链还要经过内质网、高尔基体的加工才能成为有功能的蛋白。不难看出，操纵整个过程中的任意一种核酸分子——DNA、hnRNA、mRNA，甚至逆转录产生的 cDNA 都能操纵蛋白质的合成，进而控制生物的性状。科学家们兵分两路，两头推进，向操纵生命这一神圣使命进军！

正向突破：基因工程

提起“基因工程”，您是不是想起了前些年炒得火热的“转基因大豆”？没错，转基因技术就是基因工程的“重武器”。让我们用“转鱼抗冻基因西红柿”为例简单介绍转基因技术：酸酸甜甜的西红柿最害怕的便是低温冻害了，低温会使果实的大小、品质受到严重的影响；而在西北大西洋海岸，一种名叫美洲拟鲽的比目鱼却能在冰面下低于五摄氏度的水中越冬。要是我们把鱼抗冻的基因转给西红柿该多好！经过多年的努力，科学家们在大肠杆菌和 T4 噬菌体等生物体中找到了基因工程的三件关键性工具——“组装工厂”DNA 聚合酶、“分子剪刀”限制性核酸内切酶和“缝衣针”DNA 连接酶。科学家用限制性核酸内切酶剪断鱼的DNA分子，得到长短不一的DNA片段。怎么筛选出与抗冻有关的片段呢？这可难不倒聪明的人们。利用凝胶电泳技术，不同分子量的DNA片段分开，就能得到与目标鱼抗冻基因AFP分子量相近的一系列DNA片段。接下来，科学家们将这些片段导入大肠杆菌使之产生大量克隆，并筛选成功表达抗冻基因的菌落。经过加工，就可以得到大量AFP基因片段，进而合成互补cDNA。最新的技术还可以直接从鱼目的基因的mRNA入手，通过逆转录PCR技术大量合成cDNA。接下来，DNA的“运输车”——农杆菌Ti质粒登上了舞台。利用相同的限制性核酸内切酶切割Ti质粒，然后用DNA连接酶将目的基因与之连接，就得到了重组质粒。由农杆菌这种横冲直撞的家伙带入西红柿的受精卵，或采用我国科学家独创的“花粉管通道法”导入其中，经过选育，转鱼抗冻基因西红柿就研制成功了！目前，这类西红柿已经广泛运用于番茄酱生产。

2003年，人类基因组计划完成；近年来，宏基因组数据量不断增加。越来越多基因的秘密解开，为我们更好地操纵生命打下了基础。就在几年前，中国科学家成功用一条人造染色体替换了酵母菌的染色体组。不妨大胆设想，未来人类也许能用类似的技术“创造”出新物种。

反向包抄：蛋白质工程

请大家做一道简单的计算题，已知生物体内的氨基酸有二十一种，编码蛋白的核苷酸有四种，那么一种氨基酸最少需要多少位的密码来编码呢？用上一些排列组合的知识，我们便能得到答案——三位。恭喜您发现了核苷酸控制蛋白质合成的“三联体密码”！更让人欣喜若狂的是，除了线粒体略有不同，其余所有生物体都共用这种三联体密码。于是乎，从蛋白质的氨基酸序列反推基因序列的“蛋白质工程”应运而生。例如，天然的β-干扰素是一种用于抗病毒的蛋白质，但它很不稳定，体外很难保存。为了能够得到保质期更长（零下七十摄氏度下可保存半年）的干扰素，科学家们从蛋白质本身入手，将其中第十七位的半胱氨酸替换为丝氨酸，然后通过人工合成的方式生成更改后的mRNA序列，进而利用从Rous肉瘤病毒中提取的逆转录酶将mRNA变为cDNA。将这样的DNA通过相应的质粒转入大肠杆菌等生物，就能操纵这些勤恳的小生命，为我们生产有用的产物啦。

当然，技术都有两面性。随着人类操纵生命的步伐迈进，生物伦理问题日益成为争论的焦点。2018 年 11 月，一位科学家采用被称为“基因手术刀”的“CRISPR-Cas9”基因编辑技术，让一对双胞胎姐妹天生具有抵抗 AIDS（获得性免疫缺陷综合征，即艾滋病）的能力，遭到了生物学界的强烈谴责。我们不禁要问，生命真的容得被我们操纵吗?

这是一个伴随现代生物技术而来的重要问题。最著名的例子，就是“基因污染”。比如说，一种转入了抗除草剂基因的植物，它的花粉掉落在杂草上，导致这株杂草的后代成了同样抗除草剂的“超级杂草”，这势必会对生物多样性和生态环境造成不可逆的影响。同样让人关注的还有动物胚胎工程，基因转入不总是成功的，大量的基因转入失败的胚胎被销毁，这算不算对生命的不尊重呢?

科学的脚步还在继续。相信在不久的将来，科学家们能够让生物工程更好地为我们所用，在处理好伦理问题的同时，正确运用其操控生命的力量!

指导老师：叶茂，文学学士，毕业于西华师范大学，汉语言文学专业，中学高级教师，曾获得四川省语文学科教学竞赛一等奖、南充市语言文字工作先进个人。

最后八小时

肖可薇/高二年级　张海元/指导老师　广东省广州市执信中学

三个死刑犯被关在了一个封闭的房间里。现在是晚上十点半，再过八个小时，他们将迎来死亡。这个夜晚，将是他们感受世界的最后时间。

来到这个房间后，三人都有些局促不安。或许是惺惺相惜，或许是想打发掉漫长痛苦的八小时，又或许只是太过无聊。三个素不相识、没有交集的人不约而同地围坐在了一起。

一阵漫长而死寂的沉默，一个看上去四五十岁，留着零碎的胡须，戴着副银框眼镜的男人打破了尴尬的氛围，率先开了口："各位都是有缘之人，长夜漫漫，不如来聊聊天，分享分享各自的故事。"

坐在他斜前方的是一个年轻俊朗的青年，看上去只是上大学的年纪。青年没有说话，只是扭头看向了旁边的另一人。那是一个女人，留着干练的短发，气质不凡。女人没有回应，她看了一眼眼镜男，将眼睛闭上，摇了摇头，示意青年开始。

青年诉说起自己的故事："我今年十九岁，刚上大学。我有一个幸福的家庭，有爱我的爸爸妈妈，还有一个妹妹。我很爱她，每年她都和我约好一起看紫藤花，我们会躺在花树下，这样头顶是花海，一睁眼就能看到，她很喜欢这种感觉。我还记得那个时候阳光很温暖，有时候她不知不觉睡着了，花瓣经常会落得她满身……"

"所以，发生了什么事，你会出现在这儿？"眼镜男打断了青年的回忆，提出了疑问。

"啊，是啊，发生了什么？"青年迷茫地喃喃自语，不知道是在向谁质询，"我又忘了，我不是她的哥哥，我只是一个克隆人。"青年眼眶慢慢红了，声音开始颤抖，"我毫不知情，可有一天她却突然痛苦地告诉我，她受不了了，无法再忍受我的存在了。因为我是一个克隆人，我只是一个替代品，一个冒牌货！"

青年低头不语，眼泪一滴滴落在了地上形成小水洼。过了一会儿，他才抬起头再次出声："我的存在只会让她感到更加内疚。她真正的哥哥在去年夏天回来陪她时，出意外离世了。爸爸妈妈看她太痛苦了，所以才有了我。"

"克隆人是违法的存在，你们一家都会受到牵连。不过你的妹妹仍然主动自首，把你送到了这里。"女人不知道什么时候睁开了眼，冷冷开口道。青年没有再说话，只是默默点了点头。

女人看了一眼眼镜男，说道："那我也来说说我的故事吧。我是经过新一代基因编辑的人。"眼镜男脸上闪过了惊诧，其实在刚刚听到青年说自己是克隆人时，眼镜男就有些心不在焉。

"我从小和一大群人圈养在一起，过着牲畜不如的生活。我们成年后，就一直在无止境地工作。我们被关在一个大工厂里，不允许出去，任务就是设计服装，每天都被要求上交二十份设计稿。

"后来我才知道，我们这批人体内的基因早在出生时就都被编辑为具有超出常人设计天赋和灵感的基因。因为现在的时尚风潮越来越小，时尚人才也越来越少，那些万恶的资本家就想通过这种恶劣的方式替他们牟利！"女人的话语越来越激愤。

"更讽刺的是大众，当初他们对基因编辑技术多么趋之若鹜，现在就有多么躲闪不及。基因编辑刚开始推出时，每个人都盛情歌赞这项技术。而现在出问题了，人们就开始说什么有违人伦、有违道德，每个人都在忘情打压贬低我们的存在。我们在那些虚伪的声讨下成了怪物的代名词，没有容身之所。那些资本家被绳之以法后，我们这些'怪物'也要跟着陪葬！"

女人深深地吸了口气，努力平复着自己的心情，转而看向眼镜男："所以，您有什么故事想分享吗，博士？把我们这些东西设计出来，可不得有您一份功劳？刚开始我还有些不确定，后来看到您那副心虚的模样，呵！怎么您这样的大功臣也进来了？"

青年震惊地望向眼镜男，男人只是苦涩地摇了摇头，说道："我没想到会变成这样。我一开始只是想通过这种方式，更好地推进人类文明的进步。"

眼镜男望向女人："世界的发展需要人才，但是我现在知道了，我这么做大错特错。我违背了世界发展的客观规律。普通人也要有生存的空间，我这么做是在把普通人逼向绝路，所以他们才会如此厌恶你们的存在。这项技术离间了人与人，让社会一时间人心惶惶。你们是人，可社会没有给予你们应有的人权，也没能成功地使你们发挥作用。这全都是我的错……”

眼镜男又转头看向青年，声音放轻许多：“克隆人的存在，初心是想让那些失去亲人的人获得心灵的慰藉。我还记得你们家，是第一代主动参与志愿实验的家庭。我没有考虑周到，忽略了人本身的独一无二的价值和意义，人与人之间的羁绊都是无可替代的。我这么做，是对你家人情感的不尊重，也是对你的不尊重。我对不起你们……”

如水般凉薄的夜晚，继续沉默无言。三人没有再说过话。无论是谁都心绪纷纷，而在八小时后一切都将化为灰烬。

指导老师：张海元，文学硕士，先后毕业于山东大学、华中师范大学。中学语文一级教师，曾获得粤港澳大湾区首届教师下水作文大赛一等奖。

基 源

谢雨宸/高二年级 卢慧媛/指导老师 山东省淄博实验中学

2070年，终究是不平凡的一年。

“根据专家近日提供的信息，‘基源’工程实行以来，反响热烈。经过基因改造过的孩子，在各个领域展现出了卓越的才能与智慧，更加富有创造力，更加具有敏捷的思维，得到家长的一致好评。据最新统计数据显示，2070年的新生儿中，基源工程的应用覆盖率已达100%。下面有请陈教授为我们详细介绍基源工程最新的技术成果和未来的大好前景。”

“从最初的致病基因的修复，到如今的正常基因的改造提升，基因工程一直在路上。如今我们从已逝科学家、艺术家、文学家等各行各业的翘楚的身上提取到了宝贵的基因样本，家长可根据需要选取不同的基因源，打造不同的成功孩子。”男人说着，露出了一抹骄傲的微笑。

电视信号突然被掐断，男人的面孔消失不见。“整天看这些，倒不如想想怎么把余生过好！喂喂鱼，遛遛鸟，听听曲，下下棋……”张婆婆的唠叨声逐渐响起，丝毫不见停。张爷爷讨好般地挤出一个微笑，安抚道：“好啦好啦，我这不是紧跟时事嘛，而且，总感觉和新来的那对母女有关，啧，就是说不上来的奇怪……”

村子是逆科技化的产物，这些人年轻时大多疲于奔波，追随着时代发展的浪潮，紧跟潮流，见证了科技的日新月异，老了反倒愿意离开城市中心的高楼大厦，来到一个边陲小镇，返璞归真，回归最初的生活方式，就像他们的孩提时代一般，没有光速行驶，没有全息投影，没有基因工程，时光静静流淌，缓缓流向远方。

不知是哪一日，村子里忽然来了一个年轻的女人，襁褓里包裹着一个尚未褪去胎毛的小女孩，女人的面色苍白，气血不足，可眸子中分明迸发出了希望，紧紧抱着怀中的孩子，仿佛在抓住活下去的生机和希望。

村子里的人一开始都在犯嘀咕，这个村子虽然没有入住年龄的要求，可这么多年来，入住的总是一些上了年岁的人，这么年轻的女人和一个刚出生的婴儿与这个村子显得十分违和，这么年轻也厌倦了科技的更迭了吗？也想要回归本源了吗？村子里的人对她们的提防持续了大概一周，终究是不忍心看一个年轻妈妈独自拉扯孩子的不易。村里会刺绣缝纫的婆婆们缝制了一些算不上时尚的小孩的衣物，村里会点木工活的爷爷们打造了一堆算不上精美的玩具，但件件显示着他们的用心和温暖。

日子一久，村里人和女人的相处渐渐融洽，女人习惯了村里人的善意，也愿意帮着村里人做一些小活，孩子算是被这一村人抚养长大的。女人叫周桥，孩子叫周南乔，母女两人的眉眼极其相似，都有一股江南柔情似水的气质，至于旁的，周桥嘴很严，实在打听不着什么，村里人也不强求。

村里没有学堂，女人便自己教孩子识字算术，孩子不大，在村里四处乱窜，学会了钓鱼、下棋、唱曲等一系列老年人必备技能，日子过得闲适快活。

又是寻常的一天，村口的老槐树如往常般浓绿，百灵鸟如往常般鸣唱，村里的瓦房上仍旧挂着湿润的露珠。可周桥家里却有不同寻常的吵闹声。

“你先别急，听我慢慢说，我不是要做别的。你可能也知道了，项目出了点问题……经过基因改造的孩子实在是太相似了，他们的情感、喜好、处理事情的方式、人生的轨迹，都太相似了，相似到让人惊恐的地步，现在不得不为他们统一安排岗位、分配任务。家长在选择基因源时，几个行业相关的基因被选择的概率格外大，导致其他行业严重缺少人才，社会发展极度不均衡。”一个浓眉大眼的中年男性仿佛在用尽仅剩的耐心一点一点解释着。

“我当初就劝告过你，不要在这条路上一意孤行，科技的进步并不一定完全适应人类的发展，对于父母来说，千千万万个爱因斯坦比不过一个自己的有血有肉的孩子，你在基源工程中工作久了，扪心自问，陈木，你还有点人情味吗？你还有为人父母的期待与欣喜吗？孩子在你的眼里已经不再是孩子了，是你的试验品，是你的基因工程的表达，是你成功路上的垫脚石！你借着基因编辑，把孩子们改造成了科学家、艺术家、文学家，什么都是，唯独不是孩子自己了！基源基源，到底是孩子们的机缘，还是你的机缘？”周桥情绪激动，嗓音微微颤抖。

“能让我看看孩子吗？说到底南乔是我们的孩子。”

周桥沉默了许久，终究是把孩子领了出来。南乔带着对未知的恐惧，睫毛像蝴蝶的翅膀般轻轻颤动。

“她不够聪明，学东西也不快，学习的时候总会走神，心思时不时就跑到村西头的小溪流里了，她贪玩、贪吃、调皮，有时候闯祸，但我知道，她是我的孩子，全天下独一无二。”周桥说着，声线中母性的温柔便缓缓流淌出来。

“孩子是多元的，每个孩子都有自己的特点，一味地趋同，便是抹杀了他们的个性，抹杀了他们作为人的根本特征。你早就预想到了今天，不是吗？你为人一贯小心谨慎，你给自己设想了千百种结局，每一种你都做好了准备。你的实验室里，应该还有每一个孩子的原始基因吧。你只是……不愿走到这一步吧，毕竟基源工程倾注了你的毕生心血，你终究狠不下心来让这一切付诸东流，狠不下心来承认自己的失败。但是啊，陈木，你该狠下心来了，基源，不是找到那些名人的基因源，而是回归人们自己的基因的本源啊！”

男人露出一抹释然的微笑，如朝阳一般明朗，这或许是他这么多天以来第一次发自内心真诚的笑，不是为了应对媒体记者，不是为了安慰广大家长，不是为了佯装强大，只是释然后的轻松。

“请广大家长带领孩子前往基源总部进行基因重置，我们承诺，还您一个孩子本来的模样，基源工程即日起正式停止，谢谢配合。”

村头的大槐树下，南乔不明白母亲为什么听了这则冷冰冰的新闻报道后眼眶会挂着晶莹的泪珠，嘴角又笑得那样温和，她不懂得，她只知道今天是个好日子，明天也会是个好日子，因为每天都是好日子啊。

指导老师：卢慧媛，教育硕士，毕业于北京师范大学，学科教学语文方向。中学一级教师，曾获得淄博市语文学科高中组优质课二等奖。

异 人

谢煜轩 / 高二年级　李峰华 / 指导老师　北京市昌平区第二中学

“又来一个，不错，这个看起来还行，看看是个极品还是次品……”

朦胧中，无影灯下三个身穿白色防护服的人把我拉了起来。我看着前面屏幕上的信息：奥托——DNA 评级……还没等我思考，他们把长长的针头插入了我的后颈，一阵剧痛从颈椎处袭来，耳中隐约听到：

“D 等，唉，可惜了。送下去，下一个……”

我顿时感到身下一空，实验室的床自动分离成了两截，下面是通往贫民窟的管道。我掉入了这无底深渊，在传送管中磕磕碰碰，晕了过去……再醒来的时候，已不知道过去多久了。我拖着无力的双腿，用力撑起胳膊，艰难地坐起身来。“头，好痛……”我下意识抱住头，耳鸣出现了。在嗡嗡声中，我扭过头去，一个白发苍苍的中年人不知道正在煮些什么，我揭开身上满是霉味的被子，想下床去问问。可刚要起身，只感觉双脚的力量被抽走了，重重摔在了水泥地上。我想抓住些什么，却把床头的桌子弄翻了。

那个中年人听到了玻璃杯摔碎的声音，她放下手中煮的东西，看我瘫倒在地，平静地过来把我扶到床上，随即一边扶起被我打翻的桌子，一边缓缓地说道：“别怕，我看到你跟那些次品一样躺在了管道口附近，便把你捡了回来。”她见我有了反应，马上走到灶台那里，从锅中舀出了一碗绿色的糊糊端到我面前，紧跟着把碗往我面前推了推，意思是让我趁热喝掉。喝过后，之前的耳鸣没了，头疼也没了。我晃了晃头，好像什么都不记得了，脑中不断闪过一些实验室的片段，却马上又消失了。

“我这是在哪儿？”我下意识地小声嘟囔了一句。

“你我都是实验室改造失败的次品，身体原本完好无缺，而当局急于突破基因编译瓶颈，要求所有人必须进行脑部基因改造，可技术并不成熟，所以我们都在基因改造过程中落下残疾。肆意更改脑基因只有很小的概率能够产生智商超群并可抵抗百病的人，这些人会被送往上层富人区。像我们这些改造后有缺陷的异人就只能沦落到这里苟延残喘。他们每周都会派机器人过来收缴物资，为上层富人区提供‘养料’。我们无数次想要反抗，却都被镇压。”那个中年人用一种我听起来很熟悉的语调平静地说着这些，同时在平板上熟练地写着什么。

“没办法改变吗？”

她摇了摇头，说罢便推来轮椅让我挪上去。我顿时明白了我是因为改造后腿部残疾而下来的。她带上脑电波语音转换器，推着我来到了主街上，街上人来人往，但基本都是在那里傻笑打闹的。“这里绝大多数人都是由于改造失误，使得大脑皮层受损降智了。他们成天被赶去劳作，但完全不知道自己在干什么。有智力的异人都在前几次大反抗中牺牲了。”她推我到了一个地下室，里面排成一排的营养管里都是插着氧气管的异人，“我其实一直在研究BTW的反基因编辑技术。换言之就是把错误改造的基因去除，使人们能够恢复正常。我看到你能看懂文字，看看能否帮上忙。”

我看到墙上那一排排基因组的编号，桌上放着基因编码器，大脑又是一阵剧痛，脑中闪过了一个又一个基因实验室研究的片段。耳鸣又出现了，比之前更加剧烈，脑中的记忆犹如潮水般涌现。我痛苦地抱住头，摔下了轮椅。“DNA序列，BTW基因重组，禁改令颁布……”

霎时间，头痛和耳鸣顿然全无，我脑中一瞬间多出了许多有关基因编辑的事物。我记起来了，在改造前，我是一个基因科学家，但是我和我的助手卡莲因为受到舆论的抨击，被下了禁改令，BTW技术只能被迫搁浅。有一天，实验室被一群拿着枪的“强盗”砸了，我和卡莲也被抓了过去，不知过了多久，再醒来就是在这里了。现在看来，是上层组织抢走了我的技术，并强制使用。明白一切之后，我对她说：“我脑中有BTW的核心技术，我想应该可以帮上忙。”

“什么？你有……等等，你难道是……奥托？”

那个中年人扶我起来，她推着轮椅来到电脑前，我也十分惊讶，她为什么会知道我的名字。直到看到电脑上BTW基因序列的排布只差最后一组时，我顿时明白了，她就是卡莲。

“卡莲，好久不见。‘就差这关键的一组了’，你还记得吧？”

当时在基因实验室，也是差这一组，她也是这么对我说的，我拿起了基因编码器，将最后一组的DNA序列编码打了上去，程序开始自动运行。营养舱打开了，里面的人走了出来，神情慌张，相互询问着……

我回头看了看卡莲，白发下面的神情隐约透出昔日的影子，我们都知道，光明要来了……

我和卡莲让贫民窟的人都恢复成了正常人，一个月后，属于异人的革命爆发了，我们冲破了这不公的牢笼，赢得了属于异人的胜利。这一刻，我站在贫富二区的隔断层上喃喃自语："基因编译将我们拉入深渊，也将我们不公的命运扳回了正轨。"

上层组织的倒台，富人区和贫民窟之间的壁垒正在瓦解，抬头从采光井向天空看去，依稀看到空中裂隙间有一缕金色的阳光正洒向这片大地……

指导老师：李峰华，中学一级教师，历任昌平二中教育集团回龙观校区语文学科教研组长，学科组长，德育副主任。

光明中的黑暗

辛淑桐/高三年级　王铭铭/指导老师　山东省泰安市泰西中学

十年了，他第一次被允许走出实验室的玻璃罩。他是加西亚博士研究成功的第一个基因编辑婴儿，没有名字，平常加西亚博士总是叫他 the first one，他却总称博士为“爸爸”。

他并不知道自己拥有与众不同的命运与使命。按理说他才是个十岁的孩子，可他已经拥有了二十多岁小伙子一样的体格和智力，他学起东西来特别快，甚至可以过目不忘。

今天是加西亚博士对外宣布研究成果的日子，他不知试验了多少重构胚胎，销毁了多少编辑出错的婴儿，四十六条染色体，上亿碱基对，十几年来，他每天都和冰冷的玻璃后的细胞团和不成形的婴儿一起度过。十年前，他终于发现一种酶，可以解开核苷酸之间的磷酸二酯键，但能保持解旋前核苷酸链的顺序，就像增大了两个脱氧核苷酸之间的间距，而且插入基因不再需要载体，在这种酶解开的间隙中，插入基因可以主动表达。这个酶使大量快速插入或修改基因成为可能。之后他利用这种酶，在一个胚胎中插入了竹子中控制生长的基因，改变了大量控制激素表达的基因，使人类获得更强的能力，比如快速奔跑，极强的弹跳力，拥有消化各种植物的酸和酶……这个胚胎简直可以算是超越自然界的杰作。今天，他要向世界宣布，以后人类可以主宰自己的命运，主宰整个自然界所有生物的命运！

“我可以制造出无数像 the first one 一样的人，他们是超越人类最先进的算法和制造力的杰作，远远胜过最精密的机器人。这些改造人可以作为特战部队、宇航员、太空修理工、地心探索者，承担所有重要而危险的任务，而我所需要的，只是一些精子和卵细胞而已。”人不复为人，成为工具和武器。他微笑地看着参会代表们，全场鸦雀无声。

“同属于人，那些被改造后的孩子也应该享受人的权利，而不是作为工具被自己的‘兄弟姐妹’使用，难道他们知道了自己的身份后，不会感到不公吗？”有人向加西亚博士发问。

“这是他们的使命，我们创造出了他们，就有权使用、命令他们。他们应当感谢我们给了他们出生的权利，否则他们连看一眼这个世界的机会都没有！我们可以给他们灌输思想意识，让他们觉得自己应当受人控制，而我们也需要这样愿意为全人类奉献的人。”

“可我们的这些战士和探索者们是自愿的，而你是以获利为目的，打着奉献的幌子，强迫他们成为这样的人！他们只会被人类利用，不会得到真正的尊重！况且他们也会有后代，将来一定会取代我们普通人类的后代！”

这时，大厅入口处传来一阵喧闹，竟然是 the first one 想闯入会场。加西亚皱起了眉，the first one 向来是个不爱言语的孩子，更不会有激进的行为，为什么他会突然闯入呢？原本计划如果代表们不接受他的提议，他就让 the first one 出来展示一下基因编辑人类的伟大力量，与会代表们自然会接受这些‘人类’。可现在，情况远远超出了他的预料。

“让他进来吧。”加西亚低沉地说。在他心底，一直隐藏着一股父爱，十年来朝夕相处，他时不时会把 the first one 当作自己的儿子。每每这时，他总强迫自己变成那个冷血又无情的研究员。“爸爸！您说过这世界上的孩子都和我一样，为什么我就成了工具和武器？我愿意听您的话，因为您是我爸爸。我不想成为没人关心、没人爱的工具，即使我拥有这世界上任何人都没有的基因，这不就像光明中的黑暗吗？黑暗中的光明是最乐意接受的，而光明中的黑暗是最难以忍受的。为什么你把我创造成了一个人，却不给我人的权利和自由！我恨你！”the first one 说完就转身跑出了会议大楼。

加西亚博士愣在原地，在场的人都默默地看着他。他的研究成功了，可他却失败了。后来，基因技术被广泛用于生出健康的婴儿，而不是基因优等的婴儿。也没有人再见过 the first one，或许他在黑暗中又重新找到了光明。

指导老师：王铭铭，文学硕士，毕业于曲阜师范大学，中国现当代文学专业。中学一级教师，曾获得泰安市优课一等奖、肥城市教育教学工作先进个人等荣誉称号。

人站在病床前

熊浩然/高二年级　杨长华/指导老师　湖南省长沙市宁乡市第一高级中学

一

我站在病床前，床上躺着我的父亲。病房里安静得出奇，只有父亲大口的喘息声，呼呼的气流在他口中的管上留下一层若有若无的水汽。心电图机突然无情地响起，急躁不断的嘀声就像死神的钟，在为将行者唱着最后的催魂曲。门开了，护士跑过来问：“任星先生，您是否要为您的父亲再修改一次基因，这样能让他至少再撑几个月。”这时，父亲几近枯萎的脑袋突然扭了过来，一对眼珠子直勾勾地盯着我。我看着他，泪水不住地流了下来。我不想看见父亲离去，然后点了点头，于是第二十五次基因加强手术实施在他身上。

我躺在床上，床边站着我的儿子。这病房里真是嘈杂不堪，嘀嗒的响声、药液流动的声音，和着门外杂乱匆匆的脚步声，似滚油一般灌入我的耳中。一个尖锐的声音高叫起来，反复蹂躏我痛苦的神经。然后一个人走了进来，噪声瞬间更大了。她和我儿子交流的内容我听不见，但我已基本上猜到了是手术的事，于是我努力地转过头去，瞪着儿子。我希望他拒绝这手术！儿子突然流下了泪水，护士也转身走了，我想他终于理解了我的意思。但不一会儿，一双无情的手还是把我送进了手术室。我尽量保持清醒，不愿成为这些人的玩偶，但麻醉针还是起了效果，让我熬过这苦痛，但又要进入下一场苦难……

二

手术可算是结束了，我长舒一口气，从椅子上站了起来，看着仍在昏迷的父亲，一种欣慰感竟然涌上了我的头脑。三天三夜，我一直守在病房里等待着父亲的苏醒。其间我一直和护士交流着病情，他们的意思大概是离清醒不远了。我注意到他们用的是“清醒”而不是“康复”，这让我心里又一次盖上了一层灰色的布。第四天清晨，父亲终于睁开了眼，或者按护士说的，“清醒”了过来。他像一场大战打败归来，一种精神而又颓丧的样子。

没有知觉的，我大概感受到手术结束了，而我的肢体不能动弹，眼睛也打不开。刺耳的声音加剧了，地狱里的火焰疯狂灼烧着我的神经，虚无的风狂傲地钻入我血液里的每一个细胞，麻醉过后，喧闹使我不能入眠。我希望这痛苦能早日结束，好给予我天堂的安宁。但我儿子也许不这么想，他仍然每天和一群恶魔交流着，希望延长我受罪的日子。从他的欣慰来看，这日子还不会结束。后来我终于能睁开眼来，和他进行着目光交流。

三

我想我的意思父亲能感受到，我想表达对他的不舍与爱。基因手术发明至今，不断改进着。从临床到推广，它也已经治好了无数以前不可能治好的患者。“从我的父亲接受的手术来看，这确实是无比有效的。这种操作安全至此，就像我的老师邱奇说的：‘三百万亿个碱基对中只出现一次错误’；再到我说的：‘十几亿个细胞，不到十个出错’。技术已成熟至此……”我回忆起在国际基因论坛上作的学术报告，我站在台上，无比光荣啊。我记得父亲在第一次手术后，面色红润，能照常做家务活，甚至能扛着一麻袋核桃走上四楼，而现在竟是这般模样……任星啊，任星，你研究这项技术，究竟又实现了什么？

我想我的意思儿子能感受到，我想表达的对他的企盼。这技术是如此优秀，他上高中时就立下了志向。再到出国留学时，我就知道他一定会有所成就，直至他跟着邱奇读完了博士，再到他参加工作……他的成长我记得一清二楚……四年前我得癌症时，他说用自己的技术可以治好我。开始接受基因治疗时，我的身体的确好转了不少，甚至可以搬核桃了啊！如今“留观”成了敲紧枷锁的一把锤子。儿子的所学既是如此强大，却为何看不见我的痛苦？儿子啊，儿子，这是一种折磨啊！

四

基因改造后，这个人还算是我的父亲吗？我伤感地问着自己。

基因改造后，这个人还算是我的儿子吗？我悲哀地想着。

我毅然地站了起来，就像大彻大悟一般：“父亲，我懂您的意思了。”说完，我便开门去找护士。我要办理出院的手续。

我看见他终于站了起来，我想他理解我的意思了。于是欣喜压过了伤感，我也感到好了一点。

五

“我要带父亲好好活过余生，治疗对他是一种折磨，所以他出了院，同时他也认可了我的想法。”三个半月后父亲离世了，任星在葬礼上这样说道。下面的人们也沉重地听着。“他离开时没有额外的痛苦，这样我心里也会好过一些。是我发展的基因手术，我对这种技术的错误实施负有责任……也许这种治疗多了会是一种错误，用技术手段不断延长人类的寿命而剥夺他们的自由，我认为是残忍的……”

葬礼后第二个月，任星写了《关于基因手术治疗的社会问题的分析与讨论》，决定十年内不许任何人再用他申请专利的基因成果。“十年后会有新的高精尖技术的，我确信！”任星自言自语道，“错误或许能被终止，人性必然高于一切技术和物质。”鼠标按下“发送”键后，他关掉电脑，走出门外，回忆起父亲的二十五次手术，双脚移动到了父亲曾经最爱的广场上，那里有散步和跳舞的人。任星呼吸着这自由的空气，心情顿时舒畅。一切都重新开始了。“父亲，我终于懂了。但愿这决定是正确的……”

晚风吹着广场上站着的任星，此时连星星都好像在向他温柔地眨着眼……

指导老师：杨长华，文学学士，毕业于湖南师范大学，汉语言文学专业。中学高级教师，曾获得长沙市优秀班主任、宁乡市优秀任课教师、宁乡市信息技术与学科融合赛课特等奖等荣誉。

完美时代

徐健杰/高二年级　马继德/指导老师　湖南省长沙市长郡中学

“人类应当追求完美，现在基因剪刀已经向我们打开了这扇大门，完美，将不再是不可能，而是现实！”克里昂站在发布会上，容光焕发地振臂高呼道，同时展示着基因剪刀和改造人。基因剪刀更像是X光扫描仪，它能通过高能粒子束精准轰击DNA指定部位，再用纳米机器人进行修改。这些纳米机器人只有分子这么大，它们根据基因大一统模型工作。

那个改造人一上台就引起了观众的阵阵惊叹！他的外表精致，既有欧洲人美丽深邃的眼睛，又有黑人健壮修长的身躯，亚洲人光滑细腻的皮肤，还有一头太阳般灿烂的金发，使人不禁想起神话中的太阳神阿波罗。克里昂打了一下响指，一把锋利的刀子被传递上来，改造人轻轻地接过它，以迅雷不及掩耳之势割破了自己的手掌，鲜血四处飞溅，但只是一分钟后，伤口就以肉眼可见的速度愈合了。“这是植入了壁虎的基因，并且干细胞的分化速度更快。”克里昂满意地看着目瞪口呆的观众说，“接下来才是真正的精彩时刻！”他向改造人示意了一下，改造人突然消失了，几秒后出现在了观众席后，“他也被植入了变色龙和猎豹的基因！”克里昂笑道，“现在他拥有了动物的各种优秀基因，甚至可以飞！”他的话音刚落，改造人随即张开双臂，上面迅速长出了大量的羽毛，成了一双庞大的翅膀，轻盈地飞到了讲台上。

“先生，您这样做，践踏了人类的尊严！”一位国际组织的官员站起来打断了克里昂的话，“我们不是机器，怎么能被人肆意改造！”他挥舞着双手怒斥道。……这时，萧文满头大汗地带人冲了上来，气喘吁吁地吐出一句话：“快走，外面有人聚众闹事！”仿佛是回应他的话似的，大门被重重撞开，冲进来一阵阵人潮，他们舞动着巨大的电子标语，愤怒地向克里昂冲来。“为什么……”克里昂被急忙拖下了台，困惑地看着疯狂的人群。

两年后。

“战争爆发了。”萧文淡淡地说，瞟了一眼颓废的克里昂，他现在满脸皱纹，头发也变得干枯灰白。“我不明白，明明可以造福人类的基因剪刀，怎么到了人手里成了这样。”

在彷徨之际，米国竟派人护送他们，并公开表示接受基因剪刀，进行了大规模的应用，并把米国军队改造成了一支超级军队！克里昂静静地凝视着中微子电视上米国的“天使”部队，他们长着巨大的鹰翅，还有“米国之盾”，那些军人全身覆盖着坚不可摧的铠甲，子弹无缝可入。“完美时代的大门已向人类敞开！”米国总统在屏幕上这样大言不惭地说。克里昂虚弱地转过头，勉强蠕动着嘴唇说：“人类的欲望是无穷的，你我当时都没想到这一点，唯有发自内心的敬畏生命和自然，基因剪刀才会真正造福人类文明。”

“人类还能做到吗？”萧文苦笑道，克里昂注视着窗外的光景，美景吸引不了他，他只盯着一只蚂蚁，它正微微摆动着触须，缓慢地爬动着。“生命才是最大的奇迹。”他顿了顿，自言自语道，“未来总会越来越好，真正的完美时代会来的。”

指导老师：马继德，长郡中学语文研究员，县劳模，市十佳教师，省高考评卷核心组作文评卷组大组长。

凤尾蝶

徐琬莹/高二年级　张治平/指导老师　安徽省合肥市肥西中学

急啸着向远方掠去的身影从眼前一闪而去，亮粉色的植物区在微绿浅光的照耀下熠熠生辉，高楼大厦如庄严矗立的巨人，沉默不语。一阵杂粮煎饼的香气从一条小巷里飘了出来。如此迷人的香味，摄人心魄，不一会儿，小巷里传来阵阵嬉闹声。

“小琨哪，你这煎饼真是越做越好吃哩，你瞧，这么多人来吃呢。”

“婆婆说笑了，婆婆您做的煎饼才是一绝！我这不是跟您学的嘛！”

“就你嘴甜！”

一位短发女生朝着一位奶奶笑着，做煎饼的手倒是一点没耽搁。精致干练的黑色短发中夹杂一抹紫色，在有点暗黑的小巷里，在形形色色的人群中，闪出不一样的光彩。亮晶晶的眼睛上的睫毛一颤一颤，像极了一只黑色的凤尾蝶扑闪着、挣扎着。未施粉黛的脸庞，依旧精神，红润从皮肤里透出来，只是嘴唇可能因为忙得太久而略显干白。

“唉，昨天又有次等人出去了，听说是中彩票了。怎么这种好机会轮不到我啊！”

“那小子我认识呢！出去是出去了，老婆孩子都留在这儿呢，真是可怜啊！看样子是不会回来了。不过，要是我我也不会回来。外面美女可多的是！”

“可不是哩！上次跟着他们偷偷溜出去，那一个个长得，啧啧啧，赛仙女啊！可恶，不一会儿就被抓回来了，关了我好几天哩！”

“哎哎哎，干什么呢！偷东西哩！抓住他！”

大家似乎已经习以为常了，只看了一眼自己的东西。有些人则饶有兴趣地看着那名壮汉抓住了那个小偷，一阵积压已久的怨气带动他的拳头，一招一式地向小偷打去。小偷只是个男孩，拿了他扔在旁边的骨头而已。

少女放下手上的东西，赔着笑说：“先生，是我的不是，让他打扰到您了，这单我给您免了怎么样？”“那我就看在小琨的分儿上饶过你，小琨可是我们这儿的‘老大’。小瑁真是善良，呵！小子，你走大运了。”壮汉一把将男孩扔在地上，转身就走。男孩瘫倒在地上，晕了过去。

浅浅的紫色在眼前照耀着，男孩慢慢睁开眼睛，看到这被简朴的老式家具填满的小屋子，透着温馨与烟火气息，不经意间身体慢慢放松。少女端着一碗粥，翩翩然走进来，如紫色的凤尾蝶一般，轻巧地、慢慢地把粥放在男孩旁边。“感觉如何了？伤口都简单包扎过了，我看看怎么样了。”纤细而带有老茧的手指，轻轻地拉开绷带，像有只凤尾蝶落在上面一样，痒痒的。

“好得挺快的，再过一小段时间你就可以走了。你不是次等人，对吧？”男孩立马警惕起来。“别担心，我没有恶意，我只是通过伤口猜到而已。我也不是次等人，只是相对外面的钩心斗角，我更乐意待在这儿罢了。”小瑁浅浅一笑道，灯光温和地印在少女的脸上，闪过几串紫色代码，少年的脸微红垂下。

流光容易把人抛，红了樱桃，绿了芭蕉。

“我要走了，你愿意和我一起吗？”

“不了，我愿意等待有阳光照进来的那天。”

男孩朝着光前进，背着次等人的希望，凭着小瑁给的意志，使用自己的基因天赋，一步一步走得越来越远，朝着光明深处的黑暗不断挥剑。但黑暗始终就是黑暗，要拯救就必须变成光。

面对有相似经历的战友，回忆起小瑁说过的话，他们在世界联合议会中设立了一个代号为“凤尾蝶”的组织，免费为公民改良基因，联合全世界的“凤尾蝶”一起反抗……

男人研制出了自主维护和平、代号0610瑁凤尾蝶的人工智能，并将在男人死后自动运行……

指导老师：张治平，教育硕士，毕业于江西师范大学，中学高级教师。曾获得合肥市骨干教师、合肥市高层次人才等荣誉。

樊笼里的基因之子

徐英博 / 高二年级　谢宪起 / 指导老师　山东淄博实验中学

2072 年　地球基因库　基因指数：50%

“跑，快跑！带着新新去大本营，去那里找李谦。一定……带着他活下去！”刘心说完，一阵吼声飞来，紧接着，一群宛如从赛博朋克中走出的警察飞奔着追了上来。

“放心走吧，我来拖住他们，新新体内那个关键基因……”刘心顿了一下，回头看了看仅有一步之隔的警察，声音压低了些许，“按照老师的要求，我将它移植到了 Y 染色体上，记住，在新新十八岁之前，绝对不能提取出来，那将会造成无可挽回的后果，就像上次……让我们落得如此地步……”

霎时间，血红的火球滚来，红霞密布，烧透了整片苍穹。刘心用余光目送他们上了飞船，便长舒了一口气，毫无留恋地转过头来，眼神又舒缓了几分，口中喃喃道：“真好……老师，你看到了吗？这新世界的大门，马上就要被推开了！”

2090 年　开普勒第九星系　基因指数：99%

“妈，快来看！桃花又开了，好美啊。”程子新望了眼窗外的桃花，仿佛要浸入其中。在植物相当匮乏的现代，听说只有在地球的东亚桃花基地里，才能看到如此壮观的桃花宴。但在原生物计划总工程师李谦的手中，这种简单的改造，信手拈来。

“好看吧，新调的配色。”李谦笑了笑，饱经风霜的脸上布满了深深的皱纹，一双棕褐色的眼睛深陷在眼窝里，却又是那么炯炯有神，“要不是那群地球人将我们驱逐在外，我的基因技术早就可以……在全星系普及。唉，不过，那群人的秘密还在我手中。我一定要替老师揭露他们丑恶的嘴脸！”李谦又一次愤懑道，“也不知他们还有多久发现这里……幸好新新就要成年了！”

2070 年　地球中央基因控制所　基因指数：99.9%

“开始转移！”李谦和刘心的老师——程尔，整个星系里最厉害的基因工程学家一声令下。今天，他们将完成一个跨时代的实验。第一个完全由人类编码出的超级婴儿即将诞生，再写进几十种从各种自然生物中提取并转化成人类可以吸收利用的“超级基因”。此子的出生，标志着人类完全打破了这遏制科技发展数十亿年的基因樊笼！

二十年来，他们利用体外保留技术，将生物体内的 DNA 模板链取出，利用超显微技术，在分子水平上，将碱基对一个一个写了上去。将其和组蛋白在高温加压下复合成新的染色体，进而移植到预先清除染色体的细胞核中。这一套操作，看似容易执行，但实则涉及太多的技术难关，仿佛时时刻刻行走在悬崖之上。

然而。悲剧发生了！就在将细胞核移植到受精卵的那一刻，整个受精卵以肉眼可见的速度飞快地繁殖起来，吸干了预先准备的所有物质。霎时间，一堆堆细胞糅合在一起，魔鬼般地长出了人的形状，充斥着整个研究所。鼻子，眼，耳朵，一个个扭曲模糊的器官呈现出来。

“程博士，气压仪等设备全炸了，γ 蛋白合成的速度完全超出了我们的想象！外面的记者全涌进来了！”

“好，我知道了。”程尔沉默了一下，却临危不乱，似乎早已预料到了这种情景，“把我预先放在二号基因库的两支试管拿过来，所有人，除了李谦和刘心，五分钟之内全部撤出这里！”

他坚韧的目光投向了那两个留下来的助手：“刘心，你的技术能力最强，两年后，将这只试管中的物质，注射到我预先准备的另外一个受精卵中，这是能抑制我们所写的所有超级基因表达的一段编码，它能控制合成 γ 蛋白，一种新发现的……超强型抑制蛋白。

“李谦，你的领导能力很强，回到我们原来的大本营去，在那里，抚养那个孩子到成年，只有成年以后，他体内的 γ 蛋白和超级基因才会达到平衡……再回来，一定要回来，向世人证明我们的成就！”程尔再次压低声音道，“另外，二十年之内，去搜集好证据，然后……颠覆邪恶的统治……那个孩子的名字，要不就叫子新吧，欣欣向荣，吾命归矣。一定，要对他好点……”说完，程尔抓着手中另外一支试管，拖着那个不知是何物的人形怪兽，独自进入了实验室深处，剩下的唯有漫天遍地的黑灰。

2091 年　银河系中央广播站　基因指数：100%

“我是当年的基因之子。”随着无数人屏住呼吸，程子新继续说道，“二十年前，博士以实验失败换来你们的放弃，否则，今天就不会有我站在这里。现在，我将向世人揭开你们的真面目。”他故意顿了一下，“大家可知，这些所谓的统治者，全是当年博士实验的失败品！他们都是添加了部分超级基因的基因编辑婴儿！他们遏制博士的研究，不断抓新生儿用于组装他们那所谓的基因战士来威胁博士，去维持他们那邪恶的统治。”程子新平静地扫视着周围，“今天，我们在此宣布，清除包括我在内的所有超级婴儿，人类永远不得肆意修改基因！”

2100 年　原废墟　基因指数：0%

程尔缓缓走出了这里。

作为实际上的第一代的超级婴儿，只要有一个细胞存活，他们就得以成长为个体。“终于，”他缓缓道，“老师，终于将他们都清除了。老师，您看到了吗，我们终于……打破这樊笼了。”

晚天长，秋水苍。山腰落日，雁背斜阳。夕阳西下，李谦在大地上走着，挥洒着，徘徊着，欣欣向荣，何时归矣？

又有后人载道：程尔之师，乃第一代基因之师也，奈何受人所害，便有程尔一子，终其一生，只为一事之成，此曰“义”。

指导老师：谢宪起，文学学士，毕业于山东师范大学汉语言文学专业，正高级教师，淄博市高中语文学科带头人。

玫瑰碎片

薛佳玥/高二年级　沈奇/指导老师　江苏省天一中学

我知道我不该再爱她。她已成为上流社会的玫瑰，而我仍是匍匐于大地。

我们曾那样亲密无间。我确信我们彼此深爱，只是这该死的基因障壁横亘在我们之间。为此我每天都拼命工作，指望手腕上的评分器能给我打个高分，让我在价值评选中拿到去往第一世界的通行证。

可事实总难遂人愿。六年里我从未达到通行标准，差一点，总差一点，渺小又无限。为什么，究竟为什么！我对着评分器怒吼，无数次想把它砸碎，可最终还是颓然垂下手。

在我拼命工作的同时，写字楼外的世界似乎并不太平。第一世界与第二世界巨大的生活差距正引起越来越多人的不满与愤怒。从抗议游行到砸烂市政大楼的玻璃，他们的行为越来越激进。

告诉我这一切的同事A惊异于我对外面世界的一无所知。我告诉他工作已经攫取了我全部的精力，让我无暇顾及其他。他怔愣几秒，随后表情渐渐怪异起来："价值评选这东西，除了计算为第二世界创造的价值，还算自身的价值，比如智商和体质，但是自身价值的通行标准，普通人类是无法达到的。""那——"A轻轻在我掌心写下几个字，我猛地一颤。"三天后是本季度的评选，我今天下班后就去把这事儿搞定，咱也算高级工种，这么多年的积蓄估计也够了。"

终于可以再次见到她了！我回家整理好包裹，卖了车子房子，看着账目余额，梦中充盈着我与她甜蜜美好的曾经。

第三天一早我匆匆赶去市政大楼，路过一个花摊，我停下脚步买了一支娇艳欲滴的玫瑰放进包里。我们第一次约会时，我送给她的就是这样的玫瑰，当时她红着脸，甜甜地笑了……

进入市政大楼，我按照A所说的拐进一扇隐蔽的小门。"决定了？一百五十万智商，一百万体质。"一个医生模样的人问道，声音无波无澜，不带一丝感情。我拿出两百五十万。正要进入那间小舱，外面突然传来一声巨响，整个楼体剧烈地晃了几下。

医生迅速回到工作台，手指飞速操作，调出大厅的实时全息影像。乌泱泱的人潮水般涌入，自发的游行与暴动最终发展成了有组织的起义。

“听好了，所有第一世界的混账，”站在最前面的男人留着浓密的络腮胡，眉骨处一道深疤让他看起来凶狠而勇猛，“我们已经知道了一切。你们全是骗子，蛀虫！你们说创造价值就能进入第一世界，让人拼死拼活工作，呵，我们竭力创造的价值，只拨出一点维持第二世界运转，那多得多的剩余价值就用来支撑你们的好日子！你们更聪明，身体素质更好，却什么都不做；我们做得越多，你们过得越好，最终只有我们累死，是不是！”他身后的人群随着他铿锵的话语迸发出涌浪般的骂声。

“还有，我问你们，之前进入第一世界的人，全被抽走了情感，不是吗？不然他们不可能不联系第二世界的至亲！我们供养的就是一群冷血动物，一群怪物！没有感情，还算人吗？你们是更强大了，可你们已经不是人了！”男人的眼眶红了，好像下一刻就要落下泪来。

他的话像惊雷，轰得我大脑一片空白。我颤抖着倒退，来到这里似乎是个错误的选择。可医生不知何时已来到我身后。

来不及惊呼，我被推入小舱中。身体每一处仿佛都被锋利的刀尖剖开，基因在分解重构。我在剧痛中昏迷，再度醒来时，手腕上的评分器连续振动着，身前凭空出现一道传送门，吸引我不受控制地走入其中。

周围一切开始扭曲翻转。当一切线条再度被拉直，我知道这已是第一世界。高楼林立，空气清新，人们行走、交流，只是声音都无波无澜，听不出情绪。与此同时，我感到前所未有的力量涌进身体，大脑一片清明，知识源源不断地流入。

打开背包，我看到一支被压烂的玫瑰。什么时候放进去的？真是莫名其妙。我随手把玫瑰丢入垃圾桶，它瞬间被分解成碎片。那一刻我心里好像也有什么成了碎片，只是不痛不痒。

指导老师：沈奇，江苏省天一中学语文学科骨干老师，连续多年担任学科组长。

永恒的伤痕

鄢丽萍 / 高二年级　张一禾 / 指导老师　四川省成都市第七中学高新校区

“嘀——嘀——”随着一声声闹钟的催促声，智能机器人开始报时：“主人早上好，现在是早上八点整，您今天九点有两个预约，请您安排好时间，祝您心情愉快。”如梦从床上弹坐起来，智能窗帘缓缓拉开，整个房间充满了各种智能家居开启的声音。她揉着疲惫的双眼，打着哈欠。这数十年间，她没有睡过一个好觉，每晚在床上翻来覆去。她是个心理医生，以前她觉得自己的这个职业多么神圣，多么有使命感，可现在一切都变了……尽管现在的工资更高，需要付出的劳动更少，可她觉得自己也病了。

如梦慢悠悠地走在上班的路上，呆呆地看着路旁的行人，他们多完美啊。他们都有姣好的面容，不会生病，不会变老，不会死亡，他们会同地球母亲一样长寿。

现在的一切都归功于人类基因修饰实验的成功，这个实验是受 CRISPR-Cas9 基因治疗法的启发，通过精确测定人体的 DNA 序列，从而制订方案来改变人的基因序列使其趋于完美。自从 M 国的 X 实验室在 2040 年完善这项技术后，为大赚一笔，不顾人伦道德，以极低的价格吸引顾客来改变基因。这技术好像是西游记里的长寿桃，人吃了永远都不会变老。几乎整个世界的人为了自己能活得久一些，就算倾家荡产也要接种属于自己基因序列的疫苗。

如梦到了她工作的医院，这个医院很大，来来往往的人很多，他们的身体都是强壮健康的，病的是那颗心。如梦放下包，换上白大褂，准备接诊。她打开电脑，浏览着病人的详细资料：林秀，女，作家，五十八岁，三十岁接种疫苗，身体状况良好……林秀轻轻推门走了进来，她衣着朴素，妆容淡雅，气质不俗。如梦看着像有三十岁容颜的她，很美，但她身上没有一点灵气，像是行尸走肉一般。如梦说：“你好，请坐吧。”她的职业素养很高，温温柔柔的，很容易拉近与病人的距离。

如梦轻拍她的手，开口问道：“什么事让你感到难过，让你走不出来吗？”

林秀刚想开口，眼泪却突然掉了下来，晶莹的珠子滑过她娇美的脸庞。如梦轻轻握住她的手。林秀努力平复自己的心情，哽咽着说："我三十岁接种疫苗时，想的是要活够几百年，和爱的人一起走遍世界每个角落，看潮起潮落，看春华秋实。可是现在，我很难过，我的爱人，他没有接种疫苗，他愿意顺其自然，愿意在该离开时坦然地离开。而几年前，他生病去世了。我和我的爱人都是孤儿，我们没有亲人，也没有孩子。我一个人孤独地活到现在。每一天都好像是循环播放的电视剧。我没有灵感了，创作不出新的文字了。我尝试用酒精麻痹自己，可醒来后一切还是与平常一样。每次夜里醒来，我看着镜子里的自己发呆，然后就怎么也睡不着了。我活在这世上，太痛苦了……"她哭着，捏着如梦的手。

这样的话，如梦不知听了多少次了。而眼前的这个女人，和她的经历几乎一模一样。

她刚工作时，基因技术还没有普及。那时候来看病的人有各种各样的问题，比如担心自己考不上大学，害怕父母的婚变，焦虑自己的外貌……如梦总是怀着热情想尽各种办法解决他们的困难，疗效显著，最后被救赎的人很开心，她自己也有救人的喜悦感。但是现在，她已经麻木了，听病人说重复的话，自己用重复的方式去安慰病人。可这一点用也没有。毕竟她的生活也是如此，没有亲人，没有孩子，与她做伴的只有家里冷冰冰的智能机器人。

那个时代，科技很发达，世界很繁华。想吃的美食都能吃上，想买的宝贝都能买到，想看的风景都能看到。这世上什么都有了，唯独没有了婴儿的啼哭，没有了人间的温度，没有了生命的轮回。

但愿这只是一场梦，一场虚无缥缈的梦。

指导老师：张一禾，汉语言文学、应用心理学学士，教育学硕士，毕业于华东师范大学。中学一级教师，曾多次获得成都市语文教研活动一等奖。

涅 槃

杨佩 / 高三年级 彭冬玲 / 指导老师 甘肃省定西市第一中学

李昱犹豫了许久，还是没有签下同意书，他歉意地对客服笑笑，站起身来，走出了门。

门外是形形色色的人，他们外貌俊美，智商超群。与他不同，他们是新纪元的人类。

李昱汇入人群，成了人群中的一分子。他边走边回忆着客服所说的话：“‘涅槃计划’，作为一项具有历史意义的基因计划，它可以通过编辑基因，改变人的外形特征，增长智商，让你成为理想的自己，实现人类的无限可能。”

而选择涅槃的人，被称为新人类；那些坚持着不肯涅槃的，被称作旧人类。不过区区“新旧”二字，就像古地球的“黑白”二色，象征着一个标准，划开了两类人群。

“可是我真的想成为这种人吗？”李昱打量大街上的人，心里默默地问着自己。和往常一样，他的问题没有得到答案。他沉默着，回到了自己的居所。

小区外是一些熟悉却又不太熟悉的人，李昱像往常一样躲避着，但偏偏遇见了邻居。

“哎哟，我说小李呀，赶紧把你的事解决了，找个工作养活自己啊。”

李昱胡乱应着声，浑浑噩噩地上了楼。

这个时代，很多公司只招收外表出众、谈吐优雅的新人类，他这种旧人类，无法在这个城市的阳光下立足。

邻居走了，李昱知道他在心里如何看待自己——依靠父母落难的巨额赔偿金苟延残喘，固执己见不肯涅槃的旧人类。

李昱打开门，叹了口气，拉开桌子旁的椅子坐下。

他想起日日出门时见到的那群举止优雅的新人类，想起每次应聘被拒绝的失落，他问着自己：“你在犹豫什么呢？”

桌子的对面是一块镜子，照出了他孤寂的脸。

或许是因为美丽的皮囊下冰冷的心灵，因为优雅的谈吐下掩盖的贪婪的欲望，抑或是因为自己落难的父母也是旧人类……

“亲爱的主人，您的午饭已经做好，请享用。”

李昱从自己的思考中脱离出来，抬头看见了家用机器人 001，面前是一碟凉拌白菜，一盘面饼。

“001，这几天一直是白菜，你能不能有一点新意，让你的主人体会到你厨艺的精湛。”李昱已经吃了三天同样的菜，不用尝就知道是什么味道。

“我的主人，您现有资产余额不多。经过我的计算，您有 87% 的概率找不到一份合适的工作，近几日就白菜最便宜，等过几天其他菜价降了，我肯定会为您更换菜品。”

李昱没想到是这个原因，他又叹了口气，机械地进食。

“下次吧，下次我就会涅槃。”

001 不理解地眨了下眼睛，继续自己以往的工作：“现在为您播报午间新闻——涅槃计划进行时，截至目前，全联邦已有三十万亿人选择涅槃，我们会为每一位联邦子民创造一个新的时代。”

“过。”

“边际外族入侵，新人类上将灵活布战，创出以一敌百的奇迹。”

“过。”

“最高医学院院长受邀采访，新人类全面增强了免疫系统，涅槃计划为您的健康保驾护航。”

“算了，001，除了涅槃计划，就没有其他新闻了吗？”李昱放下面饼，他已经吃饱了——不如说是被气饱了。

“主人，您太过焦虑，经数据统计，全联邦仍有五十万亿人未选择涅槃。系统检测，这几日您心情低落，建议您适当休息，放松心情。”

“可是，我还要生存……”

李昱站起身，他决定停下自己的犹豫，选择涅槃。

他站在门口，闭起眼睛。他能想象出自己成为新人类的样子，新人类容貌精致，彬彬有礼，生活习惯几乎一致，与其说是人类，不如说是一个个的机器玩偶。“理想”的？不，是“理性”的，抛弃了原始的自己和初心罢了。

自己会得到想要的生活吗？他想起年少时憧憬的诗意生活，却又为现在的机械麻木叹气。

或许吧……一定会吧。

他返回卧室，001 跟在身后，看着他在光脑中投下最后一份作为旧人类的简历，出了门，甩开了作为旧人类的一切。

李昱下了楼，跌跌撞撞地走出小区。四面全是新人类，他又叹了口气，“唉……诶？”李昱猛地睁大眼睛，刚刚他似乎看见了一个旧人类。

那是一个老头，倚着树，晒着太阳。

“您好，我看您是旧人类？”没有人知道李昱看见这样一个旧人类有多高兴，就像是自以为在黑暗中躲藏一生，结果突然射进了一束光。

老头睁开了眼睛，打量着他：“年轻人……我看你这是要去涅槃啊。”

李昱突然有些不知所措，像一个做错了事的小学生：“是的，我……我想问您，您为什么没有选择涅槃呢？”

老头又闭上了眼睛：“想起来似乎都是很久以前的事了……不过是因为‘身体发肤，受之父母’罢了。”

李昱轻轻笑了笑：“想不到您还是一个守旧的人。”

老头摇了摇头：“不，是念旧。逝者如斯夫，不舍昼夜。时间流逝，你和亡者的回忆里只有自己如初，怀着过去的记忆，珍视未来的生活。”

李昱突然愣住了，他想到自己逝世的父母。当逝者已矣，怀念他们的唯有自己和陪伴自己二十七年的躯壳。他突然郑重地鞠躬：“谢谢您。”他想再看看父母的照片，想留着自己的身躯，不论外界舆论如何变化，做最纯粹的自己。

他飞奔回家，一推开门，就被 001 抱住：“主人，您的简历通过了，我再也不用计算未来每天的最低物价了。”

这一刻，李昱忽然看见了未来的曙光。他没有选择涅槃计划，却仿佛已经涅槃。

指导老师：彭冬玲，文学学士，毕业于西北师范大学汉语言文学专业。中学一级教师，多次荣获校级优秀教师称号。

有心跳的生命

杨文竹 / 高二年级　李惠质 / 指导老师　甘肃省天水市第一中学

生命是让地球在浩瀚宇宙星海里能够脱颖而出的闪亮钻石，生命是让辉煌历史能够延续至今的强力保鲜剂，生命是让千里孤岛荒地重新焕发生机与活力的发动机……生命给予地球活力，生命带给大地生机，生命赋予世界灵性。因为生命，我们埋下希望的种子；因为生命，我们得以繁衍至今。

回望一百年前的21世纪，一切都变了。犹如白驹过隙，时间来到了2150年。穿过老北京四合院古迹小巷，一张张年轻的面孔映入眼帘。穿过街道的每个人，不是踩着悬浮踏板的，就是骑着氢能动力自行车的。每个人的脸上都是神采奕奕，圆润白嫩，没有一丝衰老的痕迹。随口一问，最年轻的也有一百五十多岁了，却还是孩童模样。这一切都要得益于生物学技术的发展，世界科学家团队经过将近一百七十多年的研究，已经精确掌握了生命遗传技术。早在胚胎发育时期，我们已经有能力把胚胎中的致病基因经过一系列复杂的生物技术将其转变为正常基因，面对天生有缺陷的正常基因，我们也能将其转变为增强版基因。这样的技术，对世界来说是极具意义的研究，对人类来说更是每个人都想拥有的机遇。不言而喻，这对人类生命的发展带来了极大的益处。

然而，高级实验室里，杨若院士的脸上始终没有喜悦的神色。

“明天就要去实验室开会了，您不要担心，您的决定我们都支持。”秘书小涵说。

世界各国科学家已经就位，今天探讨的研究项目是“如何行使改变生命的能力”。

各表团依次发布自己的计划，到目前为止最受欢迎的想法就是M国的“高质量人类改造计划”。核心就是通过基因遗传技术制造统一模板复刻人类基因，让人类社会和平统一，再无纷争。M国科学家卡文激动地说：“我们要让生命变得更加强大，在渺茫的宇宙间，生命的力量不再是沧海一粟。人类是强大的团体，是高质量的诠释。”

到目前为止，所有的计划主题都环绕着如何改造高质量人类。这时杨若院士上台代表亚洲发表了改造计划——有心跳的生命。她坚定地阐述着计划内容：核心就是改基因不改本质，我们希望拥有的是有心跳的生命。最后她掷地有声地说道：“人类不是没有情感与个性的机器人，我们追求高质量的发展，希望自己变得强大，但从未期望自己变成一个只会服从命令的机器。”

“技术就是为了发展，高质量的人类需要开发，何乐而不为？”卡文气愤地说。

“技术需要人性，技术服务于人类。”杨若坚定地说。

“我的技术精华就在于人类强大发展，有什么错？”卡文始终坚定自己的想法，因为那是他理想社会的蓝图。

“将人类提升得高于标准，的确是高质量人类。但你从未想过，高于标准意味着不同于常人，留给他们的只有机械与选择。”杨若眼里闪过一丝忧伤。

最终，在激烈的角逐中，亚洲代表团遗憾退场。更多的人盲目选择了高质量人类改造计划。他们渴望强大，渴望不再是那茫茫银河的微小星云。

卡文欣喜若狂，随即乘坐银河云船回到M国实验室，将自己早已准备好的高质量人类基因模板加速复制。很快高质量人类发展起来，迅速推广到世界各国。高质量人类的繁衍，从性别到喜好，都是一道道模式化的选择题。这些高质量的人类，每一个都是别人家的优秀孩子，每一个都是知识渊博、多才多艺、身体素质良好的高级人类。它们分布在各个领域，每天进行着模式化的工作。在这样的发展趋势下世界和平，永不衰落。卡文看到自己的成果，得意的笑声响彻了整个实验室。

宇航员进行了一系列复杂的技术人脑分析，精准了星际航行路线；司机通过高超的技术分析进行驾驶，从未出过交通事故；就连超市员工，也能精准判断客人的购物需求，直达心意……这样的生活方便简单，每一件事都像搬用公式，无丝毫误差。与此同时，人类也丧失了人性百态，只剩善良永存人间。

虽然每天过着一样乏味无力的生活，但人们珍惜那一份简易的和平，强忍着无奈与无助。

一位面孔美丽年轻的女人指着图片对孙女说：“丫丫，你看，这里是奶奶一百年前生活的地方，那时的我们渴望现在，但是现在却想2022年的家了。那时的我们都是有心跳的生命。”眼泪从女人的眼睛里夺眶而出。

卡文在办公室里休息，周围的工作人员都是高质量人类，他突然想聊聊天，转过头来，却只看见还在按照程序工作的秘书，顿时没了兴致。这样的日子持续了十二年。无助与无奈一直伴随着黑夜到黎明。

在2199年的最后一天，世界联播投射在每个人的大脑屏幕中：“大家好，我是卡文，高质量人类计划已经全面解除。人类需要自我，自我是最重要的东西。没有人性的社会是没有价值和意义的。她说的对，是我错了。我们需要有心跳的生命。”

一缕阳光射进实验室，杨若院士在屏幕前会心地笑了笑，这是她五十年来第一个发自内心的笑容。

高质量人类计划解除后，人类社会恢复了往日的美好。将改变生命的能力“更上一层楼”，致力于人类社会健康和平的发展，致力于人类文明的延续，极大造福了人类。转眼望去，每个人不再孤单，希望散发在世界各地。

指导老师：李惠质，文学硕士，毕业于中国传媒大学，古代文学专业。中学一级教师，曾获得语文教学技能大赛一等奖等荣誉称号，多次被评为优秀教育工作者。

无价之宝

杨希妍/高二年级　闫存林/指导老师　北京市北京十一学校

闷热的夏夜里，京郊某生物实验室门窗紧闭，连一丝空气都进不来。暗淡的灯光照射在操作台上，二十八岁的夏瑶和助手正在紧张地做基因编辑实验。试管里是一枚体外受精的受精卵，试验目的是通过靶向基因修饰技术，编辑控制大脑发育的基因，增加人类大脑皮层的生长速度和面积，使人变得更聪明。

“第二十三号位点准备敲除，对，就是那几个碱基对。注意，只敲除腺嘌呤和胞嘧啶，其余不要动！”夏瑶正在指挥她的学生。

“小兰，新 DNA 链准备得怎么样了？”

“短链 RNA 和核酸酶 Cas9 已准备好。”

“好。”夏瑶冷静回答道。

“2089 年 6 月 19 日，夏瑶博士及其团队成功编辑一枚受精卵。这意味着人类智力可能实现质的飞跃，未来每个人都会变得更聪明。因此国际组织决定将每年的 6 月 19 日定为国际基因工程日……”“嘀——”女主持人的声音消失在耳边。门外一阵窸窸窣窣的声音，夏瑶疲惫地打开家门回到家中。

“妈，您怎么了，看起来无精打采的？”

“瑶瑶，我刚看新闻了，祝贺你。但你有没有想过人类基因编辑可能带来的影响？”妈妈一脸凝重地盯着她。

“当然了，基因编辑可以提升人类智力，”夏瑶侃侃而谈，“人类变得更聪明，创造更多的财富，取之不尽、用之不竭，社会发展进一步提速，人类文明也达到新的高度。”

“瑶瑶，你是爸爸妈妈唯一的女儿，你就是我们最开始梦想的样子，我不敢想象你被编辑后的样子，别人家应该也这样吧……”

“妈！我只是在用基因编辑技术治疗疾病的基础上又向前走了一步，拓展基因编辑的应用范围，希望将人类变得更好，这不会有什么问题的。我累了，先睡了啊。”夏瑶回到屋里，倒头便睡去了。

微风飘过，窗外梧桐树叶随风舞动，树上的蝉鸣声此起彼伏，仿佛妈妈一遍遍的唠叨。

从那以后，编辑基因成了多数人的选择，毕竟谁也不想让自己孩子输在起跑线上，因此编辑费用也日益暴增。此时的夏瑶正在辗转多地指导基因编辑，接受各路媒体的采访。

“夏瑶博士，请问您编辑基因的初衷是什么？”

“希望人类变得更聪明，每个人都有更好的未来。”夏瑶微笑地回答道。

“夏瑶博士，您觉得您的初衷能实现吗？目前基因编辑费用被哄抬，一度成了富人的特权，穷人根本无法获得机会，这会不会造成新的不公平？”

“我的职责是将科学研究造福人类，聪明的人将创造更多的社会财富，通过社会再分配实现每个人的财富自由。”夏瑶尴尬地挥挥手，保安组成了一道人墙护着夏瑶回到了酒店。仲夏夜的天空无比深邃、宁静，银河像一条瀑布似的挂在天边，星星以它亿万年来的光芒点缀着星空，启明星尤为的闪耀……没有一丝声音，周围寂静得让夏瑶隐约感到害怕。

寒来暑往，春去秋来。当年那批被编辑的孩子已经长大成人，夏瑶也由年轻的女博士变为知名的女科学家。不过，看似美好的愿望似乎并没向夏瑶所期望的那样发展。人类社会被自动分为两部分，一部分是被编辑的“基因人”，另一部分是没有被编辑“普通人”。但是基因人并没有为社会做出多大贡献，相反，他们自认为天生聪明而变得狂妄自大，不仅歧视普通人，而且彼此互相看不起；而普通人都处于社会最低端，无权无势，亦无能为力。

五年后，人类社会的矛盾进一步激化。上层高官们手握从基因编辑处获得的钱财，不断抬高价格。而经过基因编辑的人慢慢形成一个固化的阶层，他们控制了社会的绝大部分资源，拥有强大的话语权。他们制定并修改了法律，逐渐剥夺了普通人的诸多权利。“根据相关法律规定，普通人不得与基因人共上一所学校，不得共同乘坐交通工具，就业时单位应对其谨慎考虑接受。”普通人终于忍受不住这般屈辱，决定反抗。2110 年，浩大的游行示威反抗活动从 M 国开始，迅速席卷全世界，很多国家开始变得动荡不安，网上也出现了很多质疑基因编辑的声音。

夏瑶处理着各地发来的质疑邮件，这时电脑上出现了一个视频连接请求。

“喂，瑶瑶。是我。”

“妈？”视频画面切换到全息投影屏幕上，看到妈妈，夏瑶感到鼻子一酸，泪水止不住滑过面庞。

“瑶瑶，你委屈了，这些年我也一直在想这件事情。基因编辑是反人类伦理道德的，人应该保持他原有的样子。每一个小小的基因都是大自然的馈赠，它蕴含了人类几千年的文明史，和地球数亿年的生命进化史。同样，人是多样的，有好人，自然也有坏人；有善良的人，自然也有心怀不轨的人；有聪明的人，自然也有愚钝的人。而人性也是复杂的，并不单单是聪明，还有善良、宽厚……这是自然的规律。如果一座花园里都是玫瑰花，谁会在意其中的一朵？只有野草的衬托，才更显玫瑰的价值。苔花如米小，也学牡丹开。每个人都有存在的价值。妈妈希望你能及时回头，来改变这一切。”

“既然是从我开始的，那就从我这儿结束吧！”

2111年6月19日，夏瑶终止了基因编辑专利的使用授权，发表了公开声明。“体肤受之于父母，我们应珍惜这一切。在此，我想借用我妈妈的话，每一个小小的基因都是大自然的馈赠……这些都是无价之宝，珍惜它们，才会有我们无价的人类。几十年前我做了一个错误的决定，在此我真挚地向大家道歉，希望停止基因编辑，每个基因都是无价的，我们每个人也是无价的！”

妈妈坐在全息投影屏幕前，轻轻地笑了。窗外的花，开得正好。

指导老师：闫存林，毕业于北京师范大学，北京市语文特级教师，正高级教师。

我们这个世界的克隆人

杨湘瑶/高三年级　向前友/指导老师　湖南省邵阳市第二中学

新世界伊始，许多事物还没有名字，需要用手指指点点。

——题记

一

博士浑身颤抖，紧张与极度兴奋。

偌大的无菌实验室里，每一个人的瞳孔都折射出内心深处的疯狂，那里面包含着许多令人不安的东西，贪婪、眷恋、饥渴，抑或是信仰。

终于成功了！

博士至今还记得妻子临终前望向他的眼神，如同瓦斯用尽前异常明亮的幽蓝。

“真理不在你的头顶，而在你的心中。”

他握紧妻子逐渐如同大理石般冰凉的手，嗓音是被绝望灼烧过的沙哑：“我一定会拉她回来的……你放心，她会是最完美无瑕的孩子……”大滴泪水滚落，碎了一地的承诺，“就如同我们设想的那样。”

女儿的眼眸应该和妈妈一样，是盛开在湖畔的勿忘我花。

亚马孙森林的夜是柔软的发，京都的冬樱花是初绽的唇，布达拉宫的暖阳是带笑的脸。

素骨凝冰，柔葱蘸雪。

于是他冷着眉眼，哄骗自己带着无限柔情，狠心敲去一段又一段想象之外的基因，再自以为是地编辑，宣布一个新生命的涅槃。

二

“爸爸，抱抱！”多莉做着鬼脸，再一次偷偷望向站在玻璃窗外的男人——两鬓斑白却依旧冷冰冰拒人于千里之外。可记忆深处也有个看不清外貌的小姑娘每天重复一次这样的对白，那时的他笑得温柔又宠溺。

周围人诧异的眼神迫使她凭借着本能，横冲直撞地奔向他。

惊呼声四起。

“快！快！拦住她！”

白色防护服手足无措，映在试验舱玻璃上的人影混乱不已。这个昨天才刚刚学会坐立的小家伙，今天就能精准地对他们的行动做出敏捷的反应，不满几个月的小腿肌肉爆发出不可思议的力量，试验舱外的检测仪器数据波动紊乱，无一不显示出稚嫩的生命体在短短几分钟内步入盛年，又如回光返照的昙花，转瞬间枯萎。

多莉伸出手，妄想求取神明的拥抱。

而眼前的男人并没有动作，他像个真正的神一样俯视着一切，在惊愕之后变得了然，最后是深深的嫌弃与厌恶。

失败的复制品。

多莉只记住了，在男人身后，无数个试验舱里，有无数个多莉。

三

将军紧皱着眉头，岁月在他刚毅的脸上刻下一道又一道伤疤。

将军深吸一口气，旋即闭上双眼，贪恋瞬息安宁。

“将军这样消解长夜，可是前线战况又吃紧了？”女人有着天使般惊心动魄的容颜，即使是造物主的鬼斧神工，也断不会如此臻于完美。

将军沉默了一会儿，终是下定决心一般开口了：“你……帮我个忙……”

女人好整以暇地看着他，将军觉得五脏六腑都错位了，他身经百战安然无恙，伤痕累累大难不死，可再怎样的痛苦都无法比拟现在，因为精神上的毁灭远比肉体上的折磨更加恐怖。

“我知道你有办法……”喉咙像被核弹轰炸过一样，“找到博士，帮我克隆七百万个战士……”他感觉恶魔终于击溃了他的信仰，他再也不能忍受失去战友的痛苦了，“价格好说……求你……帮帮我吧……”

女人哑口无言，只是定定地看着他。

千言万语都湮灭在喉头。

四

就像博士想挽救他的女儿，近亲的血脉交融让她从小就双目失明，再怎样乐观坚强，也不能在死神的镰刀下逃亡。名利引诱下初心沦丧，他渴望得到人们的认可，却不知道真理诞生前，追求真理的人都是孤独的。

于是他带领着贪婪的团队，前呼后拥地走向堕落的深渊。

就像女人最后也没说出来的话："将军啊，就是因为克隆人早已被批准投入战争，元首即使知道山河破碎、血流成河也没有谈判和解，这场战争本就因克隆人而起。就连你……全身上下只有大脑还是真正的你，每受一次伤，就会有一个你的克隆人被取走了肢体，或者是器官……"

将军啊，世俗淹没了他们的信仰，可我还想祈求你找到属于你的救赎。

指导老师：向前友，毕业于湖南师大汉语言文学专业，中学高级教师，省中学语文协会会员，曾获全国语文教学比武高中组二等奖。

生命的克隆与设计

杨晓雪 / 高三年级 李燕芳 / 指导老师 浙江省湖州市德清县第一中学

生物工程主要包括植物组织培养与动物细胞培养，在动物细胞培养中会运用到胚胎工程和基因工程这两项重要的技术。

什么是胚胎工程？胚胎工程是指包括动物胚胎体外培养，动物胚胎干细胞培养、核移植、胚胎分割等在内的一项技术。克隆羊多莉就是靠这项技术诞生的，那产生的具体过程又是怎样的呢？

首先需要供体母羊的体细胞，再进行体外培养。所谓供体是指品种优良、提供几乎全部遗传物质的生物。然后利用显微操作技术取出供体母羊的体细胞核，移入去核卵母细胞中，卵母细胞中具有一定物质可以激发动物体细胞核的全能性，使其体细胞核的基因发生基因重组。然后再进行一定时间的体外培养，将其移入受体母羊的子宫中，受体即指的是生理状态良好的同期发情的母羊。胚胎在受体母羊的子宫中分裂分化，最后产生了著名的克隆羊多莉。紧随着克隆羊多莉的诞生，许许多多的克隆动物也逐一诞生，在 2017 年我国也通过这项技术培养出了灵长类动物的克隆体“中中”与“华华”。

那么克隆人类又是否可行呢？在我国有明确的法律规定生殖性克隆人的禁止。在科学技术迅速发展的今天，我们仍然未完全了解生命体内的神奇的构造，我们尚未解决克隆羊多莉遗留下的早衰等问题，以及在克隆人之后产生的道德伦理问题。克隆人类引发的问题都是我们现阶段科学技术无法解决的。但在克隆技术上，我国允许治疗性克隆，所谓治疗性克隆指的是通过体细胞培养技术用患者的体细胞培养出患者所需要的某一器官（例如心脏）再进行移植，这项技术无疑在医疗领域起到了重要的作用。治疗性克隆相对产生的道德伦理问题小，同时由于是克隆体，在器官移植上患者产生的排异反应会大大减小，这为治疗许多重大疾病都带来了可能。

我们可以通过克隆技术来治疗疾病，那么我们又能否利用基因工程技术来预防疾病呢？答案是可以的，在2018年，就已经有科研团队通过基因工程技术将一对双胞胎婴儿的基因进行编辑，这对双胞胎婴儿便可以免疫HIV病毒。众所周知，HIV病毒的死亡率是十分高的。这样一对双胞胎的诞生立马引起了大众对基因工程技术的惊叹，但是很快新的问题又紧接着被抛出，改变基因免疫了HIV病毒后，又是否会产生其他生理上抑或是免疫功能上的缺陷问题呢？这项技术又是否能对每一个人都适用？

“基因编辑”这一话题很快在社会上掀起了讨论的热潮，有人支持，有人反对，也有人中立。那么这项技术又具体如何呢？基因工程技术对生物的DNA上的基因进行编辑，然后再通过生物的基因表达将其呈现出来。正如有人猜测的那样，或许我们可以通过基因技术对孩子的基因进行编辑，然后产生第二个“莫扎特”“C罗”“爱因斯坦”等等。这些都是美好的愿景，这些美好的愿景后又面临怎样的后果呢？自古有言“人无完人”，纵使通过基因技术真的创造出了完美的人，根据达尔文进化论，这世界上的病毒细菌等也将会变得更加强大。在未来如果我们通过基因技术创造出“完人”之后，又该如何抗击未来的病毒呢？这项技术的应用又是否会产生社会问题？这些都是我们目前无法解答的问题，所以我们现在应禁止基因编辑婴儿。

时代发展至今，我们仍未完全了解我们这样的碳基生命体的全部。但在未来一切皆有可能，我们会明白“我们是谁？我们从哪里来？我们到哪里去？”那时我们不能忘了爱与和平，我们将在爱与和平的基础上发展我们的技术。

指导老师：李燕芳，毕业于浙江师范大学汉语言文学专业，中学高级教师。

我是每一个完美的人类

杨洋/高二年级　杨蓉/指导老师　江苏省南京市宁海中学

“斯坦，你看那个人长得好像你哦。”我惊得一回头，只看到一个一闪而过的背影，但是远去的脚步声，与我脚上的几乎同频。“真的好像啊，那个体态和神情，简直就是另一个你……”同伴还在我身旁絮絮叨叨。我没有回他，只是低着头加速往前走，背后的衬衣被冷汗微微浸湿。

这个月的第五次了，遇见长得像我的人。

2213 年，基因改造技术已经普及，成为一项普通家庭也可以支付得起的技术。为了让自己的后代更加完美，同时也有从众心理和攀比心理作祟，现在的社会，几乎没有人会选择不对未出生的孩子进行基因改造，使“它”“自然”发育成“人”了。

我，是我们家的第五代“优势人”。从祖爷爷那一代，改造就向 20 世纪伟大的科学家爱因斯坦的基因靠拢。到了我这一代，改造后的基因在各方面已接近完美，终于可以充满自豪地在名字中显示出与那伟大科学家的密切联系——张斯坦，就是我的名字。

“噢！这不是斯坦吗，你来看我来啦？”进入本真养老院，我一眼就看到我的祖爷爷，我们家的第一代优势人、全家敬仰的慈爱长辈，正坐在大厅一角的藤椅里微笑着看我。

祖爷爷抓了一把米粒番茄，塞进嘴里嚼着。这种经调控大小性状基因的番茄，比米粒稍大一点，更方便老年人食用。

“这个月第五次，但不确定是不是第五个。累计第二百六十七次……抱歉，让您担心了。”我低下头，一脸的沮丧。

有关遇到和我像的人的事，我只和祖爷爷探讨。怕吓到父母是一回事，更重要的是，我相信拥有一百三十九年生活经历的祖爷爷一定有办法理解我的思虑，帮助我找出谜团的答案。

“我问了父母，我没有同卵兄弟，他们也不可能是克隆人，那是违法的。

我，我不知道这到底是怎么回事，为什么会有那么多，和我如此相似的人。”

爷爷将那盒米粒番茄塞到我手里，他轻轻拍了拍我的手，安慰我，让我不要再想。然后挥了挥手，让我早点回家。

走在路上，我还是忍不住去思考。想起我那个稀有的自然人同伴，虽然经常因为没有进行改造而被嘲笑，但他好像从未碰到过与他相似的人，也没有我现在的困扰。

嘭！我与什么人相撞，跌坐在地上，米粒番茄撒了一地。

“走路看着点啊！”“走路看着点啊！”相同的话语，相近的声音，在同一时刻响起。

“啊！”我抬起头，对面同样跌坐在地上的，是一个与我长得极其相似的人！

糊里糊涂的，我和“我”就坐在附近的一家咖啡馆里了。通过聊天，我了解到他也是优势人，并且也在为经常碰到非常相似的人而困扰。“已经是完美人类啦，没想到会被这个问题打倒。”他摆出一副怅然若失的样子，抿了一口咖啡。

“等等，你说，完美人类？”“我们这种，家族都是优势人的，在继承优势基因的基础上再往优势方面改造，五代了，不就是完美人类嘛，毕竟人类对于机体完美的科学追求是统一的啊。”他站起身，向我挥挥手，“我还有事，先走了。很高兴遇见你，另一个‘我’。”

突然，我好像悟到了什么，飞一般地冲向养老院。对！基因！就是基因改造的问题！我一路奔向祖爷爷的房间。

“我好像知道了！是基因改造的完美化使基因丧失了多样性。就像流水线上的产品，所以才会这样！”

祖爷爷坐在房间的阴影旁，晚霞的红光落在他消瘦的面颊上，让他看起来像穿越时光而来的智者。

指导老师：杨蓉，文学学士，毕业于南京师范大学，汉语言文学教育专业。中学一级教师。曾获得南京市优秀班主任、鼓楼区能手级教师称号。

完美的特质

杨翼逍/高二年级　杨国荣/指导老师　安徽省合肥市第六中学

十岁那年，我走进一个大铁箱。金属碰撞的声响不绝于耳，箱门缓缓关闭，像巨兽合上了牙齿，把外界的光线吞噬得一干二净。采集完生物样本，指示灯的微光陆续熄灭，鉴定机运转起来，吵得像马蜂窝。我一个人坐在铁箱里，四周伸手不见五指。我害怕极了。

几分钟后，铁箱的门开了。我走出铁箱，大松一口气。“下一个。”机器冷冰冰地喊。又一个孩子战战兢兢地进了铁箱。关门的同时，机器的侧面吐出来一份报告。

我的母亲扑上去，急不可待地抓起那份报告。她看了看报告，又看了看我，流下了眼泪，最后哭出声来。我的“特质报告”上写着很多形容词——打头的是两个刺眼的词：“愚钝”“怠惰”。

像我这样的人，最大的梦想就是弄一笔钱，买一个“聪慧”，或者买一个“勤奋”。这样的特质，市场价都在千万元以上。而我每个月最多也只能攒下一千元，这样算下来，等到我牙掉光的那一天，都凑不够一个零头。

我叹了口气，钻进货车，向下一个目的地出发。

“您好！您的快递！”我喊。

过了半分钟，一个男人打开窗子，从无人机身上取走包裹，又瞥了一眼我的货车，转过身去。

“请您给个评价！”我急忙提醒他。他转回来，狠狠地在无人机身上按了个“差评”。我叹了口气，操控无人机飞回来，降落在货车的充电口上。

这是今天的最后一单了。今晚是阴天。稠密的云遮住了月亮，天空黑得像被墨水浸染过，透不出一点光来，压得人喘不过气。我看了看可怜的进账明细，关闭电子钱包，准备驱车回家。

“司机师傅！司机师傅！”突然，车外传来一阵喊声。

我降下车窗，看见一个人影向我跑来。“有什么事情吗？”我问。

那人裹在一件黑大衣里，喘着粗气，手里紧紧地抱着一个皮包："我是政务厅的人。"他举起一枚证件，"我正在送一份紧要的文件……"

我吓了一大跳，开了车门，跳下车："您说。我一定尽一切可能配合您。"

我认得那证件上的名字。这个叫马克的人是这里有名的官员。他是个了不起的人。"聪慧""勤奋""敏锐"……这些我一辈子也买不到的特质，他全都有。还没成年的时候，他就被送到最好的大学去深造。不像我，只能被分配去职业学校，做这些又累又苦，又赚不到钱的工作。

"我正在送一份紧要的文件，"他说，"但我的车抛锚了。我希望你能把你的车借我一用。我要到市外去。"

"没有问题，没有问题。"我啄米似的点着头，"您上车。"

"不，我来开车。"他摇头。

"我可以……"

"这是工作需要，不要多问。"马克盯着我说，"请你配合。"

我只好坐到了副驾驶位上。

马克一下子把动力调整到了最大。货车像离弦的箭一样冲了出去，车窗外的路灯和楼房向后飞速掠去。我惊得瞪大了眼睛。

接着，我听到身后传来警笛的声音。

"马克先生，警察让我们停车。"

他减下一些速度，把证件丢给我，平静地说："警方没有跟我们协调好，可能产生了误会。你现在拿着我的证件跳车，去和警察解释。我的时间非常紧急，不能耽误。"

我似懂非懂地点了点头，准备打开车门。这时，货车的通信器响了。

"前面的司机立刻停车！我们正在追捕你车上的逃犯马克！现在停车！"

我惊讶地瞪着马克。他正将货车的动力重新调节到最大。

我伸手想要阻止他，却发现一把锋利的刀抵在我身上。冷汗从我的每一个毛孔中渗出，顿时浸透了我的衣服。

"不要乱动。"马克仿佛换了个人，恶狠狠地盯着我说，"跟我合作。我逃出去之后，可以分你整整一个亿。做这样的工作，想必你的特质不怎么样吧。只要你协助我，我可以给你提供改造特质的机会。有了这些钱，你可以把自己的基因修饰得尽善尽美，你将获得完美的特质。到了那时，再也没有人会瞧不起你，再也没有人会冷落你，再也没有人会欺侮你。你会像一颗明星那样被人们高高地捧在头顶，享受无上的殊荣。”

我愣住了，思绪乱成了一团麻。完美的特质。这是我半辈子一直梦寐以求的东西。如今它就在我的眼前。可是……“你现在操控车上的货运无人机，去撞后面的警车，拦住他们。”马克把刀往前挪了几分，命令道，“动作快！”

我启动遥控器，按下电钮。无人机从车顶徐徐起飞。马克满意地笑了笑，将手中的刀收了回去。突然，我猛地一拉操纵杆。无人机在空中打了个转，俯冲而下，径直撞向我的货车。

“聪慧”“勤奋”……这些当然是很完美的特质。但我想，世界上最珍贵的特质并不是它们。世界上最珍贵的特质是“善良”。这是无价的，是任何基因修饰技术都带不来的。

无人机撞上了货车。

指导老师：杨国荣，文学硕士，毕业于安徽大学，现当代文学专业。中学高级教师，曾获得全国语文优秀教师、合肥市首届骨干教师、合肥市第二届语文学科带头人等荣誉称号。

天　赋

姚思睿/高三年级　马佩群/指导老师　湖南省长沙市第六中学

“金夫人，您说您的儿子精神上出了点问题？能具体谈谈吗？”任博士给面前的妇人倒了杯茶，请她坐在了沙发上。

“博士您知道的，他之前有一段时间沉迷写作，后来您给他治好了。这一次也还是这个问题，只不过比上次要严重，正做着题，随后竟然在卷子上写诗！”金夫人说着，脸上一派急切之色，“您当初不是说他的基因已经固定了吗？怎么还会发生这种事？”

金夫人的儿子金铭，是任博士手上“基因强化”项目的首个体验者，现年十六岁，国家奥数队最小的队员，因为他这一成功的例子，这些年来在任博士这里强化基因的人不计其数。没有父母不希望自己的孩子是个天才，虽然任博士这里收费高昂，但效果也确实显著。倾家荡产来这里的人不在少数。

“您先别急，不是说基因固定就不会出现这种情况，金铭的写作天赋是没法消失的，我只能做到压制，当初您来做手术的时候我不就和您说过了？”任博士笑了笑。

“那您说现在怎么办？他下个月就要去德国参赛，出了事怎么办？”

“这样，您把他带来，我再给他做一次治疗，先让他撑过这次比赛，之后就暂时不要出国了，隔三个月来我这里做一次复查，根据情况做调整。”任博士说完，平静地喝了口茶。

也许是这次治疗很成功，又过了五年，金铭一次也没有展现出他的写作天赋。此时，任博士的事业也到达了巅峰，基因强化项目已推广至全球。那些第一批接受基因强化的孩子已长大成人，开始步入恋爱，结婚生子。大家都热切期盼着，父母都拥有如此优秀的基因，孩子会更优秀吧？

但事实给了人们一记狠狠的耳光。第一个接受基因强化的人，著名数学家金铭，他的孩子，是个天生痴傻的低能儿。

有些人懵了，有些人却很快反应过来，所谓的基因强化，改造的只能是单个人的表现，这种改造实际上破坏了自然的进化规律。接受基因强化的人越多，低能后代也会越多。长此以往，人类将会失去未来。

有一就有二，当年那些第一批接受基因强化的人的孩子，几乎全是低能儿。越来越多的人对基因强化产生了怀疑，任博士看着铺天盖地的关于他与基因强化的负面评论，嘴角有些僵硬。

大部分人的天赋都不是完全单一的，但当初他们的父母却在任博士的劝说下只选择了其中一种。

任博士的劝说很有诱惑力——“你想让他是什么样子，他就是什么样子。”

一饮一啄，皆是定数。

任博士彻底笑不出来了。高大的、宏伟的研究所被贴上了封条，媒体上民众对他的声讨铺天盖地。法庭上，作为重要证人的金铭坐在一旁，平静地听着法官对任博士的宣判。

任博士一案的影响巨大，世界各国都出台了新的人权法。从此，没有人有权利改造他人与自己的基因，篡改“人”的生命，是死罪。

“金先生，我们都知道您之前是数学家，在数学上的天赋无人能及，为何有想法要去挑战写作这个全新的领域呢？”

二十年过去，当年尽人皆知的事情在人们心里已经没有印象，这一代的年轻人甚至连“任博士”这个人都没有听过。

看着面前年轻人们好奇的眼睛，金铭笑了笑，“因为我发现，除了数学之外，我还有写作的天赋。”他顿了顿，又道，“说不定，你们也和我一样，不只有一个天赋呢？”

指导老师：马佩群，文学学士，毕业于湖南科技大学汉语言文学专业，中学一级教师。曾被学校评为优秀教师、教科研先进个人。

完美的生命

姚雨辰/高三年级　衣振娟/指导老师　山东省烟台市第一中学

2500年，基因克隆技术在不断发展和更新的过程中，取得了长足进步，近年来，许多克隆人改良实验室应运而生。苏爱就是一名致力于研究克隆人基因修复和改良的生物学家。

“我就不明白了，改良型克隆人在体力和智力上都有很高水平，在建设城市、救灾救险等工作上发挥巨大作用，为什么要禁止？”苏爱愤愤不平地说。虽然致病基因修复工作仍然被允许，苏爱不用担心失业，但是制造出完美的克隆人，造福社会，一直是她的梦想。“那些克隆人怎么办？”“判决说让他们继续和以前一样参与各种建设救助工作，直至自然死亡。”

“爱！不好了，Y市发生了6.9级地震，需要你尽快过去！”由于克隆人身份的特殊性，每当执行救灾等任务时，必须有相关生物学家在场。苏爱马上收拾好行李登上了飞机。

在飞机上，苏爱想到灾区的人们，紧张而又担忧，为了缓解心情，她与旁边的克隆人搜救队长说起了话。“你好，我是一个生物学家，我叫苏爱，我的父母给我取这个名字是想让我爱这个世界。”“你好，我叫A-1826，我由一个运动员的体细胞改良而来。”不同于苏爱的满脸担忧，A-1826脸上挂着礼貌而明媚的微笑，让苏爱有些不舒服。

下了飞机后，城市的满目疮痍让苏爱一惊，几乎要哭出来。而A-1826和他的团队却直接快步与中心指挥人交接，并自信地说：“放心，我们一定会保证最大限度的利益的。”苏爱感到害怕，但仍然选择跟在A-1826身后。A-1826在搜寻和救援方面确实很迅速，几天下来，效率很高。

但是，在搜救工作接近尾声的时候，A-1826救出了一位母亲，这位母亲被救出后苦苦哀求他们再救出废墟下的孩子。可是A-1826却告诉她：“经过我们精准的评估，您的孩子已经绝无生存可能，我们还有更重要的工作，请您谅解。”说罢随即走向另一个地方。苏爱心头一震，她为这位母亲感到悲哀。但是，她也知道A–1826只是为了救更多的人，便任由内心痛苦也不好说什么。

当A–1826开始在废墟中翻找财物及贵重物品时，苏爱终于忍不住了：“你为什么不去救那个妈妈的孩子？明明其他救人工作已经完成了。”A–1826并没有停下手头的工作，同时对苏爱说：“那个孩子已经绝无可能生还了，但是有些经济财产有一定的时效性，所以必须尽快搜寻。”苏爱看着远方“不理智”的、一点一点不懈地翻着废墟的妈妈，不禁泪流满面。而眼前的克隆人，正以最快的速度，对废墟下的财产进行完美的搜救工作。可是此时，她更愿意相信那个妈妈的灵魂才是完美的。

搜救工作结束了，虽然地震的伤害性极强，但在A–1826领导的团队的完美计划及对计划的完美实施下，把伤害降到了最低。“我们干得很完美，大家辛苦了。”A–1826对大家说。如果在以前，苏爱可能会由衷地想，他们太厉害了。但是这一次，苏爱却高兴不起来，她想起自己从小的理想，有些迷茫。

苏爱回到实验室后，搜索出了“禁止基因改良克隆人”的法庭判决视频，这个视频她还没好好看过。判决现场人山人海，法官在法袍的映衬下更加威严，在宣读完所有判决内容后，法官平静地说：

“我们生活在一个并不完美的社会中，每个人都有自己的缺点和不足，这是很正常的。我们可以利用生物学技术消除疾病，因为疾病带给人们痛苦；但是我们不能用它消除缺点，因为缺点并不是给我们带来无尽灾难东西，而是每个人都必须面对的人生必修课。正是一个个不完美的生命，才组成了今天的世界。如果有人想创造出完美的生命，那么他会发现，当‘完美’达到时，‘生命’就已经不存在了……”

苏爱静静地思考了许久，小时候的梦想和法官的话在她的大脑中萦绕着。终于，她想明白了似的，毅然决然地把关于“改良型克隆人”的有关资料全部锁进了柜子里，但她看起来并没有因为梦想破碎而难过。

“或许，它们并不矛盾，”苏爱喃喃道，“我应该给‘完美’换个定义……”

指导老师：衣振娟，北京师范大学汉语言文学专业毕业。中学高级教师，多次获得烟台市高中教学工作先进个人荣誉称号。

天选之子

尹严文瑞/高二年级　黄艳艳/指导老师　安徽省合肥一六八中学

莱特的父亲是位有名的生物学家，在生物学界的地位是相当高的，因此，他常常以非常苛刻的条件来要求莱特，希望莱特能够和他一样功成名就。

莱特的记忆中没有母亲。父亲告诉他母亲在生他的时候就去世了，他的母亲一样十分优秀。命运枷锁牵制住了莱特，好像他生来就是为了继承父亲与母亲的优秀基因，成为优秀的生物学家。

如今的生物学已经发展到了令人难以置信的地步，改写基因已经成为可能，人人都可以成为爱因斯坦。如果不是政府下达禁令，这个世界就乱套了。但同时政府为了改善人们的生活质量，使用该生物技术克隆出一些天生就身强体壮的人来为人们服务。这类人被称为“机器人”——只会卖力干活，和机器没什么区别。

父亲常常在实验室忙碌，因此莱特有机会与各色各类的人接触，但是他从未遇到比他更聪慧，反应更敏捷的人，所以他常常被孤立，被人耻笑是基因改造的产物。可莱特却从不理会，因为他相信自己只是继承了父亲的优秀基因，只是“天选之子”，仅此而已。他的玩伴只有家里的“机器人”史蒂夫。

“史蒂夫，帮我收拾一下房间，今天我要去父亲的实验室！”

“好的主人！”

“您找谁？”生物实验室大楼前台的“机器人”带着机械的微笑。

“我的父亲，莱特先生。”

“您请进吧，在大楼的五层。”

电梯里的广告不知疲倦地重复着：“快来购买XX生物的基因改造人，让你的生活变得更便捷！”电梯门打开了，父亲干净整洁的实验室映入眼帘。父亲此时正坐在电脑前忙着写工作报告，还未察觉儿子的到来。

莱特迅速前往大楼的基因实验室，因为有父亲的通行卡，所有的大门都可以轻而易举地打开，他趁着看门“机器人”不注意，溜进了档案室。

“无关，无关……”突然，莱特的声音停止了，他的瞳孔急剧收缩，难以置信地看着眼前的档案，双手颤抖。“2030年7月4日，基因改造人一号实验成功。”“2031年，莱特先生将该改造人带回家中，进行一号改造人的社会融入实验。”“该项实验的目的是大量培育人才为世界服务，实验名为‘天选之子’。”一时间，莱特无法接受，原来他真的是怪胎，是实验室的产物。

他浑浑噩噩地走出实验室，真相已经水落石出，他的诞生只是为了服务人类，可与“机器人”不同的是，他还没有批量“生产”，还只是唯一的“天选之子”。

原来，自己之所以被孤立，因为自己真的是改造人，之所以会对“机器人”亲切，因为自己与他们有着相同的命运，还有可能有着相同的基因。莱特无法接受这个现实，回到家中，他忽略了史蒂夫的问候，直接回到房间。

莱特作为脑力劳动的改造人，大脑发达异于常人，他思考了这一切——自己的存在是否影响了整个世界，如果这个计划成功，无数个莱特将会出现，科技也会越来越发达，世界将被这两种改造人所造福。但是，如果有一天“莱特”与“机器人”合作，那么真正的人类该如何应对？强大的改造人如果萌生反击的想法，真正人类会受到伤害，先进的武器将会毁灭世界。莱特知道自己诞生目的是服务世界，所以他不能袖手旁观，不能让这个世界毁灭，只有阻止这项计划，自己作为“天选之子”就足够了。

“绝密档案：2048年，‘天选之子’计划停止。”

“新闻：2054年，莱特先生的儿子突破了生物学难关，将引领人类进入生物学的新领域！”

“新闻：2060年，人类进入前所未有的幸福时代，最大功臣是莱特先生的儿子小莱特。”

指导老师：黄艳艳，毕业于安徽师范大学，汉语言文学专业，中学一级教师，曾获全国中学语文教师展评优秀课例评比一等奖。

理想的螺丝

应佳祺/高三年级　赵华芳/指导老师　上海师范大学附属中学

“嗡……”一阵轰鸣在罗斯的脑海中响起，随即整个机体仿佛触电一般自床上弹射而起，罗斯双眼还未完全睁开，正欲张大嘴巴打一个哈欠的时候，双腿已经把自己带到了洗漱室的门口，右手控制着一根牙刷直直地插入了嘴中……吐掉了最后一口泡沫，双手就已经按着头完成了洗脸的全过程，格子衬衫、弹性裤、运动鞋在他一边向家门外走时，就已经被自己熟练的机体给套在了身上。

门外，罗斯顺手打开门口的包裹，从中掏出一管淡绿色的营养液，一边喝，一边往公司大楼跑去……“恭喜您，您出门的时间在基因改造手术的帮助下缩减了60%……”手腕上的手环终端发出了甜美的机械音。

“呼……”赶到了公司大楼下，在打卡截止三分钟前完成了报到，罗斯长出了一口气，擦了擦自己额头上的汗珠，走向了自己的工作岗位。

“不！”几分钟后，公司门外传来一声悲呼，伴随的还有一道冰冷的合成音：“工号4657，迟到三十六点五七秒，已按相关规定扣除本月全勤奖金，同时警告这是本年度第三次缺勤，在第五次缺勤的时候将会作革职处理……”

罗斯悲悯地看了“工号4657”一眼，这个人罗斯并不陌生，是全公司少数几个没有进行基因改造——“巴普洛夫改造”的员工。

“巴普洛夫改造”——替换或插入一种人造的强条件反射蛋白所对应的基因。这种蛋白能极大地提高人机体中的条件反射机制，只要每年对已有的条件反射进行为期一天的强化，就可以保证全年的生活和工作效率的大幅度提高。这也是绝大部分公司的基础福利，即入职可享价格优惠的巴普洛夫改造手术。当然也有极少数的员工认为这项福利是为了满足资本家压榨更多剩余价值而设立的，于是拒绝接受……不过在绝大多数的员工都通过该项技术提高了自身生产力水平的环境下，那些极少数的“顽固派”难免被革职的命运。

“这种基因改造技术简直就是我们这些员工的救星啊，在完成了改造后，我能完成的工作量直接就翻了一倍，工资也增加了三成，只要保持这种效率，每年全勤奖拿满，再加上每天只吃最基础的营养膏的话，那我只需十年就能凑齐做‘卡尔文改造’的钱。完成改造后，我就能申请延长加班时间，推迟退休了！”罗斯不由自主地遐想起了未来。

卡尔文改造是继巴普洛夫改造后的另一种改造，是将植物光合作用中卡尔文循环所需要的酶，以及相关物质所对应的酶替换或插入到人的DNA中，这样就可以将人体呼吸作用产生的二氧化碳重新固定到人体细胞中，极大地加强人体能量循环，降低所需能量摄入，还能延长人体“待机”时间，加更多的班，为公司创造更多的价值！

就在罗斯遐想未来的时候，公司的一位中层干部也开始了对员工的巡视……“工号1432！集中精神！整个工区就你的效率最低了！”罗斯浑身一震，却发现是旁边同事在开小差，虽然知道不是在说自己，但他也马上埋下头，加快干活速度。

“不错，只要你们每天都像这样努力，早晚有一天也能坐到我这个位置的……”看到员工卖力地干活，干部满意地点了点头。罗斯抬头看了一眼干部脸上的深绿色，眼中不由得闪过一丝艳羡。

“光反应改造”是在卡尔文改造基础上的进阶版，将植物光合作用中光反应所需的酶和物质对应的基因插入到了人的遗传信息中，使得人体可以进行整套的光合作用，每天只要得到一定时间的太阳照射就能获得一天所需能量，可以持续进行二十个小时的高强度工作……其在人体上最显著的性状就是那光合色素所导致的绿色皮肤。这一改造甚至能够延长人的寿命，可以称得上是上流社会的敲门砖了——只要得到这种改造后奋斗上百年，就有可能积累到足够的资本享受世界顶级的服务——因此这一批人被称作是“绿皮贵族”。

“可以做到的！”罗斯双目通红，脸上充满狂热，为自己暗暗打气。“只要我在完成了卡尔文改造后再坚持工作六十年，维持最低消费，保持健康不生病买药，我就能攒够钱进行光反应改造了！成为一名绿皮贵族，完成阶级的飞跃！”

真正理想的螺丝应当有一个伟大的理想，不是吗？

指导老师：赵华芳，中学一级教师，曾获得全国教育论文一等奖、全国中学生作文大赛写作指导特等奖等。

诺贝手记：黑匣子

游舒啸/高二年级　李显鸿/指导老师　湖南省长沙市实验中学

4011，黑匣子计划成功第二十年。

“哦，罗德上校，我的老伙计，久等了。”

“不碍事，诺贝，这没什么，我的体检报告怎样？”

“很好，各项指标都正常！没什么可担心的！你们这种在战场上的人身体总是那么棒！”他靠着沙发十指相扣，把手耷拉在腿上，嘴角露出一种尴尬的笑。

“你有事瞒着我对吗？对你们那些所谓的军事机密，我压根就不怎么感兴趣。我们就当好朋友之间说说话。”

“诺贝，老朋友，我当然信得过你！这也是我此行的目的。”

“其实你离开军区那年前几个月，组织上就秘密发布了一个任务——黑匣子——你还记得组织曾以特殊原因为由让你晚几年退休吗？”

“我这些年很累了！不想再掺和这些东西了……”

“也是。但是当时组织上很看重你的，毕竟像你这样的人才如果留下来的话，黑匣子的研发周期会更短。”

我突然想到了什么：“想让我晚几年再退休？你们不会在研究……”

“没错。”

“基因改造早在二十多年前就被禁止了，你们这样会给人类造成多大的灾难，你们知道吗？”我很震惊，但他似乎看起来格外平静。

“诺贝，你根本就不了解现在国家的情况，本来我国就小，资源少得可怜，还不断遭到他国的贸易封锁，但其实那就是勒索，不发展这项技术难道让我们自己国家的人民吃土吗？他们就连活下去的机会都不配拥有吗？只要基因改造成功，我们就能拥有一支体力超群、攻击力十足的超级部队。那样的话，就能通过不断扩张领土，不断收获资源，让人民活下去。”

“老伙计，你要知道，活下去，是自然选择的结果，不合格的终会被淘汰，留下来的只能是强者。”

“那就让所有人成为强者！”

我没有说话。

“你走之后，研发黑匣子的科研小组马上就成立了，我们管他们叫‘黑武士’。开始因为缺乏有经验老科学家，都是一些年轻人，项目确实遇到了不小的瓶颈，无论用什么东西为载体，都无法截取出人类的基因片段，就更别说改造了。但后来一个叫宰楠的研发人员，从计算机算法中得到灵感，提出能否以某种波的形式，将基因翻译成二进制代码，进而跳过截取这一环节，直接对基因进行修改，就如同用颜料直接渲染覆盖。研发小组得到灵感，很快就取得了不小的进步。”

“然后呢？”

“但是，我们很快就发现，成人细胞中的基因无法修改。”

“那怎么办？”

“后来宰楠又提出，既然成人不行，那么就从根源上来，直接在受精卵上进行改造。”

“他说的不无道理，受精卵上的遗传信息集中分布在细胞核上，方便进行改造。如果不研究这个，这个人真是一个有想法的天才……那后来呢？”

“国家开始征集刚刚怀孕的孕妇，因为只有在那个时候，受精卵还没有进行细胞的分化，没有形成组织。”

“你们这是有违人伦的，这种混蛋行为，亏你们想得出来！……但受精卵只要形成，就会以极快的速度进入分裂状态，你们又该怎么解决呢？”

“研发人员早就考虑到这种情况，这也导致改造时间直接缩短。所以在极短的时间里，他们通常会在改造的代码中加入一条强行复制吞噬指令，可以使一个细胞突变，然后不断吞噬正常细胞，让超级细胞取代原正常细胞的位置，就好像人体白细胞和癌细胞的组合体，这个细胞通过吞噬正常细胞，复制新细胞——只要吞噬复制的速度超过细胞分裂的速度，就能达到改造基因的目的。”

“那后来呢！孩子顺利出生了吗？”这大概是我最关注的事情了。

“很顺利，参与实验的孕妇正常生产了！据说，有一位孕妇之前身体里携带着一种隐性遗传疾病，很有可能遗传给下一代，但致病细胞也被吞噬，生出来的孩子无比健康。孩子出生后，组织会把他们强行和母亲分开，进行严格的军事化管理。”

“结果呢？”

“现在二十年过去了，他们表现出比常人高出不止一倍的体能，大脑开发程度甚至超过了爱因斯坦。他们退伍后结婚生子，也会把强大的基因传给下一代。久而久之，我们就完成了一次基因系统的革新。”

“如果都像你们这样强行跳过自然选择，那么千篇一律的强者又有什么意义？人们活在这个世界上，只有不一样才会铸就精彩。不是吗？”

“诺贝，你是知道我的心思的，你是一个极有经验的老医生，加入我们吧，这样黑匣子一定会完美无缺。”

我望了一下窗口。有风吹过，树枝乱晃。

“你比我有能力多了，我可不介意向组织介绍能力比我强的‘对手’。”说完，他拿出了一张协议，一封推荐信，和一支笔。

“你们不是已经研发出来了吗？还要我一个老头子插手干吗。”

“虽然雏形已经完成，而且小有成功。但正如我说的，可以改造的时间非常短。这也使这项技术的风险率直线上升，使之无法大面积推广。你要做的就是把细胞分裂的时间尽量延长，为基因改造争取更多的时间。只要你签字，价钱什么的一切好说。你不用忙着回复。我知道这对于你来说不容易，组织上给你足够的时间考虑，我的老伙计。”

说完，他笑着走出了屋子。

“诺贝先生，下午您还有一个世界防基因改造协会的会议呢。说不定会上有解决您儿子携带遗传病的方法，好好休息一下吧。”助手说。

“这个黑匣子说不定真能帮到他呀……”我瘫在沙发上，望向不远处的纸笔……

指导老师：李显鸿，文学博士，毕业于武汉大学，中国现当代文学专业，中学高级教师。

普通人

于家杭/高三年级　隋红莺/指导老师　山东省烟台第一中学

“女士，您可以在这上面勾选不同的项目。”护士巧笑嫣然。终端上，众多选项在屏幕上滑动。母亲抬头，看了看面前这位容貌近乎完美的护士，恍了下神，最终将手指指向屏幕的最下端：“我只希望他普通而健康。”护士明显愣了一下：“女士，您知道，这是与您的后代息息相关的大事，而且这并不会花费……”“我知道，”母亲的目光已经变得平静而坚定，“正因为此，我想赋予他一些更有价值的东西。”

十几年后。

“嘿！曹峰！难道你不能跑快一些吗？”又是体测，又是最后一名。那个只被赋予了健康的孩子，正气喘吁吁地看着那些飞快奔跑的身影。完美的身躯，不过是正常人罢了。“你真的是个普通人？”体育老师走过来，颇有些无奈地问。“普通人”这三个字对于曹峰着实产生了不小的打击。身体完美的同学是正常人，那我……与残疾人何异？他在心中绝望地想。

“回来啦？体测怎么样？”“还行。”简短的敷衍后，曹峰径直走向自己最爱的房间——健身室。不久后，“嘭——”曹峰倒在垫子上，满头大汗，浑身上下每一块肌肉都如火燎一般酸痛。“为什么？为什么我没有那样强健的身体？当初妈妈为什么只选择了健康？哼，健康有什么用？都什么时代了，谁不健康？”他很想吼出来，可他现在连抬手的力气也没有。

“妈，我今晚不吃饭了。”曹峰端着一碗营养膏路过母亲的房间，装作随意地说。“进来，我有话对你说。”曹峰叹了口气，走进去：“妈，又是那老一套吧，健康是福，吃亏也是福，而我感觉不到，我明明付出了很多，得到的却是那些家伙天生就有的东西！我……”曹峰近乎要落泪，但还是倔强地把泪憋在眼眶里。“但是儿子，只有你经历的这番磨砺啊，是他们所没有的。儿子，苦是没有白吃的，在未来的某一天它会回报你的。”

曹峰听惯了这些话，不以为然，只是点点头便离开了。

曹峰经历了一个在他看来不太完美的童年，不过，他的人缘还不错，成绩也很优秀。虽然他不知道这些是不是因为同学的怜悯。

几年后，曹峰参军了，被编入太空军第三舰队，将负责维持地月系范围内的航空器秩序。此刻，在母舰的休息室，新上任的曹峰换上军装，抬头看向镜中一身戎装的自己：刚毅的浓眉，战术服下紧裹着用汗水和科技造就的强健身躯——是的，由于入伍的机缘，他也接受了童年时梦寐以求的改造，只要与装甲对接，他就能成为一个拥有强大单兵作战能力的超级士兵。

然而，第一天特训的内容令他很意外。不是战术，而是战斗意志。所有的士兵都被戴上了一个限制改造技术的项圈，然后走进倍重力房间进行负重跑。

童年时那苦涩的记忆重新涌入脑海。沉重的呼吸，痉挛的双腿，剧烈跳动的心脏。这是真正的肉身的较量。他咬着牙奔跑，陷入了回忆：一个个远去的、矫健的身影，一声声柔软却刺痛的安慰，一次次地倒在健身室的垫子上……

特训结束，教官走向他。或许是被童年的苦涩支配了太久，曹峰有点退缩。

“曹峰！”“到！”他昂起头，心中却在打鼓。“你是个普通人吧？”还是来了，曹峰心想，刚要回答，教官却已继续，“是的，你肯定是！因为只有你真正完成了考验！只有你，给我传递出一种坚毅！只有你拥有一个军人真正应有的意志！”

曹峰在掌声中愣住了。“普通人”曾给他带来的羞愧瞬间烟消云散，成为一种至高的荣耀！

“各位，”教官转向士兵，“我们的祖先，之所以能够于蛮荒中创造文明，就是因为他们拥有敢与天斗的意志！敢于用凡人之躯，比肩神明！我知道，靠现在的科技，人已经没有极限，但那只是身体上的。真正的军队，是有着坚定意志的威武之师！”曹峰站在队首，思绪早已飘向母亲那一句句“健康是福，吃亏是福”。我好傻！他在心中大吼，从童年起就不曾落下的眼泪，今天终于化作了母舰内一颗颗晶莹的小水球。

指导老师：隋红莺，毕业于东北师范大学汉语言文学教育专业，中学高级教师，多次荣获山东省烟台市先进教学个人称号。

基因选

俞明汐/高三年级　沈奕玲/指导老师　浙江省桐乡市高级中学

阿坎没有见过基因编辑时代前的人类，直到她救下了孟全。阿坎猛地拉住这个像木头一样迟钝的路人，车辆呼啸而过。她阻止了一场交通事故。

“太不小心了！”她忍不住对这个在早春依然身着厚厚的冬衣的人责备道。

“对不起，我很抱歉！”孟全的声音从好几层口罩下闷闷地传出。她的皮肤变得苍白，心有余悸地颤抖着：“我……我不太出门。”

“你打算去哪里？”阿坎心生怜悯，担忧道，“我送你去吧，你这样容易出意外的。”

在孟全无奈地报出一个地名后，阿坎带她上了一班地铁。

“我叫阿坎。”阿坎微笑着做自我介绍。

“我是孟全。”孟全摘掉了口罩，她觉得含含糊糊地说话对于自己的恩人是不太尊敬的。

阿坎点点头，忽然发现孟全脸侧的几点红色。“这是水痘吗？”她有些吃惊地说道。

孟全很清楚她的言下之意，不好意思地说道：“是的。我的情况比较特殊吧……我的父母没有对我进行基因编辑，所以身体不太好，也会得你们不会得的病……我现在没有工作也是这个原因，和你们比起来，我什么都做得不够好啊。”

“我第一次见……”阿坎吃惊地瞪大眼睛，意识到自己的态度不够礼貌，便立刻移开视线，“抱歉。”

“没关系。”孟全安慰道，“你现在不用去工作吗？”

“我是自由撰稿人。”阿坎解释道，“不过，现在我在做的，大概可以算旧时的志愿者吧？”

“基因编辑后大家有足够的能力去解决大多数问题了，因为全能，所以很多职业消失了啊。”孟全道。

“也不能说是全能。”阿坎纠正道，“现在应用于生活的基因编辑技术大多只能根据数学模型来修改。比如我，我的父母给我编入的是一种关于文学的天赋基因组，以及一些最基础的增强身体素质和智力的基因组。就目前而言，还不存在那种全知全能的，像神一样的理想的人。不过，现在的科学研究似乎显示那是可能的。"

"天赋？神？"孟全挤挤眼睛，开玩笑道，"或许以后这都得改名了，'人赋'怎么样？"

"你的意思是，神也得改名叫'人'喽？"阿坎接下这个笑话，莫名地生出一丝茫然来。

阿坎跟着孟全漫步在公园的碑林中，那些古朴而光华内敛的石碑在清晨朦胧的天色里显出深黑，孟全戴上眼镜，认真地研读着，并且用手机仔细地拍下这些文字。

"你喜欢文学？"阿坎看着若有所思的孟全，开口问道。

"嗯。"孟全点点头，"阿坎喜欢吗？"

"喜欢吧？……毕竟我很擅长，不是吗？"阿坎有些犹豫地回答。

"喜欢就是擅长吗？"孟全不可思议地反问，"你是说因为擅长所以喜欢？那你们岂不是在出生前就被父母确定了喜好？"

"那就不是喜欢吧。"阿坎有点尴尬地解释，"或许我喜欢的是帮助别人吧？但我不够擅长这方面，我没有服务他人和话术方面的……'人赋'。"

"没必要吧？"孟全拍拍阿坎的肩膀，"我可是什么'人赋'都没有，不是吗？就算是老天都没有给我某方面的天赋。"

"也许我们的想法不同，一直以来，我都是在基因修改铺就的道路上前行的。"

"或许基因早就决定好了一切。但再怎么样，我们还是人类，做出那么多选择，也并非因为全能，不是吗？"

"没有选择才学会选择？'绝处逢生'吗？请再多教导我一会儿吧。"阿坎对孟全笑道："今年的夏天或许也很美丽呢！"

指导老师：沈奕玲，毕业于浙江师范大学初阳学院汉语言文学专业，中学二级教师，曾获第十二届全国新语文教学尖峰论坛微说课单元竞赛环节一等奖，被聘为桐乡市教育系统团队课青春讲师团讲师。

当生命重塑生命

袁梓瑜/高二年级　田甜/指导老师　江苏省徐州市睢宁高级中学

数天前的一个凌晨，我接到了来自联合科学院的电话。

“恭喜您，袁先生，”那头的机器女声飞快地说着，“联合科学院决定把本年度的生理学或医学奖授予您和惠特尼·拉姆塞小姐，以表彰你们在推动胚胎实验和 DNA 重组技术成熟方面的成就。祝贺！”

不多时，世界各地的我认识或不认识的人们蜂拥而至。“祝贺您，袁博士！”他们通过我家门上的对讲屏幕叫嚷着。与此同时，各级首脑亦通过各种形式表达对我和惠特尼的慰问和祝贺。

尽管不愿承认，但事实上，这时的我已经处于一种“飘了”的状态。所以，当元首接下来问我“是否愿意大规模推广”时，我不假思索地同意了。

等我再反应过来时，一切都已来不及了。

担心其他国家先发制人，当天中午，国家元首就签署了最高执行令，授权开展 National Human Genome Recombinant Project，即国家人类基因组重组计划，也被称为“重塑生命计划”。

“改造”先从纪律部队做起。三天之内，全军上下所有士兵均已完成基因改造，即重新编辑与排列 DNA 碱基对，重新设计肌细胞等体细胞等。民间组织也纷纷参与其中，从还未出生的胎儿到耄耋之年的老人，都先后接受了胚胎改造或基因重组。

一时间，蓝色星球上轰轰烈烈的“重塑生命计划”进行得可谓蔚为壮观。

尽管新闻界把这项计划宣传为“‘完美人类’的实现”，但我和我的搭档惠特尼·拉姆塞都清楚，这项实验本身存在一个无人知晓的缺陷——对于接受过实验的“新人类”，我们暂时无法开发出他们积极的一面，这使得他们只能拥有负面情绪。此外，我和惠特尼拥有最终控制权——虽然这是一个毁灭性的秘密权力——在我们按下控制开关后，地球上的所有人将恢复原状、失去记忆，并被半数移往新近发现的宜居的三万光年以外的卡里斯特星球。这个缺陷或许是不幸发生的源头，抑或是造物主给我和惠特尼留了一手，使我们最终不算完美，但还算成功地挽回了混乱的局面。

战争比我们预想的来得快得多。计划实施一周后，暴躁与好战的各国政府由一些先前看来鸡毛蒜皮的小事引发争端，进而纷纷发动战争，最终演变为世界大战。由于身体机能的提高、接近完美的各项素质，以及超乎寻常的负面情绪，这些“超强”人类不断扩大战争的范围，甚至一度欲将一切足以使世界毁灭的武器加诸别国。偌大的地球上一时间千山万壑、铜壁铁墙，战火与硝烟在每个角落肆意蔓延。

战争伊始，联合政府常务副干事霍拉特（同时也是M国的总统）就以“支持保护尖端技术研发”为由，要求我与惠特尼到联合政府下设的联合研究室临时避难，此后我们与外界几近隔断联系。直到四天后霍拉特来到研究室与我们谈话，我们方知道外面一天比一天严重的境况。临走之前，他问我们是否有让战争结束的办法。我和惠特尼答应两天之内给他答复。

这之后的两天里，我和惠特尼仍被软禁在实验室中。其间惠特尼问我：“你感觉霍拉特有没有接受过‘重塑’？”

我明白她的疑虑。如果霍拉特已经接受过基因改造，那我们告诉他这个秘密无异于引火烧身。但霍拉特看起来那么冷静……怎么会呢？

思虑再三，我和惠特尼还是愿意相信霍拉特没有接受过改造。当霍拉特再来实验室时，我们告诉他我们有能力停止战争，恢复和平。

谁知他立即从怀里掏出激光枪对准我们，逼迫我们把除M国以外的其他国家全部毁灭，否则就把我们杀死。不过，我和惠特尼清楚，即使我们听从他的命令，在毁灭掉其他国家之后，我们两人也在劫难逃。这时我才明白，霍拉特所表现出来的不是冷静，而是阴鸷。

比暴躁、恼怒更可怕的阴鸷。

千钧一发的关头，我和惠特尼实在别无选择，几乎同时按下了那个我们曾经从没想过会触碰的按钮。

一声巨响后，世界归于寂静。天空中不时有光点闪过，这意味着，逾一半的人口正被输送到卡里斯特星球，重新开始他们作为人类的生活。

“我有一个想法，或许可以挽救现在的局面。”我望向惠特尼，“既然我们可以再塑生命，那么我们也许同样可以将‘重塑生命计划’实施之前人们的记忆部分输送回他们的大脑。”

惠特尼认为实现这个办法的可能性不大，但经过数小时的努力，我们不得不承认，尽管这个计划实施艰难，但还算可行。做完这一切后，我和惠特尼毁掉关于新人类的所有实验数据，然后选择消除自己的意识，等待一个新的灵魂进入我们的肉体。

此时，两个星球上的人仍陷于沉睡之中。我很想告诉他们，当生命重塑生命，我们获得的是灾难和毁灭。我不知道以后是否还会有类似的实验存在，但我希望，当这些“不完美”的人们醒来时，他们能够带着从前积攒下来的文明、智慧与希望，奔赴属于自己、属于全人类的星辰大海。

指导老师：田甜，毕业于徐州师范大学，汉语言文学专业，中小学高级教师。曾获得市级德育优质课语文学科一等奖、市级优质课语文学科高中组二等奖等荣誉。

进化论

曾梓凝/高三年级　林海霞/指导老师　浙江省温州市瑞安中学

“我拒绝接受这个孩子。”谢教授转身离开，却被威廉拽住小臂拉了回来。

“嘿！谢，不要这么倔强。这可是根据你的基因在人工子房里培养出的孩子，又针对你身体孱弱的问题改动了几个基因来保证这孩子的健康。他乖巧听话还聪明，绝对合你心意。”

“我说过，人类在自然选择中进化了几万年，你们却试图改变几个碱基序列来造出‘完美人类’。疯了……疯了！”

“谢！我们不是要完美，只是想要人们健康地活着。作为生物工程学家，你不是看过太多案例了吗？21-三体综合征、镰状细胞贫血……面对这些痛苦的人，你忍心吗？”

“威廉，正因了解，我才拒绝。罪恶的大门一经打开就关不上。类似的话我不想再说，我不会接受这个孩子的。”

“好吧，谢。你不要这个孩子，我们只好把他丢在大街上，让他自生自灭了。”

威廉走了。谢教授紧绷的肩颈松了下来，陷在沙发里用手捂着脸瘫了一会儿，然后起身向门口走去。他知道，威廉一定会把那个孩子扔在他家门口，就像威廉知道他无法真的坐视不管一样——很成功的逼迫。

孩子坐在台阶上，双手抱膝，蜷成一团。听到开门声，他抬头看谢教授，像毛茸茸的精心挑选过的小猫，确实合谢教授的心。但想到这个孩子的背后是无数个被淘汰的胚胎……谢教授拍拍孩子的背，一把抱起。“喂，你压到我的肚子了。”孩子扭动着，踢着腿。“对不起，我第一次抱孩子。”谢教授调整了姿势，总算抵达沙发。孩子坐着，小小一只，大而圆的猫眼审视着他：“你不喜欢我。”谢教授半跪在地上，整理他弄乱了的鞋袜：“我不喜欢这个技术——它使人‘非人’，而我是人。”

养孩子很麻烦。尽管医疗团队每月上门检测相关数据，但……“喂，我牙疼！”小叶拽住了谢教授的裤子，往下拉。“你自己贪吃冰激凌，还来找我？”谢教授有点生气，还是蹲下来帮他看，“烂了，要拔。”小叶惊慌地捂住嘴逃窜，被谢教授一把抓住。第二天，多了个说话漏风的小叶。

事实证明，基因编辑也无法保证一个孩子完全健康。贪吃又爱玩的小叶经历了吃坏肚子、感冒、被狗咬伤……“所以说环境比基因更重要。如果一个人胡吃海喝，哪怕被敲除了相关基因，在表观遗传对基因表达的调控作用下也可能得‘三高’。”谢教授瞥了眼小叶打石膏的腿，意有所指。小叶不以为意，刷着手机，突然嗤笑——手机界面上是几个黑体加粗的字，“多地再度爆发游行：我们拥有选择的权利，反对人造人”。

三年前，小叶的存在被官方公布，舆论哗然。反对者大肆辱骂小叶和谢教授，理由从伦理学到人类学乃至神学，洋洋洒洒、数不胜数。

“怪物、恶魔……就不把我当人看。可我又有什么不一样呢？难道基因编辑后，我就不属于‘人’这一物种，不具有生存的权利了？”小叶把脸埋进枕头，翻了个身趴在床上。谢教授生疏地摸摸小叶的头，说起一个漫长的睡前故事：“从人类基因组测序完成到人工子房的构建，从 PCR 技术到人工合成细胞，从无机物到人工合成有机物，从克隆植物到克隆动物，再到你，人类对生命的了解不断发展……”

“进化是基因频率的改变，生存是基因的延续，生物间的竞争是个体的竞争、物种的竞争，更是基因的竞争。所以人们害怕人造人，害怕非自然的基因重组，因为一时的生存优势而被挑选、增殖，消解了人类基因的多样性。如果未来环境骤变，这些基因不再具有优势，可能将人类带向灭亡。同时，自然状态下，精子和卵子相遇而产生的基因型不可预知。但如果‘人造人’合法，决定权就可能在别人手里：挑选胚胎、修改基因……一小块皮肤，通过细胞扩增、核移植等，可以制造千万个‘你’，乃至更好的‘你’。如果说基因是独特的个体标识，那么人造人与其背后生命健康权的让渡，必定给社会带来巨大冲击。”

叶教授看着面前的记者抖了一下，扭头笑笑，复又摆出一张正经脸：“大家知道，我是人造人，但我反对人造人，因为我们还没有做好准备迎接他们的到来。当大多数人谈论起人造人这个词的时候，本身已经将他们拒之于外。可人造人不是神，也不应是人类的试验产物，与自然人一样渴望爱与接纳。当我们对人造人怀有各种负面情绪，他们也会害怕、恐慌。”

“我是经过挑选的完美人类，但又不是一个让人省心的完美孩子。父亲常说，比基因更重要的是环境。可我想说，比环境更重要的是爱与关怀。当我们讨论人造人、完美人类时，那些因疾病而被‘淘汰’的人，乃至人类本身，一样需要关注、爱与尊重。‘不要温和地走进那个良夜’，不要陷入社会达尔文主义的误区，不要被工具理性支配而忘记科学背后的人文主义，不要在完美人类的号召下灭绝人性。也许在未来，当所有的基因都被包容，所有的残缺、不同都被欣赏，我们才能真正开启人造人时代。而真正的人类纪元，那些爱与美的赞歌，在未来等着我们。”

叶教授回到家，看到谢教授躺在躺椅上晒太阳。一个高挑的身影挡住了阳光，谢教授抬起头瞟他一眼，故作镇静地继续躺着。“爸。”小叶喊道。谢教授坐起，闪到了腰，又躺了回去。虽然心里暗爽，但他嘴上说道：“算了，你还是叫我‘喂’吧。听了这么多年，突然改口还挺奇怪的。”

指导老师：林海霞，文学学士，毕业于北京师范大学，汉语言文学专业。中学高级教师，曾获温州市教学评比一等奖、教学论文评比一等奖等荣誉。

“理想”人类

曾文柠爱/高二年级　侯翠敏/指导老师　北京市中国人民大学附属中学翠微学校

公园的银杏树下，偶尔有几只鸟儿伴着微风，高低飞翔，时而落到供人们休息的长椅上歇脚，时而舒展开翅膀，悠闲地边飞边欣赏这份宁静。溪水流动，奏出哗啦啦的声响。我走在公园中，望着远处伴着一层薄雾的夕阳的余晖，天空显得朦朦胧胧。

“铃……”一阵铃声打破了这片宁静。“喂？”“我们研究的基因终于有了新的进展！我们的实验终于有希望了！”我闻声加快脚步，回到实验室。“你快看，咱们之前给白鼠注射的黄色柴犬显性基因和蜜袋鼯身体轻盈显性基因，现在正在白鼠的体内与它本身这两方面缺陷基因发生分离、重组，并且在电子显微镜中，我们还惊喜地发现白鼠体内原本的基因活动并没有因此受阻，还在有序地进行着正常的有丝分裂和减数分裂！”我激动地推开科利亚博士，调取出监控白鼠体内亚显微结构的全息影像，笑着说道：“快！快！给立顿斯博士打电话，我们要成功了。”“太棒了，我有很强烈的预感，如果这项技术面向人类开启，我们对于人类社会的贡献将是不可估量的。”果然，一段时间后，白鼠毛色开始变黄，身体更加细长，动作更加灵活轻盈。经过反复实验，这项技术可以改变人类各种基因缺陷，使其变为更加理想化的人。人们成群地聚集在实验室外，等待目睹他们期待已久的重大实验研究成果。

“这个世界对我们的期待太多了，自己、父母、老师、朋友、上司……我们不是神，就算倾尽一生也终究达不到他们期待中的样子。但这项基因技术可以经过基因重组，将各种你所期待的优秀基因注射到你的体内，使你变成拥有“理想型”基因的人，满足所有人的期望！”立顿斯博士的演讲很吸引人，但我内心却总有一份忐忑不安，真的没问题吗？

“你帮帮我好不好？我想变得开朗乐观一点，我父母说我太内向，不会与人沟通，这样下去，我迟早要吃亏的。嗯……除了这个，我还想有强大的观察力，灵活的手指，这样我男朋友就不会抱怨我不会打游戏了。对了！我要拥有超常记忆力，这样学习更好些，就可以找到一份更好的工作，我父母也会更开心。”我皱着眉，望着这个刚刚二十出头的女孩子，久久说不出话来。“你……确定吗？”“你们的基因不是很优秀吗？帮帮我，成为拥有理想型基因的人，好不好？”一周后，那个女生作为第一个临床试验者躺在了我们的手术台上，当她慢慢苏醒过来后，她缓慢地睁开眼睛望着窗外，自言自语道：“我终于能够变得更优秀了……”

天气逐渐转凉，这项技术开始普及起来，每天都有各类人来到实验室中，提出基因重组的要求，我每天都能看到这项技术给人们带来的一幕又一幕……

“你要是不喜欢，我就去改好不好？你不要生我的气。”争吵声在公园里显得格外突兀，我偏过头，想要看看发生了什么，那不是那个女孩吗？旁边……是她的男朋友吗？那位男士甩开她的手走了，女生靠着墙，身子滑下去，蹲在地上，抱着头。我走上前去，她抬起头，眼神空洞地看着我，开口道：“他喜欢运动天赋好的女孩子，你能不能帮我再注射运动优秀的基因啊。对了，我父母抱怨我情商太低，不能控制自己情绪。还有……我同学说我太胖了，我还想更轻盈美丽……”“等等，你有没有想过，你想成为哪种人？你难道想一辈子都按照别人的意愿改？”“这不就是你们这项研究的出发点吗？理想的基因，他们的要求真的太多了，我不知道该听谁的了，也不知道我现在是哪种人，我该怎么做？”说着，女孩双手拼命地抓起自己的头发……

我的不安在此刻爆发了，整个世界好像都乱了，人们已经没有了自己的主观意识，只是盲从于身边人的期望，越陷越深。开发这项技术的初心是什么？全都搞砸了。

我跑进实验室，立顿斯博士也是一筹莫展地呆坐在那里：“怎么办？这种情况如何化解？”

这项技术被叫停了，三天之后，我们开了发布会。冬天，飘起了雪花，我拿着话筒，站在台上，望向下面的人群道：“这个世界，给了我们太多的期望，基因重组本应该是‘救赎’，却没想到变成了灾难。曾经我以为，那些期望使我们喘不上气，但是，真正使我们喘不上气的难道不是我们不能接受真正的自己吗？虽然我们改变基因的能力越来越强大，但真正能够丰盈我们内在，使我们成为那个理想型的人的，不正是我们本身吗？随着科技的进步，对于这种改变生命的能力，我们正在探索研究，并努力将其运用到试管婴儿或胚胎发育过程中，帮助出现意外的胎儿，使其健康平安地出生、长大。

不久，这项研究取得了一些成果，成功帮助到了不少胎儿健康发育。

事情结束后，我去公园散步，远处的天雾蒙蒙的，微微的冷风吹来，我瑟缩着。那把长椅上的银杏叶不知何时变成了枯枝残叶，被洁白的雪覆盖。我又遇到了那个女孩，她似乎有了好转，笑着对我说：“我自己学会了滑滑板！而且在这一过程中，我还收获了好多朋友。你说的没错，接受自我，并用自己的力量去完善自我，比经过基因重组拥有理想型基因的人好太多了。”说话时，她的眼神不再空洞，笑起来很好看。

我看着她，所谓改变基因的能力，归根到底，就是我们自己。

指导老师：侯翠敏，毕业于首都师范大学中文系。中学高级教师，北京市海淀区区级学科带头人，曾获第二十四届北京市中小学紫金杯优秀班主任一等奖。

以基因之笔，绘美好未来——基因工程

占璟青/高三年级 陈晨/指导老师 安徽师范大学附属中学

“世界上没有两片相同的树叶。”生活在这个世界上，我们感叹于自然的鬼斧神工，惊讶于生物的多姿多彩，不禁对造化心生敬畏。然而，使这个世界变得如此美丽多样的，不是什么庞然大物，而是微小的基因。正因为基因，我们每个人才会独一无二。

物竞天择，适者生存。基因虽无绝对好坏之分，却使生物有相对优劣之别。面对相同的“敌人”时，一些生物可能束手无策，而其他生物有更有效的策略。那么，如何让这种生物也能“想”出相同的策略呢？基因工程给我们指明了方向。

基因工程，相当于给基因做“手术”，让一种基因从一段 DNA 转移到另一段 DNA 上。进行基因工程操作，需要一些工具。

研究人员发现，一些原核生物能将它们吞入的 DNA“切”成碎片。难道这些原核生物体内有剪刀？事实上，这些“剪刀”是一种酶。它们能识别 DNA 中特定的核苷酸序列，然后在特定的位置“剪切”。于是，科学家们分离出了这种酶——限制性核酸内切酶，作为基因的“手术刀”。

有了“手术刀”，自然要有“缝合针”。它就是 DNA 连接酶。它也会识别特定的核苷酸序列，将两个 DNA 片段连接起来。

有了这些工具，理论上我们就可以操作了。可是，基因藏在微小的细胞里，难以直接操作。怎么办？科学家们发现了“运输车”——质粒。它广泛存在于原核生物中，可以复制和表达。这样，我们就可以在细胞外操作，再将它转运至细胞内，多么方便啊！进一步的研究发现，一些动植物病毒也有这种功能。

现在，万事俱备，可以开始“动手术”了。我们挑选出所需的目的基因，利用 PCR 仪将这段 DNA 复制。接下来，到了最关键的一步——基因表达载体的构建。

一个基因表达载体，应该至少有这几个部分：复制原点、启动子、终止子、标记基因和目的基因。

复制原点，顾名思义，就是DNA开始复制的地方。启动子是RNA聚合酶识别和结合的位置。从它开始，之后的DNA可以转录为RNA，进而被表达。到哪里停止呢？就是终止子。终止子就像一盏红灯，使RNA聚合酶“刹车”。所以，目的基因必须要插入启动子和终止子之间的区域，“手术”才能成功。

标记基因也十分重要。它相当于一个醒目的标志物，当细胞表达出标记基因控制的性状时，我们基本可以确定载体成功进入了细胞。对细菌而言，常见的标记基因一般是针对抗生素的抗性基因，拥有这种载体的细菌可以在添加抗生素的培养基上生长，普通细菌则不能生存。应当注意的是，目的基因不能插入标记基因的区域，否则标记基因无法正常表达。

了解了载体的组成，就可以来制作它了。我们找出能切出完整目的基因且能在启动子与终止子之间剪切的“手术刀”，用它处理目的基因和载体，再用“缝合针”将它们连接起来。

看起来轻而易举，实际上，这其中存在很多问题。用酶切割后，载体可能重新连上，目的基因可能自身环化，载体之间可能连接，目的基因之间也可能连接……因此，实际操作中，科学家们会运用各种方法减少这些错误连接，并做大量实验来确保成功。

构建完载体，就要将载体转运至细胞内。对于不同种生物应采用不同的方法，例如，对于细菌，可以添加钙离子，使它处于一种吸收外界DNA的状态；对于植物，可以用农杆菌转化法和花粉管通道法；对于动物，可以直接将载体注射进受精卵内。转运之后，还需使用特定技术检测目的基因是否正常表达。

基因工程的操作虽然复杂，但它带给我们的好处是无穷无尽的。我们可以种植抗棉铃虫的棉花，可以培育抗病毒的作物，可以用大肠杆菌大量生产所需的蛋白质……未来，基因工程会发挥更多作用，让我们的生活更美好。

指导老师：陈晨，教育学硕士，毕业于安徽师范大学。中学高级教师，曾获教育部首届一师一优课部级优课。

跨基因之恋

张登峰 / 高三年级　杨娟 / 指导老师　河南省信阳市固始县高级中学

“2018B–1号机组运行正常，准备注射化合药物COD–1”“进行IQ测试！”一位留着胡须的长者焦灼地望着眼前的培养舱，“IQ测试值二百八十，超出现代人类平均水平。”长者紧绷的神经舒缓了下来，在他正要离开之际，培养舱中的幼儿睁开了双眼凝视着他，长者不觉流下了冷汗。

“如钻石般闪耀，积攒着我们近半个世纪努力的汗水，就叫你‘群青’吧，去引领人类走向光明的未来，人类历史将因你而改变！”

在落日的余晖下，一个男子身着一袭黑衣站在墓碑前，放下手中的一簇鲜花，眼神中充斥着无尽的悲哀，他不敢去看墓碑上刻的字，他的心已经无法再承受这般痛苦。随后，他瞥见不远处有一个女子在向他挥手，光辉中显得格外美丽。“你或许不该如此悲伤，群青。”群青此时眼神扑朔迷离，望着那无际的天空不知所措。他在痛苦中无法自拔，他恨这个时代，同样也恨他的缔造者。“我能怎么办？”他暗自嘟囔道。

自群青诞生后，人类进入新纪元，世界基因人比例逐年升高，基因犯罪事件也随之而来，这一现象引发世界人民的恐慌。2072年，A国诞生首个基因人总统……“群青，你还好吗？国际法庭又发来文件了。”女孩望着群青。“我知道了。”他拖着疲惫的身躯走到门外，想呼吸新鲜的空气，但他放弃了。“香奈儿，把那份文件给我。”群青漫不经心地浏览后仰天大笑，“鉴于旧人类与基因人之间不可化解的矛盾，现命令你于2100年前往国际法庭等待最终判决。可笑至极，这份责任竟在于我。”站在一旁的香奈儿垂下头啜泣，窗外的喧闹激起了群青碎片化的过往：

儿时的他躲在房间里暗中观察他人嬉戏，欢乐未曾眷顾过他。他渴望陪伴，渴望被他人理解，但当“基因人”这一标签贴在他身上后，就连曾经养育过他的那群研究者也对他嗤之以鼻，漠不关心。

在一次的野外探险中，群青结识了香奈儿，她和他一样无依无靠，唯独不同的是基因。区别于旧人类的偏见，她并没有对群青表现出任何歧视，只有关怀，这使他第一次有了家的感觉。他们躺在田野上，仰望天空，聆听大自然的声音。“群青，看那簇星云，英仙座旋臂星云！在天空中如此闪耀，同你一般……”明月当空，月光照在两人面颊上，他们如天使般纯洁。

2100 年初，群青抵达国际法庭接受审问，庭上 A 国总统提出审问：“群青，你作为首个基因人，为何不履行职责，对基因犯罪案件置之不顾呢？必须处决群青！”A 国总统拍案而起，眼神中充斥着嫉妒、愤怒，如一匹饿狼般，势必要捕获这一猎物。室外正下着倾盆大雨，香奈儿焦急地等待着结果，望见群青同警卫从法庭内走出，心头一紧，香奈儿正要上前抱住他，群青随即被警卫扣押到防弹车中。伞从香奈儿手中脱落，在狂啸的风中被撕裂，飘向远方，她跪在地上掩面哭泣，十二年来抑制在心中的爱意被绝望取而代之。

数日后，香奈儿前往“刑场”，透过高分子透明隔层，她看见了群青，他身着一袭白衣，如圣子般，迎来审判。群青也注意到了她，便走向隔层，含情脉脉地望着她：“没什么大不了的，我们还会再次相见的。”香奈儿抑制不住心中的痛苦，向他哭诉：“为什么，为什么要承担这一责任呢？你没有错，没有错！”嘶吼着，绝望着，群青平静地注视着这位失爱之人：“没关系，一瞬间的事。”他走到加速器上，视线始终聚焦在香奈儿身上，他回忆着从前……

“开启加速器！打开能量吸收屏障，通入正、反粒子！”所爱之人消失之际，她捶打着隔层，想要做些什么却又无可奈何。在能量矩阵中，群青感受到周围的物质在颤抖，看着自己的身体正一点点消逝，他望向香奈儿，投以最后的微笑……一切又回到往常，香奈儿的心也随之破碎。

多年后，香奈儿再次回到野外，那儿的白菊盛开着，同样的时节，同样的地点，存在着的只有自己一人。不知怎的，一片花瓣随风飘扬至她的胸口，带着花香，沁人心脾。

指导老师：杨娟，文学学士，汉语言文学教育专业毕业，曾获县教师节优秀教师及各类校级表彰。

X001

张涵/高二年级　谷亮/指导老师　江苏省淮阴中学教育集团淮安市新淮高级中学

“你们快看，这里还有幸存的 X 二代人！”

那天，我睁开眼，看到面前兴冲冲的新代人类，一种不真实感漫上心头。我挣扎着起身，冷静地听着他们的解释——

“唉，之前高端技术联合部和 X 二代人起冲突后，各地战火连天，血流成河。你们那代人真的不好过啊。不过好在联合部意识到了要是再打下去，连文明的延续都会成问题，便做出了让步。现在是新世纪了！对了，你的编号是什么？”

“我没有编号，”我注视着他们惊讶的表情，继续道，“我是 X 一代人。”

我闭上了双眼，将过去的记忆重新汇入大脑。

我叫 X001。我们家是快要没落的旧科技家族。父母很希望在下一代能重振辉煌。所以在得知联合部下达了可以改造基因的政策后积极响应，让我成了第一代基因改造人类。

在新型基因的作用下，我感觉任何事都变得简单易做。可毕竟是试行，一代的技术还不是很成熟。增强版的新型基因在我身上渐渐消退。

我不敢告诉父母。在父母眼里，我一直很乖，无论是基因改造前，还是改造之后。我尽量让自己表现不出什么变化，每天装作很轻松的样子，在他们看不到的地方苦学。但我知道，这不是长远之计。

很快，联合部给我的父母打电话了，他们以基因测试的名义让我去实验室。我很忐忑，但还是去了。

在那里，我看到了许多和我一样新型基因消退的一代改造人。他们有的低声抽泣，有的面露惊恐，有的向机关人员表示抗议……只有我，站在一旁冷静地看着他们。

我也被带到了单独的隔间。在那里，我看到了一个长得和我很像的人。但我知道，那不是即将要取代的“我”，他是我“弟弟”。已经死去的弟弟。

“我之前并没有真正死去，”他朝我故作轻松道，“我的基因被留下来了，他们将我复原了。”一样的表情，一样的语调。

他想伸手来拥抱我，却被我拦下了。他小心翼翼地问：“哥，你不能接受现在的我吗？”

我怕，我怕这不是真正的他，因为我已经没有人可以信任了。我尽量控制住自己颤抖的声音：“我们先解决问题吧。”

他看了我一眼，懒散开口：“就跟你想的一样。”

他们还是想取代我。我沉思着，环顾着堆满新型试剂的实验室，冷不丁地开口道：“那些取代我们的是什么？”

“新型X二代人。”过了好久，他又开口道，“他们也是人类。”

我拿起一瓶装有绿色溶液的试剂：“待会儿你出去。”

“哥！”

“我有办法。”看了一眼试剂瓶上的“无呼吸昏迷十二小时”的字样，我将它一饮而尽，并用力将试剂瓶摔碎。顿时，一片墨色笼罩了我，我沉沉地睡去。

我被一阵阵巨物撞击的声音吵醒。睁眼，烈焰的红侵蚀着我的双眼。这里是火化场。眯着眼看四周，我发现了许多之前的X一代人和寥寥无几的工作人员。我趁他们工作疏忽，悄悄逃出。

漂泊在外的日子里，我看到许多X二代人与联合部起冲突，也许是目睹了X一代人的悲惨命运，他们反对基因三代化的政策。但，我没有看到X一代人。他们，也许都死光了吧。

参加了几次游行示威的我意识到了局势的严重性。但我很幸运，遇到了同我一样反对新型基因使用在人类身上的景校长。我们将学校改成X二代人的避难所，认为联合部还是会跟以前一样不干涉校方。于是，这里便成了大量X二代人的聚集地和休战区。

是夜，看着许多X二代小朋友在一起打闹，猝不及防的，我想起了弟弟。一阵刺痛袭来，我蹲下身双手抱头。因为当时用药过度，我的记忆遭到了侵蚀。我已经忘记了家的地方，也快忘记弟弟了。

深夜，一声炮火的轰鸣惊醒了我。我急忙望向窗外——联合部已经将学校层层围困住。

“联合部趁着黑夜攻打学校了！”

“我们，我们是不是没有机会了……”

许多人都哭了。我像那次去实验室一样，没有挣扎，没有抽泣，只是冷静地站在一旁。原来人的底线是可以一次次被降低的。那一刻，我对世界不再抱有期望。

但，我从来没想过会在这时看到弟弟。他从小门溜进学校，指引着人们有序撤退。“大家排队，从后面出校！”他转过身，想叮嘱我这边。在看到我的这一刻，我们都静默无言。

“哥！你，你还活着！”

没有时间给我们兄弟相聚，我跟着他的指引出校。

“呼叫七号，呼叫七号！运城基地还有没被疏散的人员！”

“收到！”

我着急地望向他，他还是那副桀骜的模样：“我有办法。”

还没等他离开，一阵炮火袭来，他身处炮火中心。想要看看他的情况的我，也在余震下晕了过去。

等我醒来，颤抖地询问他们，这里还有没有幸存的人。寂静，还是寂静。

我不甘心地扒寻，直到——我看见他的尸体。一个小盒子从他身上掉落，发出声音：“哥，我不知道我配不配这样叫你。我不是你的弟弟，我只是有他的基因，有他的记忆。不知道你能不能接受我。唉，哥，你要好好活着啊……”

那一刻，从来不哭的我还是流下了眼泪。

指导老师：谷亮，江苏省淮阴中学教育集团淮安市新淮高级中学教师，教育硕士，毕业于南京师范大学。

“完美”世界

张汉琛/高三年级　石晶/指导老师　山东省济南市实验中学

今天考试又考砸了。我呆呆地看着我的成绩，在同龄人中的排名在后50%。这是第九次个人完美度考试，和前八次一样，每次我都尽力做到完美，但失误率就像是刻在骨子里一样，无法降低。事实上，从第五次考试开始，我的成绩就没有发生过变化，50%仿佛是一道天然的鸿沟，永远也无法逾越。

我出生在一个平凡的家庭，而我所处的时代却是不平凡的。我的父母告诉我，二百年之前，随着几位天才生物学家的诞生，生物学领域发生了历史性的巨变——基因工程技术实现了零阻碍的应用。

紧接着，基因编辑技术就迅速地应用到了每一个新生儿身上。国际生物组织对所有的新生儿都会进行基因检测，并免费修补天生的疾病缺陷。科技公司研究出了各种人体细胞编辑技术，通过对人体细胞的改造来实现某一特定的功能。

但是不多久，该技术就形成了垄断。有钱有地位的人竭尽所能，将他们的后代塑造成尽可能完美的人；而普通人，只能保证自己的孩子健康出生，除此之外，没有什么再可以带给他们的。

人们被分为两种，“完美”与“普通”。“完美”的人更受到人们的欢迎，他们性格开朗，外观精致，智商高，身体素质突出。他们往往从事那些需要高智商，同时也是高薪的工作，比如航天员、科学家、管理人员。“普通”不知从何时开始也成了被歧视的原因。

作为一个普通的人，我从小就有一个航天梦。每天晚上，我都会仰望星空，希望有一天我也可以坐着飞船，遨游在那美丽的太空，俯瞰这美丽的蓝色星球。为此，从上学开始，我就努力做到完美，因为老师告诉我，只有完美度排名在前20%的人才有机会成为航天员。起初，我的名次在不断地上升，我也充满信心，但是从第五次考试开始，无论我如何努力，名次却仿佛遇到了一个屏障，再也无法上升。而楼对面“完美”班级的学生学习轻松，没遇到过什么挫折，排名总是在我之上，从未掉下来过。我十分失望。

地球上每年都有一次“完美节”。每次完美节都会评选出全球最完美的十个人。而现在，我看着新诞生的“完美十佳”，仿佛是在看同一个人，每个人都不同，但又好像相同。完美节结束之后，人类遭遇了前所未有的强烈的自然灾害，全球很多地区都发生了从未有过的强烈地震。在废墟上，普通人互帮互助，一起渡过难关；而习惯了成功的完美人，却不知道如何面对和克服这前所未有的困难与挫折，只能绝望地坐着，等待着命运的审判。全世界的人类看到这一幕，不禁开始重新思考这项基因技术的应用。

在第二年的完美节上，全球十大完美人名单没再发布，取而代之的是全世界各界人士代表围坐在一起，讨论着基因技术应用问题。自从二百年前基因工程技术实现了零阻碍的应用之后，人类的科技却没再有过任何实质性的进展，全世界的科研人员的思维方式仿佛都是一样的，创新对于他们来说相当困难。一位科学界的代表说道：“我们在出生的时候就被基因编辑成了完美的人，导致没有经过自然选择与进化。久而久之，我们基因的多样性逐渐丧失，思维受到了禁锢。所以，我认为，我们应该严格制定基因技术的应用规定，限制在人类身上的使用。”各界人士都纷纷发表了自己的看法。“基因技术使人类变得更加完美，使人类拥有更加优秀的基因，但是，我们却失去了人类最完美的基因，那就是在困难面前勇往直前、永不言败的坚毅精神！这种情况是时候进行改变了！”人类联盟主席向全世界发出变革的声音。

不久，相关规定出台，从此以后，基因技术只能应用在疾病的治疗方面，其他方面的应用需经过人类联盟的讨论，在确保不会对人类的自然进化产生影响之后，可以平等地对每一个人使用。同时，有关“普通”与“完美”的歧视与限制被全面取缔，人们也渐渐意识到，真正的完美不是通过科学手段让自己无限接近完美的标准，而是通过自身的不断努力，达到自己的极限，实现自己的理想与价值。

多年之后，我乘坐宇宙飞船遨游太空，看着这真正完美的世界，脸上露出了久违的微笑。

指导老师：石晶，教育硕士，正高级教师，硕士研究生导师。济南市语文学科带头人，市中语会副理事长，全国中学语文教学优秀教师。

不散不落的云

张靖越／高三年级　梁冬生／指导老师　山东省威海紫光实验学校

“你考虑好后果。今天的FCMG盛典如果不去，你的前途就没了，咱们的合约也到此作废。”男人冷冷道。

“陈总……我真的快要达到极限了，我……我做不到。”角落里，一个年轻男子无力地靠在椅子上，声音满是疲惫。

“呵呵，在我这里你还有点用。要是出去了，”男人指了指窗外，冷哼一声，“你还会什么？”

年轻男子沉默良久，最终还是颤抖着吐出一个字：“好……”

“到了。”不知在车上昏睡了多久，经纪人阿德推醒冷汗淋漓的男子，“调整好状态，别让那群粉丝等太久了。”

主持人热情地邀请道：“下面有请Fallen Clouds Music Gala（云落州音乐盛典）的全能偶像奖获得者——程陆先生致获奖感言，并带来精彩表演！”

他昏昏沉沉地走上舞台，俊美又毫无瑕疵的脸庞，低沉磁性的歌声，干净利落的舞姿，让原本就狂热的粉丝更加疯狂。江锦站在人群中，静静看着台上的男子，眉头不觉微蹙，任凭身旁闺密尖厉刺耳的喊叫划破耳膜。

“周周，你不觉得程陆的脸色有些不好吗？”江锦拉住闺密，小声询问。

“有吗？他不一直都这样吗？可能是肤色太白了吧。”闺密冷静了一点，但眼睛自始至终没离开过程陆。

盛典终于结束了。江锦逃也似的回家，她打开电脑，键入“程陆”二字，开始检索他的信息。划着鼠标，视线在一处停了下来。

相比于其他令人咋舌的获奖经历，他的“早年经历”这一栏空空荡荡，只写着“出生地为星火州，十四岁归国并以唱跳歌手身份出道”。

江锦只觉得脑子嗡的一声，似乎这些信息都对上了。

江锦最近跟着闺密看了不少程陆的行程：几个月马不停蹄地拍戏，深夜在舞蹈室里练习，全国各地巡演，关键是在打歌舞台上还表现出超高水准，堪称圈内典范。即使是精力旺盛的人也早就撑不住了，但程陆却可以。直到她今天看到了他的现场演出。

最后一支舞时，程陆的脸苍白得吓人，头发有点凌乱，好像出过很多冷汗。江锦注意到他在努力保持呼吸平稳，展现自己最好的那面。下台的时候，他把拿着话筒的手藏在背后，但江锦还是能敏锐地感觉到他在颤抖。

这是明显的“过界”反应。他也被基因改造过。

江锦出生在一个研究所里。这里与外界没什么不同，有很多同龄玩伴，还有悉心照顾他们的护士阿姨们。到了该上学的年纪，也会有老师来教他们读书。但是，研究所外面的世界，她从来都没见过。时间日复一日地过去，到了她十四岁那年，研究所里和蔼的专家叔叔将他们催眠，修改了他们有关童年的记忆，告诉他们每个人都是正常世界的孩子，并把他们送给了不同的养父母。

刚开始一切都很好，江锦一直觉得自己十分幸福，家庭和睦、成绩优异。但随着年龄的增长，她隐约感觉到不对劲。那些晦涩难懂的历史哲学，堆压成山的考研资料，她看几遍就能记住，同学们却十分抓狂。但面对高数这种非记忆性知识，她也一样会抓耳挠腮。她开始着手查阅资料，获得的信息却少得可怜。直到一次她在家中无意间看到了那份领养协议书。自此，她开始做记忆恢复，注射反催眠药物，凭借得天独厚的记忆条件，江锦终于想起来了。

什么都想起来了，她却如坠冰窖。

童年里那个使她快快乐乐长大的研究所，根本不是什么世外桃源，而是一个充满野心、欲望、罪恶而又肮脏的人体基因改造所。走火入魔的研究员和贪婪的商人妄想利用基因控制人类，把自己改造成无所不能的神。他们从孤儿院里“领养”弃婴，在这些无辜的孩子身上开刀，让他们成为实验品。研究刚开始很顺利，那些用走私交易换来的杰出基因序列、DNA 结构派上了用场，它们被顺利植入婴儿的身体，凭借着天然的优势和强大的生存能力侵占了原本基因的位置。但实验的弊端也慢慢暴露，由于人体的自我保护意识，基因无法被过多修改，人只能在某个领域表现出突出优势。就比如江锦擅长的是记忆，而程陆对音乐更敏感。随着研究一天天地深入，野心家们发现了基因改造的一个更为致命的缺点，那就是特长使用过多之后，会被人体免疫系统和潜伏的原本基因反噬，导致身体极度虚弱。突破极限的过界是以燃烧自己的健康为代价，缩短几十年的寿命换盛极一时。绝望至极的野心家被迫中止这场失败的实验，这才有了后面的经过。

程陆就是研究所里那个叫“陆”的孩子，他总是一个人在单独的房间里，很少和其他孩子接触。每当他获准出房间时，那个叫江锦的女孩子总会拉着他一起玩，帮他融入孩子们。与身边那些讨厌的大人不同，江锦很喜欢他的歌声，也不排斥他迫不得已的成熟。正是因为她，程陆才有勇气在深渊里挣扎了这么多年。

江锦假扮成程陆的粉丝，费了万般周折，才获得了一次和偶像单独见面的机会。她把事情的来龙去脉都告诉了程陆，不想对方却很冷淡，并不需要她的帮助。

江锦哑然，心灰意冷地走出会议室，却不知该去哪里。但她不知道的是，会议室里的程陆望着她的背影愣了好久，却什么话也说不出来。

其实他是那个唯一没有被抹去记忆的孩子。这些年里陈总在操控他，用他罪恶的出生和不堪回首的经历作为要挟，时刻提醒他除了做偶像一无是处；陈总还“软禁”他，从他身上不停榨取利益。无数次的过界让他身心俱疲，他知道自己活不久了，他不想给这个女孩希望，再让她慢慢绝望，看着他死在这个无底洞里。因为她曾给他的童年带来唯一的一束光。

那就装作不认识好了。

两年后，程陆工作室发声：“因意外事故，程陆先生永久离开了他最喜爱的舞台。”

正在研制缓解过界药物的江锦愣住了，随后崩溃大哭。

这时，叮咚一声，光子屏幕亮了，提示她有一封新的邮件：“我逃出来了。会去找你。”

没有署名，却令人如此心安。

指导老师：梁冬生，高级教师，齐鲁名师，山东省省级教学成果奖获得者，济宁市杏坛名师，济宁市首届名师工作室主持人。

细嗅芬芳

张蓝月/高三年级　黄鹏/指导老师　四川省成都市第七中学

每个人都是一个苹果，每一个缺陷都是上帝品尝后留下的印记。如果天生的缺陷出乎寻常地多，那么上帝一定更加钟爱他的芬芳。

——托尔斯泰《战争与和平》

一

薄雾浓云，惨淡的灰似倔强的、不堪脱落的油漆，挂在迷蒙的天际。

雨渐渐来了，簌簌地敲动了舒华紧绷的心弦。他环视四周，同学们都出神般地一言不发。他知道，他们通过脑机连接技术，正在与自己的父母联系回家方式。而他，迟迟不敢拨通那许久未被开启的通话。在封闭的终端那头，等待他的只能是母亲的厌倦和即将决堤的无尽抱怨。

他一个人出发了，雨声不竭，车鸣不息，在浓郁的末日般的喧嚣中，欣赏独自一人的静默。

二

城市在耸入云霄的大厦之林下，罪恶地藏匿着贫穷和苦痛。舒华父亲打破了充斥在小屋里带有油污味的沉寂："你知道的，舒华没有事先经过抗感冒基因编辑，他冒雨回家，是会伤到身子的。""难道仅是一对抗感冒基因吗？他出生前没有经过任何的基因测序、DNA 拼接，他是未被改造基因的原始的落后的人类——你看到这周传送的测评结果了吗？他的同学们在认知能力和体能素质方面都达到了上世纪各领域佼佼者的水平，霍金的智慧在他们脑中闪耀光芒，运动的天赋经得住耐力的考验。而我们亲爱的儿子，正如同你我一样，仍旧携带着自然的基因重组、遗传的缺陷屈居人下，在生活的恶臭中挣扎。只怪我们……怪我们没有钱改造他的生命。贫穷的恶诅会伴随我们的世世代代。"

三

雨后初霁，路边的花绽放笑颜，空气里氤氲着沁人心脾的芬芳。不知不觉间，舒华漫步到街角的影像店。店主是一位老爷爷，红扑扑的酒糟鼻哼哧哼哧呼着气。在影片触“脑”可及的今天，舒华是店里仅存的常客。他喜欢过去的影像，虽然没有增强现实技术，但它们却赋有一种莫名的真切，像慈爱的老人，眼角晶莹地讲述过去的记忆。

“看，我为你准备了什么！”老爷爷神秘地打开投影仪，残奥会的场面便展现眼前，“如今的运动员们享有同一组有关基因，达到彼此相似的成绩，这样的比赛是多么重复无聊啊！看看这些吧，看他们在命运面前昂首的姿态，看他们不顾一切冲锋的魄力——他们像一群高傲的战士，在生命的战场上奏响凯歌。”

绘声绘色的影像有一种不可抗拒的力量，将舒华置于这一首激奋紧张的交响曲中。观众微翕的鼻翼、紧握的双手在他眼前明朗，运动员在赛场上的汗珠滴落进他干涸的心泉。他们天生带有缺陷，可不完美无法用无限的凄风苦雨笼罩他们的世界。他们与众不同，他们用生命的热烈，展示了自然的、意志力的、人性的力量。

店里弥漫着生的气息。

哪怕举世皆浊，哪怕孤芳自赏，舒华也要在浩瀚的心田，细嗅生命的芬芳。

指导老师：黄鹏，成都市第七中学语文教师。

边境线上的人们

张乐/高三年级　李杭媛/指导老师　北京大学附属中学

一　完美基因与无能的怪物

“基因编辑学家特雷西宣告了新型基因 H 的成功合成。他声称 H 是目前最完善的‘完美’基因，可使人类具有更强大的智商、更便捷的沟通交流能力和更稳定的情绪。”

人民医院妇产科的光屏上正播放着这则新闻。人们听罢无不欢欣雀跃，护士站前人满为患。“护士护士，快给我的孩子加上这个基因！”“护士先给我的孩子加！”

护士们早已预料到了基因 H 的火热：“请不要拥挤。我们有充足的库存，可供所有新生儿添加。”

大家纷纷击掌庆祝，只有一个原本坐在角落里的老人默默起身，拒绝了护士的提议：“谢谢了，但请不用给我的孩子加。”

连一贯冷静的护士都流露出了诧异又隐隐有些不屑的眼神，人群中传来几声鄙夷的嗤笑。

“真是个没见识的老人。”

2100 年是信息和科技高速发展的时代。通过基因编辑，微生物可用于生产燃料，牲畜和农作物可耐受极端天气，衰竭性疾病可被治愈，就连新生儿的智商、眼睛、皮肤等都可以任意选择。

家长们致力于创造完美孩童，并热衷于一切新型基因。没有受到基因编辑的孩童则会被称为“无能者”。

人们变得更健康，随之而来的是人口爆炸式增长。矛盾的是，长寿本是基因编辑带来的好处，但老人却被认为是“累赘”。

恰有这样一对爷孙住在边境线上。

小王在学校里备受排斥，他总是委屈地质问爷爷为什么没有给自己添加基因 H。老王只是默默地安慰小王，却在背后长叹一口气。

二 外星控制与最后的火种

“外星人攻击！外星人攻击！外星人攻击！”

尖厉的警报声在各地同时响起。无论原本是在繁忙工作，还是享受梦乡，人们都在光脑上实时关注有关外星人的信息。

情况不容乐观——外星人的激光导弹已穿过大气层，从四面八方冲向地表。

各国进入战时状态，防御罩接连升起——这是一种半球形的透明防御工具，可以抵御任何武器。坚不可摧的盾牌唯有一处缺陷——国与国之间的边境线处因弧形边缘薄弱无法被保护。

边境线本是远离国家中心的荒凉之地，各国政府并不重视这个“不足挂齿”的缺陷。

边境线上的天空似乎比以往都要亮些。

“小王，你就躲在休眠舱里。我出去一趟。”老王的后背似乎比以往挺得都要直些。

小王对爷爷的嘱咐不屑一顾，他坐在舱门外浏览新闻。

特雷西因通敌叛国被捕，人们发现他研发的基因 H 与外星人的基因片段部分重合。同时，科学家们宣布了一个噩耗：拥有基因 H 的人群会被外星人控制，只有无该基因的人类才能带来一线希望。

最热评论：依据基因 H 当时的火爆程度，这样的人真不一定存在。我们还有可能被治愈吗？#请还给我们一个未来#

小王忽然觉得悲凉：曾经，没有添加基因 H 的我受尽奚落；如今，我却又成了那些人求而不得的最后一颗火种。可谁能还给我一个童年呢……

三 边境防御与老年英雄们

泪眼蒙眬中，小王似乎在无人机设备拍摄的画面中捕捉到了爷爷的身影——老王孤身吊在高处，肃穆地把两侧的弧形防御罩连接在一起。

小王的内心摇摆不定，像势均力敌的跷跷板两端。老王离开的背影忽地在脑海中一闪而过。他的心又被坚定的冲动紧紧攥住。

小王给老王发送了一条讯息。暗自点点头，他又向世界科学中心发送了讯息：我没有基因 H。

科学家们匆匆赶来，又匆匆离去。

各地的人们都在同一时间刷到了令人振奋的消息：科学家们已找到研究样本，所有添加过基因 H 的人可就近去医院替换为新生基因。

还有一则新闻——招募边境线上有能力的人连通各国防御罩。小王也去了。

“爷爷！你有没有收到我的讯息？”

“爷爷正在忙呢。”

“我说，我提供了没有被编辑过的基因样本。爷爷，谢谢你。”

天更亮了。闪着晶莹光芒的，也不知是老王的泪水还是汗水。

边境线上的老人们将防御罩连成一片，就像万里长城。

四　亲情延续与生命的价值

小王又在光脑上浏览新闻：科学家们发现替换了新生基因的孩子与家长相似性更大，不给新生儿添加“完美”基因成为最新潮流。

他突然想到：“爷爷，你为什么不给我添加基因 H 呢？”

“我不是预言家，我只希望你不要活得太累。生老病死本就是万物的自然规律。我活了这么久，可是……”

不过老王的无奈感叹很快就转变为兴致高昂：“现在我找到了自己的价值。”老王与所有边境线上的老人成为防御罩安全维护师，他每天兴冲冲地和老人们在边境线上巡逻。

生命本是延续，老人更是英雄。

指导老师：李杭媛，北大中文系本、硕毕业，区骨干教师。多次获北京市教育教学研究成果一等奖。

即使一模一样，也会独一无二

张曼琪/高二年级　邹兆峰/指导老师　山东省济宁市第一中学

夜深人静，微弱的灯光照在实验台上，林博士正手握电子显微镜观察着。这个实验室致力于研究如何改造基因，林博士就是这个项目的主要负责人。

辗转几年，在林博士的带领下，经过实验团队日日夜夜的探索，“理想化人类”这一项目的研究有了很大的进展，研究员们对于生命的改造也有了很深的了解。

“咚、咚、咚”一阵敲门声响起。“进来！”浑厚严肃的声音与林博士和蔼的面孔有所差别，只见他头都没抬，继续在办公桌上誊写着什么东西。进来的是个年轻人，二十多岁，他激动地张开薄唇：“博士，实验室现在已有了一些结果，理想化人类是可以是实现的，过不了几天我们就能够成功了！我们的付出没有白费！我们可以改造这个社会了！”

几天后，“最新消息，GY实验室已成功研发了理想化人类，第一个理想化人类的基因是按照一位过世的伟大物理学家来改造的，并被命名为‘GYNO’，这一科研成果将会给我国带来很多便利，具体情况让我们看总台记者的报道……”各大电视台正在转播这一科技成果，并在社会引起了重大反响。GYNO展现出了他的高智商、丰富的学识，以及优秀的人际交往能力，他目前在物理实验室工作。起初，GYNO对现在的一切事物都十分好奇。他有自己的基因，他有他以前的记忆和思想，他明白现在的他只不过是一个怪物，一个另类，令很多人不能够接受。他有思考，知道自己和人类不同：他虽年轻，却没有父母，且儿女已经很大了；他虽智商高，却不懂一些现代的科技和用语；他虽是本国人，却在文化信仰方面和现代人有着很大的差别。他怨恨林博士为什么要存留和复活他的基因，导致他和这个世界格格不入。

“林先生，我很感谢你们又给了我一次看到这个世界的机会，可你们是否想过我不属于这个时代，我只会和原来的那个我一模一样！”GYNO激动地说。

“博士，”另一个声音传来，苏珩走了进来，转身对GYNO说：“你不是另类，你是人类，我们的一员，我们很抱歉对你造成了一定的伤害。可既然来到了这个世界，为什么不做些改变呢？基因工程是不会取消的，但我们会改善，不会再有人出现这种情况。你也可以与我们一起进行实验。”GYNO冷笑道：“说得好听，你们自从研究时就没有把我当作一个正常的人来看，我只是一个实验品。”苏珩诚恳答道：“你错了，这项实验的初衷只是为了人类的发展，这个社会需要你。即使现在的你和之前的你一模一样，并且不适应这个时代，可你也是独一无二的。你可以拥有新的家人，我们都可以是你的朋友和家人。我们并没有想要伤害你，希望你能原谅。”GYNO听了，无言以对。他确实向往家人朋友，确实希望做一个正常人。现在GYNO的脑海里一直回荡着“即使一模一样，也会独一无二”这句话。他似乎想通了，他和从前的他不一样，他是新的个体，是人类，属于人类一员。

至此，GYNO逐渐改变自己，努力将自己融入这个时代，不负再来世上一遭。

苏珩渐渐成熟冷静，作为新一代的接班青年，要敢为天下先，踔厉奋发，不负韶华。他将在基因研究上注入新的力量，带领团队向新的方向前进，以防重蹈覆辙。

实验室的研究也继续进行着，朝着新的方向发展……

华灯闪烁，千灯同昼，长乐常安。即使这世上出现了与自己一模一样的人，也要坚信自己是独一无二的个体。

指导老师：邹兆峰，山东省济宁市第一中学语文高级教师，教育学硕士，济宁市教育教学先进个人，济宁市优质课一等奖获得者。

编辑基因，还是被基因编辑

张青若/高二年级　尹强/指导老师　北京市第四中学

“爸，我说了我不想学计算机！”几百页的教科书被狠狠地拍在桌上，发出轰然的震响，小维克蒂姆嗓音颤抖着，向坐在他对面的，神情复杂的父亲吼道，“我想学哲学——学文学也好，学历史也可以……总之我不想学计算机，我一看见那些代码我就烦，我恨计算机！”

老维克蒂姆看看他声嘶力竭、眼里含泪的儿子，目光又落到被摔在桌子上的书上——“计算机编程进阶教程”几个字赫然印在破旧的封面上。他陷入一阵沉默，接着再次向他的儿子说出那句他说过无数遍的话——他不知道还有什么可说的了——“可是儿子，这是你的天赋所在。”

小维克蒂姆的喉咙瞬间被噎住，他欲言又止地喘着粗气，涨红着脸沉默了半天，最终委屈地憋出一句话：“凭什么……凭什么我的天赋就是运算？凭什么就因为我的天赋是运算，我就要学计算机？人想要做什么，是由他的天赋决定的吗？”

“不是这样的，儿子……但是你要知道，”老维克蒂姆逐渐急切，“你的编辑基因会让你在这个领域更具优势！那些文学和哲学领域的人，全都是语言基因，或者是逻辑、想象力基因被编辑了的人，你拿自己在这些方面普通的基因和那些人竞争，你能创作出比他们创作得更好的作品吗？”

“但是计算机领域的天才又不止我一个！”小维克蒂姆马上反驳道，“我的同学们，他们有的人的运算速度是我的两倍甚至五倍，有的人看一遍就能背下来我用一个月才记住的公式，有的人几秒钟就能想出我用三个小时憋出来的程序指令……我只是跟普通人比有计算机天赋，但在这个行业里我算有什么优势！”

老维克蒂姆像是被利剑穿透了心窝一样瞬间感到一阵痛苦，面部表情因苦涩而褶皱起来。他想起十七年前他拿着毕生的积蓄，抱着刚出生的儿子走进基因编辑手术室的那一刻他的踌躇和不甘——他觉得计算机是现代社会最能赚钱的行业，他一定要为他的儿子以后的生存创造一些哪怕微不足道的优势……可恶！可恶！为什么我不能再富裕一点？不止运算，把儿子的逻辑模块、记忆模块，甚至智商全部编辑了，他肯定会更愿意学计算机！想到这里，老维克蒂姆暗暗握紧了拳头。

见到父亲半晌没有说话，小维克蒂姆知道这次交涉肯定又失败了。他颓丧地扯过那几百页的教科书，抱着走进了自己的卧室，摔上屋门，不再说话。

小维克蒂姆想起自己在五岁时基因测序的结果，从那之后，自己在每一个新班级里的自我介绍中都多出了一个“基因优势是运算”……他想到学校用基因特征为大家分班，他想到被编辑了五段基因的孩子总是会成为班里的中心，他想到他和一些其他只被编辑了一两段基因的孩子一起“抱团取暖”，还被那些富人家的孩子嘲笑为“丐帮”……他不恨父亲的选择，他也理解父亲经济能力有限。但他绝不同意人的发展应该被自己的基因所限制……在遥远的过去，当基因编辑技术还没有被用在人的身上的时候，人的选择是多么的自由！即使我知道我的天赋是这个领域，我也可以去做我喜欢的、其他的事情。为什么基因编辑使我们的能力增强了，却使我们的选择变少了呢？

为了促进社会的发展，为了更快地提高生产力和科学技术，人类迫使自己的基因变得特殊化，像是制造出一个个专属零件一样把不同基因优势的人安装到社会的各个领域——但人类不应该主宰社会吗，为什么反而被社会所控制？究竟是人类在编辑基因，还是基因编辑了人类？

基因是人的特点，是人的一部分，但它绝不会是决定人的发展的全部参考——基因编辑可以增加人的相对优势，或者让人们的生活更加方便顺利，但绝不应该成为控制和驱使人类成为“机器”的“魔手”。一切技术的本来目的，是让人类有更多的选择和可能啊！

想到这里，小维克蒂姆有些困了，他趴在桌上昏昏沉沉地睡去，在梦里，几十年后的世界上多了一个哲学家，少了一个计算机工程师。

指导老师：尹强，北京四中高级教师，西城区骨干教师，西城区兼职教研员，北京四中人文工作室教师，人文班班主任。

归梦平凡——对基因强化的理解

张冉廷/高二年级　王伟奇/指导老师　湖南省冷水江市第一中学

“你又要去吗？”染梦面带忧色，关切地问向洛凡。“对不起，我必须去。自从我接受了基因改造，这便是我的使命。”洛凡一脸坚定，转头看向窗外的天空——乌云密布，毫无光彩的暗幕。“黑暗尚在，我怎能逃避。越是临近深渊，便越是要勇往直前。”

“都怪我，若不是我制造出了基因强化剂，也就不会有那群恶徒了。”染梦低下头，毫无生气地说道。洛凡的视线从暗幕上离开，看向染梦，面带柔情：“即使你没有制造出它，他们还会通过基因改造作恶。欲望不可控。他们有了无惧世人的力量，便会去实现贪婪的欲望。不必自责，你还是造福了许多人。好了，我必须走了。”洛凡轻轻抱了下染梦，便转身走向大门。

“保重，我等你回来！”洛凡回头报以一个微笑：“嗯，等我。”

一滴晶莹的泪珠从染梦眼角滑过。他们知道，这一去，可能是永世的别离，但为了天下苍生，他必须去，哪怕付出生命。

黑云翻涌，阳光透不进丝毫。暗夜将至，天下无光，连炬火，也难以寻觅。洛凡和他的战友，便是要化身利剑，斩断这无边的暗夜，为世界带来黎明。

黑云之下，两军对峙。“洛凡，放弃吧。基因强化剂的威力不是你们能够抵挡得住的，”夜煞冷笑，“还要多亏你的小女友，没有她，我们怎么会想要统治世界呢？哈哈哈！”

“不准你这么说她！她制造基因强化剂，是为了增强人类的抵抗力，是为了造福苍生，不是给你们改造身体，统治人类！”洛凡拔起腰间的合金剑，剑尖直指夜煞。于他们而言，热武器已经造成不了什么伤害了，唯有冷兵器可行。“好！要战便战，今日后，天下便是我的！”

两军冲锋，兵刃相交，鲜血不时洒向天空，将黑色的天染上一抹殷红，更显妖冶。另一边，生物实验室中，染梦呆呆地看着天空，企图望见一缕阳光，可惜眼中只有黑暗。洛凡，你一定要平安回来啊，你不是一直想要一种平凡的生活吗？等你回来，我就将基因强化剂毁了，以后，便再也没有战争了，我们就可以过平静的生活。染梦静静地想着，双手合十，默默祈祷。忽然，她看见暗幕中出现一缕光，那么耀眼，那么圣洁——那是希望之光。染梦的不安褪去，露出一抹微笑——战争快胜利了。

“怎么可能，你们怎么会战胜我们？”夜煞站在血泊中，放声惊叫。“怎么不可能？我们是为人类而战，是有信仰的。邪终究不能胜正，”洛凡忍住伤口撕裂带来的剧痛，左手捂住胸口上的伤，右手执剑，直指夜煞，“你输了，投降吧。”“投降？做梦！我就算是死，也要让你跟我一起死！”夜煞提剑，双脚奋力一蹬，借着反作用力，飞向洛凡。洛凡瞳孔骤缩，已经力竭的他万万想不到敌人还能战斗。这一剑，他避不开。他想到了染梦那可爱的笑容，以及诀别时的誓言——对不起，我可能要食言了。

两道血线洒向天空，在光暗交织中，无比绚丽与妖冶。

天光自苍穹洒下，破开笼罩世界已久的乌云，带来熟悉的温暖。可染梦却有一丝不安。不会是？不，不会的，他那么强。染梦安慰自己，想使自己平静下来。却发现根本做不到。

她打开互联网，看到置顶的内容——英雄凯旋。点进一看，每张图片上，每个将士多少带点愁容。她心中的不安更盛。接着往下看——烈士洛凡壮烈牺牲！染梦忽的腿一软，倒在了地上。泪水不住地往下流，放声痛哭。“风萧萧兮易水寒，壮士一去兮不复还”，即便她早有准备，但也一时接受不了这个事实。

几天后，染梦站在实验室的焚烧炉前，手中拿着所有的基因强化剂及配方，漠然扔进炉内。这是神话中的东西，本不该存在。染梦将它带入人间，本是为了苍生，却害了苍生。

这都源于人类的欲望。人人都有欲望，正是基因强化剂助长了恶人的统治欲。欲望是不可控的，自远古而来，深深刻入每个人的DNA中，无法抹除。既如此，那只能消灭神物。

染梦看着最后的药剂消失，笑容浮现。她抬头看向蔚蓝的天空，想着：或许，归于人类最本质的平凡，默默接受生老病死，享受自然，才是最好的吧。洛凡，落凡。人人自平凡中来，也归于平凡。这便是我理解的人生吧。

指导老师：王伟奇，冷水江市第一中学高级职称全国优秀教师。

不完美篇章：科学继续闪耀

张诗凡/高二年级　何影/指导老师　甘肃省庆阳市镇原中学

金博士，超现代分子生物学专家，多年来致力于新型基因研究开发工作，近日终于成功研发出了 K921 型编辑基因，又称“完美基因”，可以根据人类的需要改变脱氧核苷酸中的碱基序列，注射到人体后，便依照设定好的程序进行表达，进而使人类按照自己的设想生长发育，趋于“理想化”。此刻金博士的实验室外人山人海，都是来注射 K921 型编辑基因的。

江宇是 A 大附中的一名高一学生，年级三好学生、校篮球队队长，“别人家的孩子”。然而现在，他也在排队等待注射 K921 型编辑基因。“金博士，我要成为更加完美的人。”

完美进行曲

教室里，江宇漫不经心地刷着数学奥赛题。他的大脑经过严密的程序设计和精准的数据录入，俨然一个海量题库，他只需要扫视题目，然后将那些烦琐的解题过程从脑海中复制到卷面上。最近的考试，班里大多数同学都是满分。

球场上，江宇随手接住同伴传来的篮球，然后抬手、上抛，篮球便在空中划出一道完美的抛物线，稳稳地进入篮筐。他的肌肉现在已经“训练有素”，运球、投篮都只是一项程序化工作而已。

放学后，江宇沿着那条熟悉的小路回家。人间四月，春暖花开，一簇一簇的粉红裹挟着一团一团的葱绿，风情万种都镶嵌在橙黄无际的落日余晖中。一阵晚风吹来，吹得江宇的鬓角飞扬，淡淡的花香沁人心脾。可他没什么触动，只是机械地往家的方向走，因为现在没有待执行的程序。

回家后，他便洗澡，然后上床睡觉。程序自动关闭，他进入沉沉梦乡。当然，K921 型编辑基因在晚上会有一个休眠期，此时不执行任何程序。

不完美小调

梦里。江宇在苦苦解题。他有扎实的基础，但高中全新的知识还是让他有些吃不消。他不是别人口中的“天才”，所有在别人看来的毫不费力，都只是他在背后的拼尽全力。他常常质疑自己，也会有想要放弃的时刻，可是枯燥的努力之后，喜人的成绩总会让他看到坚持的意义。

他喜欢篮球，是热爱那种挥洒汗水、全力以赴的感觉。每一次成功投篮后，他都会骄傲地大喊“Yes”，这是他与篮球的博弈，与自己的较量。

他是逻辑严谨的理科生，可很多时候他也很感性。风、花、雨、雪，他都热切地爱着。他会奔跑着淋一场酣畅淋漓的大雨，会在日记本上写下“我的渺小不是一场雨或一场雪漫不经心的理由”的诗句，也会用相机逐年记录下一棵银杏树的生长过程，他叫它们“华丽叶宴”……

他会有灰暗时刻，会陷入自己的情绪旋涡无法自拔，他和坏情绪撕扯，和自己和解，但总会坦荡地来到阳光之下。

时代交响乐

金博士实验室。“对不起，金博士，请您把K921型编辑基因从我身体中提取出来吧，我还是想做回从前的自己。”

金博士笑着摇摇头，说：“好。不过这样看来，我的研究并不是很成功啊。”

“不是的，金博士，您的研究很有意义。您让人类实现了‘完美理想’，这项技术毫无疑问是具有划时代意义的。只是这个基因的缺陷在于它不该弥补人类所有的缺陷。世界的主体应该是人，生动的人，有感情的人，而不是程序化的基因。我想要和您一起，继续改进这款K921型编辑基因，让它成为更加优质的科学基因，在未来，这款基因一定会让人们更健康、更幸福。”

金博士和江宇开始了新一轮研究。科学和人类之间一定存在一个平衡点，科学的光辉和人类的光芒会交相辉映，照耀一个智慧、幸福的新时代。

指导老师：何影，毕业于兰州大学，文学学士，正高级教师，被评为庆阳市教学名师，甘肃省中小学骨干教师，甘肃省教师培训团队专家。

完美兄妹

张诗戟/高二年级　黄立/指导老师　江苏省无锡市大桥实验学校

我叫刘小丸。我的父亲和母亲都是基因工程师，而我，是他们最新的科研结晶——超自然人类。我生来就不会感染任何疾病，而我脑中的芯片会让我自动掌握有人类史以来所有和我未来工作——基因工程师相关的知识和技术，甚至，连我的面容与身高都是他们亲手定制的，可以说是完美无缺。也就是说，未来我会长什么样、长多高、工作是什么，都是由我父母预先设置好的。我脱离实验舱的这条消息一时间在全世界甚至太空城都引起了轩然大波。实验室的各种联络设备整天响个不停，各类寻求合作推广的邮件一封一封发进实验室的邮箱，甚至许多人组织游行要求技术公开。我的父母，却仍在实验室中日夜忙碌，丝毫不理会这些。

我叫刘小美，是刘小丸的妹妹。我是继哥哥之后更完美的超理想人类。我不仅拥有哥哥的各种优势，甚至还能随时改动体内的基因，让自己永远是世界人眼中最完美的那个。我可以快速自动愈合受伤的皮肤，可以自动检测疾病和修复器官，并拥有一个处理信息可以与当代电脑 cpu 匹敌的大脑。我变成了所有人的偶像。我的诞生让父母登上了神坛，他们被誉为是 24 世纪最伟大的科学家。人们再一次游行要求将这种技术公开并用于改造所有人类。而我的父母则做出了惊人的决定，他们要在一个月后离开地球，前往别的星系探索。

我不理解我的妹妹。在世人眼中，我们是一对完美的兄妹，可只有我知道，她并不像外表那样天真懵懂。她总是很不愿意理我。明明在几天前我读的书里写着，23 世纪里的兄妹都应该是那样互相关爱、互相帮助的。可是，我和妹妹，就像两个陌生人一样，每天连话都说不了两句。这一刻，我很想变成普通人，起码我们一家人可以幸福美满地生活在一起。

我要窒息了。为什么我的哥哥有那么多缺点，甚至连我的父母——创造我的人，都是不完美的！如果，如果我继续跟他们生活在一起……不行！好在，通过短暂的学习，我已经掌握了基因组编辑方法，很快，我就能创造更多完美的人了。我连夜编制了一份计划书公之于众——clxrl 计划——超理想人类。

我不理解妹妹为什么要做出这样一个可以说是复制她自己的计划。她甚至劝说我来参与这个计划。“这样你就会永远是世界上最完美的人啦，不心动吗，哥哥？”回想起她的声音，我却莫名觉得胆寒。我知道，父母在编制我的时候还留有余地。我阅读了几个世纪前的书，逐渐明白这些完美并不是人类真正应当追求的。父母创造我的本意，大约也只是让世界不再受疾病困扰和帮助人类发展更前沿的科技而已。可是妹妹……

哥哥真是疯了。追求完美自古就是人类的天性。当我没有看过那些古人的书籍吗？那里面有多少青少年因为追求世人眼中的完美生活而拼尽全力地输入知识，只为一朝改变自己的命运，又有多少人为达完美不择手段，想方设法让自己成为天之骄子。我现在做的，不过是以一种更轻易的方式实现所有人的愿望而已。

妹妹竟然……我已经不敢想象未来人类世界会变成什么样了。我得逃。即使这个世界上最后只剩下我这一个残次品……妹妹……别再执迷不悟了啊。创造完美生命的技术固然有它的好处，可是，创造一群和你几乎一模一样的超理想人类真的于世界有益吗？改变生命的能力在手，你应当更清楚它的利与弊，也更应当谨慎才对。

哥哥，执迷不悟的人是你吧。人类需要完美，更需要一个完美之人带领他们走出困境。哥哥，加入我们吧。完美的人才能拯救这个濒死且无活力的地球，完美的人才能带领人类走向宇宙之巅！

我一再拒绝妹妹的计划。没想到有一天我的下场竟会如此之惨。作为一个超自然人类，妹妹的超理想人类计划自是不欢迎我这个有些残缺的人，而普通人，由于计划内部技术封锁，已经对改变命运无望，也将怨愤发泄在我身上。没有人欢迎我。我像一个孤独的时间旅人，冷眼看着这世界。回到那个冰冷的家，我摩挲着父母的照片聊以慰藉，泪水从眼角滑落。我好想成为一个普通人，爸、妈，你们在宇宙中能听见我的呼唤吗？

照片被泪水沾湿，却显现出一行字母。我擦了擦眼角，将这行字母输进搜索引擎。一个窗口弹出，是父母的录像——

“孩子，我们知道，你们其中有一个人一定会疯狂地追求完美。这也是受人类的一组基因所驱使，我们没法直接敲掉它们，而且改写其他的基因也会让这组基因受到影响，从而表现得更加剧烈。你们其实就是这项实验的最终执行者，不管是你们中的哪一个看到了这段视频，我们相信，你们都会有办法让整个世界成为它本该成为的那个样子，而不是被完美的人类影响。我们也希望，人们在看到你们俩之后，能够认识到，完美其实也是一种不完美。孩子，这个任务，我们没法把它写进你们的基因，只能交给你们自己去做了。”

多年以后，我将最新的研究成果——不完美程序投入到妹妹创造的超理想人类社群中，虽然暂时无法彻底改变完美基因，但我将他们的思想稍稍改变，让他们恢复理智，能够看到普通中的完美与完美中的不完美。

哥，我回来啦！你有没有给我留晚饭……

我叫刘小丸。

我叫刘小美。

我们是一对不完美的亲兄妹。

指导老师：黄立，南京师范大学汉语言文学学士，苏州大学教育硕士。中学高级教师，曾获无锡市市属民办学校第二批教学新秀称号、无锡市区高中语文学科优质课评比二等奖。

救赎还是盲区

张书悦/高二年级　庞艳平/指导老师　山东省济宁市嘉祥县第一中学

刚下过雨，天雾蒙蒙的，给远处的山笼上一层薄纱，犹如一尊神女像，屹立于天地间，默默诉说这亿万年来的沧海桑田。

呼——风像迷失在森林里的孩子，流浪在人间呜号。一只小蚁被风托举着离开树枝，与风尘一同落地。这让它感觉像是回到记忆模糊的幼年，在蚁后身边的那些日子，温暖、静谧，萌动着一种模糊的愉悦感，这是幸福的原始单细胞态。小蚁想将这种感觉贮存起来，但它那小小的神经网络贮存量是有限的，于是它选择忘却，转身爬上树干——像几千年前的先辈们一样——几千年来都是如此。

"老师，您为什么一直反对人类基因改良？"一个年轻人小心地搀扶着一位老人来到树下。老人挣开他的手，他们肩并肩站着，沉默地看着远山。半晌，年轻人打破了难耐的寂静。

"岳阳，"老人转过头，看着眼前的年轻人，他的脸庞尚显稚嫩，却绷得紧紧的，显出一种局促和紧张，"那你倒说说，为什么赞同人类基因改良？"

岳阳对老师的话感到有些意外，但他还是老老实实地回答："当病入膏肓的人通过基因改良重获新生，人类就有了同死亡宣战的资格。若是有科学家通过基因改良延长了人的寿命，这是全人类的财富。换句话说，我认为基因改良是人类的救赎。"

"岳阳，"老人抬手理了理年轻人的衣领。他动作温柔，不像师长，更像是父亲，"我问你，失去了生老病死的人，真的还是人吗？是新人，还是……非人？"晚风似乎有些凉，岳阳站在老人身边，两人对视无言。时间好像过去了有亿万年之久，天地间只剩下他们两人——和路过的呜咽的风。

"况且，基因改良的价格并不便宜，各个派别都吵了两个多世纪了——没完没了的。"老人摇摇头，唏嘘道。

一阵风刮过，携着路过的尘埃，顽皮地将它们撒在空中。小蚁被风吹得在空中翻了个跟头，落地前抓住了树身上的点点凸起。夕阳在浓雾中奔跑，却总刺不破这片混沌世界，只有丝丝缕缕的光线有气无力地从雾后探出。

“是这样，”岳阳低声道，“外界已经有人在抨击您了。”老人不动声色：“哦，他们怎么说呢？”

“他们说您是根深蒂固的顽固主义，有条件为女儿治病，却眼睁睁看着女儿死亡——其冷酷残忍可见一斑。”岳阳表情有些不自然，他不习惯在长辈面前说这些。

老人嘴角的淡淡笑意隐去，他转过身去，看着老僧入定般的远山。岳阳眼睛有些涩涩的，嘴唇发干。他用力眨了眨眼，舔了舔龟裂的嘴唇，不说话，只是固执地看着他的老师。

“徵羽是个好孩子，”半晌，老人的手用力摩挲着拐杖，缓缓叹道。他想到女儿和他的点点滴滴：在科学领域颇有建树的他在产房里第一次听到女儿哭声就乱了阵脚，为女儿的名字想破头；他教她叫爸爸，牵着她的小手教她走路；看她为不小心掉在地上的棉花糖伤心大哭；他看着女儿一步步成长为女人，还想看着她结婚生子……可惜物是人非，徵羽三年前因病去世，在往后的岁月里，她都长眠于这棵树下。他承认自己是有私心的。给女儿替换掉致病基因的申请早已准备好，但他还是选择签下“器官捐赠同意书”。对此他周围的人非常不理解，甚至连他的妻子都认为他是一个冷血的人，与他分居两地。可他相信女儿会理解他的心。

“早在几个世纪前，人类克隆出了多莉——你知道，这是基因技术时代的开始。”老人抚着身旁的树干，看着眼前的岳阳。

“知道的，老师。”

“可是人类太过自以为是，基因改良技术掌握在贤者手里，就是人类的救赎；掌握在居心不良的人手里，就是人性的盲区。可问题就在于，人性是复杂的。”老人顿了顿，没有再说下去。

岳阳知道老师没说完的话，老师是对的。他刚想开口说些什么，却被眼前的景象所吸引。

夕阳从雾里雀跃而出，余晖洒在雨后新翻的土地上，烤出淡淡的青草香。老人的脸上满是沟壑，一半沐浴在阳光中，一半埋没在阴影里。他的白发被染成金色，整个人都被镀上一层金，从远处看，就像是一个庄重的小金人。

老人艰难地弯下腰，用手指轻轻摩挲着树下墓碑上女儿清丽的面容，带着一个父亲的亲昵。那一瞬间他仿佛回到十几年前的今天，他以同样的动作摸了摸坐在自行车后座刚放学的女儿蓬松的头发，火红的晚霞晕染出他们亲密的剪影。

他喃喃自语，又像是在和女儿说悄悄话："我想要人类有未来。"岳阳站在他的身后，默默注视着这对父女。

小蚁慢慢爬回树梢，在夕阳的余晖下，刚刚被风吹落的那种模糊的愉悦感再次加强了。天穹张开巨眼，带着宇宙深邃的神秘、残酷的唯美，冷冷注视着芸芸众生。这巨眼中唯一有温度的，是还没完全消退的晚霞，和雾散后露出的点点星光，像天穹的瞳孔。

小蚁朝着渐渐西沉的太阳骄傲地挥挥触须，它并不感到恐惧，因为它知道，就像之前的千万年一样：

太阳明天还会升起来的。

指导老师：庞艳平，文学硕士，毕业于曲阜师范大学，汉语言文学专业，中学一级教师，曾获得世界华人学生作文语文学科高中组一等奖。

爱 女

张姝玮/高三年级　柳叶/指导老师　江苏省张家港市外国语学校

“这是我的爱女，白丹心。”会客厅里挤满了人，而正中间，站着一位高挑美丽的姑娘。

任何人看到她，大概都会想起来那些上古的诗篇，所谓窈窕淑女，所谓艳绝京华，也不过如此。2052 紧紧盯着她，嗤笑一声，抱臂而观。

这声嗤笑在一众的赞叹声中“脱颖而出”，白丹心身旁的男人看向 2052，脸色竟变得难看起来。好在他很快扭过了头，继续微笑着向各位客人介绍他的“爱女”。

这里的人似乎都是一个样的——白皙、健康的皮肤，姣好的面容，身上的西装紧紧贴合着身子。2052 看着他们，不免想到 D 区轰隆作响的机床，还有一台台破损的切割机。她又看了一眼那个男人——他有一些残疾的左脚被精致的手工皮鞋裹住，而西装领口的金色装饰也很容易看得出是昂贵的牌子。他的脸上更是写满了不屑。

2052 不记得自己是什么时候出生的了，她只记得自己小时候总是跟着那个男人，她管他叫“白先生”，而她的白先生也曾给她取了名字——“白丹心”。她听着这个名字过了十几年，她也记得，白先生向一众好友介绍她时，也这么说：“这是我的爱女，白丹心。”那时的他们一起住在 B 区，总是用羡慕的语气谈论起 A 区。2052 从未见过自己的母亲，而白先生第一次提起她的母亲，竟是将她赶出家门的时候。

“果然是 D 区的女人。”她眼中文质彬彬的白先生在那个秋夜将她打出了家门，她固执地等在门前，等着白先生将她领回家，然而她却等来了另一位“白丹心”。她们视线交汇，那名“白丹心”向她微笑。后来她发现了白先生的研究所，发现了数以万计的档案，她鬼使神差地翻开标记为“2052”的档案，发现了白先生写下的最后一行字：“发现身体缺陷（手指缺陷）、情感缺陷（过于热烈），送往 D 区，由 3544 接替。”

2052从前很少哭，她那时只是呆呆地翻完了自己的和3544的档案，她的脑海中冒出了“欺骗”一词，白先生总是和她说，不要欺骗他人，这是不好的。

再后来她去了D区，见了许多和她一样的人，更多的是没有接受基因改造的穷人。她在D区见到许多女人，大概和她的母亲一样，在研究所生了孩子便被扔回了老家，只得了一笔钱财。她从前在B区时如何称赞分区制度，如今就如何痛恨分区制度，她总是一个人坐在麦垛，或是河边的大石块上，想着很多事情。她时常问自己，基因改造的时代是对是错？完美的人类是福还是祸？她又会想起很久很久以前学习的诗篇，屈原的《天问》。觉得贴切，又并不贴切。2052总是流泪，既不甘，又不屑。

在这个基因改造技术已十分成熟的时代，全球80%的人口都接受过改造，而几乎所有国家都采用了城市分区制度，从A区到D区分别代表了人们的改造情况，并且分区分配资源。人们想要从其他区进入A区，只要让下一代更加完美就可以。白先生就是A区的忠实追随者之一，他利用自己的技术手段改造基因，培养那样多的胚胎，就是为了得到一个完美的“白丹心”。

会客厅又来了一拨客人，白先生调整了别着的耳麦，向那些人宣布：“这是我的爱女，白丹心。”白丹心向他们微笑，2052却大声道：“这是你最得意的作品，3544。”会客厅一片沉寂，2052看见白先生憋红了脸，尽全力忍耐着自己的愤怒。白丹心却带着疑惑看向了2052，看着2052被安保人员抓走，看着她被搜出了伪造的A区证件，她向2052微笑。

2052总是做梦，梦到有一个平行世界，所有人接受了基因改造，有灿烂笑容，也有号啕大哭，病痛和人们越走越远，她时常去3544的公寓里和她聊天，她们吐槽不好吃的甜点，互相推荐喜欢的化妆品，她们有时候冷战吵架，有时候亲密无间，她们永远没有分离。

2052这次伸出了双手，3544说，永远、永远。

指导老师：柳叶，毕业于哈尔滨师范大学，汉语言文学教育专业。中学一级教师，市级教学能手。曾获得本市语文学科高中教学优质课一等奖。

为了那片纯净的天空

张馨米/高三年级　李燕/指导老师　江苏省南京市宁海中学

阳光照在我的脸上，暖暖的。我终于走出满是LED屏的地下城，深呼吸了一口混着青草味的空气，望向这片许久未见的，蔚蓝澄澈的天空。

再次翻开这本三十年前的电子日记，已是感慨万千。

2050年9月1日　晴

这是新学期的第一天。我走进学校，校门口高高挂起的鲜红色横幅映入眼帘，赫然写着：欢迎任小优同学来我校就读！远远地，我看到一个年轻女孩正站在礼堂门口，所有校领导都在她身边笑脸相迎。

“她是谁？”我有些疑惑地问身边的同学，毕竟这么隆重的欢迎仪式还是第一次出现在学校里。“这你都不知道？她是第一批被基因编辑的孩子啊，全世界也就一千个人呢！”

“基因编辑……”我反复默念这个词语，想起之前看的新闻报道。在我还未出生的时候，人类已经掌握了成熟的CRISPR-Cas9技术，即基因治疗法，它可以通过将受试者体内的一部分细胞分离出来，选择性地敲除细胞中的致病基因片段，拯救失明、癌症等遗传缺陷，举世轰动。渐渐地，人们开始试想，遗传病人可以通过技术变成普通人，那么普通人是否能变得更强壮、更聪明？通过大量试验，第一批基因编辑婴儿诞生了，他们大多都是社会名流的孩子，一出生就汇聚了全世界的目光，原来任小优就是其中一个。

2050年10月10日　晴转多云

第一次月考成绩公布了，任小优不出所料地拿了第一名。由于基因编辑，她的智商比同龄的普通孩子都要高一大截，记忆力也极好，我们需要背很久的课文，她只需看两眼就熟记于心了。她的外形优越，有着健壮的、从不会生病的身体，还有一双碧蓝色的眼睛。即使她的父母都没有蓝色的眼睛，基因编辑也可以做到。

校运动会上，她打破了多项历届学生纪录，体能超群。音乐、美术，她样样在行，一切荣誉与光芒都集中在她身上。

2052 年 9 月 1 日　多云

任小优通过跳级已经提前进入大学深造，而学校竟然又迎来了一批基因编辑的学生！他们每个人都有极高的智商，老师们也更愿意与他们交谈。今天我鼓起勇气，去问那个考了第一名的同学问题，他只是冷冷地看着我，眼神里充满了鄙夷和不屑，我开始感到心寒和害怕，我会被这个世界抛弃吗？

今天放学后，我在母亲面前大哭了一场。“为什么我不能像他们一样优秀？我拼命努力赶超，却还远远不如他们！”母亲心疼地摸了摸我的头，“是我们没有能力为你创造好的条件，不是每个父母都能承担得起巨额的基因编辑费用，但或许将来你的孩子还有机会。”“我的孩子？现在职场应聘，高新技术领域只招基因编辑人，而最苦最累，薪水最低的活，都是普通人在干啊！他们的孩子只会越来越优秀，而我们终将被淘汰。”

2060 年 4 月 1 日　多云转阴

政府终于公布了这个计划：广大市民朋友们，为确保基因编辑人群拥有更高质量的生活和学术环境，我们决定建立地下城，将所有未经基因编辑的人群迁至地下城，做到分开管理，分开教学，让经基因编辑的孩子得到更好的教育。从明日起凭身份证登记，电子身份证上没有星号即表示未经基因编辑，必须尽快搬迁，否则将强制执行。

各地出现了反抗的声音和游行，普通人们呐喊着试图阻止这一计划，可政府官员、警察已全是基因编辑人，他们只是面无表情地带走一个又一个普通人，带他们去往不见天日的地下。

2070 年 5 月 1 日　阴

我慢慢适应了地下城的生活，这里的人们已经麻木，只会吃饭睡觉，勉强支撑着没有灵魂的躯壳。稍微有些精神时，就会看看地面上的新闻，看到谁又发明了什么，获得了什么成就。但总有人看着看着，突然愤恨地关上电源，开始哭泣。

2075年1月1日　阴转多云

今天清晨，我正睡得朦胧，突然听到邻居大叫道："你们快来看这个新闻！由于冰川融化，出现了一种X病毒，基因编辑人并没有应对这种病毒的免疫功能，已经有好几个领头人物倒下了！而我们的正常基因却可以抵抗病毒！"

地下城从来没有像今天这样热闹过，或许，我们还有希望走出这里吧？

2080年6月15日　多云转晴

与病毒斗争几年后，顶尖技术领域的人们还是一个接一个倒下，地表渐渐安静了，只剩下那些恐惧和绝望的人们。终于，他们决定打开地下城通道，让我们去支撑社会的运行。

地下城里，有从未见过日光的孩子的好奇，有暮年老人的叹息，还有像我这样的中年人对青春时光白白浪费在地下的感慨。

2080年7月1日　晴

我闻到了花香，我们真的自由了，像在梦里一样。我们重建起属于我们的家园，看到了那片纯净的蓝天。

从前种种，譬如昨日死；从后种种，譬如今日生。

桥的两边是地狱和天堂，而桥中央是科学。我与你身体里的每一个原子，在几亿光年之外，在宇宙的伊始，出自同一母体，它们生于自然，不应受到污染和自以为是的聪明干扰，正如那片依旧纯净的天空一样。

指导老师：李燕，曾获优秀教师、优秀班主任等荣誉称号。

基因的独特美

张一鸣/高二年级　李玉莉/指导老师　山东省济南高新区实验中学

市区中心的街道上，宣传新生儿基因的广告在大屏上播放着，街上的人行色匆匆，他们有着高度相似的服饰搭配，甚至有相同面容的两个人擦肩而过。这样的场景，每天都在重复上演。

这是基因改造技术取得成功的第二十三年，也就意味着，第一代改造基因的儿童大多已经成年并参加工作。现在，这种改造基因技术也已经完全走进大众，成了社会上盛行的“风气”。

“医生，您好，我是两周前预约改造宝宝基因的那位。”我刚走进科室，还没穿好工作服，一个二十出头的小姑娘就跑了进来。

我连忙扣好扣子，坐到电脑前，将脸部扫描仪对准她，让电脑识别并找到她之前的档案。

“嗯，两周前来过，但当时没选好孩子的样子和智商，现在想好了吧？”我边看着档案边问着。

“对，医生，已经和家里商量过了，在你们医院那个‘宝宝基因改造程序’里定的，要这个样子的，要个小女孩，智商嘛，要最贵的那个。”说完，小姑娘把手机递了过来。

我接过手机，与系统连接。不过我的脸色有些沉。明明每天都会经历，但一听到用价格衡量孩子的特质，还是让我有些头大。

“嗯，孩子长大一定很漂亮，不过，这个面容在国内已经有二百六十九个了，但区域比较分散，遇见的概率也不是很大。”我抬头对她说。

“那医生，我们再加点钱，给孩子左脸颊上再加一个痣，不要太大。”姑娘犹豫了一会儿，开口说道。

我怔了一会儿，便抓紧给她打好了改造手术条。

看着姑娘欣喜的样子，我不禁问道：“姑娘，为什么想给孩子改造基因？”

姑娘腼腆地笑了一下，说：“就是想给宝宝最好的，想让她完美，我就是个基因改造儿，不过当时改造的人少，我就很突出，也很招人喜欢，现在人多了，我可不想让我的宝宝是个‘异类’。谢谢你啦，医生。”

我微笑了一下，目送她离开。但心里却波涛汹涌：自然基因的孩子，就真的是“异类”吗？

中午就餐时，护士长坐到我身边，悄悄说：“主任，你听说了吗，政府在征求民意网页上询问‘是否废除改造新生儿基因技术’，还有一半的人不同意，明天就出结果了，唉，也不知道能不能实行。”“什么网页？发给我看看。”我打开网页，看着势均力敌的正反方的票数，缓缓点了同意票。

傍晚，我拖着疲惫的身子，回到家里，再打开网页，两边依旧咬得很紧。我犹豫了很久，点开讨论区输入了下面这段文字：

我是中心医院的改造新生儿基因科室的一名医生，我不同意继续推行这个技术。这个技术的发明，是为了让很多在妈妈腹中有缺陷的畸形儿能够修复基因，健康出生，并不是让孩子被贴上价格标签，让孩子失去自己本身的独特之美，被现在的社会风气所吞没，被“异类”头衔变得敏感自卑。我们也没有权利为孩子们选择他们的面孔、人生，而且我想，人类的美就在于基因的随机，在于保持自身独一无二的美。

我打完字，果断点击发送，然后闷头大睡，享受着前所未有的轻松。清晨，一通电话吵醒了我，我迷迷糊糊地按下接听键：“主任，那个热门评论是你发的吧，幸亏最后投同意票的人多了，要不然你可就没工作了，我跟你说……”“好，真好。”我已经听不清护士长的声音了，自顾自地嘟囔着。

后来，改造基因科室撤销，基因改造技术也只被运用到畸形儿病例中，而我被安排到了普通产科，每天看着新出生的孩子，他们的一张张各具特色的面孔在病房窗边的阳光沐浴中，诉说着他们的独特。

其实基因的随机本就是一种美，我们也许会因各领域的快速发展而陷入深邃的科技宇宙，但宇宙的突破口便是保持人的独特。

指导老师：李玉莉，山东师范大学教育硕士，中学一级教师，曾获市区校级奖励、教学成绩奖等荣誉。

进　化

张有容 / 高三年级　徐帆 / 指导老师　北京大学附属中学朝阳未来学校

“……这有什么好的！”我从未见过宋衍如此脱离理智的谩骂，“把野兽的基因安到自己身上！真的是脑子里缺根筋吧——还是说，她的脑子也变成猫脑子了……我告诉你，它们的基因可是会变的！”

我现在非常后悔让他与阿莉塔碰面。

整个过程从原本还算礼貌克制的观点碰撞，到愈加激烈的争吵，再到阿莉塔的愤怒离开，以及现在宋衍还没停止的牢骚，我的头脑是混乱的。除了唯一一件愈发明确的事情——我从未想到这两派会对立到这个程度……

也不知道是从什么时候开始，这个世界逐渐分化了。以几个传统科技大国为首的 FA 派致力于走人工智能的未来发展路线。相对的，以新兴生物技术联盟为首的 FB 派倾向于人类基因的改造。两个派别均在招揽中间派的支持。我呢，不知道算不算幸运，是个没有任何义成分（也就是身体有某个部分被智能机械替代），也没有任何导入基因的自然人类，于是就成了两边人士的争抢品。

在事态愈发严峻的近几年，好像整个社会都在要求人们必须站队。

大概很多人都想过，为什么不能使两种可观的思路共同和平发展？谈论过这个话题的中间派比比皆是，可那些文章总是被飞快地瞬间封杀，只留下一群标题党。我想，大概是为了地球资源的争夺吧，潜在矛盾将会越来越多。各大媒体也都在猜测正面冲突的产生时机，从冷战到热战大概就在一念之间。

我和 FA 派的宋衍是老相识了。他本患有天生性的脑髓疾病，这种缺陷放在以前大概会与他相伴一生。但几十年前 FA 派提出“义成分计划”，他参与其中，用轻机械替换了整个头骨与脊柱。这样大的工程完成后，从外表看却与自然人类没什么两样，只是在黑夜里，那双义眼会闪露出不属于人类的、玻璃质的荧光。

若在以前，头脑的发育残障可能会使人迎来复杂的目光，可是现如今，若你身上没有任何义成分，反倒会被人看不起。这种风气在十年前可谓最盛。高个子男生总爱用一根义成分的小拇指勾起我的后衣领，把我提到半空中戏耍，宋衍无一例外地用他结实的头骨帮我解围。人们的好心与温暖，在我看，每个时代都一样。义成分给予他善于运用逻辑的思维，使他说话做事讲道理，随着总台信息技术的更新，他的义脑也在时刻发展完善。他好像比自然人类更直白，是我的好朋友，至少之前是这样，在阿莉塔出现以前。

“我嗅到了你的紧张。”这是她对我说的第一句话。当时的她正趴在云松的高处，混在野猫堆里，下颚搭在撑起的手肘上，眯眼看向路过的我。瞳孔尖细，眼神略显慵懒。可能是因为她身材瘦小，看上去只像个十几岁的孩子。

谈起她的导入基因，她有一种悠然随意的自得感：

“你看，我现在可以随意攀到高处，身体也更加轻盈，越来越像一只猫了，”她动动耳朵，人类的手臂向前伸，精瘦的肩胛骨微颤，显露出优美的背部线条，在草地上伸起懒腰，“你并不会感觉身体异样，才不像那些愚蠢的钢铁机械。坚硬的四肢怎么能和生物柔软的肌肤与毛发相比？他们的总台天知道在搞什么阴谋，而基因只属于你自己。”

她歪歪脑袋，鼻尖蹭过身旁的野猫，好像是自顾自地呢喃呼噜：

“那些笨脑子们，马上就会意识到这一点了吧……”

或许是因为晚饭未散去的鱼腥味正合她胃口，在那之后，阿莉塔时不时发语音过来约我到她的小院坐坐。她住的小院虽有些远，但我从不介意经常前往，因为那里的植被覆盖率极高，建了许多观景极佳的风景崖，小院里还有一股潮湿的松木香。

大概是因为和 FB 派频繁的接触，宋衍开始“监视”我了。好几次我去赴约，他都在中途莫名出现，并以蹩脚的理由随我一同前往，随后便是一场大战。

想着最近的种种，我颓然坐在椅子上。

“嘀”，一条罕见的文字短信从消息框弹出，发送人显示是阿莉塔，这回没发语音。

我出门，宋衍果不其然地跟上来，抑制不住的笑容令我感到有些奇怪。

“我和你一起。”他幽幽地开口，像是在等着看什么笑话。

我推开院落的门，却没有阿莉塔的身影。满院野猫乱窜，中间躺着一只，像是死了。松木香掺着腐味，我有些无措。

"这就叫基因的'进化'？"宋衍手撑着门框，对满院子的混乱不改以往嗤之以鼻的模样，"我就说过——"

我刚准备忍受他的长篇大论，声音却戛然而止。我转头看他，发现他保持着方才的姿势僵直在原地，眼神呆滞，活脱脱一个待机的可怜虫——他的"人工智能超仿生脑"与总台脱线了。也就在这时，满山城的霓虹灯熄灭，世界陷入从未有过的、如此深沉的黑暗中。他的那双义眼和满院晶莹的猫眸子一同闪着无力的幽光。是开始了吗……

这幽光无形中点燃了很多埋藏许久的疑问。他们是谁呀？我终究是在和谁对话呢？到底是宋衍本人，还是他背后不断运作的、符合人类逻辑的机器呢？到底是古灵精怪的阿莉塔本人，还是她导入基因背后一直在控制她的东西？聊到有关两派的话题，就像打开了一个一直封印着的开关，他们的样子，都变得好陌生……

我抬头向上看，天上出现了许多亮晶晶的眼睛，是我从未见过的场景。烦躁的心情好似随着周围颜色的降沉，逐渐变得宁静。

出现了一种感觉，一种突然冒出的毫无来由的想法——在几百年几千年前，那些思想先进的人们也和此刻的我一样，喜爱这片墨色的天。

指导老师：徐帆，文学硕士，中教一级，从事语文教学十余年。

科技之魂

张芸嘉/高二年级　王霞/指导老师　北京市平谷中学

“随着科技的发展，DNA 修改技术已经成熟，人们可以……”电视里播放着今天的新闻……

饭桌前，老人面对着一把空椅子，开始了今年的等待。

丰盛的饭菜冒着热气，老人换上熨烫得整齐的衣服。钟表指针走了一圈又一圈，直到钟声敲响第十二下。老人望着门的方向，眼底藏不住失落，原来他已经离开了这么多年。

一阵清脆的铃声打破了寂静。

“爸爸！”一个高个子男孩站在门口，温和地笑着。

老人惊喜地看着眼前的男孩。

“爸爸，我回来了。”

老人将手轻轻放在他心脏的位置，感受着温暖、强劲有力的心跳，眼睛渐渐模糊，互相等待了近半个世纪的两人紧紧相拥着，享受着重逢的喜悦。

从此，老人的家开始热闹起来。一切都好像回到了从前，生活的主题也不再是等待。老人看着不再受疾病困扰的孩子，内心无比感谢自己当年的决定。

重生的儿子像是经历过磨难的淬炼，变得成熟。房间不再杂乱，性格也变得沉稳。

那年秋天男孩离开后，老人也渐渐淡出体育界，不再执教。这天，老人却收到了国家体育界的邮件——世锦赛就要开始了，他们希望男孩归队训练。老人看着客厅里的儿子，这些年规则和技术都发生了巨变，他才回来没多久，根本不可能适应现在的赛场，老人笑笑，他们也真是心急。

老人始终保留着他们过去获得的奖牌，在客厅的一角整齐地陈列着。

“爸爸，你怎么还留着这些旧奖牌？”

老人闻言很是吃惊。

“扔了吧。”男孩简单地说道，语气仿佛是扔一袋因为忘记吃而腐烂的苹果。

老人急忙上前拉住男孩：“这是我们的第一块国内联赛的金牌啊！”

直到曾经的队友登门拜访。

“你不在的这些年，发生了好多事。”队友有些惋惜，“世锦赛我们输了，输得很彻底，此后几年的成绩都不理想。”

“那很正常。”

“你知道吗？队长被除名了。”

“为什么？”

“他旧伤复发，时间紧迫，赛前用了点止疼药，结果被查出成分有问题。我们替他说情……”

“这没什么好说的，他没有遵守规则。”

“我们想邀请他重新归队……”

“那时候技术还不成熟，赢了也没什么意义……”

“扔了吧……”

这些天发生的事不断在脑海中回闪，老人看着眼前的儿子，扑面而来的不是亲切，而是不寒而栗的陌生——他不是他。

第二天，老人来到了生命科学研究所，见到了复活男孩的科学家。

“我想这并没有什么不好。”科学家对老人说，“当年他过早地因为绝症死去，这是篮球界的损失。他本人虽然是难得的天才，但随着时代的发展，今天，他的技术还存在漏洞。”

“我只希望我的孩子能健康快活地活下去，做他自己喜欢的事。”

“没错，他现在很健康，甚至连感冒都不会患了。我们只是顺带修改了他的技术，现在，他是完美的。”

“你们修改了什么？”

“我们修改了他的DNA片段，这样，他不仅不会生病，还获得了完美的基因。他不仅能健康活着，还能在当今的赛场上战无不胜，未来他的基因还会被植入到很多从事篮球运动的个体中去。”

老人跌坐在椅子上，摇着头：“不，这不是我的孩子……”

实验室里，老人见到了他的心脏，那颗浸泡在培养皿里千疮百孔的心脏。科学家们从他的心脏组织上提取出DNA片段，除去致病基因，再将其重组，他们就靠这样的方式治愈了他的绝症，然后克隆了一个他出来，送到老人身边。实验室里，所有的科学家们都将自己埋在实验室里，夜以继日地忙于“完美基因”计划。

“当年，我希望百年之后，科技发展，能够研究出治疗他的病的药物。所以在上一任所长的建议下，我把他的遗体交予你们冷冻，以待来日。”老人的声音颤抖着，“我只希望他能获得重生的希望，他离开时才只有二十六岁，属于他的人生还很长。”

…………

“但我的孩子彻底死了，他死去了两次。第一次，不可避免的绝症杀死了他的肉体，而第二次，恰恰是让他重生的科技，杀死了他的灵魂！你们可以在实验台上制造出无数个完美的、适用于各种行业的‘人’来。可他不是你们的实验品，他不是即将出现在赛场上的得分机器，他是我的孩子。现在科技替代了很多东西，你告诉我，情感也可以被制作吗？人也可以被制作吗？

“对于你们来说，他死去了四十四年，但对于我来说，每天早上我都觉得他只是刚刚离开。”

这是老人离开前留下的最后一段话。科学家望着老人离开的背影，愧疚和茫然填满了周遭的空气。未来，如果各行各业的人都获得了完美基因，那么社会必然会飞速发展，可往往发展得过于迅速，人们就会忽略其中的黑暗面——在前所未有的飞速发展中，我们是否会丢掉过去由不同灵魂创造出的多彩文明？

人的灵魂就像天空中纷扬的雪花，美丽，独一无二。科技修复了男孩的肉身，却也杀死了他原有的灵魂。

“从今天开始，我们的DNA重组技术只用于矫正检测出的畸形胚胎，现在，停止一切对完美基因的研究！”科学家宣布。

指导老师：王霞，毕业于首都师范大学，汉语言教育专业。中学高级教师，区级骨干教师，区级骨干班主任，多次获得区级优秀班主任称号。

理想

张子龙/高三年级　赵静/指导老师　山东省济南市历城第一中学

黑夜，凄冷的寒风迎面打在联合军首长的脸上，联合军的战旗依旧在寒风中飞舞，战旗上凝结了厚重的寒霜。望向战场的方向，他深深鞠了一躬，“和那帮‘怪物’战斗真是难为你们了。”尽管拥有武器上的领先，和更加丰富的经验。可是战士们所面对的那帮敌人是不知饥饿与寒冷，没有痛觉和意识，却拥有人类最高水平的身体素质的“人”。不，他们根本算不上人！“获胜的理想还能实现吗？”

十几年前“生命工程”正式开展，谁也没有想到，原本想使人类变得更加理想的计划，却制造了巨大分歧。“人类的进化早已经停滞不前，这证明人类进化的潜力在如今已经到达极限了。可是如果把如今人类的极限变为下一批人类的起点……他们将会展示更加惊人的潜力，突破人类的极限！”生物学家伊万说道。会议厅鸦雀无声。“这偏离了我们工程的目标，伊万先生。尽管如今我们拥有人类全部的优秀基因，‘理想人类’这个计划还是太难以实现了。”主席反驳道，“现如今，我们改造自己的基因，强化自己的身体和大脑还十分困难，更何况创造一个……不，是一代，甚至几代‘新人类’呢？”

会议结束，伊万带着狡黠的笑容离开了会议室，并主动离开了生命工程小组。坐拥整个人类的优秀基因库，生命工程小组大有可为。然而，不只他们拥有人类基因库。

“我的理想必将实现！”

生命工程一期，科学家们完成了将人类体细胞完全转化为胚胎干细胞的任务，并使其可以正常分化。

伊万也完成了，并开始逐步将理想基因转入其中。

生命工程二期，科学家们修改了癌细胞的基因，让它们不能快速增殖。癌症再也无法杀死人类。

伊万也盯上了癌细胞，他将癌细胞快速增殖的基因导入体细胞并获得成功。如今他拥有快速克隆的能力。

生命工程三期，科学家们想要尝试优化某些正常的基因，遭到世界范围内的反对，生命工程被迫结束。

伊万看到这则消息，看向了一个硕大的玻璃罐：“孩子，没有人能阻止我们了。”几年后，Evil Ⅰ被制造出来，拥有顶级的身体素质，但脑细胞发育不完全，没有自我认知和自我意识。然而，伊万觉得是时候了，就大规模快速克隆 Evil Ⅰ，将“他们”武装成为军队，开始攻击各国，发起战争。伊万向世界宣告，人类的进化将由他来推动。

尽管人类组成了联合军，然而面对源源不断的超级士兵，普通人的抵抗不过是以卵击石。而 Evil Ⅱ更是将人类逐步推向深渊。伊万攻克了克隆时对 Evil 脑细胞的损伤，Evil Ⅱ成为他心目中真正的理想人类。

面对即将达成的理想，伊万心潮澎湃。走到大街上，看到几个孩子在愉快地玩耍，银铃般的笑声如初春的阳光让他感到温暖。“你们在干什么，你们家长是谁啊？”“我的父亲可厉害了，他是二十四军区的区长！”伊万身旁的 Evil Ⅱ不知听到了什么，拿出手枪，指向那几个孩子。一瞬间，曾经鲜活、美好而富有希望的生命，却因他心目中的理想人类戛然而止。

“为什么！告诉我为什么要开枪！”伊万怒不可遏。

“二十四军区。”冷漠的声音回答道。

伊万终于明白，他所掌握的突破遗传学的技术并非他的理想技术，所有的 Evil Ⅰ和 Evil Ⅱ都缺失了成为人类最重要的一点，人类特有的而并未刻入 DNA 的东西——人性和善良。

他只身一人去到了联合军总部，告知他们，其实所有的 Evil DNA 的质粒都比正常人的要短很多。所以，一旦 Evil 的质粒接收到能量，那将是一串连锁反应，所有的 Evil 都将在二十四小时内死亡。

Evil 全部死亡，世界逐步恢复正常，联合军首长看着祥和的世界说道：“守住她，便是我最后的理想！”远处再次传来孩童欢快的笑声。

指导老师：赵静，从事教育工作近二十年。

无可替代

赵铭瑞/高二年级　李海群/指导老师　河北省邢台市第一中学

富商李易仁的妻子陈丽不久前去世了。李易仁悲痛万分，为她举办了隆重的葬礼。就在半年后，李易仁带着他的妻子再次现身慈善晚会，所有人心知肚明——这是陈丽的克隆体。

在这个克隆技术相对成熟的时代，越来越多的克隆人出现了。然而很少有人能自然地接受他们的存在。

陈丽整晚都紧跟在李易仁身后，像一只不安的小白兔，眼神中藏不住慌乱。李易仁停下来谈话，她就露出优雅的微笑安静地听着，像一个精致漂亮的陶瓷娃娃。一个朋友招呼着李易仁后天聚会。“瞧我，没个眼力见儿，”他开玩笑说，“嫂子，让老李和我一起喝点儿酒行吧？我保证不会让他喝多。”陈丽不知道“真正的自己”是怎么回答的，依旧是微笑着，点了点头。

李易仁深深地看了妻子一眼，开口道：“行了，去沙发那里和太太们聊聊天吧，你以前最喜欢做这个了。”一听到“你以前最喜欢做”，陈丽就像开了关键词检索器一样，点点头向沙发走去。

“老李，嫂子就是和原来不一样了，别看长得没区别，甚至还年轻漂亮了，但是这性格什么的可一点儿都没克隆到。从前的嫂子哪能这么轻松就答应你去喝酒。”朋友说。李易仁似乎不想多提，挑起了一个别的话题。

怀特夫人最新定制的珠宝正在被太太们围观。怀特夫人见到陈丽，先是一愣，又招手，要陈丽看看她的新项链。陈丽拿起来端详了一会儿，说了一些赞美的辞藻。寂静弥漫在空气中。怀特夫人说：“陈丽你还没看出来吗？这是你最喜欢的设计师设计的啊。”“哦，我看出来了，这是费莱先生设计的吧。”“谁是费莱？你最喜欢的珠宝设计师不是米奥克先生吗？”陈丽沉默了，她又记错了。其实她早在原先的陈丽刚去世时就已经来到了这个世上，这半年里，李易仁一直在给她补习陈丽的爱好、习惯，但她却总是混淆。另一个太太及时出现来打圆场，尴尬被缓解，她们又开始了另一个话题。陈丽觉得这里没有她的容身之地，默默离开了。

正当她迷茫的时候，一位与她同样年轻漂亮的太太邀请她过去坐坐，她欣然应允。在座的各位都是一样年轻的太太。邀请她的人自我介绍说："我叫莫玖，我克隆的原主叫白欣，在座的大家都是克隆人，你不用太拘束。"她们谈论自己最爱的饮品，最喜欢的旅游景点等各种各样的话题。当被问及最爱的书时陈丽不假思索地说《史记》，就像机器人的标准答案。莫玖又问了一遍："亲爱的，我们是在问'你'最喜欢的书，而不是'陈丽'。"陈丽第一次被问到这样的问题，她思考了一会儿说出了自己最喜欢的书。她收获了大家赞许和支持的眼神。陈丽渐渐放松下来，她听着大家讲话，不必时时刻刻想着自己是"陈丽"，可以自由地发言，这是她从未体会过的感受，她感觉自己像小鸟一样在天空中无拘无束地飞翔。

快乐的时光总是短暂的，当李易仁在莫玖这里找到陈丽时，脸上露出了不悦。临别前莫玖小声叮嘱她，如果有一天不想再做陈丽了，就来找她。陈丽回了家，李易仁警告她以后少和莫玖这样"不安分的人"来往。陈丽躺在床上深思，久久未眠。

过了几天，长期在外求学的女儿回到了家，全家举行了隆重的欢迎仪式。女儿对这个"妈妈"似是有很大的意见。恰巧保姆有事请假回家，女儿点名要陈丽亲自下厨。陈丽忙了一天，准备了一顿晚宴。想着喝了几天的丸子汤了，陈丽就熬了一锅粥。吃饭时，女儿面对着自己面前的粥和陈丽给她夹的菜，生气地放下了筷子，哭着吼道："我不吃你做的饭！我妈知道我最喜欢喝丸子汤，每回回家必有一碗；她也绝对不会给我夹菜。你再怎么像也不是我妈！"女儿又转向李易仁："爸！你看看她，她比你年轻了至少二十岁，你怎么能让我管这样的人叫妈？"说完摔门回到了房间。李易仁看了陈丽一眼，像是无声地赞同女儿，转身安慰女儿去了。

陈丽不知所措。她自有生命来就一直想努力地扮演好"陈丽"。这半年里，李易仁爱她是真的，可是李易仁总是在透过她去寻找别人的影子。每当她做出了一个决定，她和李易仁都会想到：如果是陈丽，她会这样做吗？就在这样的怀疑中，他们之间的感情早已消磨殆尽。李易仁累了，陈丽也累了。或许她真的不适合做陈丽吧。

有一天莫玖突然来访。原来她最近正剔除自己身上白欣的影子，她只想做莫玖。很多人在找她，她无处可去，来投奔陈丽。陈丽将她安排到了一处隐蔽的公寓。

李易仁找到了陈丽，要求陈丽将莫玖送回。陈丽拒绝了。李易仁从未想过自己赋予了生命的娃娃会反抗，他怒斥陈丽。陈丽坚定地回答道："谢谢你给我生命。可我不是陈丽，基因一模一样也不是。从来就没有人可以代替陈丽。而我是独立的，一个独立的人。你知道我继续做陈丽只会给我们都带来痛苦，你不知道我不用去做陈丽有多么快乐。我想为自己活一次。"陈丽走出了家门，敲开了莫玖的门。莫玖见到孤身一人的陈丽，欣慰地笑了。

自那以后，陈丽和莫玖始终致力于为克隆人争取人权，禁止出于私人感情进行克隆。她们明白，这是一条很长的路，注定布满荆棘，充满艰难险阻，但她们坚信黎明总会到来。

每一个人都是独特的，无可替代。

指导老师：李海群，毕业于河北师范大学，中学高级教师，获省优秀班主任等荣誉。

新的人类

赵鹏举/高三年级　滕凤玲/指导老师　天津市第一百中学

七月某日，正值三伏，一条长长的队伍从某不知名企业大楼的楼内排到楼外，一直延伸到楼外十多米的拐角——他们全部是来参加公司面试的失业者。

酷暑炎热，队伍中大多数人汗流浃背，却仍默不作声，将队伍排得井然有序。略显可怕的沉寂笼罩着整支队伍，没有人出来维持这样一支浩荡队伍的秩序，因为没有人会扰乱秩序，他们都是基因改造后的高素质“新人类”。

而此时气喘吁吁，两腿酸痛到不得不来回交替重心的苏启明，虽同样排在“他们”之中，却与“他们”格格不入。

“下一位，470号，准备面试！”

随着广播不含丝毫感情的机械音，苏启明捶了捶发麻的双腿，稍打理了一下西服，忐忑地打开众多门扉的其中一扇。

“470号……苏启明先生，在面试开始前，我对您的档案抱有一丝怀疑，我想，‘基因改造类型’这一栏空而不填……应该是出于疏忽吧？”

“不是疏忽，我的确未曾经历过基因改造，还属于‘旧人类’，”苏启明早料到会提及此事，“但是，我会加倍努力工作，来弥补基因上的不足。”他补充道。

面试官先是一愣，而后微微抬起了脸，没有理会他的话，转而开始进行面试内容。

“苏先生，你可以在两天后查询面试结果。”面试约莫十分钟便宣告结束。

苏启明走出面试厅，长长吁了口气，他知道，这次面试多半也会以失败告终，面试官在得知他“旧人类”的身份后便不再对与他的对话予以丝毫关注。这也同样在他的预料之内，不知多少次面试失败的经验让他接受了这个现实，但失落与不甘还是如枯根般盘虬在他内心，难以挥去。他回到家，孤身瘫在床上，回想起自己——作为一个“旧人类”曾经的经历，不由得苦笑。

“人类基因改造计划”，从四十年前它被提出之时便似乎具有难以抵挡的诱惑力，并以惊人的速度迅速普及整个世界。“让你的孩子成为命中注定的天才，不要让他输在起跑线上”成为那个时代最著名的广告语，人们无论身份尊卑，竞相参与，抛弃了原本“结婚生子”的生理过程，而是选择直接购买由“人类最出色的基因”人工培育出的“天才人类”。该类基因去除了人体中部分“阻碍生理极限发展”的碱基对，通过对历史上的名人后代进行基因分析，将优势基因的组成复制到人造人上，从而创造出“近乎完美”的新人类。

苏启明的父母，作为那个时代中少数反对人类进行基因改造的科学家，受到了学术界的排挤——苏启明正是在这种情况下出生的。

他从小技不如人，无论在音乐、绘画、体能，还是学科学习等方面，他都与他的“天才同学”们相去甚远，无论如何努力学习都难以企及。有的人甚至能在十岁时原本地画出达·芬奇的《蒙娜丽莎》而没有丝毫纰漏，而苏启明，只能在那块白白的画布上方浅浅地抹上黑色，点上几个黄点，在同学们的嘲笑中辩解这是他未来想探寻的星空。

苏启明在基因“劣势”下长大成人，大学毕业时却因事事不如人而丢了工作，父母为科研献身，他如今落得失业的境地，只得与其他的旧人类一同打零工度日。

自那次面试以后，又过了许久。

…………

秋天到了。

一日，苏启明在大街上漫无目的地游荡，想寻找一家缺短工的地方。突然，随着沉闷的响声，街上的一位男子栽倒在地，周围的人们迅速围拢过来，苏启明也快步前去帮忙，却发现男子全身泛出红色的斑点，四肢僵硬地抽搐，似乎全身都在遭受莫大的痛楚，有人想将他扶起，他却触电似的弹起，全身的皮肤绽裂，鲜血从周身喷涌而出，以至于溅到前排的人群。人们惊叫着散开，苏启明也被这瘆人的一幕吓得连连后退，直退到十余米远的地方，听到远处救护车与警车鸣声大作……

一天后，男子的死亡病因公布：未知病毒引起的全身性血管壁破裂。

很快，相同的骇人景象再度出现。在街道上，有人走路时倒地身亡；在公司里，有人在电脑桌前工作时鲜血喷出；甚至在家中，也有不少人被发现惨死室内。至于他们的死亡原因——未知病毒。

苏启明看着身边的人一个个死去，恐惧万分——整个人类社会也笼罩在相同的恐惧与疑惑中。

两周后，造成乱象的病毒在实验室中被发现，这种新型病毒可以溶解人类的血管壁，使它支离破碎，该病毒原本可受控于旧人类基因序列中的其中一段基因，而在人类基因改造计划中，该基因以“阻碍生理极限发展”为由被删除。

三个月后，地球上最后一个新人类染病身亡。

人类基因改造计划，及其所带来的地球上 97% 的新人类从此灭亡。

新的人们，不，应该说旧的人类，包括苏启明在内，走出家门，在旧有的土地上进行创造，来弥补这场空前灾难的损失。

这次，人们不再依赖于基因，而是依靠与生俱来的天赋——自然选择的创造。

…………

七月的一天，某宇宙飞船发射中心正在忙碌，这将是灾难发生以来，人类首次发射宇宙飞船。

“方舟一号宇宙飞船准备起飞，三,二,一，点火！”

苏启明阖上双眼——他将飞向太空，追寻自己儿时的梦想。

二十年后，人类不再受制于旧有基因的局限——用新的智慧，演绎了新的辉煌。

我们将灾难后的人类称为“新的人类”，但他们其实与那场灾难前的旧人类并无两样。

——无非是前者坚定，后者迷茫。

指导老师：滕凤玲，高中语文高级教师，教龄三十四年，担任多年教学组长，曾参与联考命题。

梦里的亾德兰斯，眼前的星辰大海

赵睿婷/高二年级　任娟/指导老师　山西省太原师范学院附属中学

星河流转，时光不歇，皎洁的月品读了百年的思愁，寂静的海含纳了万世的深幽。一个长相普通的小姑娘迎着微凉的海风，迈着坚定的步伐，朝着辽远的大海走去。在她的手里攥着一枚闪闪发光的硬币，她凝望着那海天相接的地方，悄然将自己最纯真的愿景注入其中。“咚”，她将它投入大海，坠入那万丈深渊，又或者，抛向那天蓝色的彼岸。

在这里，没有人不想得到拜斯威的魔方，更没有人不想去亾德兰斯岛。

拜斯威的魔方，银色的合金外壳下镌刻着一条条若隐若现的纹路，时不时还发出粉红色的微光。每个面上都印着有关基因的代码，全智能的芯片让酷似魔方的它拥有了近乎神般的“大脑”。只要你用光导纤维管向它发出指令，它便会立马扭动着身躯，拼出你的基因最佳改造方案——拥有了它，你就拥有了去往亾德兰斯岛的地图。在那个满是“改造人”的岛屿，磁悬浮列车装着晶莹剔透的石英玻璃无声地疾驰而过，橄榄状的潜水艇在幽深的海底安然前行。天空不是纯粹的浅蓝，是五彩斑斓的极光灯点缀的炫彩，深海不是一望无际的黑暗，是能看见珊瑚礁的、富有生机的湛蓝。CRISPR 的应用让他们个个都美丽而智慧，在亾德兰斯，没有苦恼，没有忧虑。或许，这就是人类千百年来所追求的“完美”。

然而，这个岛屿实在太小了，又或者说，那些改造人的改造实在过于完美的了，以至于在他们的海底，容不下一丝污枝荇藻。智慧的他们深知这完美的一切需要无数的平凡来补助——社会的发展，人类的进步，始终需要底层的劳作、天然的智慧，以及保持着多样性的人类基因。他们很快垄断了拜斯威的魔方，不是因为他们自私地不想让其他人变得幸福完美，毕竟，经过改造的他们是完美的，一定会顾全大局。而生活在地下城的“地下人”，则对此嗤之以鼻。他们把这归结为改造人的自私自利。

“他们只想自己变美！”

“他们想独自霸占优良的基因，自己在亾德兰斯过好日子。”

“谁说不是呢，他们就想把我们压住，好显示出他们高贵，真是自私、无耻。”

这样的声音，在地下城的市民口中层出不穷。

听到这些，改造人当然不会生气，毕竟，他们是完美的。宽容的他们将大量物资投放到地下城，他们慷慨地发表演讲，说他们“本是同根生”，理应平等相待，广爱其人。而面对改造人的宽容，地下人表面上笑脸相迎，实则暗自盘算。他们抬眼望着改造人美丽的面庞，羡慕着他们过人的智慧，感叹着命运的不公，在他们心底总有着一股莫名的怒火，无缘由的哀怨。改造人是那样完美而宽容，他们的计划是那样滴水不漏，而自己又是为何而生气呢？就连地下人自己都搞不明白。毕竟，他们没经过改造。

智慧的改造人当然读出了地下人的幽怨。他们慷慨地将地下城修得比亾德兰斯还要美丽，还要高精。飞驰而过的宇宙飞船，随处可见的空间站，美丽诱人的能量吧，以及地下人叫不上来名字的游乐设施。这样周密而慷慨的计划，可谓人类史上一大壮举。毕竟，改造人是完美的。然而，地下人的怒火并未从此打消。在他们眼中，地下城的灯火永远不及亾德兰斯的亮，地下城的车马永远没有亾德兰斯的多，地下城的海底永远是忧郁的黑色，而非虔诚的湛蓝。

面对改造人的种种压迫——其实压迫并不存在，毕竟，改造人是完美的。地下人决定揭竿而起。他们各司其职，各尽其力：有的人不善言辞，但他们有着近乎改造人的大脑；有的人冲动易怒，但却懂得最高精的科学制造；有的人也许像你我一样，平凡若尘埃，但他们面对同伴时真诚的笑脸，不知为何，就连改造人都难以比肩。

他们不慌不忙，按部就班，因为他们知道，改造人是完美的。他们一步步进入了亾德兰斯，一步步夺取了政权，结果可想而知，他们成功了。但令所有人都没想到的是，他们没有像之前自己所展望的那样，把所有人都改造得完美无缺，而是限制了这项技术——只改造基因的相关组合以实现疾病的防治，而不添加提升智力或改变容貌的能量剂。而这可能也是改造人放手的原因，因为，他们是完美的，他们知道怎么做。

历经一番波折苦难，“完美”又回到了它原本的地方。那里没有亾德兰斯，但那里有星辰大海。春秋征战几时休，最终赢大一统，冤冤相报何时了，万年轮回促今朝。千百年来人类在历史的旋涡中兜兜转转，在基因的迂回中转转兜兜。我们想尽办法要去往亾德兰斯，但最后却又悄然返回这里。无论科技如何发展，“完”是人类永远达不到的亾德兰斯，而“美”则是面前的星辰大海。我们从未想过改变生命，我们只是在试图寻找那湛蓝色海洋与星空之间的一丝罅隙。

也许那已经是很多年后了，一个长相普通的小男孩迎着星空在夜间的海滩上肆意奔跑。突然，海浪将一块被侵蚀了的、腐朽的硬币卷到了他的脚下。男孩将它拾起，它是轻飘飘的，却又很沉，也许承载着几百年前谁的愿望，但我们无从知晓。男孩凝视了良久，又一抬手，将它扔回海里去了。

指导老师：任娟，教育硕士，毕业于陕西师范大学学科教学（语文）专业，中学二级教师，曾获得迦陵杯诗教中国诗词讲解大赛优秀奖、中语参教学设计大赛一等奖等荣誉。

基因工程——改变生命的“手术刀”

赵天宇/高三年级　郝丽/指导老师　江苏省淮安市清浦中学

“我们从哪里来？”这是一个困扰了古今贤人的世纪难题，上亿年的发展历史告诉我们，大自然支配着一切。从生物学的角度来看，无数基因为生物的多样性奠定了基础。但是下一秒世界上的生物会变成什么样？随机突变和自然选择告诉我们，没有人知道答案。但人类就是这样一种生物，喜欢探索，渴望知道真相，想要掌握自己的命运。于是乎，经过了几代人的不懈探索，掌握命运的方法来了，它就是基因工程。

实际上，基因工程的缘起并没有像整个生物学的发展那么早，它只是近代兴起的一个生物学分支，但并不能忽略其重要的价值。基因工程虽属于生物学大框架之下，但也涉及物理学、化学等领域。通常来说，我们将其理解为利用特定手段，对基因进行保存、编辑、改造的一种方式。由此可见，它对于人类研究生命起到至关重要的作用。它就像是一把手术刀，将生物的基因切割、缝补，得到人们想要的结果。

近几年，科技的快速发展也为基因工程的进一步发展提供了有力保障。纵观全球，过去的一年，病毒肆虐，快速精准地筛查出病毒携带者对于疫情防控起到至关重要的作用，这就要求检测试剂的灵敏性强、准确性高。单克隆抗体技术作为基因工程的一种在这里就发挥了作用。通常，科学家先对动物注射抗原，使其产生相应抗体，提取出动物体内的B淋巴细胞，然后将其与骨髓瘤细胞融合。在这里有人就会发出疑问：“为什么将淋巴细胞和肿瘤细胞融合？”因为肿瘤细胞具有无限增殖的能力，将淋巴细胞和骨髓瘤细胞结合，所得到的杂交瘤细胞经过筛选，便可找到既能产生单一抗体，又能无限增殖的目标细胞，对其进行细胞培养，所得到的大量细胞拥有特异性抗体，与特定抗原结合，再利用特定手段使其显示出来，这样一来，一个灵敏度高、特异性强的抗原检测试剂就大功告成了。

人们总是渴望变得完美，究其根本，不就是基因的问题吗？通过对基因进行编辑来改造人类，让自己变得更强大，这也是基因工程的一个研究方向。CRISPR 基因编辑技术就是这样一种技术，对特定基因进行编辑，摆脱自然选择，得到自己想要的样子，一个强壮的身体，超强的记忆能力，抑或是异于常人的思维逻辑。在不久的将来，CRISPR 基因编辑技术可能会实现这一目标，将基因进行“增强”。

这样一把作用巨大的“手术刀”当然也不是随随便便一个“医生”就能掌控的。从目前的发展情况来看，基因工程仍然存在着一系列问题，比如如何精确地对目标基因实施编辑？还需要做什么来保证已编辑的基因能够正常表达，不会发生突变或重组？这些都是科学家们有待解决的问题。与此同时，基因工程还涉及一系列伦理问题，怎样正确地看待这些问题，依旧需要人们去探索。

“江山留胜迹，吾辈复登临。”前人的脚步停止，我们应当赓续星火，面对生命的问题，需要一代代人接力，基因工程的发展为我们提供了有力保障。利用好这样一把“手术刀”，一定会为人类的发展带来福音。

指导老师：郝丽，文学学士，毕业于江苏大学，汉语言文学专业。中学一级教师，曾获得淮安市班主任基本功大赛一等奖、清江浦区优秀教师、清江浦区第一批骨干教师、清江浦区优秀班主任等荣誉称号，淮安市第二期 533 英才工程学术技术骨干人才培养对象。

莫失莫忘，不离不弃

赵问/高二年级　王舒成/指导老师　江苏省扬州中学

序　言

魈一直不解，自己活着有什么意义。

他拥有的是超乎常人的体力，超凡绝世的智慧，以及从他记事起就存在的邪恶。

他生于一片黑暗之中，接触的是阴险、罪恶。

那些“教育”他长大的人，总是告诉他：“你的基因决定了这一切。”

魈不明白，为什么自己的命运与性格被决定?

自己活着，就是为了他们吗?

追　思

钟离看着科学家协会寄来的解聘书，叹了口气。

十几年过去了，自己犯下的错误还未被原谅。

他想起二十年前的自己，意气风发，立志干一番惊天动地的事业。接到“种子计划”任务后，他每天泡在实验室中，废寝忘食。种子计划包含了他的梦想与青春，直到现在，仍是他心中挥之不去的念想。

所谓种子计划，是指适当改变婴儿的基因序列，以获得有超能力的幼婴，他们长大后或智慧超群，或体力惊人，可以为人类发展助推加速。

想法虽美好，但现实很残酷。钟离熬尽心血制造出的第一批“产品”或夭折，或不健全，能存活者屈指可数。钟离想起那段日子，自己活在风口浪尖，国际组织发文谴责，同仁们白眼相待，自己在会议上受批评，面临被禁止参与项目的危险。多亏自己据理力争，才让主席又给了他一次机会。这一次，他决定不成功绝不罢休!

刚开始一切顺利。胚胎成长稳定，一直到婴儿诞生都未出现大碍。可就在那一天，婴儿突然休克，当他带着医生回来时，婴儿已经消失了。无论他如何解释，所有人都认为是他实验失败，销毁了证据，毕竟，谁叫他坚持自己的实验室绝不装监控，以方便实验呢。

这次掀起的风波更大，实验室他是无论如何也不能待了。他被迫在而立之年退休，不再涉身科研事业。当然，这已经是对他很轻的惩罚了……

但他仍不甘心，他本可以成功的……

人生天地间，忽如远行客。看来，他是要在失落中度过余生了……

重　逢

“看好他！”黑衣人粗暴地将魈推入阴湿的房间，重重关上了门。

魈稳了稳脚下，抬头看了看昏暗的房间，叹了口气。

在他们眼中，他只是个工具，帮他们执行那些危险的任务，每次他都以身试险。

但他若只是个工具，为何当他看到那些悲惨的景象时，心中会有一丝痛与怜悯？

一点声音，让魈关注到了墙角的那个人。

他抬起了头，一双发光的眼睛，目光穿过黑暗与尘埃，似乎带有无限锐气。

魈呆住了，他感到一种莫名其妙的熟悉感席卷全身，使他动弹不得，呼吸急促。

但他的震惊与钟离的比起来，就不算什么了。

钟离不敢相信自己的眼睛，眼前的少年，与自己曾经的挚友魈一模一样。

魈，是唯一在他受千夫所指时仍愿相信他的人，并主动向他献出了实验的原材料——带有魈的基因的体细胞。

“你是？”钟离试探问道。

“魈。”

钟离瘫倒了。没错，是他，自己的第二次产品。他料到魈没死，但从未想到他们会在这里——犯罪组织的基地——重逢……

钟离打了个寒战。

“那天在实验室，他们趁我不在，偷偷带走了你，是吗？”

“他们用我的半成品，改造了你，让你为他们服务？”

钟离似是在自言自语，又像是在询问。

魈愣在那，许久，他突然反问钟离："为什么我生来就被罪恶感禁锢？为什么他们一直告诉我，我被决定？为什么我永远被当作工具？为什么？"

魈感到自己内心埋藏多年的压抑，曾被他试图忘记的痛苦，一起涌上了心头，像火山猛然爆发般，向这个陌生又熟悉的人喷涌而出。

钟离低下了头，油然而生的负罪感迫使他不敢直视少年愤怒的双眸。

"我，确实错了。你也是一个生命，我不该为了自己的理想，强加痛苦于你，让你与亲人分离。"

"你？原来是你！"魈感到心中有一团烈火在燃烧，"因为你，我被那群可怕的家伙将恶当作代码写进基因，让我为恶而生。"

钟离摇了摇头："魈，善与恶是无法被基因决定的，如果你有向善的心，所谓'为邪恶而生'，纯属无稽之谈。

"我被名利熏了心，手上曾流过生命的鲜血，从这一点来讲，失去了道德与底线，我才是那个邪恶的人。"

魈混浊的双眸中，淡淡显出一丝清澈，他低下头，凝视着自己曾沾满硝烟与鲜血的手。

他的思绪，似乎飘得很远很远……

诀 别

魈察觉声音不对，猛地推开自己身旁的钟离，两枚子弹嗖嗖射过，正中魈的双腿。

钟离应声回头，却见魈已倒在地上，手捂流血的伤口，脸色发白，牙关紧咬。

"魈，我背你走。"钟离眼中泪光闪现，伸手要扶他起来。

魈摇了摇头，推开了钟离伸出的手，轻声坚定地说道："不要管我了，我不过是一个产品，于社会建树无用，但你不同，你是科学家，能为避免再出现我这样的错误奉献一份力量。莫失底线，莫忘理性，不离道德，不弃伦理，这才是你作为一个科学家的职责。"

魈颤颤巍巍地站了起来，背对着钟离向冲来的犯罪分子迎去。他已经快支撑不住，却还是强忍疼痛走向死亡。

“魈！”

“快走！”少年几乎是怒吼，“快点！”

钟离咬了咬牙，眼泪夺眶而出，他转过身去，头也不回地冲向大门。

身后，传来了爆炸的巨响声，一片火海，吞噬了整个基地……

尾　声

“科技带给人类的，应该是幸福与快乐，当科技威胁生命时，无论它带来的利益多么诱人，都应当被禁止。我曾经失足于利欲，一心想通过实验成名，却忽略了生命的价值与意义，背弃了伦理与道德。我为我的所为而忏悔，同时感谢那个点醒我的少年，是他让我记起作为一个科学家的初心——用一己之力去建造一个更美好的伦理世界。我在此呼吁各位，在改造基因时，请莫失底线与理性；在科学实验中，请不弃道德与伦理。沐世界以春风，为万世开太平……”钟离在世界科学家大会上讲道。

指导老师：王舒成，高级教师，扬州中学语文教研组组长，扬州市语文学科带头人，江苏省第四期333高层次人才培养工程培养对象，江苏省科普作家协会会员。主持省级课题跨媒介语文实践与研究，参编《科幻写作十五课》。

重塑的人造人

赵知宇/高三年级　翟茹琼/指导老师　甘肃省天水市第一中学

“我这是在哪里？”都菀迷迷糊糊地睁开眼睛，头顶的白炽灯照在她脸上，耳边嘀嗒声传来，面前的镜面映出她高贵精致的脸。“我终于成功了……”这时门突然开启，嘀嗒声变成系统音：欢迎人造人252号加入第九世界。

回想起以前的一幕幕……

身为硕士生的她，在初入社会时，渴望在库宏公司谋求一席之地。面试那天，她精心准备好演讲稿与个人履历，却不料台下听众窃窃私语：“你看她像一个高知分子吗，明明就很普通。”是啊，她学的知识并不能展现在外表上，即使跳级上高中，保送上大学，她在人群中依然是无法被分辨的那一个。她不甘心，不愿再面对听闻其名的人见面时的失望眼神。

面试一切顺利，毫无疑问，她获得了库宏公司的重用。在回家路上，没有一个人看她，又是平平无奇的一天……我可不能再这么平庸下去了！

打开手机，朋友湖依依的写作事业风生水起，自从湖依依写了《浮世三千》后，她便积极参加库宏市举办的读者线下见面会，甜美的外形使其人气高涨，一举成为库宏市形象大使。“要是我能像依依那样精明干练，又能说会道就好了。”虽然朋友们总是羡慕她都菀的高学历和高职位，但这一切还不够完美，终于她揭开袖子，露出手腕上人人都有的代号。她的代号——252。

从小到大，都菀都积极充实自己的内心，积极参加各种活动，同时也希望得到认可。她母亲身为性格系统管理者，在她出生时就将她的性格设置为温柔可人，这合理吗？都菀想要改变自己……

在库宏市的中心广场上，人头攒动，喧闹的爵士乐队的演奏将都菀包围，她穿过人群，走上舞台正中央。中心广场的最初用途是用来保存所有人的出生初始信息，而它的另外一个用途是重塑人的外形和性格。编码程序早已运用于生活的各个角落，小到蔬菜水果、家用电器，大到动物克隆、生态圈改造，只要你计算好它们的运行方式，并输入代码编为程序，这些物品会在质量守恒的前提下发生转变。此系统已经成熟，却无人敢于做先行者。

"今天，我——都菀，将要成为第九世界里第一个改变初始设置的人！"台下的人窃窃私语："天哪，这可是前所未有的事。"话音刚落，爵士乐队舞台后面的库宏市控制中心大楼缓缓升起，广场上一切声音都停了。她将自己手腕上若隐若现的代码贴在大楼墙壁上，"嘀——252 号都菀，申请重塑。"随后，几个身穿西装的人为她带路，进入大楼内部。人群的喧嚣再次恢复，乐队表演终止了。那一天，是都菀的一天，也是人类史上值得记录的一天。

她准确描述自己的预期目标，只要再过一天，她性格里内向的一面就会改变，也不再以平庸的外表示人，高知分子不但有丰富的内涵，也同时有与其社会地位相匹配的交往能力和情商。五个高级程序员敲下一行行代码……

医疗舱的信号灯在闪烁着，"252 号生命体征——正常。"人类编码设计总工程师通过国际广播宣布："人造人 252 号于 8 月 7 日在第九世界的库宏市重塑了，这是一个原名叫都菀的十七岁女孩，她将以自己希望的人格和外表继续快乐地体验第九世界。基因重组计划正式启动。"

消息一经传出，各地的人们都激动万分，此时库宏市控制中心大楼前挤满了人，都想一睹先行者 252 号人造人。

随着最后一行代码敲下，屏幕上出现了启动提示音，五个高级程序员请来都菀的父母，让他们进行最后的确认，由他们按下重塑按钮。

"我这是在哪里？"都菀迷迷糊糊地睁开眼睛……"欢迎人造人 252 号加入第九世界。"

指导老师：翟茹琼，中国现当代文学专业，中学一级教师，曾获得天水市第一中学第二届教师教学技能大赛一等奖。

叶绿纪元

钟岱昀 / 高二年级　胡艺馨 / 指导老师　广东省广州市第十六中学

寂静的地下室，昏黄的灯光若隐若现。

“卡尔先生，所有的实验数据已经全带过来了。”站在地下室门口的年轻人向深处喊道，“那些多余的实验品怎么处理？”声音逐渐低了下去。

“什么实验品？”坐在地下室深处椅子上的卡尔缓缓转过头。他披着一件黑色的大衣。

2037 年的非洲，炎热的风吹过这个名为坦尔法的国家。几个警察围在一个大洞旁，紧盯着洞穴的内部，他们的后方是熙熙攘攘的人群。其中一个警察用英语向洞穴里大喊：“卡尔，倘若你在三分钟之内带着犯罪证据出来，我们会考虑对你减刑。”话音未落，洞里却传来了嗤笑声。

“把机关拆了吧。”为首的警察摆了摆手。

随着机械的脱落声，那个叫卡尔的老人戴着手铐走了出来，他那绿色的皮肤在阳光下格外耀眼。“绿色的人？”人群变得焦躁不安。卡尔冷笑道：“谢谢你们，我已经很久没吃过东西了。”警察队长面无表情地指向警车：“带走。”

一路上再也没有人跟着，所有人都有重要的事情要做：衣衫褴褛的乞丐朝着街道伸出瓷碗；叫卖水果的小贩压低了帽檐，向嘴里递着果肉；高楼大厦下的门卫手执防暴枪，放在肚子前面。坦尔法的生机充斥着每一个角落。

卡尔凝视着窗外，突然朝身边的警员问道：“你是卡兹对吧？”警员没有直接回答，而是指着海岸线说：“审判你的法院在海上，你不需要留恋这片土地。”卡尔绿色的眼中顿时充满了震惊与愤怒。

处理卡尔的流程很复杂，直到登船后第六十天，这个绿皮人才被揪上法庭。

“被告人卡尔，年龄六十三岁，曾在坦尔法抓捕非洲人进行反人类生物改造实验，严重违反国际生物安全公约，破坏人伦道德。卡尔，你是否要为自己辩解？”

卡尔的附近空空荡荡，而他的对面却站着“被害人”的家属和他们请的律师。“我从未违反过国际生物安全公约，严格遵守赫尔辛基原则，我曾拍摄过进行实验的全过程，现在我要求播放视频。”卡尔表现得异常冷静。

“我申请拒绝播放，嫌疑人能够对人类的基因片段进行修改，难道不会修改视频内容吗？”对方律师如是说。

卡尔平和地回答道：“我只从事基因学工作，从不会修改视频，我申请马上播放视频。

“坦尔法最需要的是食物，但是沿海且干旱的环境使其难以种植庄稼，即使是海水稻也无法存活。因此我致力于设计出几乎不需要水就能生存的可食用植物，却多次失败，因为耐旱植物的基因难以与可食用植物契合，这会制造出无法发芽的种子。而我偶然发现，绿色植物的控制合成叶绿素的基因能与哺乳动物的控制黑色素合成的基因相互调换，于是我利用基因编辑技术合成了第一只叶绿白鼠。”

“所以事实上你还是进行了生物实验。”

“是的，但我几乎从未进行过人体实验。”

“几乎？”

“除了我自己。”卡尔摘下帽子，露出绿色的皮肤。“只需要阳光即可。”

“精彩，真是精彩啊！不愧是‘理想的人类’啊！”大笑声从证人席上传来。

“卡兹先生，请安静。”法官说道。

“法官先生，我要求提供证据，请播放编号为 0731 的视频。”卡兹冷笑着向法官请求。

很快，法官打开了那个视频：昏黄的灯光和颤抖的“实验品”瞬间出现，视频里的卡尔穿着防护服，狞笑着打开辐射灯，又将不知名的药剂注射给“实验品”。在一阵快进后，被注射者变成了绿色的人。

“证据便是如此。”卡兹冷漠地说道，“在他的改造下，人将不再是人。”

“这不科学！基因编辑只能通过胚胎发育来实现，这样才能拥有相应的性状！我本人也是克隆自己后再移植记忆的产物。”卡尔辩解道。卡兹却用冷峻的目光告诉他：即使你所说的是事实，这里也不会有人去听的。

…………

“被告人卡尔犯反人类罪，证据确凿，一审判决死刑，缓期两年执行。”法官判决。

半个月后，卡兹走进了监狱的大门，站在卡尔房间的门前。

“这一天，我等了很久了。”卡尔叹息道，“我的实验报告还有一份存在地下室里，取不取在于你自己。”

“看来你已经知道我准备将基因改造技术合法化的事。按照现在的法律，没准你就会被无罪释放了。到时候，我或许还会把奖金分你一半。”卡兹皮笑肉不笑地看着他，“倘若你三个月之前给我，也不必受这牢狱之灾。”

“都是坦尔法人，何必呢？”卡尔呢喃道，“你曾经也是来自贫民窟的，就不想让这个国家好起来吗？现在每天光是饿死的人就有几十个。”

“这正是我过来的原因。”

“来不及了，”卡尔忽然笑道：“你那蹩脚技术做不到的，我已经都做到了。事实上，实验技术早已在民间传开，五千名能用大脑自主控制叶绿化的人已经遍布坦尔法，他们将面对最险恶的敌人。有着人类的形态，人类的文化，近乎人类机能的生物又凭什么不能称作‘人’？我们只是在行使作为生物最基本的权利——进食而已，这是生命的最原始的诉求啊。生命都无法保证，你们所谓的‘伦理’又有何意义？改造若不是为了造福，又有什么意义？

“走吧，”卡尔看着呆子般的卡兹，说道：“出去看看这个叶绿纪元吧。”

指导老师：胡艺馨，文学硕士，毕业于南开大学，比较文学与世界文学专业，曾获首届名作杯全国大学生作品大赛非虚构组二等奖。

“我”的选择

周诗媛/高三年级　肖艳艳/指导老师　湖南省怀化市湖天中学

“医生！求你救救这个孩子吧——”

刺鼻的消毒水味向鼻腔猛冲，鲜红的灯光赤裸裸地朝我张着血盆大口。眩晕，摇晃，不堪重负……

“呼——”不知道是第几次被梦魇惊醒，干脆翻身下床，整理仪容，扎起一个最平常的马尾，披上白大褂，拉开门，穿过明亮的走廊，开始新一天的工作。

是的，我是一名医生，准确来说，是一名“基因编辑师”。我每天的工作就是无休止地将系统设置好了的基因编码录入新生儿基因排队链，按个别客户的特殊要求进行基因编码改造。以及，录入我自己的基因编码以用来“复制”下一个“编辑-0126-09”继续工作。

没过多久，搭档“编辑-0809-12”也到了。“早啊，昨晚又没休息好？”说着，他打开了全息屏幕，目不转睛地浏览今天的任务列表，顺便递给了我一管休眠针剂，“哪，你要的A针，周末记得去休眠。”这是市面上副作用相对较小的休眠剂，基本不会影响原有基因，适用于所有基因师，以确保每个时期团队的一致性，休眠则是为确保基因师随时处于黄金工作年龄。“好。”唉，又到更换期限了，我揉了揉微痛的太阳穴，手指继续不停地在全息屏幕上编码。

工作一般在下午就结束了，我换上轻便的衣服，步行回到“蜗居”。“哦！抱歉抱歉。”一个女孩低着头为撞上我道歉，身穿明黄色的卫衣，晃眼地昭示着主人开朗张扬的个性。“没关系，走路时看着点路。”不知为何，正对上少女明丽的双眸，总觉得像个故人，不经意多言叮嘱了一句。女孩闻言也是一愣，匆匆看了一眼我的工牌便又着急赶路了。

我喜欢就这样漫步回家，享受着湿润的东风与发丝的缱绻，双手不经意地插在口袋里，耳朵上不经意地挂着过时的有线耳机，任由外套下摆不经意地轻轻拍拂着牛仔裤，脑细胞也总是漫无目的地放任思维信马由缰。今天那抹明黄总是在脑海里挥之不去，我努力地抓住记忆的千丝万缕，追寻前任基因里些许的残留。

夜深入梦后，以往模糊的场景第一次清晰地展现在我面前。我看见一位母亲，额前的刘海在被雨水打湿后突兀地垂在太阳穴两侧，因恐惧而睁大眼睛，眼袋乌青，她跪坐在我的脚边，不停地尝试将黄色的包囊往我怀里塞，仔细一看，是个满月不久的小女孩。“对不起，我帮不了你，”我听见自己无情地拒绝，“基因编辑手术需要上层的许可证明才可以进行，我没有这个权限。”冷酷的言语字字如锥扎进这个疲惫的母亲心里，挑战着她的心理防线，回应我的，是声嘶力竭的痛苦恳求——“医生！求你救救这个孩子吧……”手术室晃眼的灯光拼命推着消毒水的气味往我体内塞，伴随母亲无止息的哀求，死死扼住我的脖颈，我像个溺水者，根本无力做出选择。内心的挣扎在环境的压迫下终于压垮了我的意志，我当即失去了意识，再醒过来，我已经坐在我的床上了。

梦境很短，短到我还没来得及了解“我”最后的决定；梦境又很长，长到需要我用一整天的时间去思考“我”可能的选择。

“如今对基因技术的限制如此严苛，这样随意使用是违反编辑师守则条例的，我或许并没有救那个女孩。”

“救死扶伤，是医生的天职，我可能是救了那个女孩的。”

“基因道德问题是社会伦理红线，我自认为没有试探的勇气，我应该是没有舍己而帮助那位母亲的。”

“人性本善，见死不救天理不容，我肯定是救了她的……”

…………

过于沉浸在自己的思绪中，以至于我走出医院时仍是浑浑噩噩的，脚下虚浮，一不小心趺了一跤，却被一只纤细的手扶住。我羞赧地挽了挽刘海：“谢谢了。”“没事啊，我今天可是特意来谢你的呢，我的主治医生。”女孩灿烂地咧开一个笑容，上扬的语调和蓬松的头发相得益彰。

闻言，我意识到，梦境的结尾原来在此刻续写。

在与女孩的交谈中，往事缓缓地揭开了神秘的面纱——作为当时的首席编辑师，我自然不会首当其冲去挑战基因伦理的权威，用孤高的一腔热诚追求徒然的“牺牲”。而是采用了一种更委婉的人道主义救助方式。我自身基因的编码决定了我在医学学习方面的巨大先天优势，相形之下，我用最简单的方法，单纯利用现代医疗设备，以及中医“望闻问切”的传统诊断方法进行了保守地治疗，虽不能“一药见效”，但却能帮助这位母亲保全孩子的性命。

这其实是“编辑-0126-05”做的事，可我 08 却有幸与这个健康、张扬成长的孩子相遇，感动于医者仁心——在经历了无数无能为力的时刻后，仍然选择相信努力的力量。也感动于人生命本真的顽强，以及生命内在淳朴简单的自然节律的神奇。令我感慨的不只是生命姿态张扬的青春活力，更是基因“主观化”的时代里，理想主义产物的我们仍能保有英雄主义能动性的自我诠释。

留给“编辑-0126-08”的时间不多了，在我躺入休眠舱前，我给 09 留了张字条：

“你不只拯救了一个女孩，更拯救了自己。来日方长，坚持自己就是生命最美的远方——08。”

休眠剂缓缓推入，相信，09 会比 08 更好地认识生活，理解生命。闭上眼，我看见后来的我，用人生每个不同的选择做出最遵循自我的生命注脚。

指导老师：肖艳艳，毕业于吉首大学汉语言文学教育专业。中学高级教师，曾获师德师风先进个人、课改标兵等荣誉称号。

边境线

周熙然/高三年级　刘延茂/指导老师　山东省烟台第一中学

日已西斜，余温尚存。放眼望去，边境线一片空寂。镜头拉近，一男一女正在交谈。那女人似乎正准备通过边境线，而那男人在劝阻她。

“现在这个世界就像那个可笑的‘第25号宇宙’老鼠实验的场景。”男人委婉地说。

“我不知道你说的培养箱里可怜的老鼠，我只知道‘上等人’在压制‘下等人’，‘下等人’过着肮脏不堪的生活！”女人愤懑地说道。

“虽然‘上等人’利用基因编辑，获得了基因优势，可以卖弄智慧美貌和力量，但是他们的下场和那些可怜的老鼠没什么两样……”没等约翰说完，女人已经不耐烦地走向了边境关卡，她向AI检查员支付了两千比特币——那几乎是她前半生的所有积蓄。然后她上传了自己的基因序列，在午后的斜阳下，头也不回地向着“上等区”的方向走去。

“唉，又一个牺牲品！”约翰看着那女人的背影，叹了口气，“这是本月的第十三个执迷不悟的人了。”他喃喃自语道，“希望她能通过严苛变态的‘绿卡’测试，希望她不会‘千金散尽爬回来’。”每每想到那些渴望基因编辑的非编辑人的悲惨遭遇，约翰就忧心忡忡，要知道，他也是非编辑人。只不过，他记忆过人，思维敏捷，有机会为编辑人政府打工，负责劝阻同胞越过边境，由此获得微薄但稳定的收入。

约翰打开手机上的全景地图，查看方圆一百千米内的详情，发现除了那远去的女人再无其他人，于是他闭眼小憩片刻。他不知道的是，在他休息的时候，一架隐形飞机成功躲过了边境线上轻型核弹自动防御系统的监测，进入了编辑人区，悄无声息地盘旋在政府办公大楼上空。飞机发出无线电信号，要见编辑人的最高指挥。地面上的狙击手操纵激光炮，瞄准飞机，只等最高指挥下令。但最高指挥迟迟没有下达攻击指令，直到飞机开始降落，他才通过编辑人互联网络，命令飞机周围的人放下武器。

走下飞机的是一个叫墨翟的非编辑人。他义正词严地面对着编辑人的最高指挥："我代表全体非编辑人与你谈判。要协商这些问题！"他说着向飞机打了一个响指，机身上立即出现了"打破信息技术垄断""维护非编辑人人权"等字样。众人都看向飞机，又转向最高指挥，等待他的回答。

"协商？你凭什么？"最高指挥轻蔑地问。

"凭我能站在这里！"墨翟答。

"我现在动一下手指，就能送你上西天。"

"我能穿越你们'完美'的边境防御系统，因为我的团队发现了其中的漏洞。而且我是来协商解决问题的，不是来挑起战争的！"

"你很有胆魄，我同意谈判。"

…………

谈判并不顺利。最高指挥认为墨翟列出的条款有些让人难以接受。比如"取消所有编辑人的大部分特权""提高非编辑人的生活福利和社会地位""取缔非法或不合资质的基因编辑项目""打破信息茧房"等。他打着官腔说："这些在技术细节上是可以商榷的。可是墨翟先生，难道你是受了那位同名的墨子先生的影响，幻想着实现'兼爱'吗？生物的差异性是客观存在的，而你似乎却在主张平均主义，有必要吗？"

"墨翟还说过'尚贤'呢。人类当然可以改变基因性状，提升自我进而造福社会。你们这些有着各种优秀基因的'贤'人确实也为人类社会做了很大贡献，但是'贤'从来没有奴役别人的意思。你们利用过人的智力，靠信息差牟取利益，压榨劳动者。然而今天我能站在这里，就一定程度上证明了你们过度傲慢与自私的社会意识已制约了你们的认知，你们的偏激狭隘也暴露了社会机制的弊端，即使有再高的智商也无法挽救这种机制了。所以需要包括非编辑人在内的所有民众的广泛监督，来制约技术的执行，用信息的透明铲除各种剥削和不公平。对于这些条款，我不会让步。"

"我同意进一步谈判，而且我们编辑人的生存优势已是显而易见，我相信我们地球人共同努力，能将事情做得更完美。"最高指挥思忖片刻，向墨翟伸出了强有力的手，墨翟镇定回应。两人握手的瞬间，众人鼓掌欢呼。

"看来墨翟能胜利而归了。"早已醒来的约翰看着全息影像直播，感到很欣慰。但很快，一个疑问闪现脑际：是编辑人胜了，还是我们非编辑人呢？

掌声说明不了什么。他立刻又担心起墨翟的安全了。

当墨翟的飞机在约翰的视野里逐渐清晰时，约翰发现飞机在高空划出了非常平缓的抛物线，约翰的心又悬到了嗓子眼儿，最终，他看到墨翟的飞机通过一个特殊的缓冲装置，安全着陆。墨翟平安归来。他以超凡的勇气智慧成为非编辑人的骄傲。

他穿越了边境线，也打破了一条“边境线”。

虽说基因控制性状，但人的复杂神经网络以及各种认知结构是远非基因控制表达出的蛋白质所能直接影响的。人类有很多只属于自己的宝贵东西，基因编辑是改变不了的。只有当人们不沉溺不依赖于基因技术时，才会更重视自身实干探索与创新的本能，“墨翟”们的成功就会成为科学和历史的必然。

指导老师：刘延茂，中学高级教师，学科教学带头人，多次获市级教学能手、先进个人和市级高考突出贡献奖等荣誉，并获省、市级优秀班主任称号。

历史在这里拐弯

周羽诺/高三年级　何海忠/指导老师　江苏省锡东高级中学

一

当他用颤抖的双手捧着代号“229”的实验体走出来的那一刻，所有人都在看着他。没有语言交流，只有眼神传递着人们复杂的情感——在这样足以被载入史册的时刻，任何语言都是多余的。

迎着众人期盼的目光，他长舒一口气，然后缓缓开口：“伙计们，历史要在这里拐弯了。”

二

外界对他的评价是本世纪的天才生物学家，他本人也欣然接受这个称号。在接连攻克本世纪各大生物学难题后，没有人再质疑他的能力。

不过他向来对新的挑战充满渴望——他要追求完美。因此他野心勃勃地提出了这个“完人”项目，并以其雄辩的口才将关于伦理道德的争议拒之门外。

如果真的能成功的话，他会以自己的手段把这项技术运用到自己身上。

三

“今日风云：非洲地区发生原人暴动，完人政府即将武力介入调停。”

接收着颅腔内跳出的新闻信息，霍瑞不由得对播音的“木村拓哉”多看了几眼。“叮！您的外卖已送到，请您确认。”只是心思一动，消息便显示确认了，再一动心思，只见一个半米高的机器人从地板里钻出来，外卖被安全地送到了她的手里，机器人又钻回了地板中。

霍瑞津津有味地体验着这一过程，她一向觉得这样利落方便的服务很棒。刚刚缺了一个口子的地板已经重新合起来了，好像无事发生一般，但她知道，这下面是四通八达的地下网络，只有工作机器人才能在那里运动。

外卖先放一边，活还是得干的。霍瑞连接上神经终端，再一次确认完毕之后，她的思想被传输到了日常的工作小组。这种感觉很奇妙，整个人飘忽着，一眨眼，身处的场景就改变了。来到了熟悉的场所，见到了熟悉的组员们，大家用的都是虚拟形象，所以不会担心信息暴露等问题。这个季度他们小组分配到的任务是攻克一个物理学难题，这种事情要是换作以前，她想都不敢想，不过现在，她已经是完人的一员了，她的各方面能力都今非昔比了。她也曾想过接受改造后的自己还是自己吗？不过照如今的生活看，已经不必在乎这个问题了。

为此她这辈子最佩服的人就是带来这项技术革命的周博士。那时候的周博士可是全世界的宠儿，在屏幕前向大家推广完人改造技术的他，英俊潇洒、妙语连珠，是那样才华横溢，人们用他来描述完美。可以说如今这么好的生活有一大半拜他所赐。不过现在，他居然销声匿迹了，已经好几年没有出现过他的消息了，她到现在都觉得难以置信。

手动清理了一下脑海里繁杂的思绪，她开始了一天的工作。

四

最近他总是在重复一个梦——那个他最得意的时刻，而每每梦里的他说出“历史要在这里拐弯了”时，他便清醒过来。

在那之后，正如他所预料的，A 政府认可了他的能力，并准许他成为第一个实验对象。实验很成功，既满足了他的夙愿，又为那些政府高层验证了这项技术的可操作性。那些人尝到了甜头，并且希望让以完美姿态出现的他作为这项技术的推广人，将技术推广给整个世界。

一时之间，世界因为这项技术轰动了。有权有钱的人都蜂拥而来，他完全应付不过来。A 政府借机请他把这项技术专利交给政府，他迫于压力同意了，不过提出了几个条件：

第一，要保证他的人身安全及人身自由，不能强制干涉他的行为；第二，向全世界推广这项技术，而不是只有一部分人能享受到它的福利；第三，这项技术应是平民化的，而不能价格高昂。

A 政府一一允诺，幸运的是，他们之后的行为也没有违背这些。

然而历史确实是拐弯了，连他也没能预料到这项技术带来的连锁反应居然如此庞大。

短短十来年，整个世界发生了翻天覆地的变化。早期接受改造的人们利用智力优势在各个学科领域内都取得了极大的突破，掀起了有史以来最波澜壮阔的科技革命——完人们可以通过神经网络互相连接，终端就是各自的大脑，机器人的运用也变得炉火纯青，世界在变得数字化，并且越来越方便。

虽然这都是好的变化，不过他总感觉有哪里还不到位。

这些年他享尽了一切风头，现在发现平平淡淡才是真。他辞去一切工作，只身一人环游了世界。这一路上他收获颇丰——他终于知道是哪里出了错。

历史因为他而拐弯了，但世界有因为他而变得更好吗？这个世界不可逆地、彻底地两极分化了——完人和原人，两者之间的矛盾比历史上任何两个对立的派别都严重。

“我是人类史上的罪人吧。”他心想。他为自己套上心灵的枷锁，他知道自己的旅程原来并没有结束。“那就让历史再次为我拐弯吧。”他祈祷着。

五

“本届诺贝尔生理学或医学奖与和平奖得主据说是同一个人哎！”

“谁这么厉害？”

“一个姓周的博士。”

“那真是太谢谢他了，这几年来我们这里都没发生战乱，大家都能吃得上饭，对咱们的歧视也没有了，希望这个姓周的博士能越来越好！”

他不知道非洲某处村庄里，也会有人在为他祈祷着。

指导老师：何海忠，江苏省锡东高级中学语文老师，毕业于扬州大学。

重返 2122

周子麦 / 高二年级　朱天仁 / 指导老师　湖南省长沙县实验中学

“尊敬的乘客们，本次 2022 号时空列车已到达终点站，现在请您带好随身物品准备下车，尽情参观享受 2122 年的壮观世界吧！”

随着列车广播声落下，我揣上自己的包，在车门缓缓打开之时如箭一般冲了出去。走在由一种最新合成材料铺就的马路上，抬头望望天空，是不同于一百年前的高楼密布、丝云不见的景象。2122 年的天空蔚蓝无比，白云朵朵好似随手可摘的棉花糖，空气也是那么的芳香甜美……

“砰！”

“喂，小鬼，偷东西还想跑？站住！”

随着一个男人的声音望去，一个小男孩马上飞入我的视野。当我打算看看热闹时，突然发现从他的衣服口袋掉出来了一个白色的环状物品，我跑了过去捡起它，回头正准备叫他，却发现宽阔的街道早已没了他的影子。

行吧，我心想，等再遇到他时还给他好了。我边想着边看了看手里的东西。

这好像是一个普通手环，雪白的颜色仿佛象征着纯洁无瑕。但不同的是，这个手环是莫比乌斯环的样式。

“嘀！您好，我是您的导游小莫，请您随时呼唤我吧。”我不知按下了一个什么按钮，手环突然蹦出了一个虚拟小人对我说起了话。我正是来这里旅游，参观一百年之后的景象的，既然有个导游，那我何乐而不为呢？于是我便戴上手环，呼叫起“小莫”。

“小莫小莫，2122 年有什么最不同于一百年前的东西吗？”

“亲爱的主人，2122 年我们已经拥有了百年前想都不敢想的生物技术，你相信吗？我们已经能够将人类的病变细胞改变为正常细胞了，就比如一百年前的病毒感染在我们现在的技术下只是小意思啦，只需要打一针，全身的病变细胞都会在一天内全部恢复正常。当然，”小莫突然凑近我小声说，“现在的科学家们正在努力将普通胚胎基因改造成‘基因 PLUS 版’，现在已经有很多志愿者自愿接受基因接种，他们的外形与正常人没什么区别，但很可能一个瘦瘦弱弱的人也会拥有强大的力量哟！”

“那可以带我去看看吗？”我循声问道。

小莫摆了个搞怪的表情说：“当然，我可是主人的导游呢！”

接下来，小莫带着我走进了他的出生地——超级科技新城。

这里果真如在路途中小莫向我描述的那样：街上已无车辆来往，人们的日常代步工具已经变成了空中飞船，楼房建筑外观都是由 LED 屏拼接而成，我曾以为科技如此发达的 2122 年肯定已经缺少了绿色，但我走进后发现，遍地是绿色，环境优美，花儿芬芳妖娆。

走进研究实验室，几个身着白大褂的科研人员正对着一副人体进行数据调查研究，旁边是一块超大的智能触屏，上面有“性格”“外貌”“学识”“经济”等选项，我正要伸出手指触碰，小莫立马叫我停住。

“千万别动这些数据！这关系到一个人的基因。”小莫小声说道。

原来这些数据可以更改一个人的基因啊，太神奇了吧。当我打算继续观摩时，一声尖叫打破了安静的实验室。

“快跑啊！M 国的 PLUS 基因人突然叛变了！”一个研究人员冲进来叫道。

“什么？”我惊恐地望向小莫，他的脸上也不禁露出恐惧。

“主人，还有一件很重要的事，原本研发 PLUS 基因人是为了能让世界更美好，人们更幸福的，可 M 国擅自给本国研发的基因人注加了大量强力基因，并派这些基因人在世界上到处肆意破坏。

“主人，正因为我国一直遵循着人类和平共处的原则，使我国的基因人技术只停留在真善美上，却不曾想 M 国有朝一日竟如此冷酷无情。

“主人，我们的见面时间虽然十分短暂，但这也在我的程序编码里留下了痕迹。因为您来自过去，所以您能安全返回。

“主人，你要记得小莫喔。”

随着一声来自 PLUS 基因人的爆裂炮声，眼前的景象迅速化为一堆碎片，顿时我感觉天旋地转，两眼一黑。

睁眼，我又返回了 2022 年。

“怎么样？2122 年的世界如何？”我的助手小乌见我苏醒后问道。

2022 年的我，是正在研发时空列车的科学家。想到在 2122 年经历的种种，我心里对科研有了更深的认识，如果人类的基因可以改变得更加强大，那么人与人之间的差距是不是会变得更大？那这个世界会不会像我刚所经历的那样，就此毁灭于人类自己手中？当我低头看了看仍留在手上的手环……

莫比乌斯环！刚到达 2122 年时那个男孩的手环。如果人类不断发展自己的科技实力并将其用于战争，那我们是否就此毁灭了地球，然后如莫比乌斯环一般再次循环回一个原始海洋的细胞？再来一个轮回？

可我们要知道，地球母亲是脆弱的，她承受不了我们这样的摧残啊，人类不断发展科技固然重要，但这必须在保证和平的前提下！

“小乌，马上准备好列车数据，我要马上进行下一次实验！”我立马说道。

“好的，这次打算去往哪一时期呢？”

“重返 2122。”

指导老师：朱天仁，毕业于湖南师范大学，汉语言文学专业。中学高级教师，曾获得全国教改贡献奖、湖南省优秀语文教研组长、长沙市优秀语文教师、长沙市优秀班主任等荣誉称号。

里昂的“未来号”

朱美嘉 / 高二年级　王亚平 / 指导老师　山东省济宁市泗水县第一中学

“里昂，你只是一个普通小孩，就应该做烤面包的工作。”

类似这样的话里昂已经不止一次听到了，可是里昂不在意。因为身为普通人的他，背地里早已经成了著名的科学家。

这是一个充斥着基因重组风尚的时代，基因重组技术造就的精英孩子天生就能受到旁人更多的青睐，可是像里昂这样的普通孩子却只能遭到别人的白眼。原本里昂可能会像别人说的那样，当一个面包师度过余生，可是他不信命。他通过比那些精英孩子多出百倍的努力拿到了名牌大学的学位证书，但是以他普通人的身份，最多只能当个科学助理而已。

万幸，他遇到了改变他一生的贵人——布莱特。

布莱特是名副其实的优等人，他是基因重组工程造就的精英孩子，原本他也应该获得和其他优等人一样的地位和财富。可是上天哪能尽如人意，在他二十岁那年，一场突如其来的车祸导致他颈椎骨折，从此他全身瘫痪，只能过躺在病床上的生活。

也不知道是不是上天的旨意，那天里昂去医院看望几年前因为车祸成为植物人的母亲，遇到了在隔壁床位的布莱特。里昂向母亲倾诉着一切，包括他想成为一名科学家，百般努力获得高等学位，却因为普通人的身份受阻的故事。布莱特听到了这些话，他的眼睛瞬间亮了，他对里昂说道：“嘿，伙计，我把我的身份借给你，怎么样？”

里昂惊呆了，他看着这个躺在病床上，只有五官能够活动的年轻人，似乎没听懂他刚才说的话。

布莱特把自己从父亲那里继承来的财产给了里昂，让里昂整容成了自己的样子，又每天给他提供自己的血液，让他通过每天的基因检测。

里昂从此成为负有盛名的科学家，人们都叫他布莱特教授。

“教授，有关火星的生态改造工作已经取得了很大的进展，相信过不了多久，普通人就可以移民到火星，再也不用遭受优等人的白眼了！”里昂的助理小嘉高兴地说。

“对，”里昂看着大屏幕上由卫星传送回来的火星表面的实时录像，兴奋溢于言表，“用不了多久，普通人也可以活得有尊严了。”

小嘉也是一个没有经过基因重组工程改造的普通人，她能够成为里昂的助理，足以说明她付出了多少努力和汗水。

在论文发布会上，里昂发布了与火星生态改造有关的论文成果，并且署名是布莱特和小嘉。这篇论文让他成为发布会的主角，许多人都对他赞叹不已。

“我以为是谁呢。”人群中有人认出了小嘉，“她不是我的大学同学吗？她就是一个普通人，布莱特教授，你竟然这么抬举她，普通人怎么可能有这种成就。”

小嘉的脸色突然变得惨白，紧紧攥起了拳头。“教授，要不……要不我还是先离开了。”小嘉的眼眶红了，慌乱地跑出了发布会。

等到里昂回到研究所时，发现小嘉正趴在桌上哽咽地流泪。见到里昂回来了，她赶忙擦了擦眼泪，但是还是抵不住内心的悲伤：“教授，你说我们普通人就真的没有出头之日吗？”

里昂看着小嘉痛苦的神色，心软了：“不，小嘉，我和你一样，也是一个普通人。如果不是布莱特帮助我，我也只不过浑浑噩噩地过这一生罢了。”

小嘉看着他，眼中的痛苦变成了惊愕。

火星的移民工作已经准备就绪，里昂看着面前即将飞向火星的“未来号”飞船，突然觉得一切都值了。

他目送着一个又一个普通人走进飞船，走向他们的未来。

指导老师：王亚平，一级教师，曾获济宁市高中语文优质课大赛一等奖、泗水县优秀教师及教学先进个人。

光合纪元

朱梓优／高三年级　匡景峰／指导老师　湖南省株洲市第一中学

明朗温柔的阳光慈爱地抚育着这颗星球，当第一缕阳光射入灰蒙蒙的天空时，世界开始拥有颜色，生命开始拥有意义。

苏郁合上眼帘，微微扬起下巴，感受着光在脸颊上起舞。太阳照常升起，人类却面临危机。人口规模恐怖地膨胀，二百八十亿人挤在狭小的地球上，生物圈几乎崩溃，人类面临三百万年来最严峻的生存危机——能量极度缺乏。

苏郁夹着书走向教室。狭小封闭的教室里，一百多名学生紧挨地站着："苏老师好！""同学们好。"苏郁翻开课本，"翻开生物书第六十八页，今天我们学习食物链的能量传递。"

没过多久，她发现了异样。一百多双眼睛不再像从前那样注视着她，而是涣散地望向别处。苏郁放下手中的课本，环顾教室，问道："李彦涛同学没来上课吗？"

仿佛向平静的水面丢下一块石头，教室里瞬间人声高涨："苏老师，李彦涛去做基因绿化手术了！""他要当光合人了！"

一年前，人类终于完善了基因绿化手术技术。这项耗时数百年，消耗无数资源的技术走向实践。基因是生命的蓝图，如果将这张蓝图改向更有益于人类的方向，人类是否会变得更好？科学家们居然真的做到了——在人类的基因中编入植物叶绿素与相关酶的基因片段，使人类拥有光合作用的能力，从而直接利用光能合成化学能，达到能量利用的最大效率，用更多的能量来养活人类！

一个学生的声音打断了苏郁的思绪："苏老师，他以后是不是再也不用饿着肚子和别人拼命抢蔬菜了？"苏郁微微一笑："今天上课的内容是食物链的能量传递，那么，每一营养级到下一营养级的能量传递效率是多少？"

一个学生高高举起手："10% 到 20%！"

"很好，"苏郁赞许地点头，"同学们可以发现，能量的传递效率极其有限。如今地球能量缺乏，为了让更多能量流向人类，我们开始减少在第一营养级之后的营养级数量。”

“所以我们都只吃蔬菜！”又一个学生抢答。

苏郁双眼一亮：“没错！可生产者的能量又源于何处呢？当然是——光。从第一营养级到人类，我们最多只能获得 20% 的能量。可当人类能够直接利用光能，将光能转化为化学能据为己用，那样我们可以多获得多少能量啊！再加上其他技术的辅助，我们对光能的利用率也会上升……”

苏郁还记得，当她守在电视机前听到这个消息时，内心的狂喜排山倒海般袭来。她激动得泪流满面，跪倒在地，向太阳幸福地祈祷。伟大的基因绿化手术！伟大的太阳！太阳没有抛弃她的孩子，继续无私地奉献着她的能量哺育人类。

正当苏郁兴奋时，学生们却兴致阑珊。一道弱弱的声音传来：“可是，基因绿化手术要很多钱，我们做不起……”

苏郁呆愣在原地。对了，那位李彦涛同学家境殷实，财产丰厚。基因绿化手术的难度之大使它的价格无比高昂。苏郁的内心感到一丝不安，她急忙归于平静：“我们继续上课……”

放学后，苏郁心中那抹不安仍挥之不去，她心神不宁地揉着眉头，这时手机铃声忽然响起。拿起手机，屏幕显示出来电人员——唐可。

“可以和你谈谈吗？”电话那边的女人声音冷冽。“可以。”苏郁很惊讶。唐可是她大学时结交的好友，与她的默默无闻不同，唐可是生物工程院的骄傲，在世界最尖端的生物实验室开发基因手术技术。不过自从唐可参与研发了基因绿化手术，二人就极少联系了。

在苏郁家中，两人面对面坐着。唐可冷淡的目光从镜片后投来，如同她身上的黑白套装一样，硬朗锐利。

“我参与开发了基因绿化技术，想知道你的看法。”

“我？”苏郁急忙回答，“这是人类历史上最伟大的技术，挽救了人类。”

唐可笑了，是冷笑：“最伟大？那技术缺点呢？”她的眼神晦暗无光，这时苏郁才发现她疲惫不堪。

苏郁低头，缓缓开口：“我觉得是……昂贵，现在的贫富差距原本因能量缺乏而减小，但这个技术会加剧它。”

唐可笑了，是悲痛的笑："错了，都错了！"

苏郁心中轰然炸开："什么？"

"我们从生产者中获取能量，生产者是自养生物，能量来自光能，那么，实施了基因绿化手术的人类是什么？"

"是……生产者……"霎时，苏郁浑身的力气都被抽走，一个可怕的念头涌上心头：接受基因绿化手术的人类成为生产者，而未接受基因绿化手术的人类将会是他们的下一营养级，一旦未来人类面临更大的能源危机，这将形成一条怎样的食物链啊……

两人长久地凝视着。"这是地狱。"苏郁恍惚着说。

唐可低下头："我是恶魔了！这个魔鬼是我们放出来的，我要负责。"

苏郁不记得唐可何时离开的，但她脑海中仍旧萦绕着她们的对话。

"你以后怎么办？"

"作为科学家，守护人类，你呢？"

"作为老师，教育我的学生，阻止他们可能犯下的罪行。"

若干年后，两人在不同的地方为人类而奋斗。她们还记得那天的夕阳，照耀大地的血色阳光仿佛人类的悲歌，但她们都坚信，太阳总会升起。

指导老师：匡景峰，文学硕士，毕业于湖南科技大学，中国现当代文学专业。中学一级教师。曾获株洲市教育教学能力竞赛一等奖、株洲市阅读教学设计一等奖、株洲市选修教材教学竞赛二等奖。

新 生

祝传翔 / 高二年级 陈雪 / 指导老师 辽宁省实验中学营口分校

复 苏

推开病房的门，一株株蒲公英正迎风起舞，晨风拂面而来，携着丝丝飞絮。我跃入春意之中，回忆着这个新世界的片片剪影。

“林风，欢迎您再度苏醒。”一只机械臂推开了冬眠舱的舱盖，向我致以新世界的第一声问候，“心理学家林风，您于 2232 年因患渐冻症选择冬眠，经过四百零七年后被唤醒。我是生命医院的全息护士，您可以叫我小娜。接下来的几天内，请您随我接受治疗，有什么困惑都可以询问我。”

经过了九曲回环的走廊，我们来到了转运大厅。小娜为我领取了一个晶莹的魔方：“这是传送立方，只要输入目的地就可以迅速到达。”我缓缓接过，摁动按钮后，眼前的空间再度化为虚幻。

我驱动着悬浮轮椅，来到了一个巨大的机器前。经过一番扫描后，它在我的右臂植入了一枚芯片。“这枚芯片记载了您的全部核苷酸序列，作为生命帝国的公民，您有权每年修改三组基因。”“修改？”我有些惊愕地问。“是的，您可以将基因转换为您想要的任何种类。”

再度遁入传送立方所缔造的时空长廊，一间干净整洁的诊室出现在我的眼前。医生十分年轻，极为英俊：“林风，渐冻症患者，心理学教授。”我微笑地点了点头。“这年头，心理学家倒是挺稀缺的。过来吧，躺在这个仪器上。不需要你支付费用，但会消耗你一次修改基因的机会。”

仪器闪烁起来，一只机械臂在我右臂的芯片上刻印了一会儿，然后折叠收回。“好了，我在你的芯片中植入了抗渐冻症 367-SD 同化因子，它会缓慢地同化你的所有体细胞。大约两周之后，你的症状就会完全消失了。”我连番道谢。他摇了摇头，伸出身份卡：“有什么不适找我就行。”

离开诊室后，小娜带着我去办理了身份卡：“刚才那名医生叫克里斯，已经自动为您添加到通讯录了。”一番游览后，我再度回到了病房休养。窗外春意正浓，我折下一株蒲公英，将它吹向远方……

阿尔伯特

手中的蒲公英还未放下，迎面走来一名头发火一般的男子：“没想到这个时代也有爱花的人。”他苦笑道。他的五官标致极了，眼神里却漫着浓稠得化不开的忧郁。“我叫阿尔伯特。”他伸出了白皙的手。“我是林风，你可以管我叫林。”他点了点头，与我聊了一会儿后就分别了。

躺在病榻上，我百无聊赖地看着显示屏中闪过的一条条新闻。“维护派与保守派在半人马座展开激烈战斗，死伤过万。”“完美基因者陛下正在第四次微服私访。”“大修改季将于今日下午开始，你准备好了吗？”眺望窗外，一群少年正踢着足球，技术相当精湛。

“没有什么可惊奇的。”我回过头，只见阿尔伯特不知何时站在我的床前，“跟你们以前的努力不同，现在的人有什么追求就直接修改基因了。”他又摇了摇那火焰般的发丝，向我讲起了这个世界的历史：“大约是在25世纪，第七代CRISPR基因组编辑技术进一步完善，也让人们关于这项技术观念矛盾的火山迎来了最终的喷发。在基因强化的协助下，保守派连连败北，最终被维护派逼退到了其他星系。即便如此，近百年来保守派与我们冲突不断，让我们损失连连。”他眼中的忧郁似乎又浓了几分。我伸出手指，指向远方的人海：“那边是在干什么？”“他们正迫不及待地等着修改基因呢。”他平静地说道。我摇了摇头：“这个世界的人们因为基因编辑技术而变得过于物化，精神世界却大多空洞无比。还记得我小的时候，寒窗苦读十余载才能博学多识。而如今的人们，只要修改一下芯片就可坐享其成。不可否认，他们确实比我们完美，但他们的心灵也注定比我们的更为空虚，他们的生命也在完美中褪去了颜色。”阿尔伯特皱了皱眉，略带疑惑地问道：“那你认为生命的意义是什么呢？”我看着床头的蒲公英：“就是像蒲公英一般，在克服困难中迎接新生。”他点了点头，良久无言。

信

致林：

如果说基因重组让人们的生活变得空虚，那我应该是最空虚的那一个人。我是基因编辑的造物，生而完美，却又不知所向。谢谢你，执政这么多年，我每天都是机械化地运作，从未考虑过生命的意义。完美并不代表精彩，而也许那些不完美的人却能活得更有意义。我想，也许迷途知返会是个不错的选择。所以我决定控制基因重组技术，并跟保守派言和，去那里学习，与他们共同探讨让人生充实的途径。诚邀您与我同去。

阿尔伯特大帝。

新 生

两周后，半人马座。

在原来界碑的位置，一座更加宏伟的纪念碑拔地而起。我跟在阿尔伯特身旁，享受着久违的触地感，欣慰地看着他与保守派缔结盟约。火红色的头发下，他露出了久违的微笑。他轻递给我一束蒲公英，我缓缓接过，将它举到嘴边，深吐一口气，目送片片飞絮飞向远方。虽然不知何时何处，但我相信，它必将焕发新生。

指导老师：陈雪，教育硕士，毕业于江西师范大学，学科教学语文专业，中学高级教师，一师一优课部级奖获得者。

或许遗忘在未来

邹佳珂／高二年级 胡秋香／指导老师 湖南省湘潭市第一中学

“米优，你起来了吗？”少女的声音从门外传来，是阿莱娅·西弗雷斯。她是我在基地的指导员，第一次见她，还是在地球联盟的球形议事厅里。

仍记得那一天是难得一见的晴天，总指挥把我叫到跟前，告知了我最危险的机密，赋予了我最荣耀的使命：抵抗暗物质入侵。

不知是何原因，近几年灾害频繁，各种疾病的患病率提高了30%。经研究发现，在地月系之间出现了一种从未被探索到的物质。它虽无法通过大气层来到地球，却对地球生物造成了XT射线辐射。为了消除灾害，地球联盟启动“造福计划”，研发多功能战略机甲，并在全球收集血液样本，与机甲进行匹配。我成为与机甲匹配的第一适合者。我想这跟我是人造人的身份有很大关系。

阿莱娅端着3D打印的汉堡和吐司进了我的房间。“知道你小子早就醒了，赶快把早饭吃了，今天我们预计三点返航。”

我在太空基地实验室已经待了三年，在上一周我们完成了暗物质最后一轮的排查，今天即将返航。这三年的经历可以算是惊险万分。多少次的出生入死、无力回天都让我更加珍惜眼前人。实验室的工作人员换了一批又一批，我却渐渐地将他们的脸都忘了。

我嚼着吐司，望着那个高傲但孤独的背影，却也越发陌生。阿莱娅告诉过我，这可能是长期与机甲精神融合的后遗症。许多事我只得从她口中得知，包括我是人造人的过往。

我曾几次跟她提起我做的古怪的梦，可她否认我曾有过在乡村生活的经历。她从来不会骗我，可是梦里的一切都是那么真切。

我奔跑在麦田里，风吹过，麦香阵阵，卷起千层浪。晨曦微露，我抬手抹去眼角的汗水，迷蒙间，一个熟悉的声音从路的尽头传来，我想看清那个面容……

“米优？”许是见我发愣，阿莱娅走到我跟前，从身后拿出一个 VR 眼镜。

“这是？”

“虽然我也不是很清楚，但我想这该归还给你。”在她的注视下，我带上了眼镜。

令我惊喜的是，我看到了青鸟实验室灰白的仓房，青鸟实验室是“超自然”DNA 研究组织，他们凭借基因改造和设计一度风靡全球。只不过他们的实验逐渐反人类，最终被地球联盟叫停，但凡涉及基因的工程也被列入危险领域。而我恰好是青鸟制作的最后一个人造人，因为改造失误成为不成功的人造人，被遗弃在扼流区。是的，这眼镜中是我丢失的那些记忆！

我按捺着躁动的心，焦灼地等待着。我看见自己在扼流区受尽屈辱与折磨。然后，她出现了，她给了我一块面包，小太阳一般的笑容感染了我，我想看清的，那一个面容。我日日夜夜梦到的她。

可是影像在这里戛然而止，我猛地从基座上立起，扯下眼镜。

阿莱娅抱住了我，我再也绷不住，泪流满面。

我们之间发生过什么，我又会记得多少？也许到了明天，或者后天，我连这些影像片段都不会记得了。

下午三点，我们坐上飞船，按下返航的指令，飞回地球。

我又将忘却这一切。在每一个崭新的早晨。

晨曦透过窗棂照着病房茶几上的白玫瑰。我闭上眼，享受这片刻的美好。一只手抚上我的脸颊，陌生的触感却意外地令人安心。我心中升起狐疑，却不愿睁眼打破这片刻安宁。

“还是忘了我吗？”她笑着开口。风儿吹开帘窗，风铃清脆。

血液翻涌，这让我毫无印象的声音仿佛早就刻入我的 DNA 一般，我睁眼与她对视。“抱歉。”我不记得了……

她反而笑得更温柔了。在和煦的朝阳中她朝我伸出双手。“那重新认识一下，米优，欢迎回家。”

指导老师：胡秋香，中学高级教师。多次获湘潭市人民政府嘉奖三等功、市优秀教师、市芙蓉百岗明星等荣誉称号。

勿离无离

鉏盛童/高三年级　张继辉/指导老师　吉林省长春市东北师大附中

西区的民政局迎来了自配对系统研发以来第一对登记离婚的夫妻。“这的确是可以载入史册的一天，自基因编辑和配对系统产生以来，您二位是我们市，哦不，可能是世界上第一对离婚的。我们真的不是在拍摄节目吗？”窗口后面的工作人员无不戏谑地开玩笑说着。

“我国法律并没有规定人不可以离婚，请帮我办理手续。”J说。工作人员挤出一个古怪的笑容，隐匿在大络腮胡后面的嘴角和满是褶皱的眼角溢满笑意。“拿走吧，离婚快乐，J女士和K先生。”

大厅里挂了块配对数据牌：本市今天所有年满二十二岁的法定配对夫妻共有六百七十八对，祝他们新婚快乐，公共婚礼将在市政大厅举行。“当时我拿到档案的时候，你的基因组我逐条看过，数据告诉我你会是一个固执的女人。但是我仍不明白你为什么选择离我而去。我们本应该是世界上最般配的人。”

K仍习惯走在J的后边，就像十六年前他们出门一样。永远保持二十五摄氏度的虚拟阳光照在J的脸上，她仍然是位魅力十足的女性。

“你可能忘看了，我的基因组体现了我的好动。像你一样的包容基因组持有者少到像在我们的程序里的出错率，这可能是我们结婚的原因。”

“我等你。”“再见。”

点开新语音：“我收到配对消息了姐，是个帅哥！他提出要去我俩都喜欢的咖啡馆见面，他甚至也喜欢收藏虚拟唱片！我想我会幸福！就像当年你和姐夫一样！”语气比平时提高了八度，看来配对对象是她的白马王子。J揉揉太阳穴。离婚后搬家，K说房子留给她，但是她拒绝了。

J毕业后就收到了配对要求，根据在她出生前系统就设定好的成长轨迹和人生流程，她顺利地完成了农业学课程，以及分配好的校园恋爱，前任都和K一样，温吞体贴，到了期限就分开，这是为了磨合像她这样类型的基因持有者，保证她未来婚姻的顺利。

扫了一眼信息表，J 问 K：“美式还是拿铁？”“美式”“艺术片还是恐怖片？”“只要是好电影。”“每天下午五点遛狗？”“除了刮风下雨都是这样的。”……

就像所有刚收到配对消息的男女一样，两个人都沉浸在般配而合拍的喜悦里，他们的步调一致，是配对系统的佳作，再也没有比他们更适合以天作之合来形容的情侣。从基因组被编辑分配好的受精卵开始，他们的生活、学业、工作都是计算好的两条有重合但又并行的轨道，直到他们配对成功。相似的音高易发生共鸣，两个人配对后的婚姻最开始因为和谐一致，没产生过争吵，而 K 以为这会是一辈子。

“为什么不搬去离海更近的东区，那里下午阳光好，而且我们也可以经常在浅海区游泳。”婚后第四年，J 在遛狗时突然说。“亲爱的，工作都已经固定了，而且朋友都不在东区，你会难以适应的。”

“那为什么不试试从公园里的另一条路遛狗？”“容易迷路，亲爱的。”

“那个给我。”“给。”J 把胡萝卜挑出来，K 将蔬菜切成小丁，准备好烤鸡来庆祝他们的八周年登记纪念日。J 吃了八年的纪念日烤鸡，只是因为第一次见面时，两人都提议吃烤鸡。

J 看着 K 切蔬菜的样子，八年的时光把腼腆男孩变成了一个成熟的男人，眼角下渐起的泪沟告诉她，时间将他们的不同之处一点点磨掉，就像用砂纸轻轻打掉木刺一样。一种胶质的物质，在时间推进中慢慢把她拉入进去，粘着她。想起少女时代最喜欢的老电影，她看了一遍又一遍，直到下一秒男主角要穿着他的粗花呢棕色西装和恋人见面时说话的语调都记得很清楚。她现在只希望记忆数据从信息储存库中删除，因为讨厌那种既定的感觉。会不会下一秒忧郁的艾略特会说出不一样的台词，或者活下来带着恋人逃亡？但是没有。她意识到自己和 K 的生活就像在这场婚姻的电影院里一直看着同一场电影，看了十几遍这部佳作，直到手牵手昏昏睡过去。

J 想要到海边去，想要辆真正的机车，有漂亮流线的机车，大红色的，在公路上飞驰，她的耳膜渴望更刺激的噪声，她想看到乡下的真奶牛，而非在实验室研究它的性状……那些她只在数字屏里看见的上世纪影像，蛮横鲜活地撞进了她的脑海，使她神经兮兮，头昏脑涨。抹掉额头的汗，她说出那天晚上最后一句话：

“我渴望有所改变，而你总留在这里。离婚吧。”

研发系统的专家们都不能理解为什么第一对离婚的夫妻会产生。按数据的推理，适配度超过 95% 的配对组会幸福地度过一生，少有家庭纠纷和不必要的秩序混乱，家庭的小部件和谐了，社会运行才会更高效。

“组长，他们这一对配对组的女方当时配对数据出现错误，她的不理性值高了亿分之一。”

“十二亿分之一的概率，系统修好了吗？”

“修好了，给这类基因持有者设置了更低的参数。”“出错样本怎么办？”“精神疗法。”

J 三个月没去实验室，不过工资照发。

配对计算机仍运行着，制造着新婚恋人婚姻参考书，保证着他们的幸福。

“从我们出生开始基因便祝福着婚姻，也保佑我们不再分开，让我们为伟大的配对系统干杯，新婚夫妻们！”

“干杯！为我，为 K，为表妹，为所有今天结婚的新人和复婚的我们！”J 的复婚日和表妹的登记日为同一天，真是一副醉人的场景，上百对新人的舞会，永不消逝的完美婚姻。

指导老师：张继辉，东北师范大学附属中学高级教师。曾任语文教研室副主任，首届长春市普通高中教学指导专家委员会委员，现为东北师大附中办公室主任，吉林省高中语文教育委员会理事。